또 하나의
협동조합운동

공동체와 노동을 살리는 협동조합운동 노선

원문

잉글랜드 빅토리아 시대 기독교 사회주의와 협동조합운동
- 에드워드 반시터트 닐과 협동조합운동

Christian Socialism and Cooperation in Victorian England
: Edward Vansittart Neale and the Cooperative Movement.

또 하나의 협동조합운동

초판 1쇄 펴낸 날 2022년 4월 5일
지은이 백스트롬
펴낸곳 도서출판 한살림
펴낸이 윤형근
편집 장순철
디자인 더디앤씨
출판신고 2008년 5월 2일 제2015-000090호
주소 (우 06086) 서울특별시 강남구 봉은사로81길 15 4층
전화 02-6931-3612
팩스 02-6715-0819
누리집 www.salimstory.net
이메일 story@hansalim.or.kr

ⓒ 도서출판한살림 2022
ISBN 979-11-90405-27-0 03000

* 이 책의 한국어판 저작권은 도서출판한살림에 있으며, 저작권법에 의하여 한국 내에서 보호를 받는 저작물이므로 무단 전재와 복제를 금합니다.
* 이 책 내용의 일부 또는 전부를 재사용하려면 반드시 저작권자와 도서출판한살림의 동의를 받아야 합니다.
* 잘못된 책은 구입하신 곳에서 바꾸어 드립니다.
* 책값은 뒤표지에 있습니다.

Christian Socialism
and
Cooperation
in Victorian England :
Edward Vansittart Neale
and
the Cooperative
Movement

또 하나의 협동조합 운동

공동체와
노동을 살리는
협동조합운동 노선

백스트롬 지음
이인우 옮김

일러두기

1. 이 책은 Philip N. Backstrom, 1974. *Christian Socialism and Cooperation in Victorian England : Edward Vansittart Neale and the Cooperative Movement.* London, Croom Helm London.을 완역한 것이다.
2. 원서에서는 각 장별로 미주를 붙였으나 이 번역서에서는 본문의 각주로 옮겼다. 옮긴이의 주는 번호 대신 •, ••, •••순서로 배치하여 원서의 주와 구분했다. 저자(본문에서는 '필자')가 미주 외에 본문 안에 붙인 주인 ✱는 그 표시와 내용을 그대로 적용했다.
3. 사람의 이름은 맨 처음에 성에 대해서만 한글 발음과 원어를 함께 표기하고, 두 번째부터 한글 발음만 표기하는 방법을 원칙으로 삼았다. 그러나 성이 같고 이름이 다른 사람들에 대해서는, 예를 들어, 로이드 존스, 어니스트 존스, 벤자민 존스처럼 이름과 성의 순으로 한글 발음을 여러 번 반복되더라도 계속해서 모두 표기했다.
5. 사람의 이름 중 설명이 필요한 경우, 별도의 주 표시 없이 출생·사망 연도, 주요 이력을 함께 표기하여 독자의 이해를 돕고자 했다.

닐^{Neale}처럼
타인들을 위해 봉사하는데
일생을 바치신
침례교 은퇴 목사
나의 아버지에게

| 차례 |

감사의 글　　　　　　　　　　　　　　　　　　　　008
옮긴이 소감　　　　　　　　　　　　　　　　　　　010
서문　또 하나의 협동조합운동 노선을 찾아 나서며　　018

1부
이상의 형성

1장　젠틀맨 출신의 사회주의자^{1810~1849}　　　　　033
2장　이론과 실천 : 기독교 사회주의와 협동조합^{1849~1854}　059
3장　성찰과 재개　　　　　　　　　　　　　　　　　089

2부
갈등과 협동

4장　마침내 연합회가 현실로^{1865~1870}　　　　　　125
5장　관료주의의 상승기 : 개인주의 대 연방주의^{1870~1876}　153
6장　협동조합 운동가와 노동조합 운동가　　　　　181
7장　새 부대에 담긴 묵은 술　　　　　　　　　　　203

관료주의의 승리와 이상의 좌절

8장	협동조합적 생산 세력의 결집[1881~1886]	237
9장	듀즈베리 원정[1886~1888]	253
10장	고개 숙인 거수기[1888~1892]	273
11장	비샵 수도원[1891~1892]	305

| 후기 | 닐의 사후 3년, 공동체와 노동을 존중했던 협동조합운동 흔적 지우기 | 319 |

참고문헌   329

| 감사의 글 |

이번 작업이 출판될 때까지 연구 과정에서 많은 개인과 기관들의 도움을 받았다. 노스이스턴 대학의 역사학과 로빈슨[Raymond Robinson] 학과장과 교직원, 행정직원들은 필요한 경비와 시간을 지원해주었다. 다음 분들은 유용한 정보와 자료를 제공해주었다. 닐의 증손녀인 디킨슨[Margaret E. Dickinson], 데이비스[Stephen Davis], 이 책의 집필 도중 고인이 된 협동조합연합회[Cooperative Union]의 전 사서 플래너건[Desmond Flanagan], 후임 사서인 개럿[R. Garratt], 포그[Walter Fogg], 가넷[R. G. Garnett], 매스터맨[Neville Masterman], 데이비드 오웬[David Owen], 페이루턴[Noel Peyrouton], 로드슈타인[Morton Rothstein], 윌리암스[Terry Williams], 해슬람[Jack Haslam]이다.

저자는 여러 기관의 시설에서도 도움을 받았다. 케임브리지대학교 도서관, 컬럼비아대학교 도서관, 런던대학교 골드스미스 도서관, 뉴욕 공립도서관, 위스콘신 역사학회 도서관, 위스콘신대학교 도서관, 하버드대학교 위드너 도서관의 사서와 직원들에게 감사드리고 싶다. 연구를 위해 귀중한 지원을 해주었을 뿐만 아니라 협동조합 도매조합[CWS; Cooperative Wholesale Society] 식당에서 매일 나의 아내와 함께 식사할 수 있도록 배려해준 맨체스터 소재 협동조합연합회 도서관 직원들에게도 특별히 감사드린다. 위스콘신대학교 역사학과는 마이크로필름을 복사할 수 있게 시설 편의를 베풀어주었다.

서섹스대학교의 해리슨[Harrison]과 스탠포드대학교의 스탠스키[Peter Stansky]는 매우 바쁜 분들임에도 불구하고 시간을 내서 초고를 읽어주고 유익한 비판을 해주었으며 최종본이 나올 수 있도록 필자를 응원해주었다. 그들의 전문가적 조언은 소중했다.

열정을 갖고 연구와 편집과 교정을 도와준 아내 셜리^{Shirley}에게도 감사하고 싶다.

끝으로, 닐의 손녀이며 현재는 작고한 패짓$^{Elizabeth\ Frances\ Paget}$은 닐의 생가가 있던 비샴 그레인지$^{Bisham\ Grange}$의 자기 집에 필자를 초대하여 가족의 문서들을 살펴보고 마이크로 필름에 옮겨 담을 수 있게 해 주었다. 필자가 닐의 기록과 수고 형태의 전기^{傳記}에 관해 처음 알게 되었던 것도 그분을 통해서였다.

1974년 1월

백스트롬$^{Philip\ N.\ Backstrom}$

| 옮긴이 소감 |

책을 옮기는 내내, 왜 아직도 이런 옛날이야기를 읽고 있는지 생각했다. 옮긴이는 역사의 재구성을 위해 이런 옛날이야기가 필요했다. 역사를 재구성하면, 무엇이 달라지는가? 단편적인 사실에 기반한 인식틀은 우리의 생각과 행동을 옥죄는 족쇄가 될 수 있다. 역사적으로 사실들을 재구성하면, 그런 족쇄에서 벗어나는 열쇠를 얻을 수 있다. 운이 좋으면, 이 책의 옛날 사람들처럼 당대에서 미래를 향한 상상력을 발전시킬 수도 있다.

이 책을 번역해야겠다는 생각은 우리나라 협동조합 발전 양태에 대한 평가를 요청받았던 때 들었다. 요청은 2012년 협동조합 기본법이 시행된 이후 우리나라에서 급증한 협동조합 발전 양태가 부정적으로 보인다는 평가를 바탕으로 한 것이었다. 요청 내용은 그런 평가가 이른바 'ICA^{국제협동조합연맹}의 협동조합 원칙'을 지키지 않았기 때문이라는 판단 근거와 연결될 수 있는가를 묻는 것이었다. 요청한 사람은 자신의 인식틀 자체가 편중된 것일 수도 있다는 점에 대해서는 어떤 의심도 없는 것 같았다.

협동조합운동에는 ICA의 협동조합 원칙만 있는 게 아니라는 점을 여러 차례 설명해주었다. ICA의 협동조합 원칙 자체도 역사적으로는 부분적인 원칙이며, 다른 것을 평가하는 잣대로서 자격을 갖춘 것인가에 대해 다시 생각해 보기를 권했다. 협동조합 법률에 ICA의 원칙을 명시해야 한다는 의견에 대해서도, ICA의 원칙은 역사적으로 필요한 영역에만 활용하는 것이 좋을 것이라는 견해를 제시한 적이 있다.

역사적으로 특정 시점에 결정된 사항을 법칙처럼 절대화하면 후대에게 역사적 족쇄를 채울 수 있다. 그런 잘못을 피하기 위해서는 역사를 결정된 것으로 강요하기보다 그렇게 결정되었던 맥락을 보여주는 것이 더 낫다. 나중에 족쇄라는 것을 깨달았을 때 벗어날 수 있는 열쇠를 줄 수 있기 때문이다.

역사가의 연구결과는 그런 데에서 빛을 발한다. 이런 배경에서 역사가의 초창기 협동조합운동 연구결과를 번역해두는 것이 필요하다고 생각했다. 그런 연장선에서 구체적으로 ICA의 협동조합 원칙이 역사적으로 어떤 계보의 협동조합운동과 대립하면서 그 기반을 다졌는가를 보여주는 역사적 연구결과를 선택하게 되었다.

이 책은 에드워드 반시터트 닐$^{Edward\ Vansitart\ Neale}$이라는 역사적 인물의 생애를 꼼꼼하게 파헤친 전기이다. 그는 1810년에 태어나서 1892년에 사망했다. 근대 협동조합운동의 세계적 효시가 된 로치데일^{Rochdale}협동조합은 1844년에 잉글랜드에서 출현했다. 역사가들은 당시를 빅토리아 시대라고 부른다. 로치데일 협동조합은 빅토리아 시대 잉글랜드 협동조합운동에서 상징적인 존재였다. 그런 로치데일협동조합이 사업 현장에서 당대의 협동조합운동을 대표했다면, 에드워드 반시터트 닐^{이하} '닐'은 불세출의 상상력으로 당대의 협동조합운동을 이끌었던 인물이었다.

닐은 기독교 사회주의$^{Christian\ Socialism}$ 계열의 협동조합운동 노선을 지향했다. 당대의 협동조합운동에는 오웬주의 노선, 로치데일 노선, 기독교 사회주의 노선의 운동가들이 있었다. 궁극적인 목표를 기준으로 살펴보면, 오웬주의는 계몽을 통한 조합원의 지위 향상에 초점을 둔 협동조합운동을 제창했다. 로치데일은 현실적인 생활 측면에서 조합원의 지위 향상에 초점을 두었다. 반면, 기독교 사회주의는 노동할 자리를 늘려나감으로써 자조적인 공동체가 구축되도록 하는 데 초점을 두었다.

닐은 기독교 사회주의 입장을 관철해 나가는 방향에서 빅토리아 시대 잉글랜드 협동조합운동에 기여하게 된다. 그 과정에서 닐이 했던 일은 로치데일이 사업을 수행할 수 있도록 법률적 토대를 마련해준 세계 최초의 협동조합법인 잉글랜드의 「1852년 산업근검조합법$^{Industrial\ and\ Provident\ Society\ Act}$」을 기초하는 데 참여했다. 역사적으로 볼 때, 이 법이 없었다면, 로치데일은 사업을 할 수도 없었고, 오늘날 역사에 기록될 내용도 별로 없었을 것이다. 또한 「1862년 산업근검조합법」을 기초하는 데에도 참여했다. 1852년 법안은 루들로우^{Ludlow}라는 기독교 사회주의자가 주도적인 역할을 수행했다. 이에 비해 1862년 법안은 닐이 주도적인 역할을 맡았다. 후자의 법은 협동조합들이 외부에 자본을 투자할 수 있도록 법률적으로 인정해주는 것이었다. 이 법이 없었다면, 협동조합연합회나 협동조합 도매조합은 법률적으로 존재할 수 없었을 정도로 중요한 의미가 있었다. 더 나아가 닐은 훗날 노동의 존중을 위한 협동조합운동을 지원하기 위해 ICA의 창립을 이끌어냈던 초기 결의안을 통과시키는 일까지 전개했다. 이처럼 닐은 잉글랜드 내부에서뿐만 아니라 국제 협동조합운동에 이르기까지 협동조합운동사에서 굵직한 성과물들을 만들어냈던 인물이었다.

닐은 1892년 9월 16일에 사망했다. 그의 죽음을 애도하는 뜻에서 잉글랜드 협동조합연합회 등은 5일 동안 조기를 게양했다. 이쯤 되면, 협동조합운동계의 대단한 인물이었다는 점을 부정할 수 없을 것이다. 그런데, 그의 죽음 이후 그의 흔적은 거의 완벽하게 지워졌다. 이 책은 그런 이유까지 그의 전기에 포함시켰다는 점에서 협동조합 연구사에서 독보적이다. 닐의 마지막 성과물이었던 ICA의 창립 결의안은 1892년 8월에 통과된 이후 3년이 지난 1895년 8월까지 이행되지 않았다. 이 책은 그 3년의 지연 기간에 어떤 일이 있었는가를 질문했다는 점에서 단순한 전기물을 넘어선다.

이 책의 저자인 백스트롬은 이야기의 틀을 촘촘하고 예리하게 구분했다. 닐의 죽음까지는 전기의 본문으로 구성했다. 사망 이후 3년은 후기로 잘라내어 서술했다. 그런 다음 그 3년이 역사적으로 재구성되어야 할 사실의 핵심이라는 점을 시사한다.

내용의 얼개 면에서, 이 책은 시대적으로 빅토리아 시대, 공간적으로 잉글랜드, 주요 연구 대상으로 소비자 협동조합운동의 노선 대립 경과와 결과를 다룬 것이다. 영국은 4개의 네이션^{Nation}이 연합 왕국$^{United\ Kingdom}$을 이루고 있는 입헌군주국이다. 이 책은 그 중 잉글랜드 네이션에서 소비자 협동조합운동의 노선 대립이 있었고, 그 결과가 세계 협동조합운동의 역사에까지 결정적 변화를 파급하는 연결 마디$^{critical\ juncture}$ 역할을 하게 되었다는 점을 닐이라는 인물의 전기를 통해 보여준다.

논쟁사의 관점에서 노선 대립은 소비자 협동조합운동의 노선 중 연방주의

Federalism 노선과 개인주의Individualism 노선의 대립이었다. 옮긴이의 해석과 판단을 이 자리에서 밝히는 것 역시 독자들에게 또 하나의 역사적 족쇄를 채우려고 하는 것이 될 수 있다. 따라서 옮긴이가 이 책을 읽으면서 역사적 사실을 재구성하고자 했던 맥락 4가지만 짧게 언급하는 선에서 멈추고자 한다.

그 맥락은 첫째, 단일 노선의 협동조합운동이 오늘날까지 이어져 왔을 것이다라는 가정에 관한 것이다. 그런 가정은 역사적 사실에 근거한 것일까라는 의문을 불러일으킨다. 옮긴이는 이 책을 통해 그런 가정이 역사적 사실에 근거할 때 참인가를 살펴보았다.

둘째, 연방주의 노선과 개인주의 노선이라는 명칭은 낱말의 피상적 의미로만 파악하기 어려운 담론적 의미를 내포하고 있다. 피상적으로 볼 때, 연방주의란 단합을 중시하는 말로 들린다. 반면, 개인주의는 분열을 일으키는 사상인 것처럼 들린다. 그런데 이들 사이에는 세력과 주도권의 반전을 뜻하는 담론적 의미도 있었다. 옮긴이는 연방주의와 개인주의 노선의 담론적 의미를 역사적 사실에 근거하여 재구성하는 데 이 책으로부터 도움을 받았다.

셋째, 협동조합운동의 역사를 소개했던 저작물들의 상대적 위상을 파악하는 데 이 책으로부터 도움을 받았다. 특히, 당대의 역사를 1차 자료에 근거해서 소개했던 지은이들과 책자들은 후대의 번역자들에 의해 서로 엇갈린 진술이 없도록 선택적으로 번역되는 경우가 종종 있었다. 예를 들어, 홀리요크, 비어트리스 웹, 콜의 저작물들은 당대에 그들이 놓여 있던 위치를 파악할 경우에만 당대에 그들이 소개했던 사건의 실체에 조금 더 가깝게 접근할 수 있게 된다. 옮긴이는 연방주의와 개인주의 노선 대립의 실체를 역사적 사실로서 재구성하는 데 이 책으로부터 도움을 받았다.

넷째, 협동조합운동의 국제적 전개 과정을 ICA의 활동 일변도로 소개하는 것이 타당한가에 관한 것이다. 옮긴이는 이 책을 통해 그런 소개 방식이 역사적 사실에 근거할 때 타당성을 확보할 수 있는가를 살펴보았다. 특히, ICA의 창립 결의안 통과, 창립총회의 개최, ICA의 협동조합원칙 제정에 이르는 과정은 그런 타당성을 판단할 때 중요한 단서를 포착할 수 있게 해주었다. 협동조합 연구자들에게는 왜 소비자 협동조합의 원칙이 ICA의 협동조합원칙으로 굳어졌을까에 대한 이론적 문제의식이 있다. 역사적 전개과정이 매끄럽지 않았고, 논리적으로도 모순점이 있으며, 현실적으로도 생산자 협동조합에게는 적용할 수 없는 사항들이 있었기 때문이었다. 창립총회는 1892년 창립 결의안이 통과되고 3년을 지연한 끝에 1895년에야 개최되었다. ICA의 협동조합 원칙은 1937년에야 제정되었다. 이 책은 그런 이론적 문제의식의 첫 부분이라고 할 수 있는 초기의 ICA 설립 취지를 역사적 사실에 근거하여 파악할 수 있도록 옮긴이에게 도움을 주었다.

이 책의 저자 개인에 대한 소개와 이 번역본의 제목에 대해 이야기를 할 때가 된 것 같다. 이 책의 저자인 필립 N. 백스트롬은 미국의 역사학자이며 노스이스턴 대학에서 35년 간 역사학과 교수로 재직했다. 백스트롬 교수의 공개된 경력은 많지 않았다. 인터넷에서 그의 이름을 검색한 결과 아쉽게도 2015년 부고 기사를 통해 그의 삶을 약간이나마 살펴볼 수 있었다.

백스트롬 박사는 1932년에 미국 뉴저지 주 이스트 오렌지에서 태어났다. 1958년에 보스턴 대학에서 역사학 박사 학위를 취득했고, 35년 간 노스이스턴 대학에서 역사학 교수로 재직했다. 은퇴 이후에는 매사추세츠 주 밀리스 노인센터에서 15년 동안 컴퓨터 활용 능력을 가르치는 자원봉사 활동을 수행했다.

이처럼 평범한 듯 보이는 그의 삶에는 몇 가지 눈에 띄는 활동이 있었다. 그는 1965년에 엄혹했던 분위기에서 미국 흑인 민권운동의 분수령을 이루었던 3차례의 '셀마-몽고메리 행진' 중 2차 행진에 참여했던 것을 자랑스럽게 여겼다고 한다. 노스이스턴 대학에서 홀로코스트 기억위원회Holocaust Awareness Committee를 창립하는 데 기여했다. 그 위원회의 활동에는 오늘날까지도 그의 이름이 회자되고 있다. 또 자연애호가로서 오듀본협회Audubon Society의 열성 회원이었다고 한다.

책의 번역을 마치고 그의 부고 기사를 다시 읽어보면서, 이 책의 닐과 그의 삶이 매우 닮았다고 생각했다. 거기에 이 책의 헌사까지 "닐처럼 타인들을 위해 봉사하는 데 일생을 바치신 침례교 은퇴 목사인 나의 아버지에게"라고 붙인 내용을 다시 보게 되었다. 조용하면서도 끈질기게 공동선을 추구해

온 그의 삶을 뒤늦게나마 흠모하고 추모하게 되었다. 옮긴이는 여기에 덧붙여 닐이나 그의 아버지, 그가 마주했던 미래에 대한 상상과 헌신을 다시 한 번 생각해보게도 되었다.

이 책에 대한 서평은 인터넷에서 두 개가 검색된다. 하나는 협동조합계의 것이고, 다른 하나는 노동운동계의 것이었다. 비용 문제로 무료인 협동조합계의 것만 살펴보았다. 협동조합계에서 매우 잘 알려진 이안 맥퍼슨$^{Ian\ MacPherson}$이라는 학자는 1975년에 역사학계의 학술지에 서평을 기고했다. 주요 내용은, 역사학자가 협동조합계의 역사를 연구한 것에 대해 새로운 시도로서 환영한다는 내용과 우려된다는 입장을 담고 있었다.

옮긴이가 주의 깊게 살펴본 서평의 내용은 혹시 사실에 대한 비판이 있었는가 여부였다. 전반적으로 불편하다는 내용이었지만, 사실에 대한 반박은 없었다. 오히려 그랬던 사정을 이해했어야 한다는 변명조의 내용이 있었다. 그리고 협동조합계의 학자 쪽에서 볼 때 역사학계의 학자가 너무 일방적으로 사실을 앞세우는 것이 아닌가를 우려하는 내용이 담겨있을 뿐이었다. 그럼에도 불구하고, 맥퍼슨 교수의 지적 중 끝부분은 되새길만한 내용이라고 생각되었다. 요약하면, 비록 닐의 생각이 탁월했다는 점은 인정하지만, 그리고 그 생각이 당대에 누구의 방해 때문에 실현되지 못한 것이라고도 해석할 수 있지만, 그런 방해가 없었다면 실현되었을 것이라고 가정하면서 이 책을 읽지 않기를 바란다는 내용이었다. 실현될 것을 빼앗겼다고 생각하기보다 진정으로 어떤 조건이 불비했는가를 생각해보자는 제안으로 받아들여졌다.

이 책의 원제목은 문자 그대로 옮길 때『빅토리아 시대 잉글랜드 기독교 사회주의와 협동조합 : 에드워드 반시태트 닐과 협동조합운동』이라고 번역되는 것이 정당하다. 그러나 옮긴이는 이 책의 번역판 제목을『또 하나의 협동조합운동 : 공동체와 노동을 살리는 협농소합운동 노선』이라고 붙이는 것이 어떨까 생각한다. 물론, 한 시대의 역사적 인물에 대한 전기가 원본이지만, 이 책의 내용은 그 인물이 품었던 생각을 한번쯤 함께 생각해보게 할 때 더 깊은 의미를 전달해 줄 것이라고 옮긴이는 생각한다. 그 의미는 협동조합운동에는 역사적으로 다양한 노선과 사실이 있었다는 것, 그 중에서도 공동체에서 존중받는 노동을 연쇄적으로 창출해 나가겠다는 소비자 협동조합운동의 노선도 있었다는 것, 그리고 그처럼 스스로를 고용하는 공동체를 건설하기 위해 협동조합운동을 전개하는 노선이 오늘날까지 이어지고 있다는 것이라고 생각한다. 이런 의미 속에서 옮긴이는 오늘날의 소비자 협동조합운동을 보다 넓은 시야에서 새롭게 재해석해보고, 또 역사적 인물이자 오늘날 그리고 미래의 닐에 대해 함께 생각해보자고 권하고 싶다.

끝으로, 옮긴이의 소감이다. 번역에는 최선을 다했지만, 오류에 대해서는 여전히 자신이 없다. 옮긴이는 필자의 복잡한 심경과 논리를 읽어주는 노력도 독서의 일부라고 생각한다. 원문에 가능한 한 충실하면서 난해한 부분은 한 문장을 여러 문장으로 쪼개어 번역한 곳도 있다. 필자의 생각을 존중하는 의미에서, 다른 한편에서는 옮긴이의 무지를 측은하게 여기는 마음에서, 어려운 문장이라도 함께 읽어주시기를 독자 여러분께 부탁드린다.

내용 중에는 과거 일본의 문헌에 의존해서 2차적으로 해석되었던 내용과 이 책의 내용이 차이를 보이는 부분을 여러 곳 발견하게 될 것이다. 예를 들어, 로치데일의 신비로운 모습, 비어트리스 웹의 현명한 모습, 홀리요크의 객관적인 판정관 같은 모습, 그런 모습은 이 책에서 닐을 중심으로 볼 때, 약간 일그러진 모습으로 나타날 수 있다. 하지만, 그런 모습보다도 빅토리아 시대 잉글랜드의 초기 협동조합운동이 최소한 두 가지의 문제의식을 갖고 있었다는 점을 놓치지 않기를 바라는 마음이다.

하나는 글자 그대로 소비자의 이익을 창출하려고 했던 소비자 중심 협동조합운동 노선이 옳은가 아니면 공동체에서 존중받는 노동을 연쇄적으로 창출하기 위해 소비자 협동조합을 운영하려고 했던 공동체 중심 노선이 옳은가의 논쟁은 단순한 기선 제압 싸움이 아니었다는 것이다. 다른 하나는 노동의 해방이 국가의 힘을 장악할 때 더 빠른가 아니면 오래 걸리더라도 자발적인 수단을 마련해 나가는 것이 더 나은가의 쟁점이 있었다는 것이다. 앞의 논쟁은 페이비언 사회주의와 기독교 사회주의 간 논쟁이었고, 뒤의 논쟁은 마르크스주의와 기독교 사회주의 간 논쟁이었다.

이들 두 문제의식에서 기독교 사회주의는 노동자가 스스로를 스스로의 힘으로 고용하는 공동체를 건설하겠다는 것, 그런 협동조합 복합체를 건설하는 것이, 페이비언 사회주의나 마르크스 사회주의보다, 더 나은 해법이라고 고집스럽게 주장했다. 일부에서는 그런 '개인주의' 협동조합운동 노선이 스페인 몬드라곤 협동조합 복합체에서 뒤늦게 꽃을 피운 것으로 해석한다.

그때나 지금이나 소비자의 이익 자체, 또는 노동 자체만을 존중하는 것이 목표가 아니라 삶의 공동체적 자조를 이룩하고 존중하기 위해서 노동을 존중한다는 사상이 있었고, 그런 사상은 어딘가에서 계속 이어진다는 점을 생각하게 된다. 협동조합을 하시는 분들에게는 ICA의 협동조합 원칙을 지키면 자동적으로 노동이 존중되고 삶의 공동체적 자조가 이룩될 것이라고 한쪽 방향에서만 생각하기보다, 삶의 공동체적 자조를 이룩하고 존중하기 위해 먼저 노동을 존중하고, 그런 다음 ICA의 협동조합 원칙을 지키는 다른 쪽 방향에서도 생각해보시기를 권하고 싶은 것이 옮긴이가 이 책을 번역한 목적이기도 하다.

이 책의 번역 계획 시점부터 관심을 가져주신 조완석 한살림연합 상임대표님, 한살림 회원생협 이사장님들, 흔쾌히 출판을 승낙해준 도서출판한살림의 윤형근 대표님, 난해한 초벌 번역본을 꼼꼼히 고쳐주며 출판까지 옮긴이를 이끌어준 모든 실무자님들께 감사드린다. 그리고 어느덧 부쩍 자라 나와 함께 놀아주고 있는 이언과 이나에게 한 줄의 문장으로나마 작은 추억거리를 선물하고 싶다. 코로나 19 감염병 대유행 기간이 계속 이어진 가운데 직접 찾아뵙지 못하고 전화로만 이 책에 대해 토론했던 옮긴이의 이론적 스승이신 신기엽 박사님과 현장의 스승이신 전 고삼농협 조합장님이며 현재 농협파트너스 대표인 조현선 님께 감수를 직접 부탁드리지 못하고 출판하게 되어서 죄송하다는 말씀을 드린다. 끝으로 이 책을 읽어주실 독자 여러분께 감사드린다.

2022년 3월

이인우

| 서문 |

또 하나의 협동조합운동 노선을 찾아 나서며

> 우리는 하나에 대한 연구를 완료했을 때, '둘'이란 '단순히 하나에 하나가 더해진 것'이므로, 둘에 대해서도 모두 알고 있는 것처럼 생각한다. 그러나 우리는 '하나 그리고 하나'에서 '그리고'를 연구해야 한다는 점을 망각하고 있다.
>
> — 에딩턴 A.S.Eddington

소설가 헤르만 헤세는 '역사를 집필한 결과물은…객관성에 대한 욕구가 얼마나 진지한 것이었든…하나의 문학 작품으로 남게 된다. 역사의 세 번째 차원은 항상 픽션이다'라고 말했다. 지나친 단정일 수 있지만, 현재 시점에서 역사가 본인이 가진 문제의식, 열정, 편견들은 취재 자체에 영향을 미친다. 그 영향은 결과적으로 과거에 대한 이해에 색깔을 입히게 되고, 그런 색깔은 또 감각 신경을 건드리게 된다. 톰슨E.P.Thompson이 '천로역정의 정설Pilgrim's Progress orthodoxy'*이라고 불렀던 현상은 너무나도 자주 성행했다. 그런 상황에

• 역자 주_천로역정의 정설이란 특정 현상을 지나치게 강조하면서 역사를 집필할 경우, 픽션이 될 수 있다는 점을 설명하기 위해 사례로 든 것이다. 역사학자인 톰슨은 자신의 저서에서 천로역정이라는 책자의 파급 효과를 강조했다. 그 저서는 역사학계에서 획기적인 역사 연구물로 평가되었다. 이 책의 저자는 그런 연구물의 관점 역시 마지막에는 픽션의 영역에 놓일 수 있다고 말하고 있다. 참고로 이렇게 해석하게 된 맥락을 소개하면 다음과 같다. 톰슨은 1972년에 『The Making of the English Working Class잉글랜드 노동계급의 형성』이라는 역사 연구물을 출판했다. 그 책은 20세기 영국 역사학계의 최고 걸작 중 하나로 꼽히게 되었다. 주요 내용은 잉글랜드에서 노동자 계급이 수동적으로 형성된 것이 아니라 자각적인 노력에 의해 능동적으로 형성되었다는 점을 처음 밝힌 것으로서 새로운 역사연구 방향을 제시했다는 평가를 받았다. 그런 점을 규명하는 과정에서 톰슨은 1800년대 초반에 두 가지 책자가 당시 노동자들의 자각을 이끌어냈던 기본 서적이었다고 지목했다Thompson. 1972. 31. 하나는 존 번연John Bunyan. 1628~1688이 1678년에 1부를 출판하고 1684년에 2부를 출판했던 『천로역정』이었고, 다른 하나는 토머스 페인Thomas Paine, 1737~1809이 1791년에 1부를 출판하고 1792년에 2부를 출판했던 『인간의 권리Rights of Man』였다. 두 서적은 코벳William Cobbett. 1763~1835. 온건 정치개혁론자, 오웬Robert Owen, 1771~1858. 초기 사회주의자과 함께 1790년부터 1850년까지 노동계급 운동의 사상과 태도를 형성시켜준 산실이 되었다고 톰슨은 주장했다. 그중 천로역정은 번연이라는 침례교 계열 청교도주의자가 그리스도인Christian을 주인공으로 내세웠던 신앙 서적이었다. 주요 내용은 주인공이 멸망을 앞둔 애굽의 성에서 구제되어 하늘나라에 이르기까지 순례

놓이게 되면 연구자들은 근대의 성공적 운동이나 사상들의 '개척자들'을 샅샅이 뒤지는 데 시간을 낭비한다. 직접적인 연관성이 부족하다고 보이는 역사적 발전 과정들은 얄팍하게 생색을 낼 정도로만 다루어진다. 또 어떤 책들이 출간되어야 하는가를 결정하는 과정은 특히 그 순간의 변덕스러운 관심사항에 좌우된다. 예를 들어, 『닐과 협동조합운동』이라고 이름 붙였던 이 연구의 초고에 대해 한 독자는 이렇게 논평했다. '상대적 중요성 자체가 논란이 될 수 있는 분야에서 독특한 중요성이' 있다는 평가였다. 그리고 한 저명한 출판사의 편집인은 '세부 내용을 들춰보지 않고도 닐이라는 인물이 알려진 이름도 아니고, 그의 행적 역시 매력적이지 않다는 당초의 출발점으로 다시 돌아오게 된 것 같다'고 말했다. 아름다움이라는 것처럼 매력적인 것은 보는 사람의 눈에 달려 있다. 불행하게도 귀족의 광휘, 부도덕한 사람들의 매력, 전쟁, 기타 유혈이 낭자한 사건들에서 얻는 대리 흥분은 장기적인 관점에서 더 중요할 수 있는 다른 실재들로부터 학자들의 눈을 멀게 한다.

오늘날에는 협동조합에 대한 상대적 중요성 자체가 쟁점이 될 수 있다. 그러나 19세기에는 분명히 그렇지 않았을 것이다. 당시 협동조합운동의 구축 과정에는 잉글랜드뿐만 아니라 유럽에서 수천의 평민들이 가졌던 희망과 포부가 반영되어 있다. 콜$^{G.D.H.Cole}$은 협동조합이란 그 내부에 '스스로를 경제적 변혁의 강력한 수단으로 만들 수 있는 사회적 힘'이 있기 때문에 독특하다고 했다. 사회주의를 실현하는 하나의 수단으로서, 스스로가 기약했던 내용을 충실히 이행했는가의 측면에서, 좌절감을 주었을지라도, 그 운동은 계속해서 그 세기 동안 가장 탁월한 '자조$^{Self-help}$'의 제도적 상징물 중 하나였

여정에서 겪는 고난을 비유 형식으로 저술되었다. 그런데 그 서적은 종교 서적이었음에도 불구하고 당대의 노동계급이 고난을 극복하고 해방에 이르기까지 전개해 나가야 하는 의식적인 노력들을 각성시켰다는 점에서 노동계급에게 정치적인 영향을 미쳤다고 톰슨은 상세하게 분석했다. 그런 톰슨의 관점과 분석 방법은 그 저서가 유명해지면서 하나의 정설로 굳어졌다. 그런데 이 책의 저자는 그런 정설조차 마지막에는 픽션의 차원에 놓이게 된다고 주장한 것이다. 긴 역자 주가 필요 없을 정도로 단순한 예를 든 것에 불과하지만 복잡하게 연결되어 있는 내용이 불쑥 한 문장으로 압축되어 본문에 삽입되어 있기 때문에 교정 과정에서 역자 주를 붙여달라는 요청을 받았다. 첫 페이지부터 긴 역자 주를 붙이게 되어 독자 여러분께 죄송하다. 옮긴이는 '천로역정의 정설'이란 이러한 맥락에서 서술되었다고 이해한다.

다. 자조는 빅토리아 시대에 가장 만연했던 만병통치약이었다. 글래드스톤 William Gladstone과 브라이트 John Bright가 선거권 확대를 옹호하고 있던 1866년에 두 사람은 아주 많은 노동자들이 국가의 이익을 위해 경제적 역할을 가진 책임있는 시민들이 되었고, 그에 따라 투표도 허용되어야 한다고 주장했다. 그들은 그 증거로 협동조합의 성과를 강조했다.

닐이라는 인물의 개인적 기여는 분명히 관심을 끌만하다. 그의 이름은 노동사 연구자들에게 잘 알려져 있다. 또 19세기 영국 관련 중요 연구자 중 다수가 그를 좋게 평가한다. 비어트리스 웹 Beatrice Webb은 닐에 대해 '나는 영국 박애운동의 모든 역사에서 철두철미하게 사심없이 극기하면서 노동자 계급을 위해 봉사하고 헌신했던 삶을 그 어떤 영예로운 사례에서도 찾지 못했다' 라고 썼다. 콜 역시 기독교 사회주의운동의 유익한 결과들에 대해 논평한 다음, '모든 사람 중 가장 위대한 사람은 닐이었다. 그는 자기 재산의 대부분을 쏟아 부었고…여생을 협동조합운동에 바쳤다….'라고 극찬했다. 그러나 콜과 웹은 모두 기독교 사회주의자이면서 박애 운동가로서 닐의 미덕을 높이 평가했지만, 협동조합 운동가로서 닐의 선구적 활동에 대해서는 깎아 내리는 경향이 있었다. 실제로 비어트리스 웹은 후세대들이 그를 거의 간과해왔다는 사실을 전적으로는 비난하지 않았다. 웹은 능란한 필치를 자랑했지만 내용을 왜곡하여 1891년에 출판한 『협동조합운동 약사略史』에서 생산자 협동조합운동 Producer Cooperation의 고집 센 제창자들이었던 닐과 그의 동료들에 대해, 그들의 노력이란 협동조합운동의 성공과 무관했을 뿐만 아니라 심지어 협동조합운동을 제약하기조차 했던 편협한 비현실적 관념론자들이었다고 소개했다. 불행하게도, 그녀의 책자는 커다란 영향력을 갖게 되었다. 또 후대의 역사가들이 연구할 때 인용하는 선행 문헌자료로 쓰이게 되었.

이 책자의 연구 내용에 근거할 때, 협동조합운동은 닐에게 기다란 빚을 졌다는 점이 드러난다. 그는 19세기 중반과 그 이후 동안 협동조합이 성공적 발전 성과를 거두는 데에 그 누구보다도 기여했던 인물이다. 그는 협동조합에 필수적이었던 의회법을 기초했다. 그리고 무수히 많은 자율적 협동조합 활동들이 합법적으로 하나의 강력한 전국적 운동, 궁극적으로는 국제적 운동으로 결속될 수 있도록 했다. 또한 공식적인 구조에서 연합회 형태를 갖춘 행정적 제도들을 설계하는데 매우 커다란 역할을 수행했다. 이들은 그의 천재적인 재능이 뒷받침 된 것이었다. 그는 헤겔 철학과 유토피아 사회주의에 대한 연구로부터 출발하여 사회를 끊임없이 재구성해야 한다는 의무적 충동에 이끌렸다. 그는 협동조합운동이 자본주의와 맞서 싸우는 효과적인 동력으로 되게 만들겠다는 시도에 자신의 생애를 바쳤다.

널이 기독교 사회주의운동의 중요 인물로 떠오르던 1850년대 초에 로버트 오웬Robert Owen이 설파했던 구원적 이상들은 이미 잉글랜드 북부 지역에서 상당한 규모로 활동들을 일으키고 있었다. 널과 그의 동료들은 런던을 기반으로 활동했다. 그들은 엄두가 나지 않을 정도의 불평등한 분위기에 맞서 자치적 작업장들을 설립하려고 분투했다. 반면, 협동조합 점포들은 공업 지대인 랭커셔Lancashire, 요크셔 웨스트 라이딩West Riding 지역에서 커다란 힘을 기울이지 않고도 크게 증가세를 보였다. 북부 지역의 협동조합 운동가들은 사업 역량을 보여주었던 평등 개척자들Equitable Pioneers의 사례를 따라서 했다. 그 개척자들은 1844년에 로치데일에서 소매 점포들이 조합원·주문이용자Customer들에게 구매한 내역에 비례하여 주기적으로 배당을 실시함으로써 그들을 조합원들로 계속해서 유치할 수 있다는 것을 깨우쳤다. 널은 기독교 사회주의자들 가운데 그런 발전 결과가 경제적으로 그리고 사회적으로 중요하다는 점을 높이 평가했던 거의 유일한 사람이었다. 그는 협동조합 점포들이 집합적으로 행동하며 생산양식 자체를 변화시킬 수 있는 운동을 구축하는 데에 실천적인 주춧돌 역할을 할 수 있을 것이라는 상상을 품었다. 만약 점포들이 계속해서 늘어나고, 도매 센터들을 결성하고, 넓은 범위를 기반으로 하는 하나의 협동조합 연합회로 합류하고, 각자의 개별적인 노력들을 다 같은 방식으로 조율해 나간다면, 그들은 엄청난 수익도 축적하면서 사실상 자신들 내부에 커다란 새로운 시장까지 창출할 것이다. 함의들도 확연했다. 필요한 자본과 세심하게 관리되고 신뢰할 수 있는 시장까지 모두 소유할 수 있다는 점을 고려하면, 그들은 충분히 성공이 보증되는 생산자들의 협동조합들을 출범시킬 수 있을 것이다. 그런 이점이 없는 영리 기업체들은 점차 존재 자체에 압박을 받고 경쟁에도 뒤쳐질 것이다. 그것이 닐에게 포착된 바람직한 미래상이었다. 그러나 그는 필요한 기능들을 수행해주는 중앙 단위의 조율 기관들이 없다면 결코 구현될 수 없다는 점을 알았다. 그에 따라 그는 근대 협동조합운동의 행정적 심장부를 함께 구성하게 될 연방 단위의 주요 기관들을 구축하는 영역에서 매우 탁월한 역할을 수행하게 되었다. 그 기관들이란 협동조합 도매조합, 보험조합Insurance Society, 협동조합 신문Cooperative News, 협동조합연합회 같은 것이었다.

닐의 경우, 생애 동안에 성취한 내용들은 '통합'이라는 단어 하나로 요약될 수 있다. 기독교 사회주의운동이 종착점에 다다르기 이전에 그는 영국에서 협동조합의 정확한 본성과 범위를 밝히려고 마음을 먹고 모든 종류의 노동자결사체Associations Ouvriers들에게 질문지를 송부하면서 자신은 이미 그 목적을 향해 체계적으로 움직이기 시작했다. 그 몇 해 동안 수집한 데이터에 기초하여 그는 몇 가지 팜플렛들을 작성해 널리 배포했다. 그 문건들은 그동안 개별적으로 활동하던 다수의 협동조합 결사체들이 공통적인 운영 절차와 정관 규칙들을 토대로 함께 모일 수 있게 함으로써 차츰 통일성을 갖춰 나가도록 하려는 것이었다. 그것은 시작에 불과했다. 그는 그의 생애 내내 계속해서 새로운 사회를 위한 정보 편람뿐만 아니라 안내서, 신분증, 모델 규칙들을 준비해서 제공했다.

닐은 1873년에 협동조합 연합회의 사무총장으로 발탁되어 협동조합운동의 최고 공식 대표가 되면서 그간의 탁월했던 기여에 대한 보상을 받았다. 그 직위에 임명된 후 그동안 그의 유토피아적 사회주의 이상들에 대해 길길이 반대했던 사람들조차 그의 중요성을 순순히 인정했다. 왓츠Dr John Watts의 표현이 전형적이었다. '협동조합운동은 어느 누구보다 닐 씨에게 신세를 졌다. 원래의 로치데일 개척자들을 제외한다면, 그가 잠시도 쉬지 않고 주장을 펼쳤던 사람이었을 것이다.' 왓츠의 표현은 과장되지 않은 것이었다. 사무총장인 닐이 불굴의 활동력을 보여주었기 때문이다. 최고 집행간부로서의 공식적 의무를 벗어나서 그의 활동 이력은 몇 장을 채워도 넘쳤을 것이다. 그런 증거들을 모두 합하면, 여러 해 동안 이룩해 온 협동조합운동의 진보적 성과가 대체로 닐의 헌신적 봉사에 의존한 것이었다고 충분히 말할 수 있을 것이다. 그렇다면 그는 왜 상대적으로 적게 알려진 지도자로 남았을까? 비어트리스 웹의 『협동조합운동 약사』가 그를 중요하지 않은 서열에 두는 역할을 했지만, 그것만이 지나치게 강조되어서는 안 된다. 실제로도 닐은 스스로 역사 속에서 잊히는 길을 선택했다. 그는 강박적일만큼 이타적이었고, 자신의 성취 결과를 근거로 개인적 명성을 쌓으려고 한 경우가 거의 없었다. 진정으로 그는 배후에서 활동했고, 다른 사람에게 찬사가 돌아가도록 활동하는 방식을 선호했다. 자신이 영감을 주었거나 성공가도를 달릴 수 있게 도왔던 다른 조직체들은 물론이고 자신이 직접 구축했던 조직체들에 대해서조차 자신의 권리를 주장하지 않았다.

  닐이 노동운동 내에서 한 명의 중요한 동력 창출자였다는 점을 몇 명의 걸출한 역사가들이 시사한 적이 있었다. 그러나 아직까지 아무도 그 증거를 찾아 나서지 않았다. 거기에는 공감이 간다. 그 증거라고 하는 것이 칙칙하고 색채도 없으며 셀 수 없이 많은 분량을 차지하고 있는 협동조합 뉴스 신문들에서 많은 분량의 사소한 소식들을 채로 걸러내고, 조각들을 포집하고, 그것들을 다시 한곳에 모은 후에만 비로소 닐이 중요했다는 하나의 전체 이야기를 전할 수 있을 분량만큼의 귀중한 원천 자료를 얻을 수 있었기 때문이다. 게다가 그 작업은 매력적인 전망도 충분히 제공해주지 못했다. 특히 그 정기 간행물의 발췌 작업에 관하여 비어트리스 웹이 '나의 견습활동$^{My\ Apprenticeship}$'이라는 제목의 글에서 논평했던 내용을 읽었던 사람들에게는 그렇다. '주의해서 갈아야 한다. 놓치지 말아야 한다! 하루에 6시간씩 끝도 없이 많은 분량의 그 협동조합 뉴스 신문을 읽고 관련 소식을 옮겨 적는 작업. 서로 맞물려 정돈되어 있는 것이 아닌 사실들의 기록들로만 이어져 있는 다람쥐 쳇바퀴 같은 작업은 그 자체가 완전히 관심을 떨어뜨리는 것이고 만족할 만큼 완벽한 내용이 있는 것도 아니다.' 그녀는 계속해서 '쑤시듯 아픈 눈', '시간과 노력을 낭비하고 있다는 음울한 생각', 전체 경험이 그녀를 '아프고 성마르게, 그리고 작업 시간…쉬는 시간…절망적인 짜증'을 느끼게 만들었다는 사실에 대해 이야기 해 나간다. 그럴진대 닐이라는 인물의 활동을 조사의 주제로 잡고 그 신문의 1년 치 분량을 정독한다는 것은 그 자체만으로도 열정을 꺾는 데 충분할 것이다. 그는 믿을 수 없을 만큼 많은 글을 쓴 집필자이기도 했다. 매주 발행되는 지면에 한 두 문장짜리부터 법률적 전문 영역에 관한 내용이 전면을 차지한 기사에 이르기까지 어떤 것이든 집필했다. 옥스퍼드 학창시절부터 20년 동안 충직하게 작성해 온 매우 흥미로운 기록물인 비망록을 우연히 발견하지 못했다면, 그의 전기를 집필하기로 한 이 프로젝트를 포기했을지도 모른다. 그 비망록은 전기의 집필에 필요했던 강한 동기를 안겨주었다. 수줍고 내성적이었으며 윌리엄 윌버포스William Wilberforce의 조카이기도 했던 그 사람에게 매료되어 그가 1892년에 생을 마칠 때까지 그의 비범한 이력을 추적하는 작업을 멈출 수 없었다. 지나칠 정도로 부드러웠던 복음주의적 양심은 그를 사회주의자로 이끌었다. 그 작업은 실제로 보람이 있었다. 지루했던 연구 결과는 매우 강한 흥미를 불러일으키는 그의 개성을 들춰내주었다. 필자는 그의 장점, 성실성, 인간성, 그리고 무엇보다도 영감을 주는 리더로서 그가 지녔던 중요성에 점점 더 감명을 받았다. 심층으로 파고 들어가면 협동조합운동의 어떤 영역에서도 닐의 천재성이 드러나지 않는 곳이 없었다. 그런 결론은 피할 수없는 것처럼 보였다. 로버트 오웬이 영국에서 '협동조합 이념의 아버지'라고 언급될 수 있는 것과 동일한 의미에서 에드워드 반시타트 닐 역시 현대적 형태의 조직화된 운동 중 하나인 '협동조합운동의 아버지'로서 오웬의 옆자리를 차지하는 것이 정당할 것이다.

이 전기적 연구의 부산물 중 하나는 전혀 뜻밖의 성과로 나타났다. 당초에 이 연구는 영국 협동조합운동에 관하여 널리 일반화되어 온 관점에 손상을 입힐만한 정보를 찾아낼 것이라고 거의 기대하지 않았다. 그 관점이란 영국의 협동조합운동이 '항상 의심의 여지없이 민주주의적인 것'의 전형이며, 빅토리아 시대의 노동계급 운동이었다고 해석하는 견해였다.* 그러나 이 연구는 그 견해에 대해 비록 철저히 수정주의적인 것은 아니지만, 매우 상반되는

---

*Sidney Pollard, 'Nineteenth-Century Cooperation: from Community Building to Shopkeeping', Essays in Labour History, Asa Briggs and John Saville, eds. London, 1967, 111쪽.

입장에 설 필요가 있다는 점을 입증해 주는 부산물을 남겼다. 그 주제에 관한 전통적인 관념들 가운데 이 연구의 검증을 완벽하게 견뎌낸 것은 거의 없었다. 게다가 '노동계급' 인구와 운동에 대한 개념을 정립할 때 역사가들이 친숙하게 사용해 온 모델들이 협동조합운동에도 쉽게 적용될 수 없었다는 점을 발견한 것은 당혹스러웠다. 간담을 서늘하게 할 정도로 규칙성을 적용한 분석에서는 공리^{公理}들이 수수께끼들로 바뀌었다. 노동자들이 협동조합 점포의 주된 후원자들이면서 배당금을 수령하는 조합원들이었다는 사실을 빼면, 전체적으로 볼 때, 협동조합의 소비자들이, 현실에서 문자 그대로 어떤 의미에서든, '노동계급 운동'에 힘을 보태주는 노력을 했는지가 의문시 될 수 있다. 모든 점포에서 조합원들이 민주적 참여의 기본 권리를 가지고 있었다. 그러나 직접 참여의 성격과 범위가 지방마다 달랐다. 이용 가능한 증거도 확신을 갖고 일반화할 수 있을 만큼 충분하지 않았다. 그런데도 노동자들이 통상적으로 지방 수준에서조차 정책을 결정할 수 있는 스스로의 권리를 이용했다고 볼 수 있을까? 이론뿐만 아니라 사실 면에서도 평균적인 협동조합 점포가 노동계급 민주주의의 성공적 사례였다고 볼 수 있을까?

협동조합운동의 건설자로서 닐이 지녔던 중요성을 고려한다면, 사망 직전의 80대 노령이었던 그가 자신이 건설했던 조직체들과 절연할 준비를 하고 있었다는 점은 주목할 만하다. 그들은 지난 시절 사회의 변화를 일으킬 목적으로 힘겹게 고안하여 완벽하게 실현했던 것이었다. 그러나 그는 그 목적에 이르기 위한 과업들과 협동조합 중앙 수준 조직체들이 조화를 이루지 못했다는 점을 깨달았다. 그리고 그 중앙 수준 조직체들과 절연할 준비를 하고 있었다. 그 이유는 닐이 처음부터 협동조합 소비자 이론을 지나치게 신뢰함으로써 오산을 범했다는 점이 분명해졌기 때문이었다. 잉글랜드 북부 지역에서 번성했던 점포들은 오웬주의^{Owenism}로부터 영감을 받았다. 또 그들은 당초에 유토피아 공동체들을 설립하는 것이 목표인 사회주의의 대의를 발전시키기 위해 사용할 수 있는 자본을 축적하고자 했던 로치데일 평등 개척자들 Equitable Pioneers의 모범적인 리더십을 따랐다. 그러나 부가 급증하면서 무관심이 나타났다. 그리고 그들의 원래 이상은 곧 수사학적 위선 정도로 전락했다. 현실은 파운드, 실링, 펜스 등 금전적인 측면을 더 노골적으로 열거하기에 이르렀다. 협동조합운동은 소비자들의 운동으로서 너무나 성공적이었다. 그에 따라 지도자들 대부분은 자신들의 공동체 구축이라는 사회주의의 이상을 포기하고 점포를 경영하는 자본가가 되었다. 협동조합 연합회의 사무총장으로서 닐은 생산수단을 혁명적으로 변화시킴으로써 노동계급을 해방시킨다는 그들의 오랜 서약을 되살리기 위해 끈질기게 분투했지만 소용없었다.

잉글랜드 도매조합England Wholesale Society은 그런 이상들의 변화를 야기했던 주된 촉매 역할을 했다. 협동조합 도매조합CWS은 궁극적으로 협동조합 시장을 장악하게 되었고, 미첼J. T. W. Mitchell의 지휘 아래 있었던 이사들은 자신들의 정책을 협동조합운동에 강요하기 위해 도매조합의 막대한 경제적 지배력을 사용했다. 일반적으로 CWS는 성공적으로 노동계급 소비자들의 민주적 활동이 이루어졌던 사례라고 선전된다. 그러나 그런 주장은 명백히 사실을 오도한 것이다. 노동자들의 영향력은 기껏해야 2차적인 것이 되어야 했다. 도매조합의 정책 입안자들을 선택하는 과정에 개인Individual들이 직접 관여할 수 없었기 때문이다. 직접 관여했던 주체는 연합회 기구Federal Body였고, 회원 자격도 개별 협동조합들, 주로 점포들로 제한되었다. 실제 운영 과정에 대한 개별 협동조합들이 관여했던 수준도 선거 과정에 대한 참여 측면에서 볼 때, 열정어린 것이었다기보다 열정에 무관심한 것에 더 가까웠다. 많은 점포들은 자신들의 선거권을 행사하는 데조차 신경을 쓰지 않았다. 그 결과, 도매조합의 경영 엘리트가 가졌던 야심은 어떤 견제도 받지 않았다. 설립 직후, CWS는 스스로가 영속성을 가진 관료적 기구가 되었다. 그 기구는 경제적으로 보수적이었고 이데올로기적으로 경직되어 있었다. CWS의 편협한 물질주의적 영향력이 지배적이었던 그늘 안에서 전체 협동조합운동은 점차 거대한 비인격적인 형식의 사업을 수행하는 기입체로 변모했다.

닐은 항상 도매조합이 협동조합적 생산 사업을 주도해야 한다고 믿었다. 따라서 그는 잉글랜드 CWS가 1873년에 몇 개의 작업장Workshop을 설립하면서 경이로운 성장의 10년이라는 결단을 내렸을 때 기뻐했다. 그러나 그의 기쁨은 오래 가지 못했다. 2년도 지나지 않아 CWS는 그 작업장들을 영리 자본주의적 공업과 정확하게 동일한 방식으로 착취함으로써 이윤을 내야 한다는 엄격한 태도를 보였고, 금전적 이익을 위해 경영하려는 의도를 분명히 드러냈다. 그것은 이상들 간 원초적 갈등을 초래했던 최후의 결정타가 되었다. 그것은 닐의 여생 동안 그를 괴롭혔고, 협동조합운동의 토대까지 흔들어 놓았다.

그 결과는 피할 수 없는 것이었다. 얼마나 소박한 수준에서 출발했든, 어떤 소비자운동이 사회주의를 이룩하는 효과적 수단이 될 수 있단 말인가? 또 노동계급에게 충직하겠다는 적자로서의 권리를 오랫동안 지켜나갈 것이라고 기대할 수 있단 말인가? 사회주의 경제 모델의 맥락 안에서 노동자란 자신의 생산적 기능 측면에서만 독보적이다. 소비자로서 노동자는 자신의 특별한 계급적 정체성을 상실하게 되고, 그의 목적 역시 사회에 지배적인 생산양식을 반영한 것으로 되는 것이 거의 확실하다. 불행하게도, 자본주의 하에서, 생산자와 소비자의 이해관계는 갈등 상태에 놓이기 쉽다. 기독교 사회주의자였던 루들로우^{John Ludlow, 1821~1911, 영국의 법률가이며 기독교 사회주의운동의 지도자}는 그 점을 빠르게 간파했다. 그는 1851년에 이미 북부 지방 협동조합 운동가들의 염원인 중간상^{Middle Man}이 최종적으로 제거될 경우 '생산자와 소비자 간 이해관계의 대립이 가장 적나라한 형태로 전면에 드러날 것'이라고 예측했으며, 닐에게 협동조합 점포에 너무 많은 역점을 두는 것이 위험하다고 경고했다. 과거의 협동조합 정신이 상실될 경우, '이기적인 소비'의 동기는 오로지 가능한 한 낮은 가격에 제품을 입수하려는 것이 될 것이라고 고집스럽게 주장했다. 루들로우의 경고는 과장된 것이 아니었다. 1870년대 후반에 북서 지방의 주요 협동조합 지도층 위원 대부분은 철저하게 부르주아 사상에 물든 상태였다. 그들은 노동자들에 관해 이야기할 때 매우 경멸적인 용어를 사용하기에 이르렀다. '소비자에게 모든 이윤을^{All Profits to the Consumer}'이라는 문구는 그들의 유일한 신조가 되었다. 협동조합 공장들에서 파업이 발생하자 닐은 원통함을 느꼈다. 노동자들이 협동조합운동에 관하여 어떤 주목받을 만한 방식으로 말할 수 있는 방법이 있었다면, 그것은 협동조합운동 영역의 피고용자들을 위한 노동조합을 결성하고 반복적으로 파업을 하는 것이었다.

도매조합의 지도층 위원들 또는 이 문제와 관련해서는 협동조합 행정관리자들 중 다수가 앞에서 확인할 수 있었던 노동자들의 희망이나 경제적 이익 중 어떤 것도 대변했다는 증거를 발견하기는 어렵다. 비어트리스 웹은 그들을 '노동계급 자본가들'이라고 불렀다. 아무도 그런 역설적 개념 정의의 신뢰성을 의문시하지 않았다. 그것은 대부분의 협동조합 운동가들이 자신의 삶을 그런 류의 노동자로서 시작했다는 사실에서 단순히 비롯된 것처럼 보이게 한다. 잉글랜드의 거물 산업가들 중 다수는 아직도 미천한 태생의 흔적이 남아 있는 말투를 드러내는 데에서 나타나는 것처럼 누추한 오두막집에서 태어났다. 그러나 아무도 그때나 그 이후에나 그들은 노동계급 자본가들이라고 불리지 않았다. 사무엘 스마일스$^{Samuel\ Smiles}$•는 그런 점을 간과하지 않았었다. 협동조합운동의 저명한 대표자들에 대한 경제적 지위와 경영자들의 직위는 중간 계급의 서열 안에 놓인 것으로 간주된다. 그것은 계급 구조를 조사하거나, 정의하거나, 한정하기 위해 고안된 것일지도 모르는 것으로서, 분명히 어떤 상상할 수 있는 문화적 모델이 있는 것처럼 보일 수 있다. 도대체 어떤 문화적 환경이 직원들에 대해서 말할 때, '하인들과 영합하고, 어루만져 주고, 망치게 하는 것은 나쁜 생각'이라는 문구를 사용하며 주장을 펼칠 수 있게 한단 말인가! 또 '노동자 : 하나의 문제'라는 제목 아래 높은 임금을 요구하는 것에 대한 비난 기사를 작성하는 사람들의 삶을 받아들여주고 있단 말인가!

현재까지의 증거만으로는 노동 대중들 스스로가 협동조합운동이라는 매개체를 통해 발언권을 행사할 수 있었던 정도를 확정하기 어렵다고 말하는 사람이 있을 수 있다. 그렇다면, 그 운동의 중상류층 지도자들 중에서 그런 노동 대중을 대변했던 사람이 누군가를 밝히는 쪽이 그런 상황을 훨씬 더 쉽게 판단할 수 있게 해줄 것이다. 협동조합운동 영역의 최상급 대표 기구인 연례 총회나 그 밖의 다른 곳에서, 닐과 그의 이상주의자 친구들은 협동조합의 관료적 경영자들과 맞서 싸우며 대립하기를 반복했다. 관련 이슈들을 분석해보면, 노동자들의 공통적인 대의를 지켜 온 사람들은 이상주의자들이었음이 명

• 역자 주_1812~1904, 스코틀랜드 작가. 성공학의 고전인 『자조론$^{self-help}$』을 집필했음.

확하게 드러난다. 따라서 만약 이 전기 연구에서 하나의 단일 주제를 선명하게 밝히라고 한다면, 그것은 '개인주의자들'이라고 불렸던 사람들이야말로 사실상 노동계급의 정통을 이루는 영웅들이었다는 점일 것이다. 그들은 경멸조의 어투로 가망도 없고 시대착오적이며 유토피아적이라고 묘사되었다. 또 설명할 가치가 거의 없다고 매우 자주 폄하되었던 사람들이었다. 그들의 활동 내용을 더 부연한다면, 협동조합운동에서 그들의 실패는 첫눈에 예측할 수 있었던 것이라고 예단할 수 있을지 모른다. 그러나 이 책의 단일 주제는 그들의 활동이 진보에 기여했고, 이득이라기보다는 위대한 손실로서 간주되어야 한다는 점을 선언하는 내용일 것이다.

1부

이상의 형성

1장

젠틀맨 출신의 사회주의자
1810~1849

근대사에서 젠틀맨Gentleman의 출현보다 더 발군의 사실은 무엇이 있는가? 기사도 정신이 그것이고, 충직성이 그것이며, 잉글랜드 문학에서 연극의 절반, 그리고 필립 시드니Philip Sidney 경부터 월터 스콧Walter Scott 경까지 많은 소설이 그 모습을 그려내고 있다.
- 랠프 월도 에머슨 「예절Manners」 1844•

영국 바스Bath에 소재한 로열 크레슨트Royal Crescent 건축물은 오늘날에도 관광객을 매료시키며 18세기 유한계급Leisure Class의 고전적 성향을 떠올리게 해준다. 30가구의 훌륭한 개별 거주 공간들로 이루어져 있는 그곳은 길이가 180m가 넘고 웅장하게 반타원형으로 뻗어 나간 처마 장식을 지지하고 있는 100개가 넘는 거대한 이오니아식 기둥으로 관람자들을 압도한다. 1810년 4월 2일에 닐은 그의 외조부인 아이작 스푸너Isaac Spooner의 집에서 태어나 그 웅장한 반타원형 공간이 상징하는 삶의 스타일을 한꺼번에 물려받았다. 그것은 거대한 이오니아식 기둥들이 내포하고 있는 모든 문화적 혜택과 젠틀맨이라는 존재에 뒤따르는 특권의 모든 후덕함을 제공했던 독립적 소득, 상대적 편안함, 교육 같은 것을 뜻했다. 닐은 든든한 유산으로부터 보호받으며 태어

• 역자 주_랠프 월도 에머슨Ralph Waldo Emerson, 1803~1882은 미국 보스턴 태생 시인, 사상가로서 자립과 초월주의 운동의 중심 인물이었으며, 위 인용문은 1844년 『에세이 2Essays: Second Series』에 수록된 「예절」이라는 제목의 수필에서 발췌된 것임.

났다고 말할 수는 없다. 하지만 오랜 시간 동안 노동자를 위해 봉사하며 열심히 일하게 될 자신의 경력으로 이어질 가능성이 상대적으로 낮은 환경에서 자랐다고 말할 수 있다. 그의 특이한 운명은 무엇보다도 근대 영국 협동조합 운동의 조직과 행정 구조를 설계하고 구축하는 일까지 책임을 다했던 사람이 되는 것이었다.

부모님의 양가는 모두 닐에게 성공과 때때로 위대함조차 느낄 수 있게 해 줄 정도였다. 그의 조상으로는 올리버 크롬웰$^{Oliver\ Cromwell}$이 손에 꼽혔고, 당시 생존했던 친척들로는 윌리엄 윌버포스, 그리고 리버풀 행정부의 재무장관으로 재직$^{1812\sim24}$했던 니콜라스 반시터트$^{Nicholas\ Vansittart}$가 있었다. 그의 아버지는 버킹엄셔 탭플로우^{Taplow}의 복음 교구 목사이며 법학학사였던 에드워드 닐$^{Edward\ Neale}$ 목사였다. 그 분은 피트^{Pitt} 행정부 동안 버크셔 하원의원이었던 비샴 애비$^{Bisham\ Abbey.\ 이하\ '비샴\ 수도원'}$의 조지 반시터트$^{George\ Vansittart,\ 1745\sim1825}$ 슬하에서 태어난 둘째 아들이었다. 반시터트 성씨를 물려받고 태어난 닐 목사는 코벤트리^{Coventry} 근처 올슬리 소재 닐 가문의 재산을 물려받았던 1805년에 새로운 성씨를 선택했다. 에드워드가 올리버 크롬웰과의 관계를 자랑할 수 있었던 것은 바로 그 후자의 선조들이 지닌 계보를 통해서였다.[1]

---

[1] '닐^{Neale}'이라는 성씨의 권리를 승계한 구조는 다음과 같이 나타낼 수 있다.

  Allesley Park의
 John Neal(1687~1746)
    |
  Anna Neal   James Stonehouse 목사
  (1721~?) | (1721~95)
    [조모] Sarah Stonehouse   [조부] Bisham Abbey의
    (모친의 단일 상속녀)   George Vansittart(1745~1825)
                 |
        [부] Edward Vansittart Neale(1769~1850),
         Allesley Park와 Taplow 교구 목사
         (1805년에 Neale의 성씨를 취득)

버킹엄셔$^{Buckinghamshire,\ 잉글랜드\ 남부의\ 주}$, 말로^{Marlow}, 비샴 그레인지$^{Bisham\ Grange,\ 비샴\ 농장가옥}$에 있는 가족 문서들$^{이하\ '닐의\ 문서들'}$은 그의 가족에 관한 정보를 집대성할 때, 특히 제목을 붙여두지 않은 에드워드의 자부인 플로렌스 반시터트 닐의 비샴 수도원에 대한 육필 설명 그리고 에드워드 자신이 21세 때 집필한 짧은 자서전인 'A Sketch of My Past Life$^{나의\ 과거\ 삶에\ 대한\ 스케치.\ 이하\ '스케치'}$'가 우선적으로 가치 있는 것이었다. D.N.B. and Burke's Landed Gentry 역시 헨리 피트만$^{Henry\ Pitman}$이 편집한 Memorial of Edward

반시터트 가문은 네덜란드 혈통이었으며, 그 명칭은 림부르그의 오래된 타운인 시타르트^{Sittart}에서 따온 것이었다. 그들은 17세기 후반에 모험상인*이었던 피터 반 시타르트$^{Peter\ van\ Sittart,\ 1651\sim1705}$에 의해 런던에서 지위를 확고히 다졌다. 피터는 영국의 남해, 동인도, 발트해에서 무역을 통해 큰 재산을 모았으며, 러시아 회사의 총재이면서 동인도 회사의 이사로서 명성을 얻었다. 1780년에 조지 반시터트는 비샵의 유서깊은 저택을 구입했다. 그곳은 과거의 추억을 충만하게 보유했던 거주지였으며, 템스 강변에 그림 같은 수도원을 품고 있었다. 오를레앙^{Orléans} 포위 공격에서 영웅처럼 전사했던 솔즈베리^{Salisbury}, 대담한 공훈으로 왕의 성쇠를 좌우했던 워릭^{Warwick} 같은 네빌^{Neville} 가문의 위대한 전사들과 교활한 정치인들이 살았던 곳이었다. 훗날 건물은 몇 명의 베네딕트 수도회 소속 수도사들의 손에 넘어 갔다가, 헨리 8세가 사냥 별장 롯지로 사용하기 위해 강제로 빼앗았고, 헨리 8세의 딸인 처녀 엘리자베스 여왕이 즉위하기 전에 몇 년 동안 친구들과 함께 머물렀던 곳이었다. 궁극적으로 이 책의 주인공인 에드워드 반시터트 닐은 앞에서 서술한 로열 크레슨트 건축물처럼 그의 유산이면서 그의 성격을 형성시켜 준 생활방식이 모두 반영되어 있었던 그 수도원을 물려받는 운명을 맞게 된다.[2]

영$^{G.M.Young}$은 '1810년에 태어난 한 소년'이 '모든 전환기마다 복음주의 규율의 압도적 압박에 의해 통제도 받고 활기도 얻게 되는' 것을 발견하게 될 것이라고 말한 적이 있었다.[3] 그런 그의 일반화는 닐에게 특히 아픈 의미를 가진 것이었다. 가족의 모계 쪽에서 가장 중요한 인물은, 존 웨슬리$^{John\ Wesley}$를 제외할 수 있다면, 쭉 살아 숨 쉬고 있던 '복음주의 규율'에 있어서 가장 잘 알려진 대표자로서 그의 삼촌인 윌리엄 윌버포스가 있었다. 윌리엄 윌버포스는 1797년에 워릭셔^{Warwickshire} 엘름돈^{Elmdon}의 아이작 스푸너의 딸인 바

Vansittart Neale$^{Manchester,\ 1894}$ 만큼 유용했다.
- 역자 주_모험상인Merchant Adventurer이란 15세기 초부터 1806년까지 네덜란드와 교역했던 영국 상인들을 가리키며, 1407년에 특허장을 받은 이들은 주로 급성장하고 있던 영국의 모직물 산업에서 생산한 의류 완제품을 수출하는 데 종사했음.

[2] 비샵 수도원과 그 역사에 관한 정보는 앞의 주 1에서 인용한 Pitman의 Memorial과 Florence Vansittart Neals의 육필 설명이 소중했다.

[3] G.M.Young, *Victorian England: Portrait of an Age*$^{London,\ 1960}$ 1쪽.

바라 스푸너$^{Barbara\ Spooner}$와 결혼했다. 바바라의 여동생인 앤^{Anne}이 바로 닐의 어머니가 되었다. 닐에게 복음주의가 미쳤던 영향을 과장하기는 정말로 어려울 것이다. 그것은 그의 인격 형성기 동안 그의 삶 구석구석에 침투해 있어서 기타 외부에서 오는 모든 영향을 차단했을 정도였다.

   21세에 닐은 간단한 자전적 스케치를 집필했고, 거의 20년 동안 다소 충직하게 이어졌던 비망록을 작성하기 시작했다.• 그 문건들은 옥스퍼드와 그 이후 자신이 경험했던 것에 관한 정보를 풍부하게 담고 있었다. 그러나 그의 어린 시절에 관한 내용은 많이 담겨 있지 않았다. 처음에 그는 엄격한 훈육자였던 아버지로부터만 교육을 받았다. 그러나 결국에는 조이스라는 개인 교사가 작은 사설 학교를 운영하고 있던 히참^{Hitcham}에 거주할 수 있도록 보내졌다.4 에드워드는 '파드루스^{Phadrus}의 우화들에서 처음 어려움들을 극복할 때 느꼈던…기쁨'을 떠올리며, 7살에 라틴어를 시작했다는 사실, 그리고 히참에서 함께 지냈던 그의 개인 교사의 특별한 전문 분야가 '숫자'였다는 사실을 언급했다.5 그의 초기 교육에서 가장 중요했던 측면은 히참에서의 생활이 그에게 사회적으로 미쳤던 영향이었다. 그는 히참에 거주하기 위해 갔던 15살 때를 회상하면서 이렇게 썼다. '개조는 나에게 매우 중요했다. 나는 타인들이 있는 사회에 던져졌다.'6 그 전까지 그가 아버지로부터 개인 교습만 받았고 누이들 사이에서만 살았다는 사실은 확실히 그의 사회적 발전을 지체시켰고, 히참에 머무르기 시작한 때부터 옥스퍼드에서 공부를 마칠 때까지 그는 극복하기 매우 어려운 수줍음에 시달렸다. 결과적으로 그는 스스로를 고립시켰고 헛된 공상에 빠지는 경향이 있었다.

   따라서 닐이 전통에 얽매어 있던 청소년기 동안에는 그의 미래 경력을 예상할 수 있는 것이 거의 없었다. 그는 잉글랜드의 과두제$^{oligarchy,\ 寡頭制}$ 집권층 내에서 크든 작든 어떤 위치를 차지할 것 같았다. 닐의 조상과 생존해 있던

- 역자 주_닐의 문서 중 'A Sketch of My Past Life'와 Journal은 이하에서 '스케치'와 '비망록'이라고 번역하고자 함.
4 스케치 2쪽.
5 같은 자료. 닐이 철자법을 잘못 적은 Phaedrus.
6 같은 자료 6쪽.

친척들을 살펴보면, 크롬웰과 윌버포스라는 이름이 눈에 띈다. 두 사람 모두 위대한 개혁가였다. 그러나 닐의 청소년기 동안 이어졌던 반동적인 분위기에서 그 두 사람이 대표했던 전통인 청교도와 복음주의는 인기를 잃었다. 그들을 지지했던 사람들은 하층 계급의 물리적 복지에 크게 관심이 없었다. 비록 '자격이 있는deserving, 유자격' 빈민에 대해서는 매우 분개하는 태도로 가부장주의 입장에서 감성적인 손길을 내밀었던 경우가 종종 있었지만, 그들은 기성의 특권 뒤에서 무신경하게 서 있었다.7 닐의 부와 지위는 노동계급에게 봉사할 때 매우 가치 있었던 것으로 판명되었지만, 그 전까지 그의 사회적 인식을 심각하게 손상시켰던 요소였다. 중년 초반까지 그는 자기가 속한 계급의 맥락에서만 개인적인 성공을 생각했고, 또 정치적 민주주의의 추세에 대한 자신의 이해를 현저히 왜곡시켰던 가부장주의 관념을 더 많은 세월 동안 고수했다.8

나는 결심한다…
현재 나의 커다란 4대 적인 불순, 야망, 긍지, 불만을 특히 감시하기로.

— 닐의 비망록 1831년 1월 2일 일요일

17세에 닐은 옥스퍼드의 오리엘Oriel 칼리지에 입학했다. '소년기의 생각을 가졌다가 나는 갑자기 남성들 속으로 옮겨 갔다…나는 이제 내 나이 또래의 사람들과 무한 경쟁을 하게 되었다'고 그는 회상했다.9 그는 자신을 위한 높은 목표를 세움으로써, '사회적으로는 셰리단Sheridan. 1751~1816, 아일랜드 태생 영국 정치가·극작가' 그리고 '웅변술로는 캐닝Canning, 1770~1827, 영국 토리당 정치가, 수상'의 유창한 재치와 우아한 품위를 열망했다. 그는 '항상 행운의 도움을 받는 사

---

7 실제로 코베트Cobbet는 윌버포스에 대해 '당시 살아 있는 국민에게 최악의 적'이라고 기술한 적이 있다. Charles E. Raven, Christian Socialism, 1848~1854 London, 1920 12쪽 참조.
8 예를 들어, E.V.Neale, Labour and Capital London, 1852 31쪽 참조.
9 '스케치' 7쪽.

람'이 되고자 했다.10 자신감 있게 시작했던 닐은 통상적인 의미에서 뜻밖의 사실에 당면했다. 그는 자신의 능력을 과대평가했다기보다 옥스퍼드에서의 생활 방식에 대비하지 못했다. 히참의 학교 생활은 엄격하고 경직된 것이었다. 옥스퍼드에서의 생활은 상당히 많은 부분이 스스로의 계획에 맡겨졌고 자유분방했다. 그는 그런 옥스퍼드의 생활 방식 안에 갑자기 던져진 것이었다. 자기 수양도 부족한 가운데 불규칙하고 두서가 없었던 독서 습관은 그의 대학 시절 동안 골칫거리였다. 아무리 고치려 해도 쉽게 고쳐지지 않았다.11 게다가 옥스퍼드에서의 학업과 사회 활동에 대해 가졌던 기대감은 그에게 유년 시절의 약점 중 일부를 팽창시켰다. 그의 조바심, 예를 들어, 매사를 즉시 알아내고자 했던 욕망은 신경과민, 즉 대화를 중간에 중단하는 경향, 그리고 그가 '끔찍한 말더듬'이라고 묘사했던 상태로 나타났다. 그의 초기 열정 중 대부분은 빠르게 소실되었다. 선천적인 부끄러움의 심리가 강화된 닐은 계속해서 허황된 생각을 했다. 중세 문학과 르네상스 문학에 요정의 왕으로 등장하며, 윌리엄 셰익스피어의 극중 인물로 잘 알려진, 신화 속의 왕인 오베론Oberon이 찾아오는 백일몽을 꾸었던, 왜소한 존재인 '내 자신이 건장한 6피트의 천재가 됐다'고 생각했다.12

그는 관습적인 공립학교를 다닌 적 없이 오리엘 생활을 시작했고, 그런 학력의 부재는 그에게 추가적인 문제들을 가져다주었다. 공립학교에서 깨우치는 것 중 일부는 다른 곳에서 배울 수 없는 것들이 있다. 그중 하나가 또래 친구들 속에서 어울리고 친밀한 우정을 쌓는 방법이었다.13 그 결과, 닐은 종종 자신이 혼자임을 발견하고 좌절감을 느꼈다. 그의 풍부했던 상상력은

---

10 같은 자료.

11 그는 이 점에서 비전형적이지 않았다. A Graduate of Oxford, The Students Guide to a Course of Reading Necessary for Obtaining Honours^{Oxford, 1837} 4쪽 참조.

12 비망록 43, 53~54쪽.

13 Thomas Mozley, Reminiscences Chiefly of Oriel College and the Oxford Movement^{London, 1882}, I, 130. 모즐리^{Mozley}는 이 기간 동안 오리엘의 학생이기도 했던 에드워드의 사촌인 헨리 윌버포스^{Henry Wilberforce}가 공립학교의 배경이 부족하여 결과적으로 흥미로운 어려움들을 겪었다고 회고했다.

섬세했던 복음주의적 양심을 엉망으로 만들었다. 예를 들어, 자위를 '음탕한 생각'이라거나 '불결'하다고 생각했지만 점점 죄책감을 덜 갖게 되었다. 애초에 그 행위는 죄악이라고 여겨졌다. 기독교인들은 구약에서 '자신의 씨를 다른 데 쏟았다'는 이유로 하느님이 오난^{Onan}을 죽이셨다고 끈질기게 지적했다. 실제로 오리엘에서 호킨스^{Hawkins} 학장은 학생들에게 그런 주제를 여러 번 설교했다. 그리고 만약 그 죄가 문자 그대로의 지옥을 믿는 소년에게 충분히 걱정거리가 되지 못한다면, 최소한 그러한 행위로 인해 건강이 손상될 것이라는 두려움을 느끼게 하려고 했다. 닐은 결국 의학 교재를 참조하며 부분적이나마 자신만이라도 안심할 필요를 채웠고 다음과 같이 결론을 내렸다.

'나는 전반적으로 볼 때 체질에만 나쁜 영향을 미칠 뿐, 자기 오염에서 비롯된 것이라고 언급되는 특수한 질병이 있다는 것을 발견하지 못했다. 그렇지만 그것은 사악한 행위이다. 순결과 의무에 대한 기독교인의 감정, 그리고 심지어 자연적인 감정에도 위배되는 전적으로 혐오스러운 것이다. 하느님의 은혜로 그렇게 될 것이라고 내가 믿고 있는 만큼, 나태한 버릇은 뿌리까지 철저히 극복될 것이 틀림없다.'[14]

사랑, 음탕한 생각, 불결함에 대한 언급은 그의 비망록에 너무 빈번하게 나타난다. 그는 1835년 크리스마스가 지난 후 그 내용들을 다시 읽으면서 비망록의 첫 페이지 맨 윗부분에 그 의미를 명료하게 해두려는 뜻에서 다음과 같은 내용을 추가했다. '나 이외에 다른 사람이 이 비망록을 열어봐야 할 일이 있다면, 음탕함이나 불결함이란 여성들과의 성관계를 죄악이라고 말하려고 했던 것이 아니라는 점이 알려져야 한다.'

그러나 자전적 '스케치'와 대학 시절 비망록에 나오는 숙성되지 않은 생각의 파편들을 근거로 그가 특이할 만큼 부적응 상태였다거나 불행했다고 가정할 이유는 없다. 대부분의 청년들처럼 스스로를 지나치게 극적인 상태로 과

---

[14] 비망록 116쪽.

장하는 경향이 강했기 때문이다. 죄책감에도 불구하고 그는 금욕적이지 않았다. 그는 요트, 테니스, 조정, 크리켓을 즐겼다. 승마는 잘 하는 수준이었지만 예외적일 정도는 아니었고 토끼 사냥도 다녔다. 와인 파티에도 쉽게 적응했던 것으로 보인다. 파티에 자주 참석했고, 술은 취하지 않을 만큼 마셨기에 비망록에 걱정스럽게 기록하지는 않았다. 호킨스 학장으로부터는 예배 시간에 규칙적으로 참석하지 않을 경우 시골집으로 돌려보내겠다는 경고를 최소 두 차례 이상 받았다. 또한, 전형적인 젊은 귀족처럼 채무 관계에 깊이 빠져서 자신의 아버지에게 그 사실을 알릴 수밖에 없는 일 때문에 커다란 어려움을 겪기도 했다. 경건한 성실성과 종교적 결심에도 불구하고, 그의 비망록에는 훗날 푸르드James Anthony Froude가 그의 옥스퍼드 시절에 관해 집필했던 내용들을 시사해주는 문구들이 있었다. '내가 함께 지냈던 사람들은 젠틀맨 다웠고, 다수는 명석했으며 박식했다. 그러나 그들은 불명예 없이 과정을 마치는 것 이상의 것을 의도하지도 시도하지도 않았다.'[15]

피상적이었지만, 그의 대학 생활 처음 몇 년간은 자신의 편협하고 복음 지향적인 신념과 심하게 충돌되었던 종교적 교리 앞에 노출되었고, 그에 따라 정신적 태도에 심각한 변화가 나타났던 특징이 있었다. 그 기간 동안은 옥스퍼드 대학 교수들이 주도했던 소책자 종교운동인 트랙테어리언 운동Tractarian Movement이 태동하고 있었다. 그 운동의 이상은 케블John Keble 신부의 겸손한 사역에 뿌리를 둔 것이었고, 당시 오리엘에 재직했던 세 명의 젊은 교수들인 존 헨리 뉴먼John Henry Newman, 프루드Hurrell Froude, 그의 사촌인 로버트 윌버포스Robert Wilberforce에 의해 널리 대중화되었다. 케블의 모범을 따라서 그들은 복음주의자들의 감성주의와 광범 국교도Broad Churchman의 합리주의를 모두 거부했다. 대신 기독교인의 삶, 목회의 의무에 대한 단순하고 수수한 헌신, 성례의 엄격한 순수, 하느님 앞에서 자기의 완전한 포기를 강조했다. 닐은 그 중 뉴먼에게 개인적으로 교습을 받은 학생들 가운데 한 명으로 여겨졌다. 그들 사이에는 일반적으로 학업 분야에서 맺어지는 사제지간의 관계를 넘어 따뜻한 우정의 관계가 있었다. 그 점은 중요한 의미가 있었다. 그가 기

---

[15] Waldo Hilary Dunn, James Anthony Froude, A Biography^{Oxford, 1961} I, 47.

말고사를 위해 책을 읽을 때 뉴먼은 긴 휴가 중이었음에도 불구하고 그와 함께 시간을 보냈다.16 일요일마다 오리엘에 있는 고요한 자신의 방에서 닐은 세인트 메리 대학성당에서 자신의 개인교수격인 뉴먼이 설교한 내용의 줄거리들을 정리했고, 그로부터 자극받은 혼재된 감정으로 자기 비망록의 페이지들을 채웠다.17 뉴먼은 당시 고교회파High Church School의 교리를 받아들이면서 열렬한 복음주의 입장을 거부했다. 따라서 그가 세인트 메리 대학성당 일요일 미사에서 발표했던 경본들은 닐에게 단단히 주의를 하도록 했다. 그 내용은 닐 자신이 가졌던 모든 기본 가정에 도전장을 던지는 것이었다.18

1830년 여름에 그의 비망록에 나타난 수많은 항목들은 지적 불만족이 더 늘어났음을 보여주었다. 특히 구원의 배타성이라는 냉혹한 복음주의의 신조에 대한 것이 있었다.19 그해 가을에 그는 고령인 그의 윌버포스 삼촌과 함께 전도 집회에 참석했다. 그는 그 '개종자들'의 집회를 지배했던 당치않은 열의와 '당파 정신'에 역겨움을 느꼈다. 그는 이렇게 논평했다. '거의 믿을 수 없었던 것은 우리 쪽 사람들이 모든 이교도들을 지옥에 보내는 것을 삼갈 수 있었다는 것이었다. 그들의 생각은 결코 노력을 위한 자극제로서 필요한 것이 아니다. 완전히 쓸데없고 말할 수 없을 만큼 끔찍한 것이다.'20 비망록에 드러난 불안하고 호기심 많았던 마음은 뉴먼의 이상에 의해 깊은 영향을 받았다. 뉴먼은 위대한 소책자 종교 운동가이자 미래에 추기경이 되는 사람이었다. 뉴먼은 역사 연구란 신학의 수수께끼들에 열쇠를 제공할 것이며, 진정한 행복이란 다른 사람들의 필요를 자신의 이익으로 승화시킬 때에만 찾을 수 있다고 가르쳤다. 그런 뉴먼의 가르침은 닐의 인생 철학에 주된 기반을 이루도록 영향을 미쳤다.•

---

16 비망록 29쪽.
17 같은 자료 58, 59쪽 참조.
18 같은 자료 84쪽.
19 같은 자료 44쪽.
20 같은 자료 45쪽.
• 역자 주_존 헨리 뉴먼은 19세기 영국의 기독교 역사에서 중요한 인물로서, 1830년부터 전국적으로 이름이 널리 알려졌고 옥스퍼드 운동의 주역이었으며 1845년 성공회에서 가톨릭교회로 회심한 후 교황 레오 13세에 의해 추기경으로 서임되었다.

1830년은 닐에게 중요한 한 해였다. 그는 복음주의 종교의 진리를 의심하게 되었을 뿐만 아니라 자신의 정치적 견해 역시 수정했다. 그는 비망록에 '나의…의견들은 올해 상당한 변화를 겪었다'라고 하면서, '나는 토리Tory*가 되었고…계속해서 그렇게 남을 것으로 믿는다'고 털어 놓았다.21 신학의 문제는 상당한 정신적 고통을 일으켰지만, 정치적인 전환은 비교적 쉽게 이루어졌다. 그의 가까운 가족 구성원들은 약간 휘그Whig계의 성향에 가까워 보였다. 그러나 그의 걸출한 가족 구성원들이었던 켄트의 벡슬리Bexley 경, 리버풀의 고령이며 둔한 재무장관, 윌버포스 삼촌은 토리 쪽에 가까운 성향을 보였다. 더욱이 닐은 캐닝**이 총리로 집권하고 있던 기간 동안 처음으로 정치를 이해하게 되었고, 옥스퍼드에 입학했을 때조차 그 총리를 찬미했다.

정치적 심중의 변화를 겪은 후 몇 달 동안, 2년이 넘는 투쟁 끝에 선거법 개정안Reform Bill이 최종 통과될 때까지, 그의 비망록에 등장한 내용들은 개혁안의 반대자들이 제기했던 주장들 뿐이었다.*** 그는 약한 정도의 개헌 수준이라면 용납될 수 있다고 생각했던 점에서 일부 토리당 지지자들보다는 진보

• 역자 주_토리Tory와 휘그Whig는 1680년대 초반 찰스 2세의 사후 왕위 계승을 둘러싸고 나뉘게 된 정치 집단에서 기원을 두고 있다. 당시 찰스 2세는 왕위 계승 적자가 없었고, 그의 동생이며 훗날 제임스 2세가 되는 인물이 왕위 계승 인물로 등장했다. 그런데 그는 가톨릭 교도였다. 이에 대해 그의 즉위를 반대하는 세력이 나타났고, 그 세력을 스코틀랜드어의 '모반자'라는 낱말을 빌어 와 '휘그'라고 불렀다. 반면, 휘그 쪽에서는 즉위를 찬성하는 세력을 아일랜드어의 '도둑'이라는 낱말을 빌어 와 '토리'라고 불렀다. 이들 세력은 오늘날까지 영국에서 양당 정치 체제의 주축을 이루게 되었는데, 낱말의 뜻으로는 모반자와 도둑이 대립하고 있는 것을 가리키며, 이념으로는 휘그가 부르주아 자유주의 이념을 계승했고, 토리가 지주 보수주의 이념을 계승했다. 옮긴이는 닐이 '토리'가 되었다는 문장을 우선 신학적인 맥락에서 그가 성공회적 복음주의로부터 가톨릭적 보수주의 쪽으로 이동했음을 가리키는 것이라고 이해한다. 또한 저자가 이처럼 복잡한 닐의 신학적, 정치적 심중 변화를 지루하게 다루는 이유는 닐이 훗날 독특한 사회주의자로 등장하게 된 반전을 설명하려는 뜻이 있다고 이해한다.

21 같은 자료 63쪽.

•• 역자 주_조지 캐닝George Canning, 1770~1827은 토리당의 정치인이며 1827년 4월부터 8월까지 영국 총리를 맡았음.

••• 역자 주_1832년 선거제도 개혁법을 말하며, 필자가 이 법과 닐을 연결시키는 이유는 그 개혁법이 불충분했기 때문에 향후 1838년에 인민헌장People's Charter of 1838 중심의 차티스트 운동이 발족했고 나아가 그 운동이 협동조합운동의 발원으로 이어졌으나, 당시까지 젠틀맨 신분의 성장 환경 아래 놓여 있던 닐은 그런 신조류에 대해 반대하는 입장이었으며, 그런 배경에서 어떻게 그의 사고를 변화시켜 나가게 되었는가를 보여주기 위한 것으로 생각되는 대목임.

적이었다. 그는 가장 확연한 남용 사례들을 종식시키는 수준의 변경에만 기꺼이 동참하고자 했다. 그 이유는 단지 그렇게 하지 않을 경우에 개혁에 찬성하는 정당이 계속해서 힘을 얻게 될 것이고, 아마도 '무방비 순간'에 그들이 민주적 조치를 통과시킨다면 모든 것이 끝나버릴 것이라는 점을 우려했기 때문이었다. 그는 '결코 한 발짝도 양보'하지 않을 '폭도들'에게는 정의에 대한 권리와 사유 재산에 대한 보호만을 허용하려고 했다.[22] 실제로, 그는 비망록에서 국가적 정치 현안에 대해 거의 언급하지 않았지만, 아주 가끔 상당한 열의를 보였다. 옥스퍼드 시절에 동료 학생이었던 글래드스톤이 유니온[the Union. 1823년에 창립된 토론 모임]에서 벌어진 논쟁 도중 매우 효과적인 개혁 반대 연설[1813년 5월 17일]을 했던 것을 들은 후[23] 자신도 장차 하원에서 대단한 연설을 하는 꿈을 꾸었다.[24]

그의 낭만적 상상은 끝이 없었고, 나태함을 야기했다. 영예를 얻기 위한 그의 독서 태도는 전적으로 나쁜 것이었다고 할 수 없지만 좋지 않은 것이었다. 그는 1831년에 졸업을 앞둔 몇 달 동안 최종 공개 시험들을 목전에 두고도 체계적으로 공부하는 방식에 맞추지 않으려고 했다.[25] 그 기간 내내 비망록에는 정교하고 정처 없는 신학적 주장이 넘쳐난다. 그런 닐의 명백한 의욕 결여에 대한 책임은 뉴먼에게 일부 기인했다. 뉴먼은 끈질기게 겸손, 그리고 자부심과 야망에 대한 영구적인 폄하를 설교의 주제로 삼았다. 분명히 그런 뉴먼의 설교는 최소한 닐에게 학문적 탁월성을 추구하려는 열망과 직접 마찰을 일으키게 했을 것이다. 자신의 멘토가 설교한 내용을 거의 한 페이지나 다시 옮겨 적으면서 닐은 묘하게 다음 내용을 반추했다. '행동의 동기가 되자마자 곧바로 그릇되게 나타나는 것은 그것이 얼마나 적은 정도이든 그리고 그것이 얼마나 비열하든 차이를 구별하려는 욕구가 아닌가.'[26] 그는 폭넓고 사려 깊었지만 편중되게 선택한 자료들을 읽었다. 그 자료들은 대부분 임

---

22 같은 자료 115~116, 57~58, 73, 75, 82~83, 117, 119쪽 참조.
23 John Morley, The Life of William Ewart Gladstone[New York, 1903] I 72쪽 참조.
24 비망록 85, 105쪽.
25 같은 자료 46, 115, 117쪽.
26 같은 자료 54쪽

박한 구술 시험에서 요구하는 사항과 거의 무관한 것들이었다. 하지만, 막상 영예의 수상자 명단이 발표되자 놀란 한편 자부심에도 커다란 타격을 받았던 것으로 보인다. 서양 고전학 과목에서 3등급을 받았다. '예상하지 못했던 수모'를 느꼈던 평가 결과였다. 수학의 2등급 평가는 약간의 위로가 되었을 뿐이었다.[27]

그는 1831년 12월에 큰 꾸중을 들을 것이라고 예상하고 집으로 돌아왔다. 황천길에 오를지도 모른다고 걱정했고, 자신의 진로를 두고 아버지와 대립해야 하는 부담도 느꼈다. 그렇지만 그는 성직자가 되는 것보다 법학을 공부하기로 마음먹었다.[28]

> '나는 어떤 희생이 있더라도 나의 진정한 색깔을 드러내고 싶은 충동을 느낀다. 복음의 말씀이 바로 진리다. 아버지나 어머니, 아내나 자녀를 사랑하는 사람이 되는 것보다 진리가 더 가치 있는 것이다.'
>
> — 닐의 비망록 1848년 9월 20일 일요일

그는 1832년 1월 16일에 링컨스 인 법학원에 입학했고, 1850년에 기독교 사회주의자로서 적극적으로 활동하게 될 때까지 18년 동안 정신적 고통을 견뎌내야 했다. 그는 약해진 복음주의 신앙의 대체물을 찾아야 한다는 충동 때문에 정신적으로 고통을 받았다. 그의 지적 발전 과정에는 형식에 대한 복종이었던 기독교에서 인류에 대한 봉사인 기독교로 천천히 고뇌하면서 이루어졌던 전환 과정이 놓여 있다. 그의 동시대인들 중에는 사회주의자라고 공언할 정도로 신념을 가졌던 사람이 거의 없었다. 그러나 그가 겪었던 종교적 경험은 그 시대의 특징과도 같다. 실제로 신앙의 상실이나, 사랑하는 사람들로부터 소외나, 회의주의를 대체하기 위해 필사적으로 세속적인 천년왕국설을 추구하는 결과를 종종 초래했던 종교적 의심의 검은 망상幻想은 의

---

27 같은 자료 122~123쪽.
28 같은 자료 126~127, 129쪽.

상철학^Sartor Resartus. 토마스 카알라일의 평론집부터 험프리 와드^Humphry Ward의 1888년 소설인 『로버트 엘스미어^Robert Elsmere』에 이르기까지 빅토리아 시대의 저술에서 가장 공통적인 주제 중 하나였다.

복음주의적 배경이 가진 부정적인 엄격함에서 탈출할 수 있을 만큼 운이 좋았던 사람들 중에 삶의 모든 부분에 걸쳐 그런 배경이 행사할 수 있는 힘을 충분히 인식하고 있던 사람은 극히 드물었다. 닐이 유년 시절에 형성된 사고방식에서 벗어나는 것이 어려웠다는 것은 두말할 필요가 없다. 그는 괴로움 없이 극장이나 무도회 같은 '세속적인' 유흥장소에 간 적이 없었다. 그것이 죄악이라는 생각을 정신적으로는 기각할 수 있었다. 그러나 자신의 비망록에서 정교한 변증론을 펼쳐야 했을 만큼 크게 염려했다. '유흥에 대해 말하자면, 나쁜 놀이처럼 공중에게 직접적으로 해를 끼치는 경향이 있는 것들, 또는 보다 단순한 쾌락으로 나를 덧없고 오만하고 불만족하게 만들어서 내 정신에 해를 입히는 것이라고 알고 있는 것들은 삼가는 것 외에 다른 길이 없다.' 그는 대규모 파티가 하인들에게 미칠지도 모르는 해로운 영향에 대해 질문을 가졌다. 그 질문은 '중단해야 할 시점을 분간하지 못할' 때 특히 중요했다. 또 어느 일요일에 런던 동물원을 산책하는 것에 대해서조차 죄책감을 느끼는 경우를 질문했다.[29]

특히 여성에 대한 닐의 태도는 그에게 계속 맴돌며 영향을 미쳤던 복음주의적 도덕성으로부터 영향을 받았다. 그는 도덕군자처럼 행세했고 위선적인 경향이 있었다. 자신의 사고는 '불결'했지만, 여성에 대해서는 기독교적 미덕이 결여되어 있는지 여부를 발견하기 위해 자신의 연인들마다 정신 세계를 파고들고자 했다. 그는 여성에게 순박하고 진지하며 복종적일 것을 요구했고, 교회를 향한 여성의 태도뿐만 아니라 춤처럼 도덕성이 의심스러운 향락 역시 중시했다. 여성이 춤을 약간 출 수 있지만, 그 여성이 그 행위를 너무 즐겁게 생각한다면 정당한 것인가? 사랑은 육체적 매력과 도덕적 미덕이 완벽하게 섞인 것이어야 한다고 믿었다. 그는 결혼 전에 자신의 연인 중 마지막 사람에 대한 시에 이런 구절을 썼다.

---

29 같은 자료 129, 167쪽.

'안나, 그것은 너의 비단결 같은 머리카락 하나뿐이 아니야.
우아한 형태나, 부드럽지만 사려 깊은 눈도 아니지.
내가 사랑하는 많은 은총도 아니야. 진귀한 결합이 소중하지.
애정, 재능, 순박함.'30

이처럼 그는 복음주의적 신조라는 사회적, 도덕적 규약에 구속된 상태였다. 그리고 1836년 5월에 누이인 캐롤라인^{Caroline}이 요절하지 않았다면, 그는 결국 억눌려진 의심과 다시 살아난 신앙 속에서 정통 복음주의로 복귀했을 것이다. 그녀의 사망은 그에게 심각한 충격을 안겨주었다. 그녀는 그와 연령대가 가장 가까운 누이였고, 가까운 동무였으며 비밀을 주고받는 친구와도 같았다. 지나친 열성 복음주의자였던 그의 부모에게 첫 번째 관심사는 딸이 지옥으로부터 구원 받았고, 그녀의 '기도와 성경 읽기 습관'이 그것을 재확인시켜주는 증거라는 점을 자신들 스스로 확신하는 것이었다.31 그는 그들의 태도에 혐오감을 느꼈고, 그로 인해 복음주의적 기독교에 대한 마지막 환상도 깨졌다. 그것은 문자 그대로의 지옥을 가르쳐 주었고, 구원의 확인으로서 기도와 성경 읽기 같은 징표를 취할 수 있게 한 터무니없는 신앙이었다. 그는 그 문제에 대해 아버지와 소통하는 것이 점점 더 어렵다는 것을 깨달았다. 그는 슬퍼하며 '내 천국과 구원, 행복과 지옥이 모두 내면에 있다는 것을 어떻게 아버지에게 말할 수 있을까'라고 적었다. 그는 죽음 이후의 삶을 기대하게 하는 것이 아니라, '지상의 천국'을 찾을 수 있도록 '모든 피조물들을 인도하시는 것이 하느님의 의도'라고 믿었다.32 그 의미를 전체에 걸쳐 깨우치지 못한 채 그는 사회주의를 향한 여정의 이정표를 통과했다. 만약 천국이 지상에서 추구된다면, 신학이라는 편협한 세부 사항들보다 기독교의 광범위한 도덕적 함의가 훨씬 더 커다란 중요성을 갖게 되었다. 즉, 자선 사업들이

---

30 같은 자료 155쪽.
31 같은 자료 149, 155쪽.
32 같은 자료 152~154쪽.

믿음보다 더 중요하게 되었다.

    1837년 5월 4일 변호사로 부름을 받은 그는 고등법원 상법부 변호사 Chancery Barrister가 되었고, 한 달 후인 6월 14일에는 프란시스 사라 파러 Frances Sarah Farrer와 결혼했다. 결혼은 그의 법률 분야 경력에서 뿐만 아니라 사회적 출세까지도 확실히 기약해주었다. 프란시스는 고등법원 상법부의 고위급 주사 중 요크셔 잉글버러 남작인 파러Farrer 경의 딸이었다. 또 장모의 첫 번째 결혼에서 낳은 그녀의 이복 오빠는 곧 엘던Eldon의 두 번째 백작이 될 존 스코트John Scott였다. 그의 혼인은 현실적인 문제였다. 비망록에서 합리화를 시도했지만, 그가 프란시스에게 육체적으로든 낭만적으로든 끌리지 않았던 것은 분명하다. 실제로 그는 재물을 추구하는 혼인을 하겠다고 결심하고 그녀에게 구애하는 과업을 수행했다. '내가 가장 중요하게 따라야 하는 것은 새로운 사랑이다. 그것은 상상하는 것이 아니라 훨씬 더 이성과 판단에 따라 시작하는 것이고, 현실로서 혼인의 합당한 미래상을 제공해주는 사랑'이라고 차갑게 기록했다.33 양쪽 당사자에게 평생 동안 좌절감과 지적 불일치를 가져 올 것이 뻔한 재물 목적의 결혼은 아니었지만 그의 계산에는 측은한 면이 있었다. 테니슨Alfred Tennyson. 1809-1892•은 1842년에 발표한 시집 『록슬리 홀Locksley Hall』에서 그런 결혼에 대한 시를 지었다. '젊음의 힘에 반하여 죄를 짓는 사회적 욕구는 저주 받는다!'

    그는 마치 프란시스도 자신과 같은 생각을 가진 것처럼 대했다. 그녀를 이해하지 못한 채 자신의 불안한 정신 상태에서 빈번하게 나오는 불경한 생각들을 그녀와 공유하려고 헛수고를 했다. 그녀는 지적인 관심도 없었고, 그런 생각들에 감성적으로 대처할 준비도 되어 있지 않았다. 남편과 아내로서 그들은 모두 파러와 스코트가 보유한 연줄의 그늘 아래에서 생활했고, 그는 자신의 내면에서 발전되어 나가고 있는 발상들에 동정해주는 경우가 적은 인척들을 선택할 수밖에 없었다. 프란시스 쪽 가족의 전통은 극성 토리 성향이었다. 매우 자주 캐슬레이Castlereagh, 1769-1822, 아일랜드 태생 영국 정치가의 탓으로 돌려

---

33 같은 자료 162~163쪽.
• 역자 주_영국의 시인이며, 1850년에 계관시인으로 임명.

졌던 반동적 정책들의 책임이 사실은 엘던^{Eldon}의 첫 번째 백작이었던 존 스코트$^{Lord\ Chancellor,\ 1801-27,\ 대법관}$에게 있었다는 점을 상기할 수 있다. 닐이 더 잘 어울리는 아내를 만났다면 그의 미래는 매우 달랐을 것이다. 그러나 정신적으로나 육체적으로 행복한 결혼 생활이 주는 충만한 친밀함을 갖지 못한 가운데, 닐은 자신의 사회적 이상들을 이행하는 일에 전적으로 헌신하도록 고독하고 자유롭게 남겨졌다.

그는 프란시스와 정서적으로 결핍된 관계 때문에 좌절했고 여전히 '불결한' 생각들 때문에 괴로워했으며 다른 여성들에게 강하게 끌렸다.[34] 그런 가운데 그는 승화와 위로의 길을 신학 연구 쪽에서 발견했다. 캐롤라인의 죽음 이후부터 프란시스와 결혼하기 이전까지의 기간 동안, 그는 정통 기독교에 대한 의구심을 갖게 되었고 결과적으로 법률을 직업으로 선택했다. 그러나 그 후에도 계속해서 그가 이전의 복음주의적 패턴 속에서 편안함을 느끼며 그것을 따랐기 때문에 그런 의구심이 미쳤던 전반적인 효과는 피상적인 것에 불과했다. 그러나 이번에는 우울하게 만드는 가족 문제뿐만 아니라 번민으로 일단락되는 상대적으로 무감각한 기간을 거친다. 그는 자신이 새로운 삶을 재건하고 그 과정에서 사회에 어느 정도 현실적인 기여도 할 수 있는 종교적 기반을 진지하게 물색하게 되었다. 닐은 윌버포스 삼촌의 익히 알려진 자선 사업의 모범을 따르라는 부름을 느꼈다. 그러나 그런 신학에 대해서는 더 이상 조금의 관용조차 베풀지 않았다.[35]

그는 1838년 한 여름에 모리스$^{F.D.Maurice,\ 1805~1872,\ 잉글랜드의\ 성공회\ 신학자}$가 집필한 『그리스도의 왕국$^{Kingdom\ of\ Christ}$』이라는 책이 나오자마자 구입했다. 그 책은 기독교적 복음이 가진 진보적 성향의 사회적 메시지를 추구했던 사람들에게 커다란 영감을 주었다. 그는 성육신^{成肉身}이 하느님의 사랑을 보여주는 주된 증거라는 모리스의 해석에 선석으로 동의했다. 그 사랑은 단순히 인간을 지옥에서 구원하는 것이 아니라 온 인류를 입양하는 하느님의 사랑을 실증적으로 상징해주는 것이었다. 그에 따라 모든 사람은 하느님의 자녀이자

---

34 같은 자료 172~178쪽.
35 같은 자료 167~168쪽.

그리스도 안에서 형제들이 되고, 십자가 위에서 그리스도가 죽음으로써 완벽하게 그 전형을 보여주었던 기꺼이 자신을 희생하려는 의지와 자애^{Charity} 정신을 갖고 서로를 위해 살도록 신성하게 명령을 받았다. 이는 자선 사업을 힘 있게 긍정해주는 동기라고 볼 수 있었다. 그런 동기는 윌리엄 윌버포스의 생애를 규정했던 죄책감, 두려움, 배타성이라는 암울한 정신과 극명하게 대조되는 것이었다. 윌버포스는 자신의 조카인 닐에게 신학적 경고만을 유산으로 물려줄 수밖에 없었다. 그 내용은 '우리 모두는 죄인으로 태어나 본성적으로 타락하게 되어 있는 부족한 피조물들이라는 점을 기억해라. 기독교는 무죄나 마음의 선량함을 인정하지 않는다'는 것이었다.36 닐은 그렇게 새로운 신학적 고원 지대에서 오래 안주하지 않았다. 모리스의 성공회적 정설이 아무리 진보적이었더라도 그것은 대륙의 보다 세계시민주의적인 이상, 궁극적으로는 프랑스의 사회주의라는 더 높은 평원을 향한 등반의 출발점에 불과했다.

열렬한 독서광이었던 닐은 이제 독일의 학문적 연구 성과들을 섭렵해 나갔다. 그 작업은 성서가 부정확한 내용과 주요한 모순들을 풍부하게 담고 있으며 전형적인 인간의 문서라는 점을 입증해주는 것들이었다.37 독일의 성서 고등 비평$^{Higher\ Criticism}$은 그런 식으로 전통적인 기독교 신앙의 몸통을 직접 유린했다. 그에 따르면, 전통적인 기독교 신앙은 성경이란 확연히 비유라고 할 수 있는 내용과 시를 제외하면 대부분 글자 그대로 받아들여져야 하는 정확하며 신성한 영감을 받은 역사적 설명으로 구성되어 있다는 손쉬운 가정에 의존한 것이었다. 그러나 그처럼 해외에서 제시된 새로운 증거들에도 불구하고 닐은 여전히 자신의 기독교 신앙을 회의론으로 완전히 교체하는 것을 거부했다. 형제애와 희생이라는 가르침은 뉴먼, 윌버포스, 모리스 같은 사람들의 삶에 영감을 줄 수 있었다. 그 때 성서가 인간의 오류들로 가득 차 있다는 것은 어떤 의미에서 중요할까? 그런 미덕을 보편적으로 실천하는 것은 지상의 천국에 생산적이지 않은 것일까? 결론적으로 그렇다면 성경의 무오류

---

36 E.P.Thompson이 인용한 Wilberforce의 A Practical View of Christianity, The Making of the English Working Class$^{New\ York,\ 1966}$ 374쪽.
37 비망록 170~171쪽.

성을 고집스럽게 주장하는 것도 그리스도의 가르침을 정당화하거나 입증하는 데 전혀 불필요하며 명백하게 무관한 것처럼 보였다. 요한 고트프리트 폰 헤르더Johann Gottfried von Herder의 글들은 닐에게 처음으로 기독교적 진리가 단일 책자를 문자적으로 해석한 것에 기초해야 한다는 전통적 믿음에서 벗어날 수 있도록 직관이 아닌 논리적 근거를 제공했다. 헤르더는 신의 목적이란 유한한 통상적 인간관계를 매개 수단으로 삼아 역사 속에서 실현되는 것이며, 오류가 없이 높은 곳으로부터 전수되는 것이 아니라는 입장을 고수했다. 신의 의지는 서민들의 마음속에 영웅의 전설과 신화의 형태로 구체화될 수 있게 집필되었다. 비록 그것들 모두가 사실들을 왜곡하고 환상을 만들어내지만, 그것들은 여전히 신의 진리를 전달해주는 수단으로 남아있을 수 있었다. 이성적으로 유추할 때 이 주장은 성서에도 적용할 수 있었다. 아이러니하게도 뉴먼은 이미 닐이 헤르더의 견해를 받아들일 대비를 하고 있도록 도왔다. 그는 교회의 전통이란 신이 내린 계시의 일부인 성서와 동등하다고 설교했다. 교회의 전통은 인간사에서 독립된 것으로서 그 자체에 생명이 부여될 수 없었다. 따라서 역사란 인류의 모든 종교적, 문화적, 사회적, 정치적 성취를 기록한 것이고, 인간들 사이에서 신의 의지가 구현된 것을 증거로서 보여주는 것이며, 그럼으로써 신의 계시를 이루는 기본적 실체가 되었다. 실제로 강조점과 용어에 차이가 있지만 그런 내용은 철학적 이상주의자들에게 일반적으로 받아들여지는 전제였다. 에드워드는 칸트Kant, 피히테Fichte, 쉘링Schelling, 헤겔Hegel의 글을 폭넓게 읽었고, 그들의 견해가 자신의 것과 유사하다는 점을 알고 기뻐했다. 무오류성의 성서에 의존하던 태도는 떨어져 나갔다. 그러나 그들 역시 자신처럼 기독교적 원칙을 옹호하는 점에서 흔들리지 않았다. 적어도 그들에게 그리스도의 도덕적 가르침이란 신의 영감을 받은 것이라는 점이 명백해 보였다. 헤겔조차도 기독교의 시적 언어와 자주 오류가 있는 교조들 밑바닥에 자신이 내세웠던 것과 동일한 철학적 진리가 놓여 있다고 느꼈다.

사려 깊은 기독교인이라면 성서의 무오류성에 대한 불신이 커지는 것을 애석해 하지 않았어야 했다. 많은 사람들은 그것을 애석해 했고, 뉴먼 같은 사람들은 성서 고등 비판의 질문 전체에 등을 돌렸다. 닐은 내면으로부터 기뻐하며 성경을 학습한 사람 중 한 명이었다. 이제 원죄나 영원한 저주 같은 해로운 교리들을 비난하는 것이 가능해졌다. 그 둘은 품위 있는 인간이라는 계몽적 관념과 매우 상반된 것이었다. 반면, 사랑과 희생이라는 신약성서의 근본적인 메시지가 신의 영감을 받은 것이라는 점은 계속해서 강조됐다.

상급 법원의 변호사Barrister로서 닐은 힘써 일했고 성실했지만 적당한 정도로만 성공적이었다. 그 일은 만족감을 주지 못했다. 아내의 인맥에도 불구하고 그는 월등함을 원하지도 성취하지도 않았다. 여가시간은 더 의미 있는 일거리를 찾는 데에 온전히 투여되었지만 그런 일거리를 쉽게 찾을 수 없었다. 그는 자신의 기본 원칙들에 대한 확신이 없었다. 현실적인 행동을 하는 것보다 독서하고 사고하고 집필하는 것을 선호했다. 그럼에도 불구하고 그의 지적 성장 과정에서 그가 급진적인 방향으로 선회하게 될 것이라는 점은 자신의 행동에 결심을 굳히고 가족 관계를 꼬이게 만들 때부터 분명해졌다. 1840년대의 10년이 시작되면서 그는 유토피아적 사회주의를 공부하기 시작했고, 거대한 사회적 전환의 실현가능성에 대해 이야기했다. 그는 노동계급에 관심을 갖게 되었고, 가끔 '괴짜 동료들Odd Fellows, 18세기 영국에서 창립된 비밀 공제조합 또는 그 회원' 모임에 참석했다. 1842년 봄에는 교도소를 자주 방문하며 한 번도 구현된 적이 없던 환기 시스템을 고안하는 데 시간을 보냈다.38 얼마 지나지 않아 그는 제레미 벤담Jeremy Bentham과 브루엄Brougham 경의 활동을 알게 되었다. 그 결과 그는 법개정운동협회Law Amendment Society에 가세하여 궁극적으로 부동산을 자유롭게 소유할 수 있게 하기 위해 귀족제의 장벽을 무너뜨리고 부동산의 양도를 원활하게 할 수 있도록 고안된 급진적 토지개혁안을 지지하는 두 권의 책자까지 발간했다.39

---

38 같은 자료 177쪽.

39 1845년의 부동산 법, 충족 조건의 부여가 불필요하도록 만드는 법률, 부동산 법 개정, 부동산의 양도를 촉진; 특정 임대 허가를 촉진. 입문적 관찰과 메모 포함런던, 1845. 토지 소유권 등기에 대한 사상들: 헨리 드러몬드Henry Drummond와 우드Wood가 제출한 부동산 양도 촉진 법안에 대한 논평과 더불어 그 이점과 효과를 유발하는 수단들London, 1849. 그는 또 양도법을 개혁하기 위한 의회 법안을 기초했다. 리차드 코브던Richard Cobden의 닐에 대한 서신, 1849년 11월 28일자 닐의 문서 참조.

닐의 조급한 마음은 기독교가 인도하게 될 종점이 '인간의 종교'일 것이라고 주장하는 데에서조차 정통 신앙을 포기했던 독일의 철학자들과 기꺼이 동행하려는 지점까지 그를 데려가 버렸다. 그러나 그는 그들이 형이상학과 신학 사이의 애매한 영역에 갇혀 있기 때문에 더 이상 그들의 관념과 보조를 맞출 수 없었다.40 그들은 경험적 증거 없이 현실의 모든 것을 설명하려는 정교한 틀을 구축하고자 했다. 그에게는 단순히 지식인층과 소통하는 것만이 아닌 방법을 찾아내는 것이 중요했다. 그 방법은 새롭게 깨달은 신념을 표현할 수 있게 해주고 현실적인 방식으로 자신의 억눌렸던 정서적 에너지를 모두 방출할 수 있게 해주는 것이었다. 인간들은 형제들이어야 한다. 그러나 현재 사회는 하위 계층을 굶주림 상태에 방치하고, 특권을 가진 소수가 자신들만을 위해 지구의 풍요를 지켜나가면서, 경쟁시키고, 적대하도록 하며, 계급 분열을 일으키는 역할을 했다. 철학은 진단에 도움을 줄지 모른다. 그는 치료법을 추구했고, 유토피아 사회주의 교리에서 그것을 찾아냈다.41

그런 변화는 독일의 관념론에서 프랑스의 사회주의로 라인란트 지방^{독일과 프랑스, 룩셈부르크, 벨기에, 네덜란드 사이의 국경으로부터 라인강에 이르는 지역}을 뛰어 넘었던 짧은 거리의 이데올로기적 도약일 뿐이었다. 그들의 영감은 모두 종교적이었고 지상에서 하느님의 왕국을 세우려고 했던 것이었다. 프랑스의 사회주의자들, 특히 푸리에^{Fourier}에게는 그런 성취를 위한 현실적인 계획을 가졌다는 필수적인 이점이 있었다. 푸리에는 잉글랜드의 로버트 오웬과 달랐다. 오웬은 인간이란 단순히 상황의 피조물이며 당연히 가부장적인 환경 아래에서 수동적인 방식을 통해 우월한 사회적 존재로 길러지는 것이라고 보았다. 반면, 푸리에는 인간을 물질적인 대상으로 보지 않았고, 닐에게는 특히 그 점이 호소력이 있었다. 푸리에는 인간이란 계산할 수 있고 본질적으로 존재하는 욕구와 필요를 가진 영성적 피조물이며, 결코 마음내로 빚을 수 있는 짐토처럼 취급되어서는 안 된다고 믿었다. 인간의 환경이란 인간의 본성에 맞게 형성

---

40 비망록 171쪽.

41 처음으로 사회주의를 직접 언급한 것은 닐이 한 책자에서 푸리에의 포용 체계에 대한 검토 내용을 집필한다고 말할 때인 1841년 8월 29일과 30일의 비망록에서 나타났다. 비망록 172~174쪽.

되어야 하는 대상이지 그 반대가 아니었다. 바로 그 프랑스의 유토피아 운동가는 선한 것에 대한 외부의 표준을 사람들에게 따르라고 하지 않았다. 오히려 인간의 기본적인 열정을 충족시킬 수 있게 특별히 고안된 팔랑스테르Phalansthes라고 불리는 자족적 공동체들에 토대를 둔 새로운 사회 시스템을 그려냈다. 닐은 인간의 본성이란 하느님의 뜻을 반영한 것이라고 느꼈다. 따라서 당연히 인간의 본성을 변화시키려고 하는 쪽보다 그것을 증폭시켜 주려고 추구하는 푸리에의 사회주의 쪽에 마음을 두었다.**42**

  닐은 스스로의 심리적 필요를 충족하기 위해 사회적 환경을 재정렬해야 한다는 충동에 이끌렸고, 유토피아적 사회주의 교리로 전환하게 된 것은 그런 충동의 결과였다. 단합·조화·사랑, 이들 요소는 그가 자신의 삶에서 치유하는 속성이 부족하다고 느꼈던 점 때문에 인류의 질환을 치료하려는 그의 처방 성분에 포함시켰다. 근엄하고 융통성이 없었던 아버지와의 관계는 그에게 많은 것을 욕망하게 했다. 그 관계는 전형적으로 복음주의적인 것이었고, 개인 간의 의사소통을 최소화하면서 도덕적인 대결을 극대화하는 것이었다. 그의 결혼 생활 역시 결함이 있었다.**43** 닐은 특히 종교에 대한 의견 차이가 고립과 그에 수반되는 외로움을 초래했다는 점을 경험으로 깨달았다. 그러나 복음주의적 기독교는 한동안 그의 삶에서 어떤 필요를 충족시켰고, 그것을 똑같이 충족시켜주는 어떤 것으로 대체하려는 노력이 가장 중요했다. 닐이 포기하기를 꺼렸던 것은 복음주의가 지닌 사회적 역동성의 측면이었다. 차갑고 엄격한 청교도적 금욕주의는 경건한 열정에 의해 균형을 이루었다. 그런 열정은 존 웨슬리를 '비상하게 달아오르게 했던' 종류의 것이었고, 신과의 일체감, 내면적인 조화, 사자와 양떼가 함께 뛰노는 새로운 천년왕국의 메시아적 기약에 대한 깊은 믿음을 일으켰던 종류의 것이었다. 평생 동안 닐은 그런 경건한 열정의 영향과 궁극의 조화라는 천년왕국의 비전에 집착했다.

---

42 E.V.Neale, The Characteristic Features of Some of the Principle Systems of Socialism^{London, 1851}, passim. 또한 E.V.Neale, Associated Homes: A Lecture . .. with Three Engravings of the Familistère at Guise, and a Biographical Notice of M.Godin, its Founder^{London, 1880} p.vi 참조.

43 비망록 173쪽.

이런 의미에서 그는 항상 '진정한 신앙인'으로 남아있었다. 유토피아적 사회주의자들에 대해 그가 느꼈던 매력은 거의 불가피한 것이었다. 그들은 내적인 면과 외적인 면, 개인과 사회 양쪽 모두에서 조화라는 동일한 관심을 추구했기 때문이다. 그것은 닐을 멀어지지 못하게 했다. 실제로, 그들의 이상을 구현하기 위해 고안된 모델 공동체들은 우연의 일치처럼 '새로운 예루살렘'에 너무 가까웠다. 그들의 가르침 뒤에는 현재의 '죄악적' 또는 비정상적인 사회 상태에 대한 칼빈주의적 비난에서부터 조화로운 공동체들로 전원을 장악해 나가려는 그들의 영예로운 희망에 이르기까지 오랜 기독교적 메시아주의와 동일한 내용이 놓여 있었다. 닐은 유토피아적 사회주의 교리에서 삶의 사명을 발견했다. 공동체 지상주의Communitarianism를 선호했던 그는 분열적인 개인주의의 불의를 종식시키기 위해 일해야만 했다. 새롭게 나타난 자본주의 사회의 모든 불협화음은 궁극적으로 하느님이 미리 정한 조화의 방향으로 해결되어야만 했다.

 1849년 11월 15일에 닐은 20년 가까이 작성했던 비망록에 마지막 글을 작성했다. 그 비망록은 불안정한 상태였던 대학 시절부터 성숙기에 이르기까지 작성된 후 여전히 채워지지 않은 상태로 남게 된 것이었다. 그러나 그 마지막 메모는 기약이자 종합으로서 깊게 관통하는 울림을 담고 있다. 루들로우, 모리스, 휴즈Thomas Hughes, 1822~1896, 영국의 변호사·정치인·작가, 킹슬리Charles Kingsley, 1819~1875, 잉글랜드의 소설가이며 성공회 사제, 그리고 그 밖의 기독교 사회주의자들과 희대의 역사적 관계를 맺기 불과 몇 달 앞두고 있었기 때문이다.

'많은 사람들에게 나는…다정한 성향의 부인과, 건강하고 매력이 떨어지지 않게 형성되고 있는 가족과, 신중하게 관리된다면 원하는 것보다 더 높이 나를 올려놓아 줄 재산과, 내 국가에서 가장 존경받는 계급들 사이에 나를 들어가게 해준 가족의 인맥 때문에 부러움의 대상으로 보일 수 있다. 하지만 그 많은 사람들이 나의 내면을 볼 수 있고, 내가 얼마나 고립되어 있는지, 실망에 빠져있는지, 엉망이 되었는지, 나의 삶이 얼마나 정처 없는지, 나 자신이 더 만족스러운 위치에 있었던 적이 있는가와 관련하여 얼마나 희망을 볼 수 없는지를 내가 느끼고 있다는 것을 볼 수 있다면, 그들은 그런 부러움을 제쳐둘지도 모른다. 나는 커다란 희망을 갖고 고대하고 있는 사회의 재탄생이라는 위대한 대의를 발전시켜 나가는 데 적극적으로 임하고 싶은 마음이 간절하다. 그러나 그 목표물을 어떻게 얻을 수 있는지, 그 길을 찾지 못하고 있다. 그런 과업을 개시하기 위해 어렵게 시도하는 과정에서 나에게 성공할 수 있다는 낙관을 만들어 주는 나 자신의 힘에 대해서도 확신을 느낄 수 없다. 그리고 내 가족 관계는 독신남으로서 또는 나의 견해를 공유했던 한 사람과 결혼한 사람이었다면 내가 가졌을지도 몰랐던 자원들을 도려낸다. 현재 나는 그 주제와 관련한 사업의 틀을 짜기 위해서, 따라서 적어도 그것을 추진하려고 시도하기 위해서, 자료들을 수집하기 시작했다.'[44]

닐은 미래의 동료들을 암시하는 것과 동일한 내용을 담은 음악의 종결부를 듣고 있는 것 같았고, 최종 결심을 내린 후 그들과 함께 하는 쪽으로 움직이기 시작했다. 그는 당시의 콜레라 전염병을 한탄했고, 이미 위생 개혁사업에 적극적이었던 루들로우와 그의 친구들이 전국보건동맹National Health League에 대한 계획을 시작하려고 시도하고 있었던 것과 똑같이 치료 활동을 외쳤다.

'우리의 기도에 대한 응답 때문에 콜레라가 중단되었다고 가정하며 감사하는 활동을 진행하지 않고, 기쁨의 모든 표현을 우리가 가진 미신으로 차단해버리지 않는다면, 콜레라 중단 감사절을 기념하는 것이 그 자체로 못마땅하게 되지 않는다. 우리를 둘러싸고 있는 힘들이 균형을 이루게 함으로써 지구를 우리에게 건강하고 쾌적한 거주지로 만들어 준 하느님에게 우리는 당연히 감사할 수 있다. 우리는 그런 훌륭한 질서에 대해 사람들이 관심을 갖게

---

[44] 같은 자료, 180쪽.

하기 위한 적절한 계기로서 엄청난 병마의 중단을 선택할 수 있다. 그러나 그런 콜레라를 '심판'으로 둔갑시키기 위해, 우리가 하나의 민족으로서 그분을 불쾌하게 만들었던 어떤 일 때문에, 하느님께서 올 여름을 택해 배수가 잘 안되고 축축한 상황들 속에서 살았던 빈민들을, 그야말로 자신들에게 그런 일이 계속되지 않도록 간청을 받고 서서히 중단할 때까지, 죽이고 있는 특별한 기쁨을 즐기시고 있다고 주장하는 것은…우리가 그 안에서 살고 있고 생존해 있는 위대한 존재에 대한 확신 또는 그 위대한 존재에 대한 존경심을 사람들에게 느끼게 하려는 수단치고는 허술한 것이다. 그렇다면 콜레라가 우리의 기도에 대한 응답으로 제거된 '심판' 중 하나라는 이론이 결국 귀착하게 되는 곳은 그런 가정이 아니라면 무엇이 되는가. 나는 인간들이 각자의 마음이라는 원래의 자리로 돌아가서 선을 행하라고 이끌어주는 훨씬 더 잘 계산된 연설들이…질병이란 그런 행동들을 계속하지 못하도록 우리에게 경고를 주는 하느님의 음성으로서 스스로를 드러내는 곳들을 가리킨다는 가설을 대신하여 이루어질 수도 있다고 확신한다.'[45]

---

[45] 같은 자료 180~181쪽.

2장

이론과 실천 : 기독교 사회주의와 협동조합
1849~1854

우리는 성서를 마치 하나의 특별한 경찰 수첩인 양 단순하게 사용해 왔다. 과중한 짐을 진 야수들을 환자로 관리하기 위해 사용하는 1회분 복용량의 아편처럼, 빈민에게 질서를 지키게 할 목적으로 사용되는 단순한 책자처럼 말이다.…여러분들에게 우리는 그 성서가 재산의 권리와 노동의 의무를 설교했다고 말해 왔다. 하지만 (신이 알기로는!) 성서에서 한 번 그것을 설교할 때, 재산의 의무와 노동의 권리에 대해서는 열 번이나 설교했다는 점을 알아야 한다.

- 찰스 킹슬리$^{Charles\ Kingsley}$, 차티스트들에게 보내는 서한[1848]

1849년에는 공산당선언$^{Communist\ Manifesto}$조차 정당한 것처럼 보였다. 그 선언이 기독교 사회주의란 '성직자가 귀족의 언짢음을 축성해줄 때 사용하는 성수에 불과하다'라고 비난했던 점 때문이었다. 닐처럼 하층 계급의 비참한 상태에 대해 죄책감을 가졌던 원래의 기독교 사회주의자들은 자신들의 종교가 자신들에게 사회에 봉사하도록 명했지만 그런 사상을 실천에 옮기는 것이 고통스럽고 어렵다는 것을 알게 되었음을 인정했다. 1848년에 벌어진 대규모 차티스트 시위는 모리스, 루들로우, 킹슬리에게 사회주의를 기독교화하든 기독교를 사회주의화하든 어떤 공통된 욕구를 발전시켜야 한다고 생각하게 할 정도로 깊은 인상을 주었다. 그러나 애초에 그들이 가졌던 기질과 개인적 신념의 차이 때문에 현실적으로 그들의 공동 작업 시도는 수월하지 않았다.1

루들로우는 지적인 측면에서 사회주의 전통을 내려받았다. 프랑스인으로 자랐고 교육도 그렇게 받았던 그는 프랑스의 가톨릭 사제이자 자유주의 가톨릭 사상의 제창자였던 라므네$^{\text{Hugues Felicité Robert de Lamennais, 1782~1854}}$와 자유주의 가톨릭 사상뿐만 아니라 푸리에와 프루동^{Proudhon}의 연구에서 강한 인상을 받았다.2 다른 한편, 킹슬리와 모리스는 잉글랜드의 시인이며 공산주의적 식민지를 북아메리카에서 건설하려다 실패했던 쿨리지$^{\text{Coleridge, 1772~1834}}$, 그리고 영국의 스코틀랜드 출신 평론가이자 역사가인 카알라일$^{\text{Carlyle, 1795~1881}}$을 추종했던 보수주의자들이었다. 비록 그들의 기독교가 미래 지향적이었을지라도, 그들은 매우 모호한 방식의 사회주의자들이었다.3 실제로, 모리스는 인간들이 크게 수정할 수는 있지만 근본적으로 변질시켜서는 안 되는 현재의 상황$^{\text{status quo}}$이 신의 질서를 구성한다고 믿었다. 쿨리지와 다르지 않게, 그는 사람들에게 모든 기성 기관들의 심중에 있는 기본적으로 선한 목적을 인식하라고 가르쳤고, 경제적 경쟁이나 맹위를 떨치며 견제되지 않고 있는 개인주의 철학에 의해 그런 선한 목적이 좌절되어왔다고 주장했다. 그는 그런 부정적인 힘들과 싸우기 위해서만 변화를 허용했다. 역설적이게도 그의 진보적인 신학적 견해가 다른 사람들을 행동하도록 자극했지만, 모리스 자신은 실제로 현실적인 모든 사업으로부터 신경증처럼 피했다. 심지어 런던에서 발생한 콜레라 유행의 공포에도 불구하고 그는 자신의 동료들에게 전국보건동맹을 창설할 계획을 포기하도록 강요했다.

수개월 동안 기독교 사회주의자들은 모리스가 대표를 맡아주기를 기대하

---

1 기독교 사회주의운동에 대한 가장 일반석인 설명은 Torben Christensen의 *Origin and History of Christian Socialism 1848~54*$^{\text{Aarhus, 1962}}$이지만, C.E.Raven의 *Christian Socialism, 1848~1854*$^{\text{London, 1920}}$ 역시 여전히 필수적이다.

2 N.C.Masterman, *John Malcolm Ludlow; The Builder of Christian Socialism* $^{\text{Cambridge, 1963}}$ 참조.

3 모리스와 루들로우의 복잡한 관계에 대한 짧은 설명은 Peter R. Allen, 'F. D. Maurice and J.M.Ludlow : A Reassessment of the Leaders of Christian Socialism,' *Victorian Studies*, XI^{1968} 461~482쪽 참조.

면서 어떤 차별화된 목적이나 방향도 없이 허둥대고 있었다. 마침내 1849년 가을에 루들로우가 그런 상황을 통제하게 되었다. 그 결과, 참을성 없는 조그만 선의의 기독교인 집단은 협동의 원칙에 헌신하는 현실적인 운동체로 전환되었다. 파리에서 개장한 자치적 작업장Les Associations Ouvriers의 성공에서 영감을 받았던 루들로우는 동료들에게 잉글랜드에서도 유사한 조직을 세울 필요가 있다는 점을 확신시켰다.4 그들은 1850년 2월 11일에 런던에서 재단사들의 결사체를 처음 발족시키면서 출발했다. 그리고 그들의 협동조합 노력이 힘을 잃을 때까지 대부분 닐의 돈 덕분이긴 했지만 소규모의 열혈 애호가 무리로서 그런 사업체들을 12개나 발족시킬 수 있었다. 기독교 사회주의 운동은 노력이나 열정의 부족 때문에 실패한 것이 아니었다. 모리스만이 계속해서 꺼렸을 뿐이었다. 그런데 사실상 그가 그런 구상들을 가장 먼저 지지했다는 점은 놀라운 일이었다. 처음부터 루들로우는 모리스가 그런 새로운 노동자결사체들을 변화가 아닌 항의의 수단들이라고 보았고, 결과적으로 그들과 자신을 영구적으로 동일시하는 것에 대해서는 꺼릴 것이라는 사실을 모르는 척했을 뿐이었다.

1850년 6월에 이르러 기독교 사회주의자들은 공식적으로 '노동자결사체진흥협회Society for Promoting Working Men's Associations'를 결성했다.5 협동조합 사업체들에 대해 가졌던 거의 병적인 수준의 의심을 모리스가 극복하기를 기대하는 가운데, 모리스는 그 협회의 회장으로 지명되었고, '진흥자평의회Council of Promoters'의 위원들을 선임할 수 있는 권한까지 모두 부여받았다. 그가 선택한 사람 중 한 명이 닐이었다.

닐은 비록 처음에 재단사 노동자결사체Working Tailors Association의 광고를 보고 기독교 사회주의자들에게 마음이 이끌렸지만, 모리스가 그 그룹에 가입해

---

4 공통적인 믿음과는 달리, 루들로우는 자치적 작업장을 결코 그 자체로 목적이라고 구상하지 않았다. 닐과 마찬가지로 그는 부셰Benjamin Buchez나 블랑Louis Blanc보다 푸리에의 영향을 더 많이 받았다. 루들로우의 자서전 Ch. XXII, 425~426쪽, XXIII 444쪽 참조. Ludlow 수고MSS, University Library, Cambridge, MS Add. 7348, Box 1. 자서전의 쪽번호는 쪽번호 매기기의 혼란으로 인해 대략적인 것이다.

5 정관 전체는 G.D.H.Cole 및 A. W. Filson, *British Working Class Movements, Select Documents, 1789~1875*London, 1951 434~443쪽에 재인쇄 되어 있다.

있었다는 점은 확실히 그 매력을 거부할 수 없게 만든 요인이었다. 닐은 모리스를 옥스퍼드에서 우연히 알게 되었고, 그 후에는 모리스의 진보적인 신학적 견해에 깊은 영향을 받았다. 그곳에는 자신처럼 인간 사회를 종교적 원칙에 따르게 하려는 길을 추구하고, 재단사 노동자결사체를 통해 그렇게 할 수 있는 현실적인 수단을 찾은 것처럼 보였던 사람들이 있었다. 기독교 사회주의자의 일원이 된 닐은 훗날 루들로우가 언급했던 것처럼 그를 '지나치게 성급한 판단'을 하도록 이끌었던 열렬하고 조급한 분위기 안에서 움직였다.**6** 비록 이미 중년의 나이였지만 그는 젊음의 활력을 유지했다. 그는 여전히 빠른 속도로 걸었고 말을 더듬기 쉬운 속도로 빠르게 문장을 구사했다. 열정이 쉽게 자극되지 않는 사람들에게는 신경을 거슬리게 하는 경향도 있었다. 닐은 자신의 시간과 돈을 포기하면서 그 결사체의 과업에 자신을 맡겼던 것처럼 그 형제단의 사업에 광적인 열기를 불어넣었다. 그 시점까지 닐의 삶은 편의의 관점에서 단순히 자신처럼 부와 사회적 지위를 가진 사람에게 기대되는 역할을 수행했을 뿐이었다. 그러나 이제는 그의 백일몽이 실체로서 곧 구체화될 것 같이 보였다. 다시 루들로우의 표현을 빌리자면, 그의 '과도할 정도로 비옥하게 발전된 뇌'**7**는 스스로에게 지정된 임무를 찾은 것처럼 보였다. 닐은 이미 예비적 연구를 잘 마친 상태였다. 사회주의 이론에 대한 그의 지식은 그의 수첩만큼 폭넓게 형성되어 있었다. 그것이 그의 동료들에게 무한한 감동을 줬던 것은 분명하다. 예를 들어, 휴즈는 자신에게 프랑스의 사회주의자뿐만 아니라 칼 마르크스$^{Karl\ Marx}$나 페르디난트 라살$^{Ferdinand\ Lassalle}$ 같은 인물에 대해서도 접할 수 있게 해주었고, 아울러 자신에게 '모든 국민국가들에서 사회적 문제의 엄청난 중요성' 역시 가르쳐 주었던 사람이었다고 닐을 회상했다.**8**

그러나 닐이 기독교 사회주의운동에 쉽게 동화되었음에도 불구하고, 루들로우는 솔직히 그 신규 회원을 의심하고 있었다. 루들로우는 모리스가 그 부

---

6 John Malcolm Ludlow, 'Some of the Christian Socialists of 1848 and the Following Years,' *The Economic Review*, IV[1894], 34.

7 같은 자료.

8 Pitman 앞의 책 6쪽.

유한 링컨스 인 법학원 출신의 상급법원 변호사를 진흥자 평의회의 위원으로 임명하자 상당히 놀랐다. 루들로우는 모리스의 종교적 가르침을 기독교 사회주의에 동력을 주는 힘이라고 해석했다. 반면, 닐의 신학이 '모호하고 느슨하다'는 점을 파악하는 데 그리 오래 걸리지 않았다. 루들로우는 닐이 모리스 류가 아니라고 생각했다.9 분명히 한 명의 열렬한 기독교 신자로서 루들로우는 지상의 천국에 대한 사회주의적 추구로 인해 개인적 불멸성의 교리조차 포기하는 지점까지 이른 한 인간을 보면서 결점을 찾아내고 싶었을 것이다.10 더욱이, 모리스나 그의 제자들과 달리 닐은 사회주의를 '기독교화'시키려고 하지 않았던 것이 분명했다. 닐은 반대로 사회주의란 염원하고 있는 목적인 기독교의 완전한 실현 그 자체라고 생각했다. 사랑, 형제애, 인간의 본질적인 신성함이라는 사회적 복음은 성서가 집필되었던 시기에 유행했던 원시적 형태의 이해 방식으로 인해 상징적인 신화들로 이루어진 기독교 신학의 옷이 입혀져 있었다. 그러나 그 후 하나님의 인도 아래 인간의 지식은 역사를 통해 발전해 왔고, 닐은 이제 그런 신학적 덫에서 진리를 분리해낼 수 있는 지점에 이르게 되었다고 느꼈다. 몇 년 후 닐은 기독교 사회주의운동에서 기독교의 요소란 '그 안에서 한정된 형태로 정확하게 구현되는 것이라기보다 오히려 그 위에 떠 있는 어떤 실체'였다고 말했다.11 이것이 실제로 그렇든 아니든, 닐 자신이 항상 협동조합운동이라는 현실적 사업과 기독교를 섞어서 보려는 어떤 언급도 피하려고 했고, 그 결과 그의 견해가 루들로우의 견해와 심하게 충돌했다는 점은 분명하다.

닐의 부유함 또한 루들로우의 의심을 불러일으켰고 그 의심에 더 커다란 정당성을 부여했던 요소였다. 닐은 많은 노력 없이 진흥자들 중 가장 저명한 인물이 되었다. 닐이 '평의회보다 10배나 중요했다'는 것이 루들로우의 견해였다.12 루들로우는 평의회가 자체 기금에서 50파운드를 내면, 닐이 500파

---

9 Masterman 앞의 책 114쪽.
10 저널 174쪽.
11 E.V.Neale to Richard T.Ely [29 November 1882]. Richard T.Ely Papers, Wisconsin Historical Society, Madison.
12 Ludlow, Autobiography, XXVIII 511~512쪽.

운드를 냈다고 주장했다. 그 점은 그 결사체들의 노동자들에게 평의회가 마치 닐의 채무자인 것처럼 보이게 했다. 닐은 자기가 동의하지 않는 행동 노선을 자기 동료들이 택한다면 자신의 자금을 인출하겠다고 위협하기까지 했다는 것이 루들로우의 평가였다.[13] 불행히도 그 협회는 이미 그 자금에 대한 의존성이 높아져 있었다. 닐의 삶에서 그 단계는 훗날 협동조합 운동가들이 그렇게 존경하고 찬양했으며 겸손하고 자기를 내세우지 않지만 미묘하게 효과를 일으키는 지도자로서의 증거를 거의 보여주지 못했다. 기독교 사회주의 활동 기간 동안 닐의 행동은 너무 자주 자신의 원칙, 부유한 배경, 특권을 굽히지 않고 갈등을 유발하는 경향이 있었고, 자신의 이미지에도 날카로운 흠결들을 남겼다. 그는 부의 불평등한 분배를 한탄했으면서도 비록 무의식적이긴 했지만 거의 항상 부자들을 사회에서 최고 구성인자들이라고 받아들였다. 그는 정치적, 사회적 사고 면에서 보수적이었다. 그는 부자들이 협동의 실천을 통해 자신의 부를 모두에게 좋은 쪽으로 활용할 수 있게 하는 새로운 사회를 도입하는 것에 관심이 높았다. 이에 비추어 기성의 계급 구조를 어지럽히는 데에는 관심이 낮았다. 그는 계급 없는 사회가 궁극적으로 바람직하다는 점을 인정했지만, 그렇게 간절히 하룻밤 사이에 그것이 확립되는 것을 보려고 하지 않았다. 그러나 그의 보수적 신념이 당시 설파되던 사회주의의 교리들과 반드시 비일관적인 것은 아니었다. 초기 사회주의 사상가들은 종종 정치적으로 반동적이었으며, 결코 노동계급 민주주의의 지지자라고 간주될 수 없는 경우들이 있었다. 실제로 그런 반대의 사고를 드러내는 경우가 더 빈번했다. 예를 들어, 로버트 오웬의 『새로운 견해 New View』는 구태를 많이 담고 있었다. 놀랍게도 가부장주의에 무게를 많이 두었다. 그것은 닐의 삼촌인 윌버포스와 미래의 조지 4세 같은 사람들에게 특징적인 것이었다. 최근 한 권위자가 주상한 것처럼, 내부분의 남성들이 정치직 반응을 보였던 곳에서 오웬은 빈칸만을 보였을 뿐이었다.[14] 같은 비판이 닐에게도 정당하게 적용될 수 있었다.

---

13 Ludlow to Neale, Neale Papers[1851년 12월 10일] 참조.
14 E.P.Thompson 앞의 책 783쪽.

짧았던 기독교 사회주의운동의 역사에서 가장 결정적이었던 사건 중 하나는 닐에게 북부 지방 협동조합 점포들을 소개한 것과 닐이 소비자 협동조합을 최우선이라고 생각하게 된 것이었다.

근대 협동조합운동이 자치적 작업장들을 중심으로 이루어졌다고 본다면, 1850년에 재단사 노동자결사체의 설립과 함께 시작되었다고 할 수 있다. 그러나 협동조합운동은 소비자들의 운동이고, 그 기본 요소는 공장보다 소매점포이며, 그래서 그 출발점을 로치데일로 거슬러 올라가 찾는다. 1844년에 그 도시에서는 장차 평등개척자들이라고 알려지게 될 소규모의 노동자 집단 한 곳이 토드 레인 거리에 협동조합 점포를 설립했다. 그들은 불량품이 아닌 직물류와 식료품을 합리적인 가격에 조달하려는 의도를 가졌으나, 처음부터 단순히 스스로를 위해 사업을 영위하고자 하는 열망만을 가졌던 노동자들이었다고 말할 수 없을 정도로 그 이상의 것을 추구했던 인물들이었다. 로버트 오웬의 추종자들이었던 그들은 거주 정착촌Home Colony들을 세우기 위해 중간상도·소매상의 서비스를 제거함으로써 절감되는 돈을 사용하기로 계획했다.

사업가들로서 그들은 특유하게 성공했던 사례였지만 그 성공은 그들의 이상과 거의 관련이 없었다. 그 성공은 대부분의 오웬주의자들과 다른 방식으로 그들이 자본주의 시스템 안으로 스스로 뛰어들어가는 것을 거부한 결과였다. 협동조합 점포사업 분야에서 그 전에 시도되었던 대부분의 모험들은 상품을 원가에 판매함으로써 이윤을 철저히 제거하려고 했던 것이었다. 그러나 가격을 대폭 낮추는 그들의 방법은 힘을 규합하여 그들을 망하게 하려는 영리 상인들의 화를 불러일으켰기 때문에 너무나 많이 실패했다. 반면, 그 개척자들은 자신들의 목적을 위해 자본주의를 변화시키기로 결심했다. 그들은 이윤을 제거하기보다 시중 가격으로 판매하여 이윤을 내고, 운영 경비와 교육비를 공제한 후 남은 이윤을 이용고에 비례하여 정기적인 배당금 형태로 조합원들에게 분배했다. 이 방법은 가격을 낮추지 않고도 고객들의 이용을 활성화하는 깔끔한 방법이었다. 더 많이 살수록 더 높은 배당금을 받았다. 그들은 이 방법으로 오웬주의 정착촌을 건설하기 위해 충분한 자본을 점진적으로 축적할 수 있을 것이라고 희망했다. 그러나 시간이 지나면서 적지 않은 동시대 사람들이 예측했듯이 슬프게도 그 '배당금^{Divi}'은 그 자체가 목적이 되었다. 그리고 그 배경을 이루고 있는 오랜 공동체주의적 영감은 협동조합 연례 총회에서만 근엄하게 설명되는 위선적인 말 정도로 축소되었다. 닐이 자신의 사명을 발견한 곳은 바로 여기였다. 궁극적으로 그의 가장 중요한 목표는 오랜 이상적 목표에 대해 새로운 유예기간을 조금 더 얻어 내는 것이었다.

기독교 사회주의운동이 진행되고 있는 동안에도 잉글랜드의 북부 지방, 특히 맨체스터 주변과 요크셔의 웨스트 라이딩 지역은 이미 로치데일의 사례를 본뜬 협동조합 점포들이 자유롭게 설립되고 있었다. 흥미롭게도 모리스와 그의 친구들은 그런 존재들을 희미하게 알고 있었을 뿐이었다.[15]

당초에 닐에게 급성장하는 소비자 협동조합의 발전에 관한 직접적인 정보를 제공해주었던 인물은 당시까지 오웬주의자였다가 기독교 사회주의자로 변신했던 로이드 존스$^{Lloyd\ Jones}$였다. 항상 변덕스럽게 의사결정을 내렸던 닐은 곧 협동조합 점포에 대한 열렬한 수호자가 되었다.[16] 그는 작업장에 대한 믿음을 상실했던 것이 아니었다. 반대로 그는 그 작업장들이 자본과 노동의 적대감을 해결하기 위해 여전히 필요하다고 느꼈다. 닐은 단순히 구매자와 판매자 사이에 존재하는 '이해의 대립' 또한 조화롭게 해결될 수 있게 점포들을 포함시키는 쪽으로 자신의 철학을 확장했던 것이었다. 그러나 그는 점포들을 설립하는 것이 협동조합공화국$^{Cooperative\ Commonwealth}$으로 가는 길에 오르는 최선의 첫걸음이라고 믿는 데까지 이르게 되었다. 그리하여 1850년 10월에 그는 런던 샬로트가 76번지 피츠로이 광장에 실험적 협동조합 점포 한 곳을 개장했다. 그곳은 이전에 오웬주의 센터의 부지로 사용된 곳이었기 때문에 기대가 되는 장소였다. 이듬해 봄에 그 기업체는 잉글랜드 전역을 대상으로 하는 주요 도매센터가 될 것이라고 낙관적으로 전망되었던 중앙협동조합사업소$^{Central\ Cooperative\ Agency}$로 확장했다. 그곳은 닐의 군마$^{Cheval\ de\ Bataille,\ 즐겨\ 이야기에\ 올리는\ 화제}$ 같은 곳이었다.[17]

---

15 Neale to Ely 앞의 책.
16 Ludlow to Neale, Neale Papers$^{23\ July\ 1850}$. Ludlow, Autobiography, Ch. XXI 421쪽.

그 신규 조직체는 넓은 범위를 생각하며 설계되었다. 소비자들을 위한 도매업도 하고, 생산자 단체들이 제조한 재화의 거래 사업소로서도 기능하게 함으로써 협동조합운동의 양측 모두에게 봉사할 수 있도록 했다. 휴즈는 프랑스의 유토피아 사회주의자이자 경제학자이며 인류학자였던 쥘 레체발리에$^{Jules\ Lechevalier,\ 1806~1862}$, 그리고 로이드 존스와 함께 이 사업에 열정적으로 합류했다. 그때 세 명은 모두 저명한 기독교 사회주의자들이었다. 또한 닐은 식료품 사업 분야의 전문가인 우딘$^{Joseph\ Woodin}$에게 구매 업무를 직접 담당하면서 품질과 가격 문제도 해결해주도록 도움을 요청했다.

닐은 부자였기 때문에 기독교 사회주의자들 중 가장 강력한 인물로 떠올랐지만, 아직도 잘 알려지지 않은 사람 중 한 명으로 남아 있었다. 실제로 모리스와 킹슬리만이 런던 지역을 훨씬 넘어서까지 명성을 누렸을 뿐이었다. 그러나 중앙협동조합사업소의 창립은 닐의 운명에 중대한 변화의 계기를 마련해주었다. 전국 노동운동이라는 더 넓은 무대에서 명성을 얻었으며 동시에 미래 경력에 필요한 인기와 자질을 모두 갖추기 시작했던 것은 그 신규 사업 분야의 지휘자로서 그가 맡았던 지위를 통해서였다. 그는 그 사업소의 취지를 널리 알리기 위해 멀리까지 출장을 다닌 결과 잉글랜드 전역, 특히 북부 지역에서 많은 귀중한 교류 성과를 거두었다. 그는 베리^{Bury}와 리즈^{Leeds}의 노동대속협회$^{Labour\ Redemption\ Society}$들을 자주 방문했고, 베리 지역의 노동자들 사이에서 인기가 높아졌으며, 그를 정치 후보자로 간주하는 상황에까지 이르렀다.[18] 닐은 매달 새로운 지인을 사귀었다. 그들 중 적지 않은 수의 인물들이 리즈 대속협회의 창립자 중 한 명이었던 제임스 홀$^{James\ Hole}$, 오웬주의 리즈 지역 전도자이며 당시까지 「새로운 도덕적 세계$^{New\ Moral\ World}$」 잡지의 편

---

17 중앙협동조합사업소 관련 정보 및 문서의 단일 출처는 Jules Lechevalier St. Andre, *Five Years in the Land of Refuge; a Letter on the Prospects of Cooperative Associations in England; Addressed to the Members of Council of the Late Society for Promoting Working Men's Associations, Now Re-Constituted Under the Title the 'Association for Promoting Industrial Provident Societie'*$^{London,\ 1854}$이다. 특히 19~21쪽, 부록 57~59쪽 참조. 별도로 출판된 이 책의 많은 문건은 런던대학교의 골드스미드 도서관에서 이용할 수 있다.

18 *The Christian Socialist*, II^{1851} 325쪽. *The Leader*, II^{1851} 158쪽.

집자였으며 전국직공연합협회National Association of United Trades의 회원이었던 플레밍G. A. Fleming, 그 플레밍의 전임자였던 리그비James Rigby, 당시 런던 주재 지도자Leader 신문의 편집인이었던 쏜톤 헌트Thornton Hunt처럼 전국적으로 유명한 지도자들이었다.

협동조합에 대한 노동자들의 관심이 부활한 것은 분명했다. 차티즘Chartism의 붕괴는 많은 사람들을 정치에서 멀어지게 했고, 특히 그들을 특유한 사회적·경제적 강조점을 가진 협동조합 교의를 수용하도록 만들었다. 오코너Feargus O'Connor의 오래된 신문이자 한때 차티즘의 가장 영향력 있던 저널이었다가 나중에 시간이 흐른 뒤 조심스럽게 성장했던 신문인 「북부의 별Northern Star」은 '생산자들의 상태 개선'을 위한 닐의 계획을 열렬하게 보도하며 그 중앙사업소의 성과를 자세히 다루었다.19 창설 당시에 해당 세기의 노동조합들 중 가장 강력한 단체로 떠올랐던 엔지니어연합협회Amalgamated Society of Engineers는 기독교 사회주의자들이 걸었던 마법 아래 놓이게 되었다. 1851년 여름에 닐은 '결사체가 창설되었던 도덕적·기독교적 근거'에 대해 금속 세공인 노동자조합을 대상으로 강연했다.20

노동조합들은 특히 구미가 당기는 선전 활동 대상들이었다. 그들은 자본을 소유하고 있고 잘 조직되어 있는 단체들이었다. 닐은 그들이 올바른 정보를 받는다면 즉시 점포와 작업장의 설립 사업을 시작할 준비가 되어 있다고 느꼈다. 그런 기회를 놓치고 싶지 않았던 그는 생산 영역에서 전면적으로 협동조합을 진흥하는 사업까지 포함할 수 있도록 그 중앙사업소의 업무 영역을 확장했다. 그로 인해 노동자결사체진흥협회의 공식 기능이 심각하게 침해되었다. 첫 번째 단계로 닐은 다수의 저명한 노동계 지도자들과 급진적 언론인들이 포함된 '상담위원회Committee of Consultation'를 설립했다. 그에 이어서 레채발리에가 그 위원회의 권위를 근거로 노동조합들에 송부될 상세한 회람 서신을 기초했다.21 그 서신은 특히 그 협동조합 사업소에 가입하면 새롭게 이

---

19 The Northern Star and National Trades' Journal, XIV^{1851} 4쪽.
20 Christensen 앞의 책 250쪽.
21 '런던과 영국의 무역 협동조합에 대한 중앙협동조합사업소의 연설과 제안', Christian Socialist, II^{1851} 310~312쪽.

용할 수 있는 편익들을 강조하고 결사체의 일반 원칙을 설명하는 내용이었다. 그 서신은 노동조합원들의 관심을 끄는 데 매우 성공적이었다. 그러나 기독교 사회주의자들에게는 많은 불쾌감을 불러일으켰다. 그 서신은 노동자결사체진흥협회의 기존 사업을 무시하듯이 거의 헐뜯는 내용을 담고 있었다. 따라서 사실상 닐의 사업소가 수행하는 서비스들이 선호할 수 있는 대안이라는 설명을 내놓은 것이 되었다.22

닐에 대해서 루들로우가 드러냈던 불편한 감정의 기록은 연민을 불러일으킨다. 변호사들로서 두 사람은 링컨스 인 법학원에서 함께 수학했기 때문에, 씁쓸하고 신경이 쓰이는 불일치 견해들에도 불구하고 완고하게 우정을 유지했다. 둘 다 유토피아주의자들이었고, 똑같이 조화의 정신이 인간관계의 기본 원칙이어야 한다는 점을 강박적으로 강조했다. 공통의 기반을 찾으려고 했던 결실 없는 탐색 과정에 문자 그대로 절망의 요소가 있었다. 짧았던 기독교 사회주의운동의 역사에서 그들은 모든 주요 기로마다, 마침내 그들 사이의 다툼을 절정에 이르게 했던 중앙협동조합사업소의 이슈에 이르기까지, 서로 반대 방향에서 맞섰다.

그 사업소가 시작되자마자 루들로우는 소비자 이론에 대한 강한 의구심을 표명했다. 그는 닐에게 협동조합적 생산의 우선성, 즉 작업장의 우선성이 도전받을 수 있게 허용된다면 협동조합 소매점포들이 해로운 것이 될 것이라고 경고했다. 만약 잠시 소비자들이 자신들의 이상주의적 목표를 시야에서 놓칠 경우, 그들은 자신들의 이익을 위해 노동자들을 착취했다는 사실을 발견하게 될지도 모른다. 협동조합 정신을 상실되게 한다면, 유일하게 남은 '이기적 소비'의 동기는 가능한 한 싸게 상품을 입수하는 것이 될 것이다. 루들로우는 묘한 정확성을 갖고 북부 지방의 협동조합 운동가들이 원하는 대로 중간상이 최종적으로 제거된다면, '생산자와 소비자 간 이해관계의 대립이 가장 적나라한 형태로 드러날 것'이라고 예측했다.23 사실, 소비자 협동조합에 우

---

22 같은 자료 312쪽.
23 John Ludlow, 'Working Associations and Cooperative Stores,' *Christian Socialist*, I[1851] 241~242쪽. 닐은 루들로우에게 답변했고 논쟁이 이어졌으며, 261~263, 265~266, 273~275쪽 참조.

선 헌신해야 한다고 닐이 발전시켰던 주장은 더 근본적인 의견 불일치가 있었다는 점을 드러내준 하나의 사례일 뿐이었다. 그 사업소가 설립된 직후 닐의 사회주의적 신념들에 대한 강조점은 눈에 띄게 바뀌었다. 새로운 지인들로부터 영향을 받았던 닐은 기독교 사회주의자보다 오웬주의자에 더 가깝게 되었다.

그 협동조합 사업소가 그런 점포들의 도매센터로서 자리를 잡았다면, 루들로우는 그에 대한 자신의 반대를 그저 말뿐이었던 것으로 국한했어야 할지도 모른다. 그러나 닐이 노동조합들에게 바로 그 회람 서신을 보냈던 날에 루들로우는 완고하게 자신의 입장을 고수하며 타협의 기대를 접었다. 닐의 사업소는 그가 매우 소중하게 간직해 온 신념에 도전하는 경쟁 조직이라고 생각했던 것이 분명했다. 닐은 그 사업소의 정관에 기독교에 대한 언급을 신중하게 회피했다. 직원들을 독재적으로 대했고, 그들과 이윤을 공유하는 것을 거부했다. 생산보다 소비를 강조했고, 노동조합에 송부한 회람 서신에서 입증된 것처럼 노동자결사체진흥협회의 현실적인 활동들을 불필요하게 중복해서 경쟁하듯 추진하려는 데 전념했다. 이제는 우유부단하게 있을 여지가 없다고 느꼈던 루들로우는 1851년 10월 30일에 진흥자평의회에서 중앙협동조합사업소의 간부들을 내보내도록 요구했다. 그러나 받아들여지지 않았다. 그러자 그는 고뇌 끝에 그 평의회에서 사임하고 리더 지위를 포기했다.[24]

닐이 승리했지만 승리의 왕관은 없었다. 그는 협동조합운동이 포용적이고 비종파적이기를 원했다. 결과적으로 여전히 모든 단체들에 지지를 구했다. 그때 킹슬리가 갑자기 닐의 계획에 새로운 장애물로 등장했다. 킹슬리는 중앙협동조합사업소의 현실적인 활동을 확대하는 데에 전혀 반대하지 않았다. 그러나 닐의 새로운 동맹자들 중 일부, 특히 언론인들인 쏜톤 헌트, 홀리요크[GJ Holyoake], 플레밍에 대해 몹시 못마땅해했다. 실망이 섞인 긴 서신에서

---

24 닐에 대한 루들로우의 서신, Neale Papers[1851년 12월 10일자] 참조. 이 긴 편지는 두 사람의 갈등을 솔직하게 논의하고 루들로우의 깊은 괴로움을 드러냈기 때문에 매우 가치가 있다. 논쟁과 관련하여 닐은 킹슬리[1851년 11월 15일자]와 맨스필드[Charles B. Mansfield 1851년 11월 5일자]로부터도 편지를 받았다. Neale Papers. 킹슬리가 닐을 지원하는 동안 맨스필드는 루들로우에 동의했다.

킹슬리는 그 사람들을 '유목적이고 무책임한' 사람들이라고 비난하며 닐에게 그들과의 친분을 피하라고 충고했다. 거친 표현도 썼다. 쏜톤 헌트에 대해서는 '편협하고 무지한 헛소리꾼'이라고 했으며, 홀리요크에 대해서는 짧게 다음과 같이 서술했다.

> '불한당이다. 그는 스스로를 무신론자라고 부르는 것을 영광스럽게 생각한다. 그리고 그런 사람은 어리석든 건달이든, 아니면 둘 다임이 틀림없다. 그의 글과 태도는 편협하고, 자만하며, 무지하고, 상스러우며, 무례하다. 그가 현명한가가 우리에게 무관하지만, 상황 때문에 신성 모독죄로 갇힌 적 있다. 그 일은 그의 기소 이유서를 볼 때 매우 수치스러운 것이었다.'

킹슬리는 '우리에게 커다란 소망이란 토지 자산가, 자본가 등 모든 종류의 젠틀맨들을 모이도록 해서, 돈, 토지, 학습, 의회 영향력으로 우리를 돕게 하는 것이었다'라고 고집스럽게 주장했다. 그는 어떤 대안적인 길이든 '종합이 아니라 분열과 무정부 상태로 끝날 것이 틀림없다'라고 경고했다.[25]

닐은 레이 헌트$^{Leigh\ Hunt}$의 아들인 쏜톤 헌트와 친구처럼 지내게 되었다. 그가 발행하는 정치적으로 급진적이었던 「리더」신문은 닐의 사업소에 대해 매우 우호적인 소식들을 실어주고 있었다. 그러나 쏜톤 헌트가 킹슬리의 사례를 칭찬하고 글을 인용하면서 그에 대해서도 비슷하게 편의를 주려고 시도했을 때 갈등이 시작되었다. 킹슬리는 그런 관심에 고마워하지 않았다. 리더 신문에 기여했던 기타 인물들로는 홀리요크, 교육·종교 분리론자들^{Secularist}, 루이스$^{George\ Henry\ Lewes}$가 있었다. 루이스는 쏜톤 헌트와 나란히 런던의 중추 세력들 안에서 악명 높은 난봉꾼이라고 알려졌었다.[26] 킹슬리는 닐에게 불평하기를, '존경할만한 분들이 자연스럽게 내가 얼마나 중혼^{重婚}과 무신론^{無神論}

---

25 킹슬리의 닐에 대한 서신, Neale Papers$^{1851년\ 10월\ 25일자}$.
26 루이스는 나중에 조지 엘리엇$^{George\ Eliot}$의 관습법 남편이 되었다. 배경 자료는 Joan Bennett, *George Eliot, Her Mind and Her Art*$^{Cambridge,\ 1962}$, Gordon S. Haight, *George Eliot and John Chapman*$^{New\ Haven,\ 1940}$ 참조.

을 선호했는가를 묻기 시작하고 있다'라고 말했다. 결말은 킹슬리가 '무례하고 비신사적인 애정행각'을 벌였다고 비난했던 헌트와 폭언을 주고받는 것으로 끝났다.27 킹슬리 같은 류의 인물들이 동료로서 함께 할 경우 기독교 사회주의운동은 정말로 매우 고루하게 될 운명이라는 것이 닐에게 명백해졌다.

궁극적으로 가장 심한 공격을 받았던 사람은 홀리요크였다. 헌트처럼 그 역시 먼저 친교의 손을 내밀었다. 리더 신문에 기고했던 그는 그 중앙사업소를 반복적으로 옹호했다. 1851년 가을에는 자원해서 스코틀랜드와 잉글랜드 북부에 갔고, 그 사업소의 대변자로 활약하며 더욱더 적극적으로 자신의 열정을 드러냈다. 닐은 그의 제안을 받아들였다. 그러나 그들 사이의 관계는 시작만큼이나 갑작스럽게 끝날 운명이었다.28 잘 알려진 홀리요크의 기독교 반대론 입장 때문에 생긴 지독한 적대감이 결렬의 주된 이유였다.29 기름과 물은 섞이지 않을 것이었다. 홀리요크는 닐뿐만 아니라 닐의 동료들까지 서명했던 고약한 내용의 편지를 받게 되었다. 그 내용은 '우리의 가장 친한 친구들 그리고 우리가 공개적으로 연결된 사람들이 당신의 이름과 동일시되고 대중적으로 우려되는 견해들에 대해 느끼는 강력한 반감' 때문에 그 사업소에 대한 그와의 제휴 관계를 종결하는 것이 '바람직하게' 느껴졌다는 점을 그에게 통보하는 것이었다.30 닐이 그 편지에 서명했다는 사실은 궁극적으로 홀리요크와 닐 사이에 친밀한 우정을 쌓는 것을 수년 동안 지연시켰다.

닐이 노동 관련 언론인과 노동조합 운동가들 사이에서 끌어모으고 있던 새로운 친구들에 대해 우려했던 것은 킹슬리만이 아니었다. 여전히 많은 차티

---

27 킹슬리의 닐에 대한 서신, Neale Papers[1851년 10월 25일자].

28 이 사건과 관련된 가장 중요한 의사소통은 다음과 같다. 레체발리에의 홀리요크에 대한 서신[1851년 9월 5일자]. 홀리요크를 중앙 협동조합 사업소의 대리인으로 소개하는 서신[1851년 9월 5일자]. Holyoake, 'Report…to Messrs Lechevalier, Woodin, Jones'[9 December 1851]. Lechevalier, Woodin, Neale, Hughes to Holyoake[10 December 1851]. 이들 서신은 랭커셔 주 맨체스터 소재 협동조합연합회[Cooperative Union] 도서관의 홀리요크 문서들에서 온 것이다.

29 비록 홀리요크가 그 사업소를 지원했지만, 그는 기독교 사회주의를 싫어했고 로이드 존스를 증오했다. 예를 들어 *The Reasoner and Theological Examiner*, X[1851], 265~266, 331~332쪽 참조.

30 Lechevalier, Woodin, Neale, Hughes to Holyoake[10 December 1851]. Holyoake Papers.

스트들은 노동 해방의 유일한 희망이 유토피아적 사회주의자들의 오래된 가부장주의적 엉터리 처방에 놓여 있다는 주장에 설득되지 않은 상태였다. 그들은 새로운 노동조합들이 협동조합운동 쪽으로 견인되었던 분명한 사실에 놀랐다. 그들은 그것을 정치적 운동에 주요한 손실이 발생한 것으로 간주했다. 더 나아가, 협동조합은 이제 종종 노동의 진보 경로에서 그렇게나 악명이 높은 장애물이었던 기독교와 결부되어 설파되기에 이르렀다.³¹ 1848년 이후 쇠퇴기를 맞은 전통 차티즘의 추진 세력이었던 어니스트 존스$^{Ernest\ Jones}$가 그런 새로운 위협에 맞서 싸울 준비를 해야 했던 것은 시의적절했다. 어니스트 존스는 인기 있는 지도자였다. 닐처럼 그 역시 상류층 출신이었으며 자신의 사회적 뿌리를 완전히 개조하여 노동계급 사이에 정착시켰고, 그들을 대신하여 정치적 선동 혐의로 감옥에서 복역했다. 어니스트 존스는 기독교 사회주의자들을 주요 적들이라고 지목했다. 그런 어니스트 존스를 처음 만나러 갔던 사람은 닐이었다. 어니스트 존스가 집필한 '국민에게 보내는 메모들 Notes to the People' 속에서 심각한 의견 차이가 드러났던 토론을 벌였다.³² 훗날 칼 마르크스는 어니스트 존스가 협동조합이라는 만병통치약에 대응하여 문서로 또는 글로 공격을 가했을 때 자신이 어니스트 존스의 배후에 있던 그림자 세력이었다고 주장했던 점은 역사적 의미가 있다.³³

닐은 신중하고 차분하게 가부장적인 문구로 어니스트 존스를 반박하는 글을 썼다. 그 글은 메시아 같은 재능을 곁들여 유토피아적 사회주의자들의 고전적 입장을 대변했다. 그는 정치적 개혁보다 사회·경제적 개혁이 더 중요하다고 언급했고, 자발성주의^{Voluntaryism}를 강조했다. 자발성주의란 그 원칙의 전체적인 가치가 단순히 선언했다는 차원을 넘어 그 원칙을 기꺼이 받아들인

---

31 예를 들어 1851년 5월에 *Leader*는 명백한 승인을 받은 후 월터 쿠퍼$^{Walter\ Cooper,\ 차티스트에서\ 기독교\ 사회주의자로\ 전환}$의 메모를 발간했는데 그 내용은 합의가 매우 불안정했다. '모리스와 오웬은 악수를 했다. *Christian Socialist, Edinburgh Review, Leader* 신문은 그 토론에 모두 참여했다. 차티스트들은 사회주의자들이 되었고, 전국의 빈민법 수호자들은 폭력이나 부패 없이 부자와 빈민을 파트너로 만들게 될 신성한 조화의 원칙을 모색하고 있다.' *Leader*, II^{1851} 465쪽.

32 특히 Notes to the People, I^{1851} 27~31, 407~411, 470~476, 543~546, 561~566, 588, 606~609쪽 참조.

33 John Saville, *Ernest Jones: Chartist*$^{London,\ 1952}$ 42쪽.

것인가 여부에 의해 좌우된다는 사상을 말한다. 이어서 계급 간의 조화 그리고 많은 금수저 부자와 귀족들이 가진 기본적으로 선한 의지에 관한 오래된 이야기를 읊었다. 심지어 그런 선의의 증거로서 박애주의적 귀족들의 이름을 나열하며 자선 사업들을 끌어들이기도 했다. 그는 공산주의가 위대한 원칙을 포함하고 있지만, 자발적인 '사랑의 표시'를 법칙이라는 것으로 대체해버리는 한, 결국 '양심이 다수의 의지와 대치되고, 의무감이 고통과 처벌에 대치되게 하는 것처럼, 비자발적인 외부의 압력에 의해서 기계적으로 결합한 상태를 유지하고 있는 한 덩어리의 개체들'만을 생산하게 될 운명을 가졌다고 주장했다.34

코벳Cobbett은 '협동촌Villages of Cooperation'을 '빈곤층이 모여 사는 평행사변형 공간'이라고 통렬하게 비난했다. 셔윈T. Sherwin 또한 '가신Vassal들의 공동체'라고 말했다. 그들은 모두 가부장적이며 독재적이며 보수적이었던 오웬의 견해를 핵심부부터 깊이 찌르듯 달려들었다.35 어니스트 존스 역시 약간의 명분도 주지 않고 닐을 조각내려고 했다.

> "나는 노동자란 단순히 부유층이 주는 연금의 수급자, 그리고 노동이란 '고귀한 태생'의 박애 활동가들이 베푸는 관용에 의해 고역을 버텨내는 것으로 비하하지 않습니다.…맞습니다! 선생님! 당신이 나열한 '귀족들의 박애 활동 목록', 그리고 의기소침하게 만드는 당신들의 자선 활동들 때문에 노동이 살만하다고 비하하지 않습니다."36

---

34 *Notes to the People*, I, 562~564쪽.
35 E.P.Thompson, 앞의 책 782~783쪽.
36 *Notes to the People*, I 588쪽. 또한 John Ludlow, 'Mr Ernest Jones and Cooperation', *Christian Socialist*, II[1851], 339~340, 354~356, 401~403 'The Padiham Discussion on Cooperation', *Christian Socialist*, II[1851], 385~393쪽 참조. 아이러니하게, 훗날 어니스트 존스는 협동조합을 옹호했다, 예를 들어, *The Cooperator*, IX[1869] 50쪽, and The Social Economist, III[1869], 1~3쪽을 참조할 수 있다.

무엇보다도 닐은 사회 개혁을 추구하는 다양한 사람과 운동 모두를 단결시키기를 원했다. 그러나 한 집단으로서 기독교 사회주의자들은 차티스트들을 적대시했을 뿐만 아니라 진심 어린 친교의 손을 먼저 내밀었던 홀리요크와 쏜톤 헌트 같은 많은 사람들로부터 적대감 또한 벌어들었다. 닐은 그런 상태를 오래 견딜 수 없다고 느꼈다. 그는 오웬주의자, 종교·교육 분리주의자, 그 밖의 참여를 원하는 누구든 포용하기에 충분할 정도로, 가톨릭적이면서 자기 자신의 사회적 이상과 자기의 동료인 기독교 사회주의자들의 이상까지 동시에 수용할 수 있는 새로운 조직을 만들기로 결심했다. 그는 노동자결사체진흥협회가 가졌던 세속화된 형태의 질서 위에서 새로운 것을 구상했다. 그 비전은 1852년 봄에 닐이 협동조합동맹$^{\text{Cooperative League}}$을 창설하면서 실체적 형태를 드러냈다. 그 기구의 목적은 대체로 교육적인 것이었다. 활동은 회원들뿐만 아니라 기타 저명한 협동조합 운동가들과 사회이론가들에 의해서도 발제문들이 발표될 수 있게 하는 토론모임 중심의 저녁 강의 형태로 전개되었다.[37]

첫 번째 저녁 모임은 3월 30일에 열렸다. 닐은 동맹의 목표들에 관한 발제문을 발표했다. '우리 형제들만큼 다른 사람들에게도 사무칠만한 탁월한 사회적 구성 상태'를 탐구했던 열정은 그를 기독교 사회주의자로 이끌었다. 닐은 오웬주의 사상의 영향 하에서 '사회의 과학'에 대한 탐구 작업으로서 자신이 그런 구성체들을 탐색하는 방법에 대해 발표했다. 분명히 기독교 사회주의 운동을 함께 했던 자신의 조력자들에게 나타난 종파주의에 대해 환멸을 느꼈던 닐은 출석한 사람들에게 동맹의 주요 목적이란 서로 다른 협동조합 교의를 가진 학파의 사람들이 자신들의 생각과 느낌을 교류할 수 있게 하려는 것이라고 설명했다. 그것이 그 모임의 명칭에 '동맹^{League}'이라는 단어를 선택한 이유였다. 그 동맹 안에서는 어떤 개인의 의견도 억제되지 않는다는 점이 명확하게 이해되기를 그는 희망했다. 참여자들은 '사회의 과학을 발견할 수 있는 가능성'에 대한 서로의 믿음에 의해서만 단합될 것이었다.[38]

---

[37] Raven, 앞의 책 273~274쪽.
[38] 현실에 적용할 목적으로 협동조합 활동의 원칙들에 대한 과학적 조사를 촉진하기 위해 1852년 3월에 설립된 협동조합동맹의 활동집 $Transactions$에 대한 '서문^{1852}' Pt. I, 5~9

오웬주의자들은 처음부터 닐의 계획에 열의를 보였고, 그 동맹을 가장 지지했다. 트래비스$^{Dr.\ Henry\ Travis}$가 첫 번째 모임에 참석했고, 진행 사항들을 호의적으로 요약해서 로버트 오웬에게 서신을 보냈다.39 훗날의 일정에 오웬이 직접 참석한 적도 있었다.40 그의 제자들이 출석했던 기록부에는 셰퍼드 스미드$^{James\ E.\ 'Shepherd'\ Smith}$, 리그비, 플레밍, 아이보리$^{Henry\ A.\ Ivory}$, 코스$^{James\ Corse}$ 같은 이름들이 빈번하게 나타났다. 또 활발하게 참여했던 인물들로는 기독교 사회주의 운동에서 당시 저명했던 종전의 오웬주의 계열 인물들 역시 있었다.41 그러나 기독교 사회주의자들 중 많은 인물들은 그 동맹에 가입하기를 거부했다. 루들로우는 전혀 관계하지 않았다. 쏜톤 헌트가 그 동맹의 사서로 등재되었다는 점 때문에 킹슬리의 부정적인 반응을 예측하는 것은 어렵지 않았다. 몇 년 후 루들로우는 '비록 닐이 그 점을 간파하지 못했지만 '협동조합동맹'이란 기독교 사회주의에 반대하는 비기독교인들로 구성된 것이었다. 그 동맹은 실질적으로 어떤 일도 하지 못했고, 우리가 비켜주자 사라졌다'라고 직설적으로 언급했다.42 그러나 그런 판단은 너무 가혹했다. 비록 협동조합동맹이 기독교 사회주의자들이 보였던 배타성에 대한 반작용으로서 결성되었다고 하더라도 닐은 그 두 조직이 함께 일하기를 원했고, 심지어 그 동맹과 그 진흥협회가 함께 만나야 한다고 제안하기까지 했다.

닐은 그 동맹의 회의자료집$^{협동조합동맹\ 활동집}$, Transactions of the Co-operative League, 이하 '활동집'43을 발행했다. 또 유익한 독서 자료들을 소장한 도서관을 설치했고, 그 조직체의 가장 중요한 기능 중 하나로서 가능한 한 많은 기성

쪽. 인용문은 6쪽이다. 16쪽 또한 참조할 수 있다.

39 Henry Travis to Robert Owen$^{April\ 1852}$. Bundle 29, #2028, Owen Collection, Library of the Cooperative Union Limited, Manchester, Lancs.

40 *Transaction*$^{활동집,\ 1852}$ Pt. I, 5~9쪽.

41 열거하면, 로이드 존스, 월터 쿠퍼, 엘리슨$^{Cuthbert\ Ellison}$, 쇼터$^{Thomas\ Shorter}$, 고드리치 경$^{Lord\ Goderich}$이다.

42 셀리그만$^{E.R.A.Seligman}$에 대한 루들로우의 서신$^{1886년\ 7월\ 24일자}$. Seligman Collection, Columbia University Library. 루들로우는 기독교 사회주의 진흥자 대부분이 그 동맹을 경쟁 조직으로 보고 있다고 주장했다. 그의 자서전, 부록 Ch. XXXVII, 'The Cooperative League'.

43 *Transactions*은 1852년에 세 부분으로 출판되었다. 1부 5월, 2부 7월, 3부 10월.

협동조합들과 직접 의사소통할 수 있는 관계를 유지해 나갔다. 닐은 4월 24일에 잉글랜드 전역의 협동조합들에게 조합원, 재정 상태, 교육 활동들에 대한 자세한 정보를 기입해주도록 설문지를 보냈다.44 닐의 그런 노력에는 나름의 저의가 있었다. 그는 협동조합동맹이 잉글랜드에서 현실의 협동조합 기업체가 가진 성격과 활동 범위를 정확하게 평가할 수 있도록 만들어줄 정보를 원했다. 자료는 절대적으로 부족한 상태였다. 닐은 협동조합의 미래에 대하여 어떤 분별력 있는 처방을 할 수 있으려면 훨씬 더 많은 데이터가 축적되어야 한다고 생각했다.

1850년대에 잉글랜드의 협동조합이 개념 정의를 결여한 상태였다고 말하는 것은 그 상황을 과소평가하는 것이다. 평등개척자들의 사업이 상당한 주목을 받았던 것은 사실이다. 그러나 로치데일이 협동조합운동의 중심이라고는 간주되지 않았다. 실제로 그런 중심이라는 것은 존재하지 않았고, 하나의 운동이라고 불릴만한 것이 무엇이든 많지도 않았다. 무엇이 '진정한 협동조합'을 구성하는 요소인가라는 필수적인 질문에 대한 합의가 거의 없었다. 거주 정착촌Home Colony들을 세우는 것만이 중요한가? 노동자들이 소규모의 소수자들로서 주식을 소유하고 있을 뿐인 주식회사Joint-Stock로 등록된 제조업체까지 협동조합에 포함되는가? 협동조합이라는 단어는 조합원들을 위한 배당금을 축적하는 것에 관심을 두는 점포에만 적용될 수 있는가? 더욱이 자발성이란 편익이기도 하지만 골칫거리이기도 했기 때문에 협동조합의 적격성 여부를 가늠하게 해주는 범위에 대해 매우 정확한 개념을 가졌던 사람도 거의 없었다. 지방의 협동조합들은 낮은 지명도에 거의 고립된 환경에서 발아하여 일시적으로 꽃을 피운 다음 시들고 소멸했다. 누구든지 협동조합 사업을 시작할 수 있었다. 그러나 개별적인 노력들을 하나의 운동으로 묶어내는 일은 가장 중요하지만 어려운 작업이었다. 닐의 협동조합동맹 노력 이면에 놓인 거대한 근본 목적은 바로 그런 후자의 목표를 이루려는 것이었다.

그는 모든 종류의 노동자결사체들에게 설문지를 보내며 동맹과 사업소 양쪽의 업무를 시작했다. 그는 수익을 기준으로 협동조합운동이 진보했다는 점

---

44 *Transactions*1852 1부 14~15쪽.

그리고 진보했던 정도를 합리적으로 정확하게 평가할 수 있었다. 그의 지식이 증대되면서 통일성을 기해보려는 그의 첫 번째 작업은 엄청난 성공으로 이어졌다. 그것은 먼저 공통적인 운영 절차와 정관 규정들 아래 독립적인 협동조합 활동들을 모두 모이게 하는 것이었다. 그런 다음에 그는 협동조합 사업소의 후원 아래 '노동자결사체가 법률적 정관을 수립할 수 있도록 지원'하고, '협동조합 점포의 설립과 관리 규칙' 및 '회계 장부의 표준안'을 발간하고자 했다.[45] 그런 출판물들은 곧 잉글랜드 전역에서 커다란 수요를 일으켰고, 노동조합 운동가뿐만 아니라 협동조합 운동가들에 의해서 활용되었다.

처음에 동맹은 성공할 것처럼 보였다.[46] 그러나 기독교 사회주의운동처럼 곧 수명을 다했다. 브라운[W. Henry Brown]은 '현실적 응용력이 부족했기 때문에 흐지부지 되었다'라고 진단했다. 그러나 실패의 이유가 무엇이었든 그 동맹은 유사했던 많은 조직체들이 그랬던 것처럼 촉진자로서의 기능에 비해 그 자체가 중요했다는 점을 낮게 평가받았다.[47] 확실히 닐에게 미쳤던 영향은 대단한 것이었다. 그것은 이제 닐이 프랑스와 잉글랜드의 사회주의 운동에서 양쪽의 기원과 확산에 관여했던 최고의 지도자들 중 일부와 긴밀하게 실무적인 접촉을 갖도록 영향을 미쳤다.[48] 또한 회의에서 논의되었고 앞에서 언급한 활동집의 편집자로서 닐이 성실하게 보고해온 안건들은 당시 노동자들의 정신에 가장 밀접했던 문제들과 장차 잉글랜드 전역의 기능공 교육원[Mechanics Institute]들에서 인기를 끌게 될 문제들에 대한 닐의 이해력을 제고시켜 주었다. 동맹의 사업을 통해 닐은 퇴조기에 접어든 유토피아적 이상론의 샘으로부터 마지막으로 새롭게 기분을 전환시켜주는 물 한 모금을 얻어 마셨

---

45 Christensen, 앞의 책 284쪽.
46 Transactions[1852] 2부 44~45쪽. 1852년 여름에 신규 지부들을 설립하기 위한 계획이 제출되었다.
47 W.Henry Brown, *A Century of London Cooperation*[London, 1928] 81쪽.
48 블랑, 카베, 르루 같은 사람들. Transactions[1852] 1부, 부록, 57쪽 참조. Transact-ions의 편집 형식에는 대외 협력을 다룬 자세한 부록이 포함되어 있다. 닐에 대한 블랑의 서신[1852년 5월 17일자], Neale Papers에서 블랑이 보낸 날짜가 표기되지 않은 다른 두 개의 서신 역시 참조할 수 있다. 위의 인용문들은 프랑스 사회주의자들이 망명 중에 자급을 위해 두 개의 정기간행물을 출판하려는 계획을 언급한다.

다. 그는 그 한 모금의 이상론을 자신들이 우쭐해하며 가졌던 빅토리아 시대의 자만심과 사회적인 것에 대한 무관심 때문에 몹시 아프게 그것을 필요로 했던 한 세대의 협동조합 운동가들에게 전해주었다.

동맹이 현실적 응용력 부족 때문에 소멸한 것이었다면, 노동자결사체진흥협회는 너무 많은 사업 활동 때문에 균형을 잃었던 경우에 해당했다. 1852년 1월에 엔지니어연합협회의 공장 폐쇄가 시작됐다. 그것은 노동조합 운동가들을 전향시키려는 닐과 기독교 사회주의자들의 열성적인 노력을 극대화시켰다.[49] 그 시초부터 가장 큰 관심을 끈 것은 노동자 엔지니어들의 협동조합적 생산에 대한 열정을 반전시키는 것이었다. 그들은 협동조합적 생산을 자신들의 고용주들에 맞서기 위한 무기로 변신시키려고 시도했다. 만약 고용주들이 협상에 응하지 않으면, 그들 스스로 작업장을 설립하겠다고 위협했다. 엔지니어연합협회의 집행위원회는 그 목적을 위해 10,000파운드의 예산을 별도로 책정하기로 결정했다.[50] 그리고 그런 결정이 협회의 지부들에서 압도적 다수결로 비준되었던 상황은 닐의 커다란 관심을 끌어냈다. 그는 공개 강연을 통해 엔지니어들을 변호하기 위해 서둘렀다. 강연의 제목은 스미드[Sidney Smith]와 중앙 고용주결사체[Central Association of Employers]가 던졌던 질문인 '내 몸이 원하는 것을 내가 하지 않아도 됩니까?'를 다시 되받아치는 것으로 정했다.

노동자 엔지니어들을 선명하게 지지하는 입장에서, 스미드의 질문에 대한 닐의 답변은 단호하게 "하지 않아도 된다"였다. 그럼에도 불구하고 닐은 자치적 작업장들을 설립하기로 했던 결정을 강화시켜 주는 것보다 엔지니어연

---

49 이 유명한 폐쇄에 관한 가장 흥미로운 동시대 기록 중 하나는 John Ludlow의 *The Master Engineers and their Workmen. Three Lectures on the Relations of Capital and Labour, Delivered by Request of The Society for Promoting Working Men's Associations*[London, 1852]이다.

50 E.V.Neale, *May I Not Do What I Will With My Own? Considerations on the Present Contest Between the Operative Engineers and Their Employers* [London, 1852] 53쪽. 그 엔지니어들의 협동조합에 대한 열정은 그들이 자기 고용주들에 대한 투쟁에 실패하면서 더욱 강해졌다. *Journal of Association*, No. 20[10 May 1852] 153쪽 참조. 1852년 6월에 ASE는 공식적으로 '철강업종협동조합진흥협회[Society for the promotion of cooperation in the iron trades]'로 되었다. Christensen, 앞의 책 268쪽.

합협회의 대의를 널리 알리는 것에 대해서는 관심을 덜 가졌다. 협동조합이 그런 위기에 대한 '진정한 해법'이라고 선언한 그는 노동자들에게 노동조합주의 그 자체에는 사회를 개조하는 어떤 이상도 담겨 있지 않다는 점을 상기시켰다. 그리고 오로지 협동조합결사체들을 진흥하고 질병과 사망에 대한 사회적인 보험 편익을 확보하기 위해서만 노동조합을 지켜내야 한다고 조언했다. 그런 조언은 자신의 생사를 걸고 필사적으로 싸우고 있는 파업 중의 노동조합에게 제공할 수 있는 정말로 작은 온기 정도에 불과했다. 닐은 노동조합들이 노동자들 사이에서 편협한 노동귀족의 정치만을 대변하는 것을 더 크게 우려했다. 닐은 편협하게 제한된 그들의 행동들이 미숙련 노동자들의 지위 향상을 막고 전체 노동 인구의 지위까지 낮추는 경향을 보인다는 점을 강하게 의식했다.[51] 마르크스처럼, 그는 노동조합들이 '개인주의적' 원칙들에 동조한다고 비난했고, 무엇보다도 노동조합의 지도자들에게 노동조합들을 사회 변혁의 동력원들로 새롭게 만들어나가도록 독려하고 싶었다.[52]

노동자들이 협동조합 쪽으로 돌아설 것이라는 닐의 희망은 일시적으로 실현되었고, 그들이 전환할 수 있게 사주했던 공을 자신에게 돌릴 수 있었다. 그러나 최종 결과는 노동조합의 결정들에 실망하게 된 것이었다. 노동계의 지도자들이 개인적으로 동참하는 것만으로는 자금의 부족을 메울 수 없었다. 협동조합에 대한 그들의 열정은 빠르게 식었다. 불행히도 닐은 주기적으로 반복되는 노동조합주의와 항상 일시적이었던 협동조합적 생산에 대한 노동조합주의의 추파를 토대로 삼고 허공에 성을 쌓는 허황된 꿈을 꾸었고, 그 과정에서 매우 심각한 재정적 손실까지 입게 되었다.

그는 이제 말뿐 아니라 행동가였다. 그는 연이은 노동자들의 모임에서 자치적 점포들을 설립하라고 이르며, 자신의 재산을 그 활동에 무절제하게 투자했다. 그 투자는 모두 형편없이 실패했다. 닐이 가장 큰 손실을 입었던 투자는 엔지니어연합협회에서 사용하도록 아틀라스 워크스 Atlas Works를 매입했

---

51 E.V.Neale, *May I Not Do What I Will With My Own?* 특히 14, 35, 46~48, 51, 53쪽 참조.

52 마르크스와 달리 그는 정치적 행동에 반대했다. 같은 자료 28쪽. 또한 *Journal of Association*, No. 20[10 May 1852] 159쪽 참조.

던 것이었다. 숙련된 노동자들은 곧바로 그 작업장을 경제적으로 운영할 수 없었던 자신들의 무능력을 드러냈다. 그러나 닐은 최종적으로 공장, 도구, 재고 등 모든 것을 매각하더라도 그 결사체의 재정적 채무로부터 벗어나는 데 불충분했던 시점까지 계속해서 부채의 수렁에 깊이 빠져들면서도 그 공장을 유지하겠다는 고집스러운 결심 위에서 그들에 대한 믿음을 포기하지 않았다.[53]

노동조합 운동가들을 전향시키려는 열정이 절정에 이르렀던 시점에서는 무엇이든 가능해 보였다. 닐은 노동조합들이 무수히 많은 작업장과 점포들을 후원하기 시작한다면 협동조합 제품에 대한 수요가 실질적으로 증가할 것이라고 예상했고, 중앙협동조합 사업소의 시설을 대폭 확장했다. 그러나 철강 사업의 실패는 곧 노동조합운동과 협동조합운동이 결합될 때 서로가 양립하기 어렵다는 점을 증언해주었다. 과도하게 확장되었고 늘 심각한 적자 상태에서 운영되었던 사업소는 결국 1857년에 문을 닫아야 했다. 닐은 1852년에 자신이 그들을 자신의 협동조합 구상 안으로 끌어들였던 당사자였음에도 불구하고, 이제 노동조합 자체에 대해 의혹을 품었다. 그렇게 10년이 지날 무렵, 그는 환멸 속에서 그들을 완전히 잊을 준비가 되어 있었다.

토마스 휴즈는 1855년 10월 5일에 고드리치 경에게 '그 믿음이 우리가 생각했던 전부였다면, 우리는 그것을 서투르게 선포했고, 일반적으로 믿었던 것과의 차이는 우리가 벌였던 많은 사업에서 생각했던 것과 전혀 비교할 수 없을 정도로 가혹했습니다'라고 고통을 고백하는 내용의 편지를 썼다.[54] 아

---

53 Raven, 앞의 책 252~255, 309~310쪽. Thomas Hughes, 'Edward Vansittart Neale as a Christian Socialist', *The Economic Review*, III[1893], 47~48쪽. 철강 사업의 실패에 대한 닐의 견해는 Benjamin Jones, *Cooperative Production* Oxford, [1894], 134~135쪽 참조. 다소 늦은 1856년에 닐은 여전히 ASE와 함께 협동조합 작업장들을 진흥하는 일을 하고 있었으나, 이번에는 이상주의자들조차 비웃었다. 리그비는 1856년 4월 7일에 로버트 오웬에게 다음과 같은 내용의 편지를 썼다. '연합 엔지니어들은 엔지니어링 시설에서 자본과 노동을 결집시킴으로써 '세상 구하기'에 손을 쓰려고 할 것입니다. 나는 그들이 수천 마리의 '노란색 카나리아 새'를 희생한 대가로 약간의 경험을 얻을 것이라고 기대합니다. 글쎄요! 그것은 결국 '주석[Tin]'을 소비하는 가장 덜 해로운 방법일 것입니다. 그 회사의 이름은 "불사조철강작업회사[Phoenix Iron Works Company]"입니다. 닐은 규칙들을 준비하고 있으며, 그것들이 인쇄되는 대로 내가 선생님께 복사본을 보낼 계획입니다.' 오웬 컬렉션 # 2741.

틀라스 워크스의 도산은 후유증을 남겼다. 하나씩 하나씩 노동자결사체진흥협회가 설립했던 작업장들이 사라졌다. 각각의 실패는 줄어들고 있는 닐의 재산에 추가적인 부담 요소가 되었고, 기독교 사회주의자들의 낙관론을 잘라냈다. 소수의 결사체들, 특히 원래의 재단사 노동자결사체는 몇 년 더 남아 있었다. 그러나 기독교 사회주의운동의 영혼은 숨을 거뒀다. 그렇다 하더라도 작업장들의 실패가 지나치게 강조되어서는 안 된다. 그 운동이 해체된 가장 중요한 이유 중 하나는 진흥자 자신들 사이의 영구적인 의견 불일치가 문제였다. 루들로우와 닐은 기본 원칙에 동의할 수 없었고, 모리스와 킹슬리는 현실의 협동조합 사업에서 요청하는 모든 단계마다 주저했다. 실제로 당시 노동운동을 선동했던 커다란 질문들과 관련하여, 기독교 사회주의자들은 각자의 목적을 추구했다. 마침내 모리스는 1854년에 그들의 실천적인 노력 중 가장 오래 지속될 활동이었던 런던 노동자대학Working Men's College of London을 창설하여 자기 동료들을 교육 분야로 선회시킬 수 있었다.55

> 우리가 협동조합이라고 부르는 것의 특수한 성격이란 단결의 원칙 자체를 단결의 동기로 이루어지게 하는 것이다. 그런 단결의 동기란 특수한 사업을 실행하기 위해서 단결하는 것이 아니라, 사회의 악이 일반적으로 분열에서 기인하고, 그 악들을 급진적으로 치료할 때 효험이 있는 유일한 수단이 바로 단결과 합리적 행동의 화합을 통해 경쟁적 투쟁의 적대감을 보편적으로 대체해 나가는 것이라는 믿음으로부터 단결하는 것을 말한다.
> — E.V. 닐1878년56

닐은 '단결, 조화, 사랑'이 인간의 사회적 관계를 결정해줄 확실한 원칙들

---

54 Edward C. Mack and W.H.G.Armytage, *Thomas Hughes: The Life of the Author of Tom Brown's Schooldays*London, 1952 72쪽.

55 J.F.C.Harrison, *A History of the Working Men's College*, 1854~1954London, 1954의 여러 곳을 참조.

56 E.V.Neale, *The 'Cooperative News' and Why Cooperators Should Support It*Manchester, 1878 4쪽.

이라고 믿게 되었다. 기독교 사회주의자 시절 동안 많은 결점과 실패에도 불구하고 그는 그런 원칙들을 이행하기 위한 현실적인 기법들을 개발해냈고, 그런 과정에서 근대 협동조합운동의 토대를 마련했다. 닐이 사업소와 동맹처럼 논란이 많고 매우 분열적인 단체를 만들었을 때조차, 그의 근본 목적은 자기 동료들이 가진 배타성, 특히 협동조합적 생산과 기독교 종파주의에 대한 그들의 편협함으로 인해 야기되었던 불화에 대항하고 그것을 해소하려는 것이었다. 무엇보다도 그는 협동조합의 단결이라는 대의에 헌신했다.

그 기간 동안 런던의 도매사업소는 가장 눈에 띄는 닐의 업적을 대표했다. 그 결과 그 도매사업소는 역사가들에 의해서, 닐의 에너지 대부분이 훨씬 더 높은 목표를 지향했었다는 사실을 모호하게 만들 만큼 강조되어왔다. 닐은 개별 결사체들에게 통일성과 명확한 방향 감각을 제공하는 일종의 강력한 연방 수준의 조직체를 상부에 갖지 않고서는 협동조합운동이 결코 효과를 거둘 수 없다고 일찍부터 믿게 되었다. 1850년 9월에 노동자결사체를 방문하기 위해 떠났던 파리 여행에서 닐은 고립된 자치적 작업장들의 무한 복제만으로 사회주의적 이상들이 오래 지속될 수 없을 것이라는 자신의 의문을 확인하게 되었다. 그는 파리의 여러 결사체들이 실제로 서로 경쟁하고 있다는 점을 발견했다.57 런던으로 돌아온 닐은 성공적이지 못했지만 기독교 사회주의자들에게 그들의 노력들을 보다 효과적으로 집중시킬 필요성을 설득하고자 했다. 그 과정에서 닐은 노동자협동조합연합Cooperative Labour Union이라고 명명하기를 제안했던 강력한 기관의 설립 계획을 제출했다. 의미심장하게도 그는 협동조합운동이 향후에 소매업, 도매업, 은행업, 보험업 분야로 확장할 거라고 추론했다. 그리고 그 분야들은 그 연합기구의 기능들을 한정할 때 나열되었다.58

비록 그의 동료들에 의해 일시적으로 연기되었지만, 닐은 그런 중앙연합

---

57 Raven, 앞의 책 260쪽.

58 E.V.Neale, *Memoir Relating to the Position and Prospects of the Associat-ions*London, 1850, 11쪽; Lechevalier St. André, 앞의 책, 부록, 59~66쪽에 재인쇄. 또한 *Scheme for Formation of the Working Associations into a General Union*London, 연도 미상, 15쪽 참조. 후자는 1851년에 발행된 것으로 보인다.

Central Union에 대한 자신의 구상을 포기하지 않았고, 적절한 기회가 오기만을 기다렸다. 그는 기독교 사회주의자들이 1852년 여름에 전국대회를 처음 열었을 때 그 아이디어를 다시 살려냈다. 그는 간절한 마음에서 연례적으로 모이는 그 대회가 협동조합들의 전국연합회로서 중추 역할을 할 수 있을 거라 결론을 내렸고, 그 목적을 성취하기 위해 산업근검조합연합회Industrial and Provident Societies Union로 알려지게 될 새로운 기구의 틀 안에서 필요한 장치들을 마련했다.[59] 그것은 종전의 구상이었던 노동자협동조합연합을 광범위하게 확장한 버전이었다. 이번에는 그의 동료들이 긍정적이었다. 루들로우는 산업근검조합법Industrial and Provident Societies Act을 기초했다. 그 법은 마침내 협동조합을 법제화 해주었다. 그 법의 통과로 기독교 사회주의운동은 구성 체계 면에서 철저한 정비가 필요했다. 그들은 1853년 3월에 노동자결사체진흥협회를 포기했다. 그 자리에는 2개의 완전히 별도의 조직체들인 산업근검조합진흥결사체Association for Promoting Industrial and Provident Societies와 닐이 구상했던 새로운 연합 기구가 들어서는 결과가 나타났다.[60]

이러한 전개 과정은 궁극적으로 닐이 승리한 것으로 나타났다. 그 연합 기구는 현실의 모든 협동조합 사업을 대표하는 책임을 맡았다. 그것은 사실상 기독교 사회주의운동 내부에서 수행한 행정 활동 중 새로운 요체가 되었다. 닐의 계획들은 미래에 그 조직체가 잉글랜드의 모든 결사체들에 대하여 연방 수준의 중심이 되는 것을 실제로 목격하게 될 것이라는 희망 속에서 신중하게 수립되었다. 그 연합 기구는 종교로부터 어떤 제약도 부과되지 않았으며, 정관에서 명시적으로 전국대회와 그 대회의 민주적으로 보임된 집행부에 의해서 통치될 것이라는 점을 규정했다.[61]

---

59 *The First Report of the Society for Promoting Working Men's Associations - To Which is Added a Report of the Cooperative Conference, held in London, at the Society's Hall ... on the 26th and 27th of July 1852*London, 1852, Appendix, pp.72ff. Christensen, 앞의 책 329~330쪽.

60 Christensen, 앞의 책 326쪽 이후.

61 특히 '산업 및 근검조합연맹 계획', 맨체스터에서 개최된 [제2차] 협동조합 회의 보고서…1853London, 1853 52~62쪽 참조. 산업 및 근검조합진흥결사체와 산업 및 근검조합연맹의 정관은 모두 Lechevalier St. Andre, 앞의 책 Appendix 67~82쪽에 재인쇄되어 있다.

증거에 근거할 때, 닐의 '체계 건설 천재성'은 1852년에 산업근검조합법이 통과된 직후의 기간보다 더 탁월하게 나타났던 적이 없었다. 그의 지침들은 협동조합 활동의 모든 분야에 영향을 미치고 있었다. 아울러 전체적인 측면에서 협동조합운동에 만연했던 혼란스러운 모습과는 대조적으로, 닐의 노력 대부분은 수월하게 전국 수준에서 협동조합의 단결을 위한 하나의 일관된 패턴으로 짜일 수 있었다. 그는 몇 개의 필수적인 우회로가 있었음에도 불구하고 고집스럽게 일관성을 유지하면서 자신이 따라왔던 협동조합운동의 로드맵을 가지고 있었다. 가장 흥미로운 것은 협동조합운동이 자신의 근대적인 연방 수준 행정 구조를 진화시켜 나가는 과정에서 그가 처방했던 경로를 활용했던 정도의 크기였다. 1853년에 맨체스터에서 두 번째 대회가 열렸을 때 자신의 권력이 절정에 이르렀던 닐은 의장으로 임명되었고, 한 역사가에 의해서 '닐의 선언'이라고 서술되었던 개회 연설을 했다.62 성급했지만 마치 그 대회에 참석했던 대표들은 정말로 이미 번성한 산업근검조합연합회의 집행기관을 구성하기라도 한 것처럼 낙관적으로 말했다. 닐은 주요 공개 연설로는 처음으로 그들이 협동조합의 천년왕국을 향한 도정에서 눈부시게 빛날 것이라고 자신이 기대하고 있는 경로를 지목했다. 앞서 언급했듯이 닐은 1850년 이래 협동조합 점포가 그 경로를 따라 가는 가장 쉬운 첫 걸음이라고 생각해 왔다. 다음 단계는 점포들을 공급센터들인 중앙협동조합사업소 같은 도매센터에 결합시키는 것이라고 그는 설명했다. 앞선 단계들이 안정된 시장을 보증해주는 단계가 되면, 협동조합 작업장들이 그 뒤를 따르게 된다. 마지막으로 네 번째 단계는 '그런 생산기관들 안에 엄격하게 정의의 원칙들에 기초한 노동 교환 체계를 도입'하는 것이었다.63 비록 닐이 그 자리에서 자세히 설명하지 않았지만, 그의 견해에서 생산기관들이란 사회주의 이론의 궁극점인 유토피아적 공동체로 진입하기 이전에 거쳐 가는 전실^{Antechamber}을 구성하는 것이었다.

짧은 기간 동안 이어졌던 기독교 사회주의의 대회들이 이뤄낸 근본적인 기

---

62 Christensen, 앞의 책 335쪽. '컨퍼런스에 의해 임명된 집행위원회의 서언 연설', 맨체스터에서 열린 제2차 협동조합 컨퍼런스 보고서…1853, 3~7쪽.
63 같은 자료 6쪽.

여들은 하나같이 무시되어 왔다. 그런 전국 수준 모임들을 통해 활동을 벌여온 닐은 처음으로 잉글랜드의 협동조합 운동가들에게 하나의 강력한 운동체를 만들어나가는데 필요한 모든 기본적인 행정적, 기능적 구성 요소들을 갖추게 해주었다. 그는 로치데일의 개척자들에게 도매 부서를 설치하도록 직접적인 영감도 주었다. 은행업 조합택지 공동매입 건축투자협동조합, Cooperative Freehold Land, Building and Investment Society을 구상했고, 신문 발행상업적 광고협동조합, Cooperative Commercial Circular을 시작했으며, 산업근검조합연합회는 최상위에 대회Conference라는 회의체를 둔 가운데 중앙본부 역할을 제공했다.64 협동조합 운동가들은 이들 도구를 손에 쥐어야만 했고, 이로써 사실상 근대적 협동조합운동이 1850년대 중반에 시작될 수 있었다. 그러나 아무리 선견지명이 있었더라도 닐의 노력은 무르익지 않은 것이었고, 시기상조였다.

    1854년 여름에 닐은 리즈에서 개최된 대회의 대표를 맡았다. 그 대회는 논란의 여지가 없이 중앙협동조합 계열의 조직체였다. 경쟁 상대들이 깔끔하게 일소된 무대였고, 지지를 이끌어내기에도 좋은 입지를 갖춘 타운에서 모임을 열었다. 하지만 출석률이 형편없었고, 런던 지역 사람들이 참석자 중 가장 큰 비중을 차지했다. 가장 실망스러웠던 것은 그 대회가 열리기 얼마 전에 닐의 산업근검조합연합회에 대한 구상이 무산되었던 점이었다. 하나의 공동 행정센터를 신설해 모든 현실의 협동조합 사업을 통일시키려는 자신들의 확고했던 구상을 포기한 후 리즈대회에 참석한 대표자들은 그 대신 강연과 출판을 통해 그것들을 추진해 나간다는 서약만이 담긴 연합회안을 받아들였다.65 그 합의안은 도덕적이며 진부한 의견들을 단순히 긍정하는 수준이었다. 실제로, 그렇게 의미가 희석된 중앙연합회의 결성안조차도 일부 협동조합 운동가들에게는 너무나 강력한 약물로 느껴졌다. 그 대회의 집행부는

---

64 택지 공동매입건축투자협동조합Cooperative Freehold Land, Building and. Investment Society의 기원과 발전에 관한 정보는 *Christian Socialist*, I[1851], 77; *The Operative*, No.72[15 May, 1852] 438~439쪽, *Journal of Association*, No.27[28 June, 1852] 215~216쪽, *Report of the [2nd] Cooperative Conference…1853*, 63~67쪽, *Cooperative Commercial Circular*, No.11[1 Sept., 1854] 73, 80쪽 참조.

65 *Cooperative Commercial Circular*, No.10[1 August 1854] 65~66쪽, No.11[1 September 1854] 79~80쪽.

단합을 제안하는 과정에서 협동조합들의 '개별적 자유'를 속박하거나 개별적 이해관계를 '다수의 이해관계에' 종속시킬 어떤 의도도 없었다는 점을 해명하도록 강요받았다. 그들은 '연합회의 원칙과 정신이 흐릿해지고 단순히 연합회인 척 가장하는 것을 원하지도' 않았다.66

그런 식으로 닐의 희망은 이기심의 바위에 산산조각이 났다. 그의 다른 노력도 대부분 똑같이 무산된 것으로 판명되었다. 투자조합$^{Investment\ Society}$은 재정 지원 부족으로 목이 졸렸고, 상업적광고협동조합도 단명했다. 그 상업적 광고협동조합은 1853년부터 55년까지 유일하게 협동조합운동을 수행하는 기관으로서 매우 희귀하고 귀중한 출간물들을 남겼다. 그 기관이 폐지된 후 '협동조합인들^{Cooperator}'이라는 출판물이 등장한 1860년까지 그 분야는 진공 상태로 남아 있었다.67 반면, 수익성이 있었던 도매사업은 실패의 법칙에서 예외로 판명되었다. 닐은 로치데일의 개척자들이 잉글랜드 북부의 도매 대행업자들로서 기능할 수 있도록 인도하는데 성공했다. 그 결과 개척자들의 협동조합은 특별 도매부서$^{Wholesale\ Department}$를 개설할 수 있었다. 그것은 그들이 궁극적으로 근대적 형태의 협동조합 도매조합이라는 그 위대한 CWS의 직계 선구자임을 입증해주었다.68

만약 닐이 1854년에 그 작업을 포기했다면 역설적으로 그의 기여들은 여전히 영국 협동조합운동의 창시자들 사이에 그를 포함시켜야 할 자격이 있을 정도로 충분한 중요성을 가졌을 것이다.

---

66 같은 자료 No.11$^{1\ September\ 1854}$ 78쪽.

67 이 *Circular* 자료는 런던 대학교와 레스터셔^{Leics} 주 러프버러^{Loughborough} 소재 협동조합대학$^{Cooperative\ College}$에서 이용할 수 있다.

68 1851년에 닐의 사업소는 개척자들을 도매 분야로 이끄는 초기 접촉을 했다. 예를 들어, G.D.H.Cole, *A Century of Cooperation*$^{London,\ 1944}$ 129쪽, Lloyd Jones, 'Who Suggested the Plan of the Wholesale?', *Cooperative News*, VIII^{1877} 297쪽 참조. 또한 *Cooperative Commercial Circular*, No.6$^{1854년\ 4월\ 1일}$ 36~37쪽, No. 11$^{1854년\ 9월\ 1일}$ 78쪽, No.12$^{1854년\ 10월\ 1일}$ 84~85쪽, No.16$^{1855년\ 2월\ 1일}$ 113~114쪽, No.17$^{1855년\ 3월\ 11일}$ 125~126쪽 역시 참조.

3장

성찰과 재개
1854

감성적인 사람들은 건축가들이다. 현실적인 사람들은 석공, 벽돌공, 자재 운반 인부들이다. 세계는 사회의 독창적인 구조에 대해 '이론가'가 아니라면 누구에게 빚을 지고 있는가? 인간을 원시 상태에서 끌어내주겠다고 처음 제안했던 사람은 이론가였다. 왜냐하면 그는 당시의 사람들과 주변 상태와는 다른 것을 제안했기 때문이다.

— 아브라함 그린우드$^{Abraham\ Greenwood}$, 1887*

기독교 사회주의운동이 붕괴한 이후 몇 년은 무척 어려운 시기였던 것이 확실하다. 프란시스 닐$^{Frances\ Neale}$은 남편의 사회적 양심에 대한 소명의식을 이해했던 적이 없었다. 남편은 돈에 대해 부주의했고, 협동조합 사업에 돈을 무모하게 지출했다. 그들 사이의 의사소통 부족은 견딜 수 있는 짐이었지만, 선대의 유산이 부주의하게 낭비되는 것을 보는 것은 제대로 된 상류층 여성이자 빅토리아 시대의 아내에게는 분명히 힘든 시련이었을 것이다. 웨스트엔드의 커다란 집을 잃은 후 닐 부부는 더 소박한 거주지로 이사해야 했다.[1]

---

* 1877년 7월 14일, 로치데일, 토드레인, 협동조합 회관에서 개최된 협동조합 대의원 회의 이전에 낭독된 자료, Abraham Greenwood, The Educational Department of the Rochdale Pioneers Society Ltd.: Its Origin and Development.$^{Manchester,\ 1877}$, pp.3~4.

최종적으로 워릭셔 소재의 오래된 가족 영지인 올슬리까지도 채무 변제를 위해 매각되어야 했다. 그런 불가피한 상황에 대해 닐의 며느리인 플로렌스^{Florence}는 훗날 다음과 같이 적었다.

'그는 상속 조건대로 아들의 동의를 얻어 코번트리 근처의 올슬리를 매각했다. 그가 올슬리에서 가져온 것이라고는 올리버 크롬웰$^{Oliver\ Cromwell}$의 초상화가 전부였다. 지금도 식당에 걸려 있고 레이스도 있다.'[2]

초창기 협동조합 시도들에 닐이 얼마나 많은 돈을 지출했는지는 정확히 알려지지 않았다. 휴즈는 한번 영국의 협동조합 운동가이며 사회개혁가였던 그리닝$^{Edward\ Owen\ Greening,\ 1836~1923}$에게 그 손실이 6만 파운드 가량일 것이라고 알린 적 있다. 그리닝은 실제로 그 수치를 『농업경제학자$^{Agricultural\ Economist}$』 잡지에 발표했을 정도로 중요하다고 생각했다. 그러나 닐은 같은 정기 간행물의 후속 호에서 그 내용을 신속히 부인했다. 그는 여생 동안 그 주제가 언급될 때마다 계속해서 똑같은 말로 부인했다.

'손실에 대한 정확한 기록이 없다는 사실이 부끄럽지만, 4만 파운드가 넘는다고 추정하지 않는다. 증여가 아니라 5% 수준의 투자였다고 닐은 지적했다…나는 누군가에게든 영구적인 선행을 하지 못하고 스스로 손실을 자초했다. 나는 그것이 칭찬할 수 있는 일이라고 생각하지 않는다. 내가 판단 할 때 그런 거래에서 유일하게 칭찬할만한 부분은 (1) 커다란 대의를 진흥하려는 욕구에서 손실 위험을 기꺼이 감수하려고 했다는 것, (2) 그런 시도들의 성공이 계속해서 그 대의를 위해 일하려는 나의 의욕을 꺾지 못했다는 것이다.'[3]

---

1 H.W.Lee, *Edward Vansittart Neale: His Cooperative Life and Work*^{Manchester,} ^{1908} 4쪽.
2 Florence Vansittart Neale, 비샵수도원 수고^{MSS} 설명.

사회적 급진주의 사상을 가졌다는 것보다 과도한 낭비가 그를 그의 가족으로부터 강하게 소외시켰던 요인이었다. 그런 가부장적 낭비 기벽은 상류층 젠틀맨, 특히 윌리엄 윌버포스의 조카 같은 사람들로부터 충분히 예상되는 것일지도 모른다. 심지어 섀프츠베리^{Shaftesbury} 경조차 바느질 여성결사체를 설립하기 위해 한동안 기독교 사회주의자들의 활동에 합류했었다. 닐은 커다란 손실이 분명하게 드러났던 시점에도 협동조합운동을 지원하기 위해 그의 친구이자 사촌인 반시터트$^{A.\ A.\ Vansittart}$를 끌어들였다. 윌버포스의 연줄로는 훗날 옥스포드의 주교가 된 사촌인 사무엘^{Samuel}이 재단사 노동자결사체로부터 옷 한 벌을 구입하기 위해 먼 길을 자처해서 찾아갔다.4 사무엘은 특이하게 다윈주의에 대한 그의 터무니없는 주장으로 잘 알려진 인물이었다.

투자 실패로 인한 총 손실이 6만이 아니라 4만 파운드였다는 닐 자신의 해명은 몇 가지 분석을 낳는다. 협동조합운동의 친구들은 그의 손실을 자랑스럽게 가리켰다. 그의 가족은 그것이 무능의 극치를 나타낸다고 생각했다. 그 질문에 대한 진술에서 스스로에 대해 경멸하고 있는 숨은 감정을 발견하는 것은 어렵지 않기 때문에 닐은 후자 쪽에 속할 것이 틀림없다.5 게다가 가문의 관점에서 볼 때에는 닐이 필요한 돈을 마련하는 방법에서 신중하지 못했다는 점이 암시된다. 그의 증손녀 중 한 명은 이렇게 적었다. '나는 그분이 자기가 위임받았던 의뢰인들의 현금 중 일부를 사용했고, 햄프스테드^{Hampstead}와 웨스트 위컴$^{West\ Wickham}$의 조그만 집에서 살기 위해 갔던 이유는 그것을 상환하기 위해서였다고 이해했다'고 썼다.6 그것이 사실이라면, 그

---

3 E.O.Greening, 'Memories of Edward Vansittart Neale', *Cooperative Official* ^{1923} 72쪽.

4 Masterman, 앞의 책 95~96쪽.

5 예를 들어, 1885년 3월 21일자 셀리그만^{Seligman}에 대한 닐의 서신에서 닐이 '그건 그렇고, 이 운동과 연관된 내용 중 제가 후회하는 유일한 문제는 제가 너무 서둘렀다는 것입니다. 자신들의 단결된 노력에 의해 스스로를 일으켜 세웠던 파리 노동자들의 노력으로 선포된 열정에 이끌렸던 저는 저에게 그 자금의 5%를 지불한 후 자신들의 사업에 대한 모든 이윤을 가져갈 예정이었던 여러 노동자 단체들에게 상당한 금액의 금전을 먼저 지급했습니다. 그리고 그 결과 제가 편익을 주고자 했던 사람들에게 영구적으로 편익을 주지 못한 채 제 자신이 손상을 입었습니다'라고 썼던 내용을 참조할 수 있다. 이 자료는 컬럼비아 대학 셀리그만 자료코너$^{Seligman\ Collection}$에서 이용할 수 있다.

6 백스트롬에 대한 디킨슨의 서신$^{Margaret\ E.Dickinson\ to\ P.N.Backstrom,\ 1966}$. 이 서신은 저자가

무엇보다도 박애실천가로서 명성을 얻게 해주었던 위대한 희생에 대한 자부심을 갖는 것을 닐이 거부했던 점을 설명할 수 있을 뿐만 아니라 그의 아들이 기꺼이 올슬리에서 손을 떼었던 의중을 밝혀줄 수 있다.

체계 건설의 천재성과 분석적 지능을 지닌 이 외로운 수수께끼 같은 남자에게서 다른 사람들의 성격을 판단하지 못하는 것이든 자기 돈을 현명하게 처리하지 못하는 것이든 예외적인 무능력이 있다는 점을 발견하게 되는 것은 분명히 역설적이다. 그는 인류에 대한 완전한 믿음을 가졌고, 특히 자기 가족을 놀라게 했을 정도로 남들을 신뢰해버렸다. 적어도 한 번은 그의 신뢰가 사기와 도난으로 되돌아 왔고, 전체적으로 가장 컸고 가장 극적으로 경험했던 실패는 어떤 식으로든 다른 사람의 지능이나 좋은 의도를 현명하지 못하게 신뢰한 것이었다. 그는 신실한 신뢰, 희망, 사랑으로 충만한 '어린 아이'가 되기 위해 자신의 출판물들에서 끊임없이 인용했던 성서의 명령을 진심으로 따르려고 했다.

1860년 4월 2일에 에드워드 반시터트 닐은 50세가 되었다. 그는 사람들의 지도자로서든 돈을 잘 다루는 사람으로서든 자신에 대한 확신을 갖기보다, 치열하게 자기 성찰적이고 지적으로 활발했던 시기에 막 접어들고 있었다. 그 시기는 종교와 철학에 대한 관심을 재개했다는 점이 특징이었다. '지름길을 좋아했고 어려움을 이겨내는 것과 적들을 물리치는 미묘한 방법들을 좋아했으며 천진하게 참을성이 없었고 자존심이 강했으며 비꼬는 태도를 가졌던 1849년의 노동자'[7]는 자기들의 고국이 그랬던 것처럼 연륜이 쌓이며 오히려 말랑말랑해졌다. 닐은 철학적 성찰과 중년 후반기에 대한 재평가의 시기에 들어갔고, 잉글랜드는 세기 중반의 상대적 호시절에 접어들었다. 이제 많은 잉글랜드인들은 잘난 체하며 자본주의, 개인주의, 자조의 교조에 대한 자신들의 믿음을 긍정했다. 그것들은 사신들의 작은 섬을 세계의 작업장이자 가장 부유한 국민국가로 전환시킨 공적이 있다고 인정되었다. 1850년대의 번영은 고전적 경제의 엄격함이 부정적인 것이었음을 증명해주는 것처

소유하고 있음.
[7] Pitman, 앞의 책 42쪽.

럼 보였다. 그에 따라 사회에 대한 무관심이 나타났다. 어쩌면 여전히 누추하게 남아 있던 사람들은 정말로 열등한 인간일지 몰랐다. 그렇다면 그들의 고통을 구제하려는 사람들은 참으로 헛된 고생을 하고 있는 것이었다. 기독교 사회주의 계열의 작업장들이 실패했던 것은 그런 노력들을 모두 유토피아적이고 비현실적인 것이라고 딱지를 붙였던 사람들의 주장에 신빙성을 부여해주었다.

그런 분위기에서, 비록 자신을 안심시키기 위한 것일 뿐이었지만, 닐은 자신의 기본 신념을 철저히 체계화해야겠다고 느꼈다. 무엇보다도, 안일하고 회의적인 새로운 세대에게 자본주의 하에서 사회의 조직 구조가 부도덕하다는 것을 납득시키고, 그에 따라 사회의 변혁을 위해서는 오래되었지만 아직도 유효한 처방이 정당하다는 점을 입증하는 것이 필요했다.

닐은 여전히 철학과 종교라는 본질적인 것으로부터 자신이 가진 사회주의 신념의 토대를 구축하려고 했다. 1863년에 그는 『사유과 자연의 비유$^{\text{The Analogy of Thought and Nature}}$』라는 제목의 긴 논문을 발표했다. 그것은 자신이 가진 기독교 사회주의적 견해를 가장 야심차게 선언한 것이었다. 그런 노력을 했던 배경에는 결사체라는 현실적인 활동이 보편적인 중요성을 가진 것이라는 점을 보여주고자 했던 닐의 기본적 결심이 있었다. 그에게 그 책은 협동조합을 지지하는 정교한 형이상학적 설명서가 되었다. 비유^{Analogy} 책자의 내용은 명백하게 헤겔적이었다. '사유의 법칙이 있다. 그 법칙은 헤겔이 밝혀낸 것이다. 그 법칙은 존재의 신비에 침투할 수 있게 해준다. 그 법칙의 도움이 없이 그런 결과를 얻는다는 것은 상당히 비현실적일 정도이다'라고 닐은 적었다.[8] 사유란 논리적 주체가 점진적으로 대상의 내부로 스스로를 밀고 들어가게 해주는 변증법적 과정이라고 기술하는 데에서 그는 바로 그 독일의 철학자를 따랐다.[9] 그 활동은 건설적이며, 거기에는 대립물의 결합 속에서 통일물이 지속적으로 진화해 나가는 과정이 놓여 있다고 그는 말했다. 그것은 모든 것의 내부에 놓여 있는 모순적 잠재력들이 스스로를 더 높은 수준의

---

[8] *The Analogy of Thought and Nature Investigated by Edward Vansittart Neale* London, 1863 10쪽.

[9] 같은 자료 87쪽.

통일물들로 개조해나가는 과정이었다.

닐이 그런 철학 논문을 쓴 이유는 인간의 사유와 우주 또는 '자연' 사이의 관계를 해석하기 위해서였다. 인간의 사유는 닐이 주로 내면에 대한 성찰과 역사 연구를 통해 조사한 것이었다. 헤겔은 하나의 단일 법칙이 사유와 자연 모두에 적용된다는 입장을 확고하게 주장하고 있는 사람이라고 닐은 해석했다. 인간의 사유와 궁극적 사유 또는 궁극적 힘 사이에는 어떤 본질적인 차이가 없었다. 궁극적 사유란 그것으로부터 우주 자체가 생겨나게 하는 것이었다. 인간의 사유와 자연 사이의 관계가 하나의 비유로서 이해될 수 있다고 믿었던 한계 내에서 닐은 그 문제를 다루었다. 그는 사유의 법칙과 인간의 이해 사이의 관계가 우주의 질서와 하느님의 이해 사이의 관계와 같다고 느꼈다. '우리 자신의 사유 능력과 그것을 발휘하는 데 연루되는 자질들은 우리가 우주 안에서 그것의 작용을 지각하게 되는 그 힘의 성격을 추론할 수 있도록 정당하게 자질을 부여해줄 수 있다'라고 그는 설명했다.10

그런 사유의 법칙이 개인적인 내면의 성찰과 역사 연구를 통해 검증될 수 있었다면, 닐은 물리적 우주 안에서 작용하는 하나의 유추 원리도 있다는 자신의 주장을 뒷받침하기 위해 자연과학에 의지했고, 아마도 증명을 회피하는 특유의 종교적 논점 선취형 질문 Begging the Question˙을 하면서, 정확하게 자기가 찾고 있는 것을 발견했을 것이다. 그것은 무수히 많은 갈등하는 힘들 Warring Forces로부터 통일물들이 나타나는 자연의 보편적 경향성이었다. '모든 과학은 이상적 존재의 판단들이 실현되는 것에 의해서, 즉 힘의 대립적인 운동이나 방향들이 분할할 수 없는 통일물들로 결합되는 과정에 의해서, 실체들이 생성된다는 사유를 가리킨다.'11

그런 전제로부터 출발한 닐은 '갈등하는 원자들 Warring Atoms'에서부터 그가 '신의 법칙, 즉 사랑의 법칙에 따라' 건실하기를 원했던 사회 제도까지 모든

---

10 같은 자료 10쪽.
˙ 역자 주_증명되지 않은 논점을 사실로 가정하는 방식의 논증을 펼치는 경우에 해당한다. 종교적 논점선취형 질문의 사례는 '자연이 신의 구상물이고, 자연이 있다는 것은 신이 있다는 증거이다'라는 논증이 대표적이다.
11 같은 자료 158쪽.

실재의 이면에 놓여 있는 궁극적인 의미$^{\text{Ultimate Meaning}}$를 설명하려고 추구했다.[12] 그의 형이상학에서 중심 주제가 되었던 것은 바로 '신성한 사랑의 법칙'이었다.

> '사유의 본성에 대한 개념 정의에 따르면…그것은 자기의 본질적인 성격이 자신의 에너지를 실현하기 위해 자신으로부터 빠져나가려는 의지이다. 스스로를 그 대상물로 변환시키고, 스스로를 그 작업과 동일시한다. 이제, 그 개념 정의가 사랑에 대한 형이상학적 설명이 아니라면 무엇이겠는가? 그렇다면 사유의 법칙은 비이기적인 행동의 현현인 것이다…이제, 사유의 본질이 사랑의 원리라면, 그 대립물은 이기심의 원리임에 틀림없다.'[13]

물질세계 역시 동일한 힘을 통해 이해될 수 있었다. 닐은 '기초 원자 안에서 이기적 원리는 극대화된 상태로 있다. 각 원자는 자기 이외의 모든 것을 상대로 자신의 개별적 본성을 확고히 주장함으로써 존재하며, 갈등하는 힘들이 자기 외부의 지혜에 의해 이루어지는 조정 결과를 통해서만 조화에 이른다'고 설명했다.[14] 닐이 우주의 작용을 설명하기 위해 거의 일종의 해결사 같은 힘$^{\text{Deus ex Machina}}$으로서 소개했던 그 외부의 지혜란 무엇인가? 그것의 본질은 바로 성경이라는 '하느님의 말씀^{Logos}'이며 사랑하는 의지$^{\text{Loving Will}}$라는 신성한 존재였다.

닐의 집필 스타일은 거의 터무니없이 복잡하게 되어 있었다. 그러나 그의 철학적 구성물이 의미하는 바는 점차 독자가 이해할 수 있게 다가갔다. 그는 영원한 자기 초월의 과정에 의해 전체 우주의 전역에 궁극적인 조화가 미치는 길이 존재한다는 것을 보여준다. 개별 원자들, 경쟁하는 원소들, 서로 대립하는 에너지들이 먼저 존재를 만들어내고, 그 다음은 신의 뜻이라는 이상

---

12 Labour and Capital$^{\text{London, 1852}}$ 33쪽 참조.
13 The Analogy, 앞의 책 189~190쪽.
14 같은 자료 190~191쪽.

적인 존재의 판단에 의해 조화가 일어난다. 인간의 역사는 서로 다른 다양한 사회적 흐름들로 가득 찬 문화들이 서로 경쟁하고 있는 것이다. 그 문화들은 각자 개별적이고 차이가 구별되지만 신의 뜻에 따라 장래의 통합물을 위해 예정된 기여를 하게 되는 것들이다. 전체가 창조되는 결과는 자연적 요소들로 이루어진 물리적 구조물에서부터 인간적 사건들로 이루어진 사회적 구조물에 이르기까지 하느님의 사랑에 의해 하나의 거대한 통합물로 결속되는 과정 속에서 드러난다.

『사유와 자연의 비유』 논문이 학문적 성과로서 기여했던 것은 아니다. 그것은 닐이 가졌던 특유의 기독교 사회주의 또는 더 나은 용어를 사용하자면 유신론적 사회주의의 이론적 기초를 이해할 수 있게 해주는 도구로서 중요했을 것이다. 그것은 닐이 헤겔의 사상에 주로 의존하고 있음을 강조하는 것이었으며, 협동조합연합회에 대한 닐의 강박적 믿음에 추가적인 통찰을 제공했다. 그러나 그 점은 그가 살던 시대의 과학과 논리 면에서 그가 유능한 학습자였다고 우리가 결론을 내리는 것을 방해하는 요소가 될 수 없다. 그 작업이 난해하고 때로는 신비스러운 것이었다면, 헤겔 자체가 그런 특성을 가졌기 때문이었을 뿐이다. 변증법적 유물론을 유도해내는 과정에서 칼 마르크스가 헤겔의 철학을 설명했던 내용 역시 지나치게 읽기 어렵고 상이한 해석들을 일으켰다.

그 논문은 닐이 의도했던 것과 달리 동시대의 사람들에게 자극을 주지 못했다. 그가 지나치게 구세대였기 때문이다. 그가 설득 대상으로 생각했던 잉글랜드인들은 더 이상 형이상학을 받아들이려고 하지 않았다. 그 책을 검토했던 사람들 중 한 사람은 당시의 대중적 태도를 잘 요약해주었다. 그 사람은 비판의 요소로서 펀치[Punch] 씨의 형이상학적인 교리문답서에 나오는 신랄한 대목들을 다시 고쳐서 말했다.

'마음이란 무엇인가? 중요하지 않아.
무엇이 중요하지? 신경 쓰지마.'[15]

---

15 *The Reader*, II[1863] 217쪽.

자신의 사회주의적 견해를 설명하는 영역에서 연구서를 한 번도 집필한 적이 없었다는 점은 닐의 결점 중 하나로 남아 있다. 그것은 논리적으로 볼 때 『사유와 자연의 비유』 논문을 따랐어야 했다.16 그러나 한 사람의 조직가이자 선전가였던 그의 삶을 잘 아는 사람들에게 그가 시행착오를 거치며 사회 진보를 위한 특유의 경로들을 실제로 개척했다는 점은 명백하다. 그런 시행착오의 과정은 다른 사람들의 철학들로부터 현실에서 성공적이라고 입증된 부분들을 발굴해내고 그것들을 협동조합 운동이라는 매개체를 통해 사회주의를 성취한다는 새로운 이데올로기적 공식 안에 붙여 넣는 공정이었다.

그 중앙사업소와 협동조합 동맹에서 닐은 오웬주의자들과 긴밀한 협력 관계를 발전시켰고 그들의 의견에 큰 영향을 받았다. 그러나 기독교 사회주의 운동의 붕괴 이후에 닐은 그들이 보인 자비롭지만 종종 냉정하기도 한 가부장주의적 정신에 환멸을 느끼게 되었다. 그런 정신과 유사한 동기에서 시작했던 그의 행동은 기독교 사회주의자로서 볼 때 많은 반감을 불러일으켰다. 의도 면에서 진심으로 자선적이었지만 그는 루들로우의 자기 확신을 심하게 깎아내렸다. 그것은 지도자로서 루들로우의 능력치에 영구적인 손상을 입혔다. 완고하고 비타협적이며 때로는 경멸하는 태도까지 보였던 그는 가끔 자신의 돈을 사용하여 동료들을 조종했다. 훗날 닐은 로버트 오웬에 대해 비판적인 글을 썼다. 그것은 그가 자신의 성격에서 권위주의적인 모난 구석을 고통스럽게 인정했고 간접적인 방식으로 스스로에게 징계를 가하려고 했던 것이었을 가능성이 매우 높다.

'나는 로버트 오웬의 자비로움에 대해 의문을 제기하지 않는다. 그는 진정으로 존경받을만한 자격이 있는 순결한 동기와 두려움 없는 정직함을 가진 사람이다. 그러나 타협하지 않는 독실한 사

---

16 사회주의에 대한 처음 언급은 1841년 8월 29일과 30일자 닐의 비망록에서 나타난다. 거기에서 그는 한 책에서 푸리에의 체계를 검토한 내용에 대해 말했다. 10년 간의 간헐적 작업은 팜플렛으로 인쇄된 유일한 확대 강연인 *The Characteristic Features of Some of the Principle Systems of Socialism*로 나타났다. 그의 훗날 이 주제에 대한 작업은 유사하게 짧다.

람을 제외하면, 타협하지 않는 자비로운 사람보다 더 나쁜 입법가는 없다. 법은 정의를 따른다….
당신의 자비로운 사람을 율법이라는 높은 말에 태우라. 그러면 그는 다른 사람들의 소원, "그들에게 선이 되는 모든 것"을 무사안일하게 짓밟을 것이다. 로버트 오웬 씨는 가장 자비로운 사람 중 한 명이다. 그러나 그의 "새로운 도덕적 세계"가 실현될 수 있었다면 그것이 그랬을 모습보다도 폭정이 완화되지 않은 상태가 더 좀처럼 상상되지 않을 수 있다. 자비는 사회의 소금이다. 소금이 없으면 사회는 맛을 상실한다. 그러나 사람이 소금만으로 살 수 있는 것은 아니다.'[17]

그와 동일한 정신을 가졌었다는 점을 많이 보여주는 사례로서 1860년 봄에 닐은 호키Stephen Hawkey 멘토에게 편지를 썼다. 그 사람은 자신이 최근에 약간의 금전을 기부했던 윈저Windsor 소재 혁신적 교구 학교인 성 마르코 학교의 멘토였다. 그는 그에게 단순히 명령을 내리는 방식으로 학생들을 일깨우려하지 말라고 경고했다.

'사람의 지성과 애착이 동시에 깨어나게 해줌으로써만 인간은 진정으로 교육될 수 있습니다. 그 과정 각각은 각자의 법칙에 따라 수행되어야 합니다. 당신은 그것을 주입함으로써 지성을 깨울 수 없습니다. 지성을 깨우기 위해서는 사람들이 스스로를 대상화하여 생각하도록 해야 합니다. 그들은 어려움을 극복하고, 자기들 스스로의 생각들 아래에서 비판도 견뎌내며 그 생각들을 해부도 해보면서 그 생각들을 이해하는 힘든 단련 작업을 거쳐야 합니다. 당신은 그들에게 명령을 내려서 애착심 또한 깨울 수 없습니다. 그들을 깨우려면 실제로 작용하는 사랑을 보여주어야 합니다. 당신은 그들과 공감함으로써…그들이 당신의 희망에 대해 관심을

---

17 *The Cooperator*, III 21쪽.

가져야 한다고 요구하기보다 당신이 그들의 소원에 대해 관심을 가짐으로써 당신이 그들을 사랑한다는 것을 그들이 느낄 수 있게 해야 합니다.'18

이 대목은 인간의 본성에 대한 푸리에의 개념을 반영한 것이었다. 닐이 품었던 사회주의 성인들에 대한 칭송 일색의 전기에서, 그 프랑스인은 잉글랜드의 로버트 오웬보다 다시 한 번 우위에 놓여 있었다. 오웬은 엄격하게 통제된 환경이라는 권위를 통해 사람을 새로운 존재로 만들려고 했다. 반면, 푸리에는 자신과 같았던 사람을 자극하고 깨워내는 것을 추구했다. 기독교 사회주의 기간 동안 협동조합 운동을 통합하려고 했던 닐의 계획은 중앙 단위의 통제 정도를 높여야 한다는 생각을 담고 있었다. 그러나 이제 새롭고 끊임없이 커져 나가고 있으며 무정부주의에 가깝게 자유주의를 강조하게 된 것은 그의 지난 노력들을 수정하기 시작한 것이었다. 그런 발전은 훗날 그가 협동조합 연합회의 사무총장으로서 재직하는 동안 특히 두드러졌다. 그 때는 그가 관료주의를 추종하는 경향을 무자비하게 반대했던 시기였다.

장래에 푸리에의 '결사체Association' 개념은 닐의 거의 모든 사회주의 선전 활동에서 두드러지게 나타날 것이었다. 닐은 그의 생애 말기에 그 프랑스 유토피아주의자가 '그런 지극히 중요한 주제를 다루어 온 어떤 집필자보다 당대에 사회의 악을 더 철저하게 조사했고 효과적인 개혁의 조건들을 더 과학적으로 추적했던 사람'이었다고 언급했다.19 사회주의의 개척자들 중 가장 끈기 있게 인고의 세월을 버텼던 푸리에는 어떤 사람보다도 더 닐의 열정에 불을 붙였다. 특히 불운으로 인해 우울했던 시기 동안 푸리에는 닐에게 새로운 영감과 도전 의욕을 제공했다. 그러나 닐은 자신의 이론을 정립하는 과정에서 푸리에에게 의존하지 않았다. 훨씬 더 정교하고 현실적인 계획물을 고안하는 과정에서 닐은 그 걸출했던 프랑스인의 범위를 훨씬 넘어 나아갔다.

---

18 Stephen Hawkey에 대한 닐의 서신 1860년 5월 13일자 닐의 문서.
19 E.V.Neale, *Associated Homes. A Lecture ···with Three Engravings of the Familistère at Guise, and a Biographical Notice of M. Godin, its Founder* London, 1880 p. vi.

그는 그만의 특유한 협동조합 사회주의$^{\text{Cooperative socialism}}$ 이데올로기를 정립했다. 그는 그 안에 공산주의 사상의 거의 모든 상이한 학파들에서 얻었던 요소들을 섞어서 넣었다. 심지어 촉매제 역할을 하도록 자본주의적 성분까지도 차용해서 활용했다.

사회주의의 핵심 원칙인 생산·분배 수단의 공적 소유란 국유화 정책 명령이라고 해석하는 것이 상식으로 되어 왔다. 공적 소유란 국가적 소유와 동일시된다. 19세기에는 상당수의 사회주의자들이 자신들의 목적을 달성하기 위한 수단으로서 심지어 과도기적으로라도 정치 권력을 이용하는 것에 반대했고, 국가적 소유의 관념을 전적으로 기각했다. 그런데 그런 내용을 잊는 경향이 있다. 실제로 마르크스 자신은 노동자들이 국가를 장악한 이후 혁명의 과정을 완료하기 위해 국가를 이용하게 되면, 국가가 궁극적으로 고사되면서 정부가 없는 무계급 사회에 자리를 내줄 것이 틀림없다고 느꼈다. 닐은 정치적 행동의 대안으로서 자발성주의^{Voluntaryism}와 자조를 강조했다. 그럼에도 불구하고 그는 모든 주요 사회주의 이론가들에 의해 추구되었던 이상주의적 목표들에 근본적으로 동의했던 철저한 사회주의자였다. 이 점은 처음부터 강조되어야 한다. 차이가 나타났던 곳은 목적보다 수단 쪽이었다.[20] 닐은 협동조합 운동을 사회주의 영향력의 흐름 안에 있는 것으로 명확하게 규정지었다. 닐은 칼 마르크스나 페르디난드 라살 같은 인물들이 자본주의를 정화하기 위해 처방을 내렸던 그 약물, 특히 마르크스가 조제했던 신속한 효과가 있다는 제품에 대해 정력적으로 항의했다. 그러나 닐은 자신이 칼 마르크스나 페르디난드 라살과 동일한 연단에 서 있다고 믿었다.[21]

분명히 마르크스주의의 방법론에 대한 닐의 비난에는 상당한 정도로 닐의 이해관계가 반영되어 있었다. 그는 결코 자신이 속한 사회적 계급의 논리에서 완진히 탈출하지 못했다. 궁극적으로는 협동조합적 개혁이라는 섬신석인

---

20 휴즈와 닐이 1879년 4월 글라스터^{Gloucester}에서 개최된 협동조합 총회의 요청으로 작성했던 협동조합 운동가들을 위한 매뉴얼. 수정판 1888$^{\text{Manchester, 1888}}$ 23~32쪽. 이 책은 서문만 휴즈가 집필했다.

21 E.V.Neale, 'The Relation of Cooperation to Socialism', Cooperative News, X^{1879}, 145, 161쪽. 이하에서 Cooperative News는 'C.N.'으로 표기.

과정을 거친 최종 결과로서 자신의 부동산이 거주 정착촌들로 채워지게 되는 것을 보려는 의지가 있었다. 그러나 닐은 폭력, 몰수, 심지어 중과세 등 직접적인 행동을 스스로 인정할 수 없었다. 그런 수단들은 모두 자신의 지위와 생활수준을 급격하게 떨어뜨릴 것이며 분명히 그의 생명까지 위험에 처하게 할 것이었다. 그러나 닐의 부정적인 반응이 모두 개인적인 차원의 것은 아니었다. 그는 항상 도덕성과 현실성의 경계 안에서 갑작스럽거나 폭력적인 혁명에 반대하며 신중하게 자신의 주장을 펼쳤다. '장담컨대, 이성의 승리가 물리적인 힘을 행사함으로써 얻어지는 것이라거나, 사랑의 획득이 공포의 통치를 통해서 얻어지는 자연의 열매라고 생각하는 것은 미친 망상 중 최고의 것임이 틀림없다'고 그는 글을 남겼다.[22] 닐은 독일의 마르크스주의자였던 아우구스트 베벨August Bebel이 대중 혁명만을 권고한 나머지 독일의 무기제조회사가 만든 크루프Krupp 총기를 생각하는 것을 빼먹었다고 주장했다. 그는 커다란 사회 변화의 문제란 숫자에만 좌우되지 않는다는 입장을 고집했다.[23]

마르크스주의를 기각한 반면, 닐은 라살의 견해에는 동의했다. 라살은 집단주의로의 전환이 점진적이어야 한다고 생각했다. 뿐만 아니라 그 과정에는 궁극적으로 협동조합적 생산자들의 결사체들을 설립하는 과업이 포함되어야 한다고 생각했다. 다른 한편에서, 라살은 또 그런 결사체들을 설립하는 데에 주권국가State가 신용을 제공할 의무가 있다는 점을 이론화했다. 그 발상은 닐이 '보편적 참정권에 의한 투표를 통해 선발되는 신용이라는 마법을 통해 자기를 희생하는 고통 없이 더 나은 상태로 미끄러지듯이 부드럽게 진입하게 하는 것'이라고 매도했던 것이었다.[24] 라살은 주권국가에게 '손 전체가 아니라 새끼손가락 정도의 도움만'을 요청했던 것이었다면, 닐은 새끼손가락조차도 너무 많은 것이라고 생각했다. 그는 '사적 목적을 위해 공공의 지갑에서 끌어내는 보조금보다 남용할 가능성이 더 높은 돈의 활용 사례가 없으며, 그 보조금은 정확히 그 돈을 잘 사용할 가능성이 가장 낮은 사람들의 수중에 들

---

22 *Manual*, 앞의 책 31쪽.
23 'The Relation of Cooperation to Socialism', 앞의 책 161쪽.
24 *Manual*, 앞의 책 230쪽.

어가는 것이 거의 확실하다는 것을 경험에서 풍부하게 보여 주어 왔다'고 쏘아붙였다.[25]

사회주의에 대한 연구 이력이 거의 초기였던 시절에 닐은 자신이 생각하기에 독일에는 변화를 가져 오는 수단으로서 정부의 권력에 너무 커다란 믿음을 두는 특징적인 경향이 있다는 점에 경각심을 가졌던 적이 있었다. 그러나 라살의 견해를 직접적으로 비판한 독일인 가운데 슐체델리치$^{Dr\ Schulze\ Delitzsch}$가 있었다. 그는 올바른 길을 가고 있는 것으로 보였다. 슐체델리치는 '서민은행$^{People's\ Bank}$'이라는 시스템을 도입했다. 그 시스템은 먼저 독일에 도입된 다음 곧이어 오스트리아, 이탈리아, 벨기에로 확산되었다. 잉글랜드의 협동조합 점포들처럼 그 조직체들은 당초에 노동계급들이 자치적 작업장과 자기 이외의 협동조합 결사체들을 설립하는 데 사용할 목적에서 스스로 내부에 자본을 축적할 수 있도록 설계되었다. 그 조직체들은 초기부터 닐에게 호소력이 있었다. 그 조직체들은 사람들을 자극하여 반동적으로 만들지도 모르는 어떤 형태의 새로운 혁명 메커니즘도 도입하지 않았기 때문이었다. 그들은 근처에 있는 자본주의적 도구를 실용적으로 활용했다. 그 도구는 '개인들이 스스로를 위해 부를 창출해 나가는 승인된 방법'이었다. 그 조직체들은 '경쟁 자체를 통해 그 경쟁이 정복의 대상이 될 수 있게 해주는 무기'를 우려낼 수 있었다.[26]

라살은 서민은행들이 급진적 개혁의 도구로서는 불쌍하게도 결함이 있다고 주장했다. 그런 주장은 영국의 협동조합에 대해 어니스트 존스가 펼쳤던 예리한 비판을 연상시켜 주었다. 닐은 동의했다. 그는 항상 서민은행들이 그 자체가 목적으로 취급된다면, 즉 노동자들이 더 커다란 이상들을 이행하기 위한 수단으로서 그 조직체들을 이용하지 못하게 된다면, 부적합한 것으로 판명될 것이라는 점을 인정했다. 그 점에서는 협동조합 점포늘 역시 마찬가지였다. 그 조직체들의 중요성은 그들이 살아있는 모범 사례로서 자조를 위한 자발적 단결이라는 하나의 필수적인 첫 번째 원칙을 가르쳐 주었다는 사

---

25 같은 자료 229~230쪽.
26 'The Relation of Cooperation to Socialism', 앞의 책 145쪽.

실에 있다. 그 원칙이 보편적으로 적용될 때, 영구적인 사회 개혁이 이루어 질 수 있다는 것이 닐의 견해였다. 또한 은행과 점포들은 '노동의 주인님 Master 쪽에서 노동하는 하인Servant 쪽으로 자본의 흐름을 변환시킬' 수 있는 '집단적 기금'의 축적을 촉진함으로써 소중한 중간 기능을 수행했다.27 따라서 닐은 계속해서 오래된 로치데일 개척자들의 낙관적인 노래를 불렀다. 그러나 그 시점에서 그가 노래를 부르는 행위는 향수에 젖은 노래 연습일 뿐이었다. 당초에 그 악보를 작곡했던 사람들의 대부분은 이미 오래 전에 가사를 잊어버렸기 때문이었다. 닐이 그토록 열렬하게 지지했던 협동조합 운동가들, 독일의 슐체델리체 추종자들, 뿐만 아니라 영국 북부 지방의 소비자들은 라살의 비판들이 지닌 타당성을 증명해주었다. 그들은 생산자들을 해방시키려는 이전의 계획들을 잊어버렸고, 자신들의 늘어나는 자본을 관행적인 방식으로 사용하며 스스로 노동의 주인님들로 되었다.

  닐이 주요 경제 사상의 체계들에 대해 가졌던 접근방법은 절충적이며 실용적이었다. 그에 대해 보다 교리적인 사회주의 입장에서 비평을 해 온 사람들이 예언했던 것처럼, 그런 접근방법은 부적합한 변화의 수단들을 부당하게 강조하도록 그를 이끌었다. 협동조합 운동가들은 사실상 점포관리, 도매업, 은행업에서 공동체를 구축하려는 관점을 포기했다. 그들은 미래의 유토피아를 향한 느린 진도를 참지 못했고, 현재의 이득을 위해 편안하게 안주했다. 비평가들 역시 흠결이 없지 않았다. 그들 역시 아주 먼 목표를 향해 점진적으로 나아가는 방법들이 포함된 계획들을 따르는 것을 주저했기 때문이었다. 분명히 많은 사회주의자들에게 이 약점은 엄중한 위험이 되었다. 기꺼이 폭력을 사용하거나 국가의 힘을 더 늘리려는 그들의 적극적 의지는 수천 명의 편안한 협동조합 운동가들의 수중에 들어오는 약간의 자본보다 인간 사회를 부패시키는 것에 더 낮은 가중치를 두는 경우가 거의 없었기 때문이다. 마르크스주의자들만 별도로 살펴보면, 그들의 가장 중요했던 공헌은 사실상 그들의 혁명 이론이나 모든 형태의 국가 권력 중 가장 강력한 것으로서 프롤레타리아트 독재의 개념을 정립한 것이 아니라고 주장될 수 있다. 오히려 사람들

---

27 *Manual*, 앞의 책 230쪽.

에게 역사의 틀 안에서 사회를 보고, 무엇보다도 중요하게 자본주의라는 시스템에 내재되어 있는 차별적 요인인 인력과 물질의 낭비, 노동계급들의 소외, 그들의 탈인격화를 인식하도록 자신들의 가르치는 방법을 바꾼 것이라고 주장될 수 있다.

마르크스주의자들의 주요 결점은, 비록 마르크스 자신의 것이 아니었지만, 자본주의를 폭력적으로 전복하고 정치 권력을 장악하는 문제에 외골수처럼 집착했던 것이었다고 말할 수 있다. 착취와 소외에 기여하는 기타의 요인들은 상대적으로 소홀히 취급되었다. 그 요인들은 작업 과정 자체의 성격이라든가 공장 노동이 조직되는 방식 같은 것들이었다. 닐이 적극적으로 각각의 사유 체계로부터 조금씩 배우려고 역점을 두었던 곳은 특히 그런 후자의 영역이었다. 그는 유토피아적 유산이든 기독교적 도덕성이든 어떤 것도 포기하지 않았다. 결과적으로 그는 쉽게 추상화되고 탈인간화되는 공급과 수요, 소유권, 통제권 문제들뿐만 아니라 제품의 품질 향상과 노동의 즐거움을 향상시키고, 개별 노동자의 존엄성을 제고하는 데에도 관심을 가졌다. 닐은 사회주의가 인간의 영성적, 신체적 필요를 모두 담아내야 한다는 입장을 매우 끈질기게 고수했고, 그 분야에서 그는 오래된 유토피아들의 아이디어들이 특히 타당하다고 느꼈다.

> '예를 들어, 푸리에는 천재로서 면밀함이 기대되었지만 육체 노동이 오늘날 보통 그렇게 여겨지는 것처럼 피곤한 것으로 되는 대신 매력적으로 될 수 있게 해주는 원칙들을 폈다. 로버트 오웬은 인간의 주변 환경 또는 그가 말한 대로 상황들이 인간들의 성격에 미치는 막대한 영향을 숙고했다. 이 두 걸출한 사상가의 가르침을 연구하는 것, 노농을 매력적이게 해주는 섯이라고 세안된 수단을 채택하는 것, 인간의 주변 환경이 인간의 성격에 미치는 영향을 주의 깊게 연구하는 것은 협동조합 운동가들에게 가치가 있다.'[28]

---

[28] 같은 자료 25쪽.

닐은 협동조합적 방법이란 '현재 시스템에서 우리의 수중에 들어 온 자원을 다른 시스템에 의해 그것을 점진적으로 대체해 나가기 위해 활용하는 것'으로 구성되어 있다고 묘사했다.[29] 그것은 닐의 실용주의적 생각을 보여준다. 협동조합 운동가들은 경쟁의 세계에 고유한 경제적 구성체로부터 먼저 완전히 벗어나지 말아야 한다. 공개 시장에서 결정된 가격을 지키고 가장 공통적으로 된 교환 양식을 채택해야 한다. 점포들과 서민은행들은 영리적인 관점을 가진 곳들처럼 자본을 축적하려고 할 것이다. 협동조합 섹터가 영리 섹터와 동등해지거나 그것의 균형을 잃게 하는 지점까지 확장된다면, 닐이 예상했던 거대한 사회적 변화가 본격적으로 진행될 것이다. 이 방법은 실용적인 것이라고 할 수 있지만, 그것이 추구하는 궁극적인 혁명은 마르크스주의의 교재들에서 이르고 있는 것만큼 포괄적인 것이 될 것이다. 둘 모두 경쟁의 이데올로기 뿐만 아니라 그것을 물리적으로 구현한 것인 자본주의 국가의 근절까지 포함하고 있기 때문이다. 닐은 '생산과 분배의 전체 구조를 공적인 기능들로 변혁'하고자 했다.[30]

'협동조합운동은 그때 새로운 사회적 주권국가Social State를 창설하기 위해 호출된다. 그 국가는 현재의 교회가 추구해 온 성장 노선을 참조하고, 선행 국가가 채택했던 핵심적 방법을 따르며, 모든 시대 모든 국가에서 중시되었던 권위의 구조를 통해 완성된다. 교회는 과거에 국가와 갈등하며 성장했던 노선 대신 이제 국가의 비호 아래에서만 성장 노선을 추구하고 있다. 선행 국가는 당대의 주권 국가에 대항하여 성장하면서 궁극적으로는 법률 제정 권력을 자신의 내부 세력권 안으로 흡수했다. 그때 그 국가의 완벽한 공고화 작업에 필수 요건일 수 있는 과업들은 다음과 같은 종류의 권위에 의해 완성할 수 있다. 그런 권위는 모든 시대와 모든 국가들에서 그랬던 것처럼 합리적인 보상을 마치 받은 것인양 간

---

29 같은 자료 48쪽.
30 같은 자료 61쪽.

주하고 그 보상을 단념하는 소수가 요구되며, 다수는 그런 양보가 일반적 복지를 위해 필수적이라고 느끼는 권리의 구조가 형성되어 있는 권위의 체계를 말한다.[31]

닐은 자본주의의 지배를 종식시키고 나서 무엇을 할 것인가를 정확하게 설명하는 것보다 그 지배를 종식시키기 위한 수단을 고안하는 데에 더 많은 시간을 투여했다. 그럼에도 불구하고 그가 창조하려고 추구했던 '새로운 사회적 주권국가'의 성격이 그의 저술과 그의 현실 사업 곳곳에 드러난다. 무정부주의자들과 많은 유토피아주의자들처럼, 닐은 권위가 위에서 내려오는 것으로 가정했던 기성의 중앙집권화된 '정치적' 주권국가를, 국가의 궁극적인 권력이 협동조합들처럼 지방의 자율적이며 '자연적인' 단위들로 함께 결사되어 있는 사람들에게 맡겨져 있는 새로운 '사회적' 주권국가로 대체하기를 원했다. 결사체를 통해 자조라는 본질적 원칙을 구현하고 있는 그런 조직체들은 사회의 재건설이라는 닐의 계획에서 핵심이었다. 그러나 근대 산업 사회에서 그런 조직체들이 고립된 상태로써는 생존할 수 없고 어떤 형태이든 전반적인 조율과 상호간의 이익을 목적으로 하는 방식에 따라 단합되어 있어야 한다는 점은 명백했다. 그러한 필요성을 고려할 때, 닐은 권위가 아래에서 나오는 연방주의라는 체제가 협동조합들의 본질적인 성격을 파괴하지 않고 그 단위들을 통합하게 해주는 유일한 논리적 틀을 제공할 것이라고 결론을 내렸다.

무정부주의자들인 프루동Proudhon과 바쿠닌Bakunin은 노동자 협동조합들과 지역공동체Commune들의 자발적인 연합Federation들에 의해 조화롭게 단합이 이루어지는 미래의 세계를 예언하면서 연방적 체계를 강조했던 면이 특히 강했다. 닐 역시 유사하게 생산, 유통, 공제, 교육 같은 현실적인 목적을 위해 사람들의 자치적 결사체들이 스스로를 무수히 많은 종류의 연방적 조직체들로 결성해 나갈 때 상호의존적이며 상호연동된 연합회Federation들로 구성된 커다란 체제가 발전되는 것을 상상했다. 궁극적으로 각각의 공동체는 연방 차원

---

31 같은 자료 71쪽.

의 조직 체계에서 각각의 내부를 구성하고 있는 결사체들의 대표 단위로서 그 역할이 다시 자리매김될 수 있다. 실제로 닐이 전망했던 것처럼 노동자 클럽들의 오락 활동부터 병원들의 의료 활동에 이르기까지 상상할 수 있는 모든 사회적 기능은 그들 단독으로든 서로가 연합하는 형태로든 그것을 행하는 결사체들에 의해 수행될 수 있었다. 정상에 있는 협동조합 연합회^{Union}는 전체를 조율하는 기구가 될 것이고, 그 회원으로는 개별 결사체들뿐만 아니라 자신 이외의 모든 연합회들이 포함될 것이다. 그가 잉글랜드의 협동조합 운동가들에게 '새로운 사회적 주권국가'를 창조하자고 요청했을 때 그런 닐의 꿈이 드러났다.

> '하지만 E.V.N.블은 현재도 과거에도 늘 보수주의자였다. 독자들은 그 점에 대해 어떻게 생각할까? 독자들은 모든 보수주의자들이 그와 같기를 바라지 않겠죠? 독자들은 그런 명칭 아래 그와 비슷한 부류의 사람을 만난 적이 있었나요?'[32]
> — 윌리엄 너탤$^{William\ Nuttall}$, 1882

닐의 삶에서 가장 큰 아이러니는 그가 궁극적으로 자신이 설계했던 조직체들로부터 혜택을 받게 된 운동에서 강력한 리더가 되었던 반면, 그 조직체들 뒤에 놓인 존립 목적은 기각했다는 점이다. 특히 1867년의 개혁법$^{Reform\ Bill\ of\ 1867.\ 잉글랜드와\ 웨일스의\ 도시\ 남성\ 노동계급\ 일부에게\ 선거권이\ 부여된\ 법}$이 통과된 이후에 협동조합 운동가들의 다수가 잉글랜드의 경제 체제에 상대적으로 만족했고 철저히 현실 정치 세력과 연결 지어 자유당$^{Liberal\ Party}$의 지지자들로 되었던 점이 분명해졌다. 결과적으로 그들은 극명하게 대립되는 닐의 교리에 약간 당황했다. 닐의 사회주의는 비현실적일 뿐만 아니라 골동품처럼 여겨졌다. 닐은 그런 모호한 입장을 취했던 것 외에도 스스로를 보수주의자라고 고집스럽게 자처했다. 협동조합 운동의 많은 지도자들에게 그런 신념의 조합은 혼란스럽고 모순적인 것으로 보였다.

---

[32] William Nuttall, 'E.V.N. As a Conservative', *C.N.*, XIII^{1882} 28쪽.

널이 보수주의와 사회주의를 나란히 두고 대했던 태도는 종종 오해를 받았다. 그러나 거기에는 기초적으로 어떤 모순도 포함되어 있지 않았다. 적어도 그런 혼란의 일부는 시대의 변화에서 기인한 것이었다. 오래된 단어들은 세대가 교체되는 시기에 새로운 의미를 갖게 되었다. 널은 정치 체제나 정당과 특별히 연결 짓지 않고도 보수주의와 사회주의를 정의할 수 있었던 시기에 성장기를 보냈다. 그 결과 그는 대부분의 경우 비정치적이고 심지어는 반정치적이었던 두 사상 모두에 대한 견해들을 정립했었다. 널의 보수주의는 쿨리지, 모리스, 카알라일의 전통 안에서 10분의 9가 철학이었고 그의 사회주의 사상과 쉽게 섞였다. 사실, 그 두 가지의 이데올로기는 공통의 토대에 의존한 것이었다. 둘 다 모두 인간 사회란 경쟁하는 개인들 또는 널이 표현한 대로 '갈등하는 원자들'의 집합체로서가 아니라 유기적 전체로서 간주된다는 입장을 고수했다. 아울러 개인은 이기적인 목적을 추구함으로써가 아니라 공동체에 봉사하는 경로를 통해서만 자신의 잠재력을 최대한으로 실현할 수 있다는 입장을 가졌다.

널은 자신의 견해를 제시할 때 자기 동료들의 정당 편향에 대해 공격석으로 무감각할 수 있었다. 그는 자유주의에 대해서조차 정치적 맥락이 아니라 기본적으로 철학적 맥락에서 언급하기로 선택했기 때문이었다. 그는 자유당에 대한 반대 입장을 선언했다. 자유당은 단지 '경쟁 사회에 속한 기관들'만을 개선하고자 했고, '협동조합 사회라는 더 나은 질서'를 구축할 기본적 필요성을 얕보았기 때문이었다. 그러나 만약 자유주의가 '인간의 진보를 가로막는 오래된 편견, 습관, 집착으로부터의 자유'를 의미한다고 받아들여졌다면, 널은 '진정한 협동조합 운동가라면 철저한 자유주의자이자 철저한 보수주의자다!'[33]라고 결론을 내렸을 것이었다. 그런 수사학은 글래드스톤과 디즈레일리Benjamin Disraeli, 1804~1881*의 정치 연극에 의해 깨어났고 보수주의와 자유주의라는 용어를 사용할 때 원칙보다 정당을 더 많이 반영하는 데 익숙했던 세대에게는 뭔가 비뚤어진 것처럼 보였다. 올덤Oldham 출신의 걸출한

---

[33] E.V.Neale, 'Reform, Political and Social', *C.N.*, XI[1880] 225~226쪽.
* 역자 주_영국의 정치가이며 작가, 성공회로 개종한 유대인 출신 보수당 정치인으로서 1874년부터 1880년까지 영국의 총리를 역임.

협동조합 운동가였던 윌리엄 너탤은 그런 진술, 특히 닐이 보수주의자라고 자칭하는 주장을 진지하게 받아들이는 것을 거부했다.

'그가 보존하려고 하는 것은 무엇인가? 확실히 군주제는 아닐 것이다. 그 구성원들이 "생산자"도 "유통업자"도 아니기 때문이다. 확신컨대, 그는 하나의 계급으로서 지주들을 보존하려는 것도 아닐 것이다. 아일랜드 토지 법안에 대한 그의 유일한 관심은 자신이 그것을 더 "급진적"으로 만들어야 한다는 것이었기 때문이다.…그는 지주에 대해서보다 근대의 귀족 집단인 제조업자, 은행가, 상인, 운송업자에 대해서 더 신경을 쓰는 것도 아니다.…토지와 모든 재산이 "생산자들"에게 양도된다면, 보수주의자들에게 보존해야 할 것은 무엇이 남는가?'[34]

개혁을 이행하려는 욕구에 지나치게 열성적이었던 '아나키스트Anarchist'인 푸르동Pierre-Joseph Proudhon, 1809~1865은 한때 프랑스 의원 선거에 출마하여 성공적으로 의회에 진출함으로써 자기의 원칙들을 심각하게 양보했다. 그와 유사한 패턴을 따랐던 닐은 빈번하게 자유당의 정치적 정책들을 공개적으로 지지하는 것을 방책이라고 생각했다. 철학과 다른 차원에서 회고적인 보수당 지지자들은 미래를 향한 납득할 만한 계획이 없었다. 진보에 대한 닐의 신념, 급진적 변화의 필연성에 대한 그의 믿음은 너무 확고하게 이식되어 있었기 때문에 그가 전통적인 보수당 사람들 안에서 많은 동정심을 찾는 것은 어려웠다. 한 명의 사회주의자로서 닐은 잉글랜드가 코뮌들로 점점이 찍히게 될 그런 미래의 시간을 기대했다. 그러나 그가 그 목적지를 향한 진화적인 방식의 경로를 선택했을 때, 그는 미래의 잉글랜드 노동당처럼 자신 역시 종종 당혹스럽게 자유당과의 협업을 강요받고 있다는 것을 알게 되었다. 그것은 급진주의자들에게 오래된 함정이었다. 모든 것을 동시에 완벽한 수준에 도달할 수 없다면, 그 자체만으로는 단편적이고 부적합하더라도 바른 방향으

---

34 Nuttall, 인용한 텍스트에서.

로 이끌고 있는 것으로 보이는 조치를 지지해야 했다. 닐의 가장 가까운 친구들인 휴즈, 모리슨^{Walter Morrison, 1836~1921}, 고드리치 경은 의회에서 자유당원들로서 앉아 있었다. 좋든 싫든 그들의 소속 정당은 협동조합 운동가들 과반수의 소속을 반영했다.

선거권의 확장을 옹호하는 과정에서 존 브라이트^{John Bright}가 평등 개척자들^{Equitable Pioneers}을 진보적인 사례로서 호소했었다는 것은 나름대로 의미가 있었다. 그리고 그 문제가 하원에 제출되었을 때, 글래드스톤은 로치데일 타운이라면 '분명히 노동계급들의 선거권 문제를 현실적인 정신에 부합하게 만든다는 면에서 어떤 타운보다 더 많은 일을 했을 것이다'라고 널리 알렸다.³⁵ 닐에게 그런 논리는 거스를 수 없는 것이었고, 정치적 개혁에 대한 그의 오랜 적대감도 비록 전적으로 그랬던 것은 아니지만 지각될 수 있을 만큼 약화되었다. 1867년까지 그는 선거권을 기꺼이 확장하고자 했을 뿐만 아니라 그런 목적을 위한 계획들을 작성하기까지 해서 보수당 내각의 구성원이자 디즈레일리의 가까운 절친이었던 노스커트^{Sir Stafford Northcote, 1818~1887}와 글래드스톤에게도 보냈다.³⁶ 비슷한 이유로 1880년대에 닐은 비례대표를 위한 포셋^{Henry Fawcett}의 선거운동 뿐만 아니라 글래드스톤의 아일랜드 토지 법안을 지지했다. 그 법안의 조항들은 1830년대 초반 크레이그^{E. T. Craig}의 오래된 랄라인 공동체^{Ralahine Community} 같은 사업들의 부활을 자극해보려는 생각을 갖고 협동조합에 대한 정부 보조금을 포함시키기 위해 확장시켜 보려고 했으나 실패했던 내용들이었다.³⁷ 최종 분석 결과, 닐은 실용주의자일 뿐이었다.

1850년대 후반에 닐은 잉글랜드의 협동조합 운동가들을 강력한 연방적 연맹으로 굳건히 결합시키려는 노력을 벌이면서 지도자의 지위를 포기했고, 심지어 어떤 것이든 정기적인 회의에 참석하는 것을 중단했다.³⁸ 그러나 '비

---

35 The *Cooperator*, VI¹⁸⁶⁶ 237쪽에 보도된 내용으로서, 러셀^{Earl Russell}의 개혁 법안을 하원에 소개하는 글래드스톤의 연설에서 발췌.

36 Northcote의 닐에 대한 서신^{1867년 3월 7일, 20일, 5월 20일, 1871년 7월 25일}. 글래드스톤의 닐에 대한 서신^{1867년 3월 14일}. 닐의 문서.

37 포셋의 닐에 대한 서신^{1883년 11월 17일}, 닐의 문서. 'The Guild of Coopera-tors and the Land Bill', *C.N.*, XII¹⁸⁸¹ 331쪽.

공식적'으로 관여했다는 점에서, 그는 휴면 상태의 협동조합 운동가가 된 것은 아니었다. 그는 매우 열심히 일했다. 그러나 그가 기여했던 분야는 주로 서면 선전 활동과 법률 서비스 쪽이었다. 그의 노동이 가장 눈에 띄었던 곳은 후자의 영역이었다. 그는 언젠가 '협동조합 운동의 법정 변호사'라고 언급될 만한 인물로서 성장해 나갔다. 자신의 간행물인 구 협동조합 상업소식 회람Cooperative Commercial Circular에서 '법률 관련 질문에 대한 답변'이라는 칼럼란을 계속 유지해 나갔다. 동시에 그는 계속해서 1860년대에 피트만Henry Pitman이 편집했던 신문인 코퍼레이터Cooperator39 지면들에서 그리고 광범위한 개인 서신을 통해서 자신의 노동계급 친구들에 대한 법률 자문을 제공했다. 다양한 조합들이 코퍼레이터에 송부했던 상당한 수의 정기 보고서들은 닐이 풀어냈던 법률적으로 뒤엉킨 문제들을 언급했다.40 실제로 켄트 주 웨스트 위컴West Wickham에서 송부했던 편지들은 잉글랜드의 주요 협동조합 센터들에도 모두 도착되었으며, 로치데일 평등 개척자들과 CWS에 송부된 것들처럼 일부는 수천 파운드가 소요되는 사업 관련 문제들에 대한 결정에 영향을 미쳤다. 협동조합 운동에서 이루어졌던 중요한 진전의 대부분은 닐이 보상 없이 힘들게 해결해냈던 복잡한 법적인 문제들을 제기했다.

그는 또 런던에서도 이상주의자 집단과 가끔 모임을 가지면서 조금씩 활동

---

38 휴즈의 그리닝에 대한 서신1892년 12월 23일. 그리닝의 문서 'E.O.G. Letters' 제목이 붙은 포장. 랭커셔 주 맨체스터 Cooperative Union Limited 도서관.

39 1854년부터 1859년까지 닐의 활동은 1차 자료의 부족 때문에 좌절감을 느낄 정도로 역사가가 따라가기 어려웠다. 그러나 1860년부터 1871년까지의 기간은 그 기간 동안 그 운동이 다시 Cooperator협동조합인라고 불렸던 신문을 통해 그의 노력의 연속성을 증명해줄 수 있는 신문을 갖게 되었기 때문에 상당히 달랐다. 맨체스터 및 샐퍼드Salford 평등 조합에 의해 1860년에 처음 발행된 그 신문은 백신 접종 반대 십자군의 리더이면서 널리 알려진 속기 시스템의 창시자였던 아이작 피트만 경의 형제였으며 상당한 영향력을 가진 괴짜 인물이었던 헨리 피트만에 의해 운영되었다. 그 출판물은 편집자이기보다 논객에 더 가까웠던 피트만이 스스로 부주의하게 그것을 파괴해버릴 때까지 매우 중요한 협동조합의 나팔수 역할을 했다. 1870년 1월 1일에 그는 그 명칭을 Cooperator and Anti-Vaccinator협동조합인과 백신 접종 반대자로 변경했고 제너 박사의 '염증유발 발효성 무차별 바이러스'에 대한 악의적이며 계속해서 수위를 높여 갔던 공격을 통해 가장 책임감 높았던 뉴스들을 몰아냈다. 이듬해에 그 출판물은 천연두 백신과의 퇴행적인 싸움에서 전사했다.

40 The *Cooperator*, II[1861], 34~35쪽, III[1863], 129쪽.

을 이어갔다. 그들은 협동조합 연합회에 대한 닐의 갈망을 다시 되살리게 해준 사람들이었다. 1862년에 홀리요크는 에드거$^{William\ Edger}$의 도움을 받아 런던 협동조합운동 진흥결사체$^{London\ Association\ for\ the\ Promotion\ of\ Co-operation}$, 구 기독교 사회주의 협회와 유사한 조직를 결성했다. 닐은 프랜시스 뉴먼$^{Francis\ W.\ Newman}$, 휴즈, 밀$^{John\ Stuart\ Mill}$ 같은 유명인사들과 함께 명예 회원이 되었다.[41] 밀은 1864년에 그 결사체가 주최한 야회$^{수아레,\ soirée}$에서 닐과 함께 참석했다. 닐이 회장을 맡았고 두 사람 모두 연설을 했다.[42] 그 저녁 모임은 가격의 인하를 목적으로 식료품 및 기타 물품들을 대량으로 구매하기 위해 단합한 새로운 점포 연합회인 대도시·지방 구매결사체$^{Metropolitan\ and\ Home\ County\ Purchasing\ Association}$의 성공을 축하하기 위해 소집된 것이었다. 그것은 도매 활동으로의 한 걸음을 내딛은 것이었으며, 과거에 닐의 협동조합 사업소를 연상하게 하는 것이었다.

그러나 계속해서 중요성이 있을 수밖에 없었던 도매업 분야에서의 전진은 북부 지방에서만 이루어졌을 뿐이었다. 전체를 포괄한 연맹을 이끌어내고자 했던 닐의 거창하기만 한 계획들이 북부 지방 소비자 조합들의 상대적으로 더 소박한 열망 앞에서 흔들리기 시작했다면, 최소한 도매업에 대한 충동만큼은 매우 크게 살아남아 있었다. 그것은 예상된 것이었다. 그 연맹은 협동조합 운동가들에게 더 부유하게 해주는 것을 기약하지 않았다. 반면, 도매 조합에게는 정반대였다. 결과적으로 이 분야에서 닐의 노력은 보상을 받았다. 우리가 보았던 것처럼 불과 몇 년 전에 개척자 조합은 특별 도매 부서를 설립함으로써 닐의 재촉에 답변했다. 그러나 성공은 결코 단순히 평등 개척자들이 그 키를 잡았던 행위만으로 보장되지 않았다. 다시 말하면, 협동조합 운동에서 본질적으로 결여되어 있던 통일성이 그 전진을 가로막았다. 로치데일에게는 다른 협동조합 운동가들에게 충성을 요구할 어떤 명분도 없었기 때문이었다. 더욱이, 1852년의 산업 및 근검조합법$^{Industrial\ and\ Provident\ Societies}$

---

[41] G.D.H.Cole, *A Century of Cooperation*, 156쪽, W.H.Brown, *A Century of London Cooperation*, 72쪽.

[42] 'Soiree of London Society for Promoting Cooperation', *The Cooperator*, V $_{1864}$ 4~6쪽.

Act이 그에 대한 어떤 법적 규정도 두고 있지 않았기 때문에, 도매 사업에는 커다란 위험이 뒤따랐다. 실제로, 우애 조합Friendly Society의 등록기관 책임자였고 한 때 휴즈로부터 '짜증나게 하는 천치 자식'이라고 묘사되기도 했던 프랫Tidd Pratt43은 처음에 그런 새 부서의 정관을 접수하여 등록하는 것을 거부했다. 가장 강력한 수호자들이었던 그린우드, 윌리엄 쿠퍼William Cooper, 사무엘 스토트Samuel Stott조차도 그 활동은 일시적인 방편일 뿐이며, 협동조합 운동가들이 마침내 자율적이고 연방 형태로 조직된 도매 조합을 구축할 수 있게 된다면 수명이 종료될 임시적 합의체라고 말했다. 그러나 당분간 그런 별도의 연방 기관은 법적으로 불가능했다. 1852년의 법은 이미 시대에 뒤쳐졌던 것이었고, 그 법에 따라 등록된 협동조합 조직체들의 주식은 조합들이 아니라 개인들만이 보유할 수 있었기 때문이다. 그래서 다시 한 번 그 내용을 폐지해야 할 10년째가 다가옴에 따라 협동조합 운동가들은 그런 법적 장벽을 급습하기 위해 준비했다. 처음에 행동을 취하기로 결심한 사람은 로치데일 개척자들 쪽의 그린우드와 미첼J. T. W. Mitchell이었다. 그 결과로 1859년에 닐이 자문을 요청받았고, 1년 후에 닐은 필요한 의회 법안을 기초하는 데 자신을 도와줄 위원회를 배정받았다.44

닐의 새로운 산업 및 근검조합법안은 1862년에 성공적으로 의회의 여정을 마쳤다. 그것이 통과될 때까지 전체 기간 동안 그는 대표단 소개, 인터뷰, 정치 지도자들의 지지를 얻기 위한 설득 활동으로 바빴다. 의회 법안이 한 개인의 노력에 그토록 많은 신세를 진 경우는 좀처럼 없었다.45 그러나 그가

---

43 휴즈의 루들로우에 대한 서신날짜 없음. 루들로우의 수고, 케임브리지. 그러나 내용으로 미루어보아 1854년의 언젠가로 날짜가 연역될 수 있다.

44 CWS 유래에 대한 짧지만 철저한 설명은 G.D.H.Cole, *A Century of Cooperation*, 133쪽 이후. 물론 Percy Redfern의 *The New History of the CWS* London, 1938 역시 필수불가결하다. 협동조합에 관련한 국내법을 변경하려는 닐의 관심은 오래 된 것이었다. 그런 몇 년 전에 그는 상무부Board of Trade의 대표로서 통상적인 주식회사에 궁극적으로 유한책임을 부여하는 법안을 처음 소개했던 카드웰E. Cardwell의 문 앞으로 대표단을 이끌고 갔다. 닐은 카드웰에게 협동조합 결사체들에 대해서도 그 특권을 확대해 줄 것을 요구했으나 그는 들어주지 않았다. 그러나 그런 실패에도 불구하고 그는 결코 희망을 포기하지 않았다. 그러다가 1860년에 또 다른 시도를 하게 된 북부의 협동조합 운동가들과 합세할 기회를 기쁘게 받아들였다. *Cooperative Commercial Circular*, No. 161 February 1855 116쪽.

맨 마지막에 로치데일에 자신의 변호사 요금을 요청하기 위해 편지를 썼을 때 그 액수는 미미한 수준이었다.

> '저는 청구서를 작성하는 데 많은 고민이 있었습니다. 저는 귀 조합에 7기니의 요금을 요청해야 하겠습니다.' 그러나 그중에서 5.5파운드는 면화 기근 구호 기금에 기부금으로 지불해주기를 바랍니다. 나머지 2.2.0파운드에 대해서는 채링 크로스$^{Charing\ Cross}$를 수취인으로 하는 우편환을 기부금으로서 지불 승인서와 함께 보내면 됩니다. 그러면 저는 귀 조합에 7.7.0파운드의 영수증을 보내 드리겠습니다.'[46]

그는 마치 요금이 수백 파운드는 되는 것처럼 엄중하게 돈을 요청했다. 그 개척자들은 매우 즐거웠고 그 사건을 결코 잊지 않았다. 그러나 몇 년도 안 되어 그들은 여전히 '비싼' 변호사를 찾는 것을 좋아했다.

닐이 의회 법안을 작성할 때 보좌해주었던 아주 작은 위원회 외에도 더 커다란 위원회 역시 구성되어 있었다. 그 위원회에는 장차 가능해지게 될 연방 도매조합의 정관을 기초하는 책임이 위임되었다. 두 위원회는 서로 배타적이지 않았다. 두 위원회에서 가장 중요한 위원이었던 그린우드가 최종적으로

---

45 Redfern, 앞의 책 22쪽 참조.
- 역자 주_기니^{Guinea}는 영국의 구 금화로서, 1기니는 당시에 21실링이었고, 오늘날 1.05 파운드에 해당하며, 지금도 말의 매매 같은 경우에 이 단위의 가격을 사용하는 것으로 알려져 있다. 참고로 당시 잉글랜드에서 가격을 치르는 단위는 파운드, 실링, 펜스의 순서로 표기했지만, 파운드는 십진법, 실링은 20진법, 펜스는 12진법을 따라 표기했다는 점을 이해할 필요가 있다. 그런 표기 방법을 이해하면, 위의 인용문에서 비용 정산 금액을 복잡하게 표시한 이유를 알 수 있다. 7.7.0파운드라는 표기는 파운드화가 7개, 실링화가 7개, 펜스화가 0개라고 적은 것이다. 이렇게 각각의 화폐 단위를 병렬 형태로 표기한 이유는 각각이 10진법, 20진법, 12진법에 따라 표기되었던 이유 외에도 각 각의 화폐 발행 시대가 다르기 때문이었다고 알려져 있다. 필자는 협동조합 역사에서 절대적으로 중요했던 법률을 기초하고 통과시키는 데 핵심 역할을 한 법률가인 닐이 수수료를 겨우 7기니만 요청했고, 그것도 용도를 세세히 적은 형태로 엄중하게 요구했다는 점을 강조했다. 그 내용을 실링 단위로 풀어보면, 105실링$^{5.5\ 파운드}$과 42실링$^{2.2.0\ 파운드}$을 나누어서 총 147실링인 7기니를 지급해달라고 요청한 내용이 된다.

46 1862년 7월 27일자 닐의 편지, 맨체스터 도서관.

실행의 기초안이 될 최종 계획을 제출할 예정이었다. 그는 닐에게 과거 중앙 협동조합 사업소를 본뜬 조직체를 요청했다. 그린우드가 로치데일의 개척자들의 구매자로서 맨체스터 스완 스트리트$^{Swan\ Street}$ 지점을 통해 자기 업무의 많은 부분을 거래했을 때 그 사업소와 밀접하게 관계를 맺었던 적이 있었기 때문에 그런 요청을 했던 것은 놀라운 일이 아니었다. 그 당시 그는 그 사업소의 성공을 지켜주기 위해 전력을 다했다.[47] 약간의 수정을 거친 후 그린우드의 기획안이 닐에게 통보되었다. 닐은 1863년에 프랫에게 잉글랜드 북부 협동조합 도매사업소 및 창고유한회사$^{North\ of\ England\ Cooperative\ Wholesale\ Agency\ and\ Depot,\ Ltd}$라고 정식 등록했던 새 기관의 최종 정관을 기초했던 당사자였고, 그 명칭은 단순하게 협동조합 도매조합$^{CWS.\ Cooperative\ Wholesale\ Society}$이라고 읽도록 변경되었다.

이제 닐은 달콤한 성공의 맛을 알았다. 그러나 그와 그린우드는 몇 가지 염려가 있었다. 그들은 그 도매조합의 활동 영역을 제한해두려고 시도했으나 처음부터 좌절되었기 때문이었다. 그들은 그 도매조합이 단순히 조합들의 구매와 유통을 용이하게만 대행해주는 사업소로서 복무하기를 원했다. 그들의 염려는 당초 등기될 때 '창고^{depot}'라는 용어가 그 도매조합의 전체 명칭에 추가되었을 때 현실이 되었다. 그 용어는 그 도매조합이 상대적으로 자유롭게 자기 스스로 공급과 판매 활동을 수행할 수 있기를 원했던 사람들이 승리했다는 것을 의미하며 그 명칭에 추가된 것이었다. 그 도매조합은 비록 점포들이 만들어낸 독특한 창조물이었고 그 점포들의 물품 공급 기능을 하는 대행업체가 되었지만, 그런 창조자들에 의해서 독립적인 행동을 할 수 있는 커다란 자유가 부여되었고, 그 결과 그 도매조합은 곧 모든 현실적인 존립 목적을 위해 거의 완전하게 자율적으로 되었다. 실제로 그 CWS는 엉큼한 힘을 얻고 총체로서의 식욕을 발전시키는 운명을 갖게 되었다. 협동조합운동의 그런 거대한 가르강튀아$^{라블레의\ 소설\ Gargantua\ and\ Pantagruel에\ 나오는\ 거인\ 왕}$는 모든 사업 활동의 분야마다 퍼져 나갔고, 그 10년 말까지 회원 수가 25만에 가깝게 되었으며, 거래 규모는 거의 2백만 파운드로 상승했다. 이상주의자들은

---

[47] *C.N.*, VI^{1875} 381쪽.

그런 조직 구조에서 점차 사라졌다. 일부는 자연스러운 죽음의 길을 갔다. 윌리엄 쿠퍼는 1868년 10월에 사망했고, 7개월 후에는 스미시즈^{James} ^{Smithies}가 사망했다.[48] 다른 사람들은 자신들의 마음을 완강하게 닫은 것으로 보였다. 그린우드는 1898년까지 리더로 남아 있었다. 그러나 본인이 해마다 더 깊이 파들어 간 것으로 보이는 침묵의 우물 속에서 자신의 오래된 분노의 불길을 숨기고 있었다. 미첼$^{J.\ T.\ W.\ Mitchell}$이 전형적인 사례가 되었던 새로운 종자의 사람들이 권좌에 올랐다. 그들은 자신들의 이익에 입각해서 사고했고 그렇게 많은 창립자들에게 동기를 부여했던 유토피아 사상에는 이미 무감각해졌거나 아니면 잊어가고 있거나 했던 사람들이었다.[49]

기독교 사회주의자였던 기간 동안, 앞서 언급했듯이, 닐은 협동조합 연맹, 신문, 은행 기획안, 도매 사업체를 설립했다. 모두가 근대 협동조합 운동의 영구적 기관들이 될 원형들로서 중요했다. 그는 유사한 방식으로 협동조합 보험회사$^{Cooperative\ Insurance\ Company}$의 설립에도 영향을 주었다.

그 보험회사 역시 협동조합 도매조합을 성공으로 이끌었던 동일한 계보의 열정 속에서 시작되었다. 실제로, 매우 동일한 사람들이 그 양대 조직체의 기원을 만들고 결과적으로 관리하는 데 관여했다는 점은 매우 중요하다. 유토피아적 이상주의의 변증법에 공감하고 빈번하게 그런 이상주의에 대해 립서비스를 베풀지만, 협동조합의 사업 목적을 우선해서 처리할 정도로 충분히 실용주의적인 사람들이었다. 1863년에 일부 종류의 보험 사업을 개시할 수

---

[48] W.Henry Brown, *The Rochdale Pioneers: A Century of Cooperation* Manchester, n.d. 1944 43쪽.

[49] 훗날 닐이 CWS의 창설에서 얼마나 큰 역할을 했는가를 깨닫게 된 협동조합 운동 내부의 이상주의자들은 '조합의 기능에 더 한정적이고 더 좁은 제한을 고정'해두지 않았다는 이유로 그를 비난했다. 휴즈는 닐을 다음과 같이 변호했다. '사실은 처음에 닐은 본인의 판단을 따를 자유가 없었고 그가 최선이라고 생각했던 정관이 아니라 연방으로 묶자고 제안한 조합들의 대표들이 수락하고 작업하려고 할 만한 정관의 틀을 짜야 했다. 그리고 다시 말하면, 비록 그 도매조합이 무엇이 되어야 하는가, 즉 조합들이 필요로 하는 모든 것을 구매하고 유통하며, 협동조합운동의 대의를 강화하고 발전시키기 위해 조합들의 기금을 모으고 활용하기 위한 사업대행소가 되어야 한다는, 자신의 아이디어가 완벽하고 분명하게 있었지만, 혼자서 어떤 방향들로 제한이 필요하게 될 것인가를 가리킬 수 있을 만한 경험은 없었다.' Thomas Hughes, '기독교 사회주의자로서 에드워드 반시터트 닐', The *Economic Review*, III^{1893} 175쪽.

있는가의 가능성에 대한 조사가 있었지만 실행까지 이어지지 않았다. 유아기에 있던 도매조합의 영양 상태에 대한 집착 때문이었다. 그러다가 1867년에 윌리엄 쿠퍼가 협동조합 운동가들이 여전히 보험 사업에 관심이 있는지 여부를 밝히기 위해 설문지를 보내면서 보험 사업은 속도가 붙었다. 반응이 매우 호의적이었고, 통상적인 절차를 따라 회의가 소집되었으며, 그 주제에 대한 철저한 조사를 수행하고 실행 가능한 계획안을 수립하기 위해 소규모의 위원회가 구성되었다. 2주 후에 그 위원회는 닐이 제출했던 '협동조합 보험결사체의 협약서 및 정관' 안을 검토하기 위해 회의를 개최했다. 새 회사는 닐의 계획안이 사실상 제출되었던 내용대로 공식 등록된 1867년 8월 29일에 탄생했다.50

경외할만한 원조 개척자들인 그린우드, 스미시스, 쿠퍼가 각각 그 보험 회사의 지배인, 회계, 총무로 되었다. 삶의 끝이 머지않았던 뒤의 두 사람에게 그것은 마지막으로 중요한 작업이었다.51 닐은 계속해서 빠져서는 안 될 중요한 존재가 되어 활약했다. 그런 결과 닐은 1892년에 로치데일에서 개최된 협동조합 총회Cooperative Congress에 마지막으로 참석했을 때 그 보험회사의 회장인 윌리엄 바넷William Barnett으로부터 닐의 공로를 인정하며 베풀었던 긴 축사를 듣게 되었다.52 그때까지 회사가 존립해 온 25년 중 16년 동안 닐은 이사로서 활동했고 모든 협동조합 운동가들 중 그 보험 사업에 대해 가장 잘 아는 인물 중 한 명이었던 것으로 보인다. 역시 닐은 이미 자신이 밀접하게 관계했던 알버트보험회사Albert Insurance Company의 한 지점을 실패로 접어야 했던 경험을 했고 비싼 교훈을 얻었던 후였다. 그러나 그런 가혹했던 경험을 이겨내고 닐은 그 협동조합 보험회사의 이사로서 개인적인 노력의 성공을 맞이하게 되었다.

돌이켜 보면, 그 회사의 첫 번째 활동 중 하나가 1,000파운드의 도매조합 거래 주식에 대한 보험을 제공하는 것이었다는 점은 상당한 의미가 있다.

---

50 Brown, *The Rochdale Pioneers* 73쪽.
51 같은 자료 73~74쪽.
52 Pitman, 앞의 책 11쪽. R.G.Garnett, *A Century of Cooperative Insurance* London, 1968 88~89쪽.

CWS를 설립하자고 했고 계속해서 그것을 지휘했던 사람들은 이제 그 보험 회사를 출범시켰고 그곳의 정책을 결정하고 있었다. 그들의 새로운 협동조합 파생물이 독립적인 것으로 보였더라도, 그것이 궁극적으로 그 도매조합에 종속된 것이라는 관계는 결코 변함이 없었다. 1913년에 그 두 기구들은 협동조합 도매조합이 협동조합 보험조합에 대한 완전한 통제권을 인수했을 때 하나가 되었다.53 가르강튀아의 식욕은 만족할 줄 몰랐다. 닐은 다행스럽게도 그런 가관을 피했다.54

상대적으로 제한된 소득만을 얻었던 것에 따른 제약조건들은 닐의 전체 가족의 삶을 복잡하게 만들었다. 실제로 그의 아내는 그런 제약조건들에 결코 적응하지 못했다. 프란시스와 에드워드의 관계는 긴장관계에 놓이는 경우가 자주 있었다. 그들은 종종 휴가도 따로 갔다. 닐은 친구들 또는 자기 쪽의 친척을 방문했다. 프란시스는 잉글버러Ingleborough의 파러 가the Farrers나 더 자주 도싯 주Dorset의 코프 성Corfe Castle 또는 엔컴Encombe이나 모두 방문객들이 엘던 경의 휘하에 있는 사람들이 찾는 곳으로 휴가를 갔다.

그러나 그것은 닐의 아들 헨리에게 가장 어려웠다.55 엘던 가의 세 번째 백작은 헨리의 첫 번째 사촌이었다. 헨리보다 3살이 어렸고 헨리는 좋은 친구로서 그와 자주 사교활동을 즐겼다. 그들은 극장에 함께 갔고, 장애물 경주, 보트 경주, 크리켓 게임도 많이 했다.56 한 번은 당시에 매우 인기를 끌었던 '헌치백Hunchback 작품의 여주인공인 베이트먼Miss Bateman을 보기 위해' 직접 아델피Adelphi 극장에 간 적도 있었다. 헨리처럼 가난한 사람이 엘던 경 같은 동반자와 함께 어울리면서 관계를 유지하는 것이 매우 어려운 일이라는 것을 알게 되는 것은 놀라운 일이 아니다. 엘던은 여덟 살의 어린 나이에 귀족의 일원이 되었다. 1866년 11월 8일 21세 축하연에는 모든 가계의 온 가

---

53 그 협동조합보험회사는 1899년에 재조직화되었고, 그 명칭도 협동조합보험조합 Cooperative Insurance Society로 변경되었다.

54 Cole, *A Century of Cooperation* 146~147, 258쪽. Garnett 앞의 책 136~148쪽.

55 1860년에 헨리는 적어도 부분적으로 재정적인 이유 때문에 이튼Eton을 떠나기로 결정했고 나중에 해군성에서 직책을 얻었다. 닐이 헨리에게 보낸 서신1860년 10월 6일자; 올리버 파러Oliver Farrer가 헨리에게 보낸 서신1862년 8월 10일자. 닐의 문서.

56 예를 들어, 헨리의 비망록 106쪽 참조. 닐의 문서.

족이 참석했다. 질투심을 느꼈던 헨리는 그 어린 귀족에게 경의를 표하는 것을 매우 힘들어 했고, 당시 계속 작성했던 비망록에 힘들었던 감정을 털어놓았다.57 애석하게도, 어린 백작의 생일이 지난 며칠 후, 헨리는 아쉬운 듯이 '인생에서 고난, 비록 쓰라리더라도 열등한 신분의 가난이 주는 시련, 편안하고 사치스러운 생활과 커다란 부와 높은 지위에 대한 유혹들은 종종 영혼을 속박할 것이 틀림없다'라고 자신의 생각을 적으며 자신을 위로했다.58

특히 엘던의 인맥처럼 가까운 친지들 속에서 발견되는 대단한 부와 사회적 지위의 사례들은 자기 아버지가 부주의하게 그 두 가지 모두를 포기했다는 사실을 알고 있는 헨리의 쓰라림을 고조시켰다. 그러나 그의 비망록에 나오는 낱말들이 모두 암울한 것만은 아니었다. 헨리가 자기 아버지의 재정 감각에 대해 확신을 갖기 어렵다는 것을 알았음에도 불구하고 서로에 대한 부자 간의 관계는 다정했다. 헨리는 그 두 가지를 분리해서 생각했던 것이 분명하다. 돈과 지위의 상실에 대해서는 쓴맛을 느꼈다. 반면, 종교와 철학에 대한 매우 진지한 그의 사고들은 자기 아버지로부터 영향을 받은 패턴들을 따랐다. 두 사람은 취미로 긴 거리를 산책하는 것에 푹 빠졌고 함께 걸었던 많은 길 위에서 친밀하게 소통했다. 한번은 1866년 5월 경마 개최일Derby Day에 그림 같은 서리Surrey의 전원을 약 22마일이나 걸었다. 그들은 애딩턴Addington과 워링햄Warlingham을 거쳐 마덴 공원Marden Park까지 갔다. 그곳은 아버지 닐이 40년이 지난 과거에 그곳에 있는 윌버포스 가를 방문했던 기분 좋은 추억을 떠올리게 했다. 레드힐 계곡Redhill Valley의 웅장한 언덕 위에서 전망을 즐긴 후 그들은 가드스톤Godstone에서 점심을 먹었고 쵸크 구릉지Chalk Hills의 꼭대기를 횡단하여 머샴Merstham까지 그들의 산책을 마쳤다.59 그런 산책 길에서 아버지 닐은 아들 닐에게 자신이 결사적 노력의 수단을 통해 건설하고자 희망했던 새로운 사회의 계획을 설명했을 것이 분명했다. 헨리는 협동조합운동에 대한 자신의 미래 활동이 조짐을 보였던 것처럼 확신을 얻었다. 그

---

57 같은 자료 151쪽.
58 같은 자료 149쪽.
59 같은 자료 135쪽.

러나 헨리는 커다란 대의 속에 자기의 모든 것을 절대적으로 쏟아 붓게 했던 아버지 닐과 같은 정도의 끈질기고 종종 무모하기도 했던 의지력이 결여되어 있었다. 그는 자신의 부유한 친척들이 기대하는 사회적 수준에 맞설 수 있는 결기가 부족했고, 궁극적으로 아버지의 사망 이후 협동조합운동을 위한 자신의 노동을 완전히 포기했다.

헨리의 비망록에서는 정성스럽게 기록되어 있는 1865년부터 1868년까지의 기간 동안 생산자 협동조합운동에 대한 관심이 부활되었던 내용을 엿볼 수 있다. 그 운동은 직종별 노동조합 운동$^{Trade\ Union\ Movement}$의 대중적 불안 요소와 정치적 불만 요소가 동반되기 좋고 또 어느 정도는 그런 요소들로부터 비롯된 것이었다. 그것은 지난날 불운했던 엔지니어 결사체들에 대해 닐이 투자하기 직전이었던 1850년대 초반의 사건들과 그 순서가 닮은 것이었다. 그러나 앞서 겪었던 불행에도 불구하고, 닐은 새로운 상황에 너무 크게 영향을 받았다. 그 결과 1868년 여름에 닐은 한 번 더 지도자의 지위를 받아들였고 하나의 조직화된 운동으로서 협동조합운동의 미래 경로를 지휘하게 될 결정들을 내리는 장에 뛰어 들었다. 그는 결코 다시는 주목받는 자리에서 벗어나 있지 않았다.

2부

갈등과 협동

4장

마침내 연합회가 현실로
1865~1870

닐 씨의 말을 빌리자면, '궁극적으로 협동조합운동의 결실로서 나타날 것을 지금 실현해보려는 실험'의 개시를 무엇이 방해할 수 있을까?

- 윌리엄 페어^{William Pare}, 1868년 1월 25일＊

1865년 1월 1일에 산업가^{Industrialist}인 헨리 브릭스^{Henry Briggs}는 커다란 영감을 주는 사람으로 유명해졌다. 그는 요크셔 탄광들에서 노동자들과 이윤을 공유하는 시스템을 시작했다. 존 왓츠^{John Watts}처럼 협동조합의 소비자들을 직접 포함시키지 않은 노력이라면 관심을 기울이지 않았던 사람뿐만 아니라 협동조합 운동가들도 열광적인 반응을 보였다. 심지어 옛 차티스트인 어니스트 존스 역시 브릭스를 칭찬했다. 거의 모든 사람들은 브릭스의 동기에 있어야 할 어떤 것이 빠져 있다는 사실을 간과한 것 같았다. 실제로 그는 최후의 수단으로서 이윤 공유^{Profit Sharing}를 시작했을 뿐이었다. 그것은 궁극적으로 자신의 갱도들에서 군대를 요청해야 할 만큼 혼란스러운 사태를 야기하게 될 파업들을 종식시킬 수 있는 하나의 경제적 방편이었을 뿐이었다. 그는 심지어 공개적으로 그 새로운 제도의 목적이 금전적인 것이며, 그 제도의 틀 안에서 광부의 급료를 '실제보다 명백히 더' 추가로 지급하는 것이라고 인정하

＊이 인용문은 윌리엄 페어^{William Pare}의 Co-operator, III¹⁸⁶⁸ 56쪽에서 찾아볼 수 있다.

기까지 했다.¹ 그 제도는 1860년대 말과 1870년대 초에 협동조합적 생산 활동에 대한 관심을 부활시킨 징후 역할을 했고, 너무나도 그런 종류의 협동조합적 생산 활동을 전형적으로 보여주는 것이었다. 그것과 유사했던 기타 계획들은 '산업 파트너십industrial partnership 사업체'들이라고 불렸다. 그 계획들은 대부분 소유권자가 주도하고 단순히 이윤의 일부만 할당해 주었던 단순 주식회사들이었다. 때때로 다른 공장 소속의 노동자들이 그런 산업 파트너십 사업체들의 주식을 보유하고 있거나 또는 심지어 그런 사업체들을 노동계급 자본가의 자격으로 전면 소유하고 있더라도, 경영의 책임 중 일부를 내부 노동자들에게 부여하는 경우는 거의 없었던 주식회사들이었다.

브릭스의 광산들에서 보인 것처럼 '파트너십'이라는 용어는 오해의 소지가 컸다. 그런 계획들에서 정규 노동자들은 통상적으로 주식을 보유하고 있지 않았다. 또 이윤이든 경영이든 어떤 것에도 참여하지 못했다. 따라서 세계 최고의 의지를 가졌다 하더라도 그런 산업 조직체들은 엄밀한 의미에서 볼 때 영리 기업체보다 작은 규모의 진전만을 보여주었을 뿐이었다. 그럼에도 불구하고 그런 계획들은 이례적으로 인기를 얻었다.²

브릭스를 제외하면, 잉글랜드에서 협동조합적 생산에 대한 새로운 열광이 일었던 분위기는 대체로 그리닝이 뛰어들어 광범위한 수준에서 인식을 증대시켰던 결과였다. 1865년부터 1867년까지 경제 침체기 동안 그가 설립했던 그런 파트너십 사업체들은 이어서 진행된 경제 호황기에 특히 석탄 산업 분야에서 과도할 정도로 늘어났던 수많은 유사 기업체들의 모델이 되었다. 그리닝은 자기 본위적이었지만 따뜻하고 친절했던 맨체스터 출신 산업가였다. 그는 또 해방조합Emancipation Society과 남성 참정권 동맹Manhood Suffrage League의 창립자로서 이미 주목받는 정치적 급진론자였다.³ 그는 브릭스의 탄광 사업

---

1 Mack and Armytage, 앞의 책 155쪽.
2 Benjamin Jones, *Cooperative Production*^{Oxford, 1894}은 산업 파트너십 사업체를 포함하여 19세기 협동조합적 생산 실험의 대부분을 광범위하게 다루고 있다. 그 책은 필수 불가결하다. 벤자민 존스Benjamin Jones의 사실과 수치는 일반적으로 신뢰할 수 있지만 1871년 이후에는 주로 협동조합 뉴스와 총회보고서를 참고하고 있다. 자신의 견해에 유리한 방식으로 조작된 경우가 너무 잦다. 실질적으로 거의 동일한 원천 자료를 사용하여 필자는 그의 결론 중 많은 사항에 문제를 제기할 것이다.

체들이 실시했던 이윤 공유제도에 간접적으로 가세했다. 그러나 그는 더 중요한 점에서 기여했다. 그는 그 제도가 개시되고 있던 초기였지만, '국가의 주요 업종에서 산업 파트너십 사업체들에게 원칙이 되는 몇 가지 전례들을 세우기로' 결심했다.4 그는 단독으로 그 작업을 시작했지만 곧 휴즈와 모리슨에게 도움을 요청했고, 그들의 공동 작업은 최소한 사업체들로서나마 비상한 성공을 거두게 되었다. 먼저, 그리닝은 닭장에서 꽃병에 이르기까지 온갖 철제 부품들을 제조했던 자기 작업장부터 산업 파트너십 사업체로 전환했다. 다음으로 그는 유사한 방식을 따라 사우스 버클리 석탄$^{South\ Buckley\ Coal}$과 내화벽돌 회사$^{Firebrick\ Company}$를 출범시켰다. 그리고 1866년과 1867년에는 이전에 코브던^{Cobden}이 소유했고 매우 유명했던 코브던 제분소$^{Cobden\ Mills}$와 농업 및 원예결사체$^{Agricultural\ and\ Horticultural\ Association}$를 각각 설립했다. 닐은 그 제분소와 결사체에 참여하게 되었고 이데올로기적 차이에도 불구하고 그 회사들이 성공하는 데 실질적으로 기여했다.

그중 농업결사체는 그런 새로운 파트너십 사업체들 가운데 가장 중대한 의미가 있는 것이었다. 그 결사체는 회원들에게 최고 품질의 농기계, 종자, 거름, 가공된 가축용 사료를 공급하도록 설계되었다. 그 결사체는 1차 세계대전까지 건실한 회사로서 살아남게 된다.5 19세기 내내 농업 분야의 상거래에는 불순물 혼입, 과도한 가격 부과, 명백한 사기가 있었기 때문에 철저히 신뢰할 수 있는 회사에 대한 수요가 컸다. 그 농업 및 원예결사체는 그런 수요를 충족하기 위해 설립되었다. 닐은 수년 동안 농업 분야의 협동조합에 관

---

3 W.M.Bamford, *Our Fifty Years*$^{1871\sim1921}$, 1871년 9월 2일에 첫호가 발행되었던 '협동조합 뉴스'의 희년 기념책자$^{Manchester,\ 1921}$ 80쪽.

4 1867년 11월 1일 기준 산업 파트너십 사업체 기록에 대한 보충자료$^{런던,\ 1867}$ 6쪽.

5 Margaret Digby and Sheila Gorst, *Agricultural Cooperation in the United Kingdom*, 2nd ed.$^{Oxford,\ 1957}$ 21쪽. 그 결사체의 기원에 대해서는 Tom Crimes, *Edward Owen Greening: A Maker of Modern Cooperation*$^{London,\ 1924}$ 54쪽, The *Cooperator*, VIII^{1868} 176쪽. *Agricultural Cooperation. Prospectus, Memoran-dum, and Articles of Association, of the Agricultural and Horticultural Association, Limited, Formed to Supply its Members with Implements and 'Machines' by the Best Makers, and with Unadulterated Seeds, Manures, and Feeding Stuffs, at Wholesale Cost Prices, on the Cooperative System* ^{Manchester,} $_{n.d.\ pro\ b.\ 1867}$ 역시 참조.

심이 있었다. 그런 닐의 당초 관심은 킹슬리와 그 주제에 대해 길게 토론을 한 적 있었던 1849년으로 거슬러 올라간다. 따라서 그 결사체는 닐의 옛 꿈들 중 일부를 되살아나게 했던 중요한 계기가 되었다.

그가 협동조합 운동가들에게 법률 자문은 제공했지만 지도자 역할은 기피했던 지난 몇 년간 취했던 상대적 안식기는 닐의 타고난 성향과 충돌했다. 대학 시절에 닐은 '해럴드 공자Childe Harold. 바이런의 장편 서사시 '차일드 공자의 편력'의 주인공'에서 나폴레옹에 관해 바이런이 묘사했던 시구절 중 일부에 깊은 감동을 받았다. 아마도 닐은 그 구절 중 몇 개를 여전히 기억했을 것이다.

> 그러나 빠른 가슴들에 대해 침묵하는 것은 지옥입니다
> 그리고 거기에는 그대의 독이 있습니다. 불이 있습니다
> 그리고 머물지 않을 영혼의 움직임이 있습니다
> 그 자체로 좁은 존재이지만, 열망
> 욕망의 적절한 매개체를 넘어선 것
> 하지만 한 번 불이 붙으면 더이상 꺼지지 않고
> 고상한 모험을 먹으며 결코 지치지 않습니다.
> 안식 이외의 어떤 것, 심중에 있는 열기를,
> 품은 사람, 품었던 사람이라면 모두에게 치명적입니다.6

새로운 산업 파트너십 사업체들은 닐의 어린시절과 성년기 초기에 발생했던 사건들이 다시 반복되는 것처럼 보였던, 전국이 소란으로 가득 찼던 시기에 탄생했다. 잠재된 폭력이 그 분위기를 채우고 있었다. 선거권 확대 요구가 의회의 정통성에 도전하는 가장 중요한 이슈로 되었을 때조차 고용주와 피고용자 각자의 권리에 대한 오래된 문제가 다시 주목을 받게 되었다. 게다가 주요 정치 지도자들은 노동조합에 가입하기를 고집스럽게 거부했던 셰필드의 한 노동자의 집 아래에서 폭탄이 터졌던 사건이 발생했을 때 노동자들의 선거권이라는 '커다란 모험'에 대해 고려하는 것을 좀처럼 시작조차 하지

---

6 Canto Ⅲ, XLⅡ.

않았다. 협동조합운동에 참여하고 있는 노동자들은 현실에서의 능력을 입증했다. 그런 능력, 상식, 선량한 행동에 입각하여 자신들의 주장을 펼쳤던 사람들 중 다수도 그런 태도를 보였다. 그 도시에서 일어났던 몇 가지 폭력적인 사건들은 부정적인 반향을 일으켰다. 전체적으로는 '셰필드의 잔인무도한 폭발 사건'이라고 알려졌다. 노동조합들에 대한 탄압을 원했던 로벅[J. A. Roebuck] 같은 의원들에게는 공격 함성이 되었다. 노동운동을 조사하기 위해 왕실조사위원단[Royal Commission]이 설치되었고 규제적인 입법 조짐이 나타났다. 노동계의 친구들로 간주되었던 두 남자, 실증주의자인 해리슨[Frederick Harrison]과 휴즈가 그 위원으로 임명되었던 것은 행운이었다. 왕실조사위원단이 다수 의견 보고서 형태로 보고했던 내용에 어떤 억압적인 조치도 권고하지 않았던 사실은 적어도 그들의 영향력이 작용했기 때문이었다.

폭력, 파업, 폐쇄, 노동조합에 대한 법적 응징 위협, 이들 요소는 협동조합적 생산에 대한 관심이 동시에 부활되었던 것과 불협화음을 내는 요소들로 작용했다. 그리고 아마도 그 요소들은 과거와 마찬가지로 그런 관심을 일으키는 데 많은 관계가 있었을 것이다. 어쨌든, 파업과 이윤 공유 사이의 관계는 브릭스 형제의 탄광들에서 충분히 명확하게 드러났다. 닐은 직종별 노동조합들의 요구에 대한 반응 면에서 본질적으로 부정적이었다. 그런 반응은 자신이 과거에 실망했던 점들로부터 적지 않게 기인한 것이라는 특징이 있었다. 그러나 그는 여전히 그들의 잠재력에 대해서는 커다란 관심을 가졌다. 실제로 그에게는 그 당시 불과 몇 년 동안 발생했던 사건들만큼 그의 상상력을 일깨웠다고 생각되는 사건들이 거의 없었다. 협동조합 점포들에 대한 그의 관심조차도 다소 줄어들었을 정도였다. 노동의 불안이라는 혹독한 분위기에 대항하기 위해 협동조합적 생산을 이행해 나가야 한다는 필요가 극적으로 증명되고 있는 상황에 자신이 다시 직면했다고 느꼈기 때문이었다. 적대적인 고용주와 노동조합 지도자들은 그 필요를 인식해야 했다. 협동조합 운동가들은 자신들의 노력을 시대에 맞추어야 했다. 모든 종류의 노동자 조직체들을 흡수할 수 있을 정도로 충분히 포괄적인 연방 수준의 협동조합 연합회를 구성하려는 시도는 어떤 대가를 치르더라도 재개되어야 했다. 따라서 사회적인 조화의 수단들을 설계해야 한다는 닐의 강박적인 노력들이 다시 전개되었다. 그러나 그는 여전히 활동의 중심부로 복귀하는 것에 조심스러웠다. 그는 그리닝이 없었다면 전혀 움직이지 않았을 수 있었다.

그리닝은 협동조합 세계에서 새롭게 내리친 번개 같은 존재였다. 그의 노력은 닐이 가장 커다란 관심을 가졌던 바로 그 영역들에서 밝은 불빛 역할을 했다. 1867년에 그는 『산업 파트너십 사업체의 기록The Industrial Partnership's Record. 1868년부터 1869년까지 사회적경제학자라는 제목 아래 계속됨』이라고 불렸던 선전 기관지를 발간하기 시작했다. 그 기관지는 산업계에서 새롭게 출범한 '파트너십 사업체들'의 진행 상황을 알리기 위한 것이었다. 그 기관지는 1868년부터 1869년까지 『소셜 이코노미스트Social Economist. 사회적 경제인들』라는 명칭으로 계속 발간되었다. 맨체스터 웨렌Warren에 있었던 그의 사무실은 협동조합의 단결 요구가 나날이 증가되는 형태로 분출되게 해준 중심지가 되었다. 닐과 가장 크게 관련성이 있었던 요구 사항은 전국대회national conference가 맨체스터에서 개최되어야 한다고 했던 그리닝의 요구였다. 그리닝은 몇 년 후 그 과정을 회고했다. 그 대회의 목적은 '맨체스터 지구에서 협동조합운동을 성공시켰던 실천가들, 그리고 오웬 계파와 모리스 계파의 구 지도자들을 함께 모이게 하는 것이었다. 내 생각은 그런 단합 모임이 전국적 운동의 기반을 닦아줄 것이라는 내용이었다.'7 그리고 요구대로 되었다. 산업 파트너십 사업체 대회Industrial Partnerships Conference가 1867년 9월 마지막 주에 정식으로 개최되었다. 당연히 닐도 참석했다. 그 주에는 특별 행사들이 하나의 전체 프로그램 속에서 진행됐다. 27일 금요일에 맨체스터에서 열린 본회의 일정은 프리 트레이드 홀Free Trade Hall 어셈블리 회의실Assembly Room에서 단 하루 진행되었다. 반면, 중요한 관련 회의들은 며칠 동안 계속해서 주요 참가자들이 계획, 연설, 토론을 벌일 수 있게 했다. 그 대회는 중요성이 과소평가되면 안 되는 것이었다. 모든 일정들을 종합적으로 묶어보면, 그 대회는 닐이 오랫동안 기다려 왔던 협동조합 연합회Cooperative Union를 마침내 탄생시킬 수 있게

---

7 E.O.Greening MSS entitled 'Notable Congresses', E.O.Greening Papers, package marked 'E.O.G. Letters'.

해준 1869년 제1차 협동조합 총회$^{Cooperative\ Congress}$를 성립시킬 때까지 연속해서 이어 온 모임들을 개시했던 시발점이자 가장 중요한 모임이었다.[8]

실제로, 그리닝은 산업 파트너십 사업체 대회를 조직했던 자신의 활동 때문에 훗날 자신이 1869년 총회와 협동조합연합회의 진정한 아버지였다고 주장했다.[9] 그 주장은 실체가 없는 것이 아니었다. 통상적으로 그런 전개 결과의 공로를 인정받아 온 인물은 페어$^{William\ Pare}$였다. 그는 잠시 동안『코퍼레이터$^{Cooperator,\ 협동조합인}$』정기간행물의 지면들을 통해 총회를 요청했던 적이 있었다. 그러나 그는 1869년까지 현장에 적극적으로 참여하는 모습을 보이지 않았다. 그리닝은 자신의 주장대로 그 연합회의 정신을 되살려 내는 데 가장 중요한 인물이었다. 그는 본인의 산업 파트너십 사업체들을 발족시켰을 때 이미 협동조합운동 내부에서 강력한 자극을 주는 한 명의 인물로서 역할을 수행했다. 그런 이후에 그는 모든 관심 있는 잉글랜드인들을 1867년 9월 마지막 주에 개최되었던 그 대회에 하나의 단체로서 모이게 했다. 경제학자인 제본스^{Jevons} 교수, 신문 편집자인 피트만$^{Henry\ Pitman}$, '협동조합계의 교구 주임 사제'격인 몰즈워스 신부$^{Reverend\ Molesworth}$, 휴즈, 닐, 모리슨, 루들로우, 홀리요크, 로이드 존스, 엔지니어연합협회^{ASE}의 말콤 맥레오드$^{Malcolm\ Macleod}$, 로치데일 평등개척자들 같은 중요 인물들이 그 대회에 참석했다.[10] 새로운 파트너십 사업체들의 수익성이 너무 높다고 불평하는 내용의 서신을 그리닝에게 보냈던 '고령의 퉁명스러운' 루들로우처럼 소수의 인물들은 거의 반대자들로서 그 대회에 참석했다.[11] 그럼에도 불구하고 그들은 참석했고, 협동조합운동에 대한 그들의 관심은 활기를 되찾았다. 궁극적으로 그리닝은 옛날의 대속사상 보유자^{Redemptionist}들조차 자신의 대의 안에 이우르고자 했다. 런던으로 이주한 후에는 제임스 홀과 긴밀하게 협력했다. 훗날 그리닝은 그가

---

[8] 그 대회의 전체 내용은 앞에서 인용된 산업 파트너십 사업체 기록에 대한 보충 자료 형태로 보고되었다.

[9] E.O.Greening, A Pioneer Copartnership: Being the History of the Leicester Cooperative Boot and Shoe Manufacturing Society Ltd.$^{London,\ 1923}$ 9쪽. 앞에서 인용된 'Notable Congresses' 참조.

[10] Crimes, 앞의 책 62쪽.

[11] Mack and Armytage, 앞의 책 156쪽.

자신의 '수석 조수'로서 일했다고 주장했다. 그런 홀의 아들인 에드워드 홀 Edward Hole 은 농업·원예결사체의 유일한 직원이 되었다.12

프리 트레이드 홀에서 열렸던 산업 파트너십 사업체 대회의 연설을 통해 그리닝은 협동조합의 단결을 강조했다. 그것은 틀림없이 닐에게 단결이라는 동일한 목적을 위해 닐 자신이 기울였던 노력들을 강하게 상기시켜 주었을 내용이었다. 그 노력들이란 당시로서는 거의 20년이 지난 과거에 기독교 사회주의자로서 닐이 전개했던 활동들로 거슬러 올라갔다. 그리닝은 청중들에게 그 시간들이 일부 활동에 적기라고 말했다. 그는 자기 사무실에서 협동조합운동에 관심이 있는 사람들로부터 하루에 30여 통까지 편지를 받고 있었다. 그리고 그는 연례대회Annual Conference뿐만 아니라 상설 협동조합연합회Cooperative Union 역시 설립되어야 한다고 제안했다.13 그러나 그 의제가 전적으로 그에게 달려 있었다면 호응하는 행동이 거의 없었을 것이었다. 왜냐하면 그 시점에 그리닝은 산업 파트너십 사업체들을 진흥하는 수단이라는 너무 좁은 시야 안에서만 연합회에 관심을 두었기 때문이었다. 실제로 그와 휴즈는 브릭스 공동회사Briggs and Co.에 완전히 눈이 멀어 있었다. 그런데 그 회사의 이윤 공유 노력들은 그 대회 전체를 무색하게 만들었고, 불행하게도 너무 명백하게 자기를 위한 것이었기 때문에 어떤 종류의 것이든 계몽적 행동이라고 여길만한 초점을 하나도 제공할 수 없었다.

그 대회는 휘트우드 광산Whitwood Colliery에서 아치볼드 브릭스Archibald Briggs가 매우 유쾌하게 사례를 발표하는 연설로 시작했다. 그는 이른바 '협동조합적 기획'이라는 명칭을 부여하며 무심결에 그것의 실제 정체를 드러냈다. 그의 연설 주제는 '파업 없는 영원한 협동'인 것처럼 보였다. 노동자가 보너스를 받기 위해서 해야 하는 것이란 일을 잘 하는 것뿐이었다. 그것은 브릭스가 솔직하게 밀했듯이 다음과 같은 것이었다.

경영자들이 그들에게 어떻게, 언제, 일하기를 원하는 대로 일하는

---

12 Crimes, 앞의 책 36쪽.
13 *Supplement to the Industrial Partnership's Record* 6쪽.

것이다. 그것은 매우 중요하다. 노동자들은 자신들의 번영을 증대시키기 위해 긴 시간, 강도 높게, 모두 함께 일을 제공해야 할 것이다. 그러나 노동자들이 무엇을 이루었든, 경영자는 노동자들이 절대로 맥주를 통째로 들이킬 수 없기를 바랐다.14

그리고 호탕한 웃음이 있었다. 그러나 브릭스의 보너스 계산법을 청취했던 적지 않은 수의 사람들은 노동자들이 순종적으로 긴 시간 동안 강도 높게 제공한 수고를 거둬가는 실질적인 수혜자들이란 늘 그렇듯이 소유권자와 주주였음을 알았다. 페어 자신으로서는 왜 길고 강도 높은 근로에서 나온 추가 이윤이 모두 그 노동자들에게 귀속되지 않아야 하는지 그 이유에 의문을 제기했다.15 루들로우는 그런 파트너십 사업체들을 극도로 혐오했다. 그는 훗날 브릭스의 제도란 '보너스라는 형식으로 가능한 한 가장 적은 금액의 뇌물을 주고 가능한 한 가장 많은 노동량을 노동자로부터 짜내려는 시도'라고 이름을 붙였다.16

닐은 페어와 루들로우의 견해에 동의했다. 일찍이 1852년에 이윤을 공유할 의지가 있었던 고용주들을 바라보는 견해에 대한 토론을 벌였을 때 그는 칭찬을 삼갔다.17 자치적 작업장들조차 닐의 사회주의적 성향을 충분히 만족시키지 못했다. 그 작업장들은 특히 점포들과 같이 별도의 협동조합 단체들로 구성된 연합회 형태의 결사체 관계를 통해 규율되지 않을 경우, 엄중한 경쟁법칙을 따르게 되는 경향을 보일 것이기 때문이었다. 더욱이 그는 많은 산업 파트너십 사업체들에서 매우 공통적으로 노동계급이 단순히 주식을 보유하는 것이라고만 규정하고 있는 내용이 협동조합의 천로역정 경로에서 위험한 유혹으로서만 기능했다고 생각했다.

만약 노동자들 역시 주주라면, 그들이 노동자들이기만 한 경우보

---

14 같은 자료 16쪽.
15 Benjamin Jones, 앞의 책 792~793쪽.
16 Donald Wagner, *The Church of England and Social Reform Since 1854* New York. 1930 129쪽.
17 *Labour and Capital*, op.cit. 22~23쪽.

다, 확실히 그들의 형편은 더 나아질 것이다. 그렇다면 나는 그들이 자신들의 나아진 수단을 잘 활용하기를 바란다. 그러나 그것은 그들을 협동조합 운동가들로 만들어 주지 않을 것이다. 그 시스템은 노동을 처음 그대로의 위치에 노동으로서 남겨둔다. 그것은 들판을 가로지르는 샛길로서, 처음에는 걷기 편하고, 배당이라는 꽃들이 피어 있어서 아름답다…그러나 곧게 뻗은 확실한 길에서 벗어나게 되고, 조만간 거대한 절망의 지하 감옥들에서 길이 끝난다. 진정한 협동조합 운동가들 모두가 그런 시도를 경계해야 한다.[18]

그리닝은 산업 파트너십 사업체 구축자들 사이에서는 가장 이상주의자였다. 그러나 그는 닐이라면 거부했을 동기들에 의해서조차 힘을 얻었다. 훗날 그리닝의 전기 작가는 '누군가 그 당시의 그리닝에 대해 받았을 인상은 상업을 협동조합운동에 접목시키려는 사람이었다는 인상이었을 것이다'라고 자신의 견해를 밝혔다.

"내게 최선을 다해 줘" 누군가는 그가 노동자들에게 그렇게 말하는 것을 상상할 수 있다. "그러면 이윤이 분배될 때 내가 너를 잊지 않을게." 또한 이윤 가운데 한 사람의 몫이란 그 작업장의 최대 효율성과 최대 생산량에 달려 있을 것이라는 추가 제안도 있었을 것이다.[19]

산업 파트너십 사업체들에 대해 닐이 회의적이었다는 사실보다 더 중요했던 것은 그가 이제 더이싱 소비자 협동조합의 이성을 확신하지 않게 되있다는 사실이었다. 그리고 그 분야에 대한 그의 의견은 그 대회가 폐막될 때 분위기와 어울리지 않게 밝혀졌다. 그 자리는 개척자들의 신규 중앙 점포를 축

---

18 E.V.Neale, 'Cooperative Profits', *Cooperator*, I[1860] 78쪽.
19 Crimes, 앞의 책 47~48쪽.

하하기 위해 로치데일에서 차를 마시며 대회를 마쳐가는 때였다. 축하 행사 동안 윌리엄 쿠퍼는 막 연설을 하려고 했던 닐에 대해 유머러스하게 '대단히 훌륭한 변호사'라고 소개했다. 쿠퍼는 닐이 1862년에 산업 및 근검조합법을 기초해준 작업에 대해 7.7.0파운드만을 요구했던 미담을 유머러스하게 소개했다. 닐은 윌리엄 쿠퍼의 유머와 평등개척자 조합의 환대에 대해 오히려 모두 다 부정적으로 반응했다. 그는 로치데일 쪽 사람들에게 다음과 같은 내용들을 상기시켰다. 협동조합운동의 진정한 강점이란 '그것이 단순히 더 나은 시스템 위에서 점포를 관리할 수 있기를 기대했던 사람들에 의해 시작된 것이 아니라는 점입니다. 또 오로지 약간의 이윤을 그들의 주머니에 넣어 주기 위해 시작된 것이 아니었습니다. 커다란 사회적·도덕적 진보를 위해 현실적인 영역에서 첫 번째 발걸음을 내딛는 것으로서 협동조합운동에 기대를 걸었던 사람들에 의해 시작된 것이라는 점입니다.' 닐은 로치데일 쪽 사람들을 비난했다. 그들이 면화 공장에서 노동자들과의 이윤 공유를 포기한 것은 돈에만 관심이 있는 그들의 정신을 드러낸 것이라는 이유 때문이었다. 그가 느끼기에 그것은 커다란 실수였다.[20]

 그리닝과 휴즈는 닐이 오랫동안 소비자를 신뢰했던 게 잘못이었다고 그를 설득하는 데 중요한 역할을 했다. 어쨌든 닐은 자신이 노동계 쪽의 작업장들에서 관찰했던 위험이 협동조합 점포들에도 있다는 사실을 생생히 느끼게 되었다. 그 위험은 서로 같은 것이었고 전염성이 있었다. 그는 오래된 초월적 이상보다도 배당금에 더 민감하게 반응하는 소비자 옹호론자들이 늘어났고 브릭스 회사의 사람들과 동일하게 돈을 밝히는 성향을 가졌다는 점을 깨달았다. 노동자 소유 작업장들과 산업 파드너십 사업체들은 소수의 노동계급 자본가들만을 키우는 데에서 끝나버리는 경향이 있다고 주장될 수 있었다. 이에 비추어 소비자 운동을 살펴보면, 신세대의 노동계급 점포 관리자들을 배출하고 있다는 면에서 소비자 운동도 더 나아지지 않았다는 점 역시 똑같이 타당하게 주장될 수 있었다. 그 위험은 작업장과 점포 어느 쪽이든 오래된

---

20 *Cooperator*, Ⅶ[1867] 556쪽. 닐의 비판은 놀라운 일로 다가왔음이 틀림없었다. 그 시점 이전에 그는 이윤 공유라는 미묘한 문제조차 소비자 측의 입장을 꿋꿋하게 수호해주던 사람이었기 때문이다. 예를 들어 *Cooperator*, Ⅵ[1866] 241~242, 261쪽 참조.

이상주의를 소중하게 여기지 않는 것으로 보이는 사실에 있었다. 세대가 바뀌었다. 많은 사람들은 초기 협동조합운동을 뒷받침해 주던 사회주의적 윤리를 포기하는 것이 간편하다는 것을 알아가고 있었다. 계기가 주어지기만 하면 새로운 조건에 적응해야 한다는 변명을 늘어놓으며 그렇게 할 것이었다. 침체기였던 1860년대에는 협동조합 점포의 직원들 사이에서 파업이 일어나는 기이한 사태를 목격하기까지 했다.[21] 제화공들의 사례가 그것이었다. 소비자 협동조합의 상업적 성공, 그리고 그와 연관된 이상주의의 상실은 닐에게 환멸을 불러일으킨 한편, 중요한 의미가 있는 협동조합 연합회에 대한 그의 열망을 매우 확실하게 고조시켰다.

산업 파트너십 사업체 대회에서 얻었던 가장 중요했던 측면은 전적으로 계획된 것이 아니었다. 위에서 언급했듯이 직종별 노동자 조합들이 전국적으로 주목받았다. 노동의 동요는 산업 파트너십 사업체들을 흥행시켰던 사람들이 내세웠던 주장들에 더 무게를 실어주는 경향이 있었다. 또한 소수의 직종별 노동조합 지도자들이 그런 협동조합의 방향에 관심을 갖도록 한 요인이 되었다. 예를 들어, 그 대회에서 그렇게 했지만 엔지니어연합협회의 맥레오드는 '자기들의 조합 내 지도층 인물들이 협동조합을 현재의 혼란 상태에서 벗어날 수 있는 유일한 방법이라고 믿었다'라고 발표했다.[22] 충분히 예상할 수 있듯이, 그런 호재를 가장 잘 이용했던 사람은 루들로우였다. 그는 알버트 광장에 있는 그리닝의 새 사무실에서 열린 특별 '휴회되었던 대회 모임'에서 홀리요크의 제안을 받아 뒤늦게나마 원고를 집필했다. 「직종별 노동자조합들과 협동조합적 생산Trade Societies and Cooperative Production」이라는 제목으로 발표된 그 원고는 오래된 기독교 사회주의 음악을 연주했다. 그는 협동조합들을 설립하기 위해 직종별 노동자 조합들이 지속적으로 축적한 자원을 활용하는 것을 옹호했다. 그러나 이번에는 그런 오래된 주제에 새로운 전환 요소를 추가했다. 루들로우는 협동조합들을 창설하는 데 노동조합들의 자금을 사용할 수 있도록 노동조합들을 확신시키려는 시도는 어떤 것이든 계란으로 바

---

21 J.M.Ludlow, True and False Cooperation, *Cooperator*, VIII[1868] 593~595쪽.
22 *Supplement to the Industrial Partnership's Record* 6쪽.

위를 치는 격이지만 신용으로 제공하는 것은 다른 문제라고 주장했다. 그리고 그는 혁신적인 방법을 결론으로 제시했다. 협동조합의 사업들을 후원하거나 비용을 부담하는 것에 대해 보험을 제공할 수 있도록 하되, 방법을 다른 곳에서 도입해보자는 것이었다. 그 방법은 선주와 보험업자의 조합이었던 런던의 로이즈Lloyds 해상보험조합이 영리 기업체의 영역에서 했던 사례였다. 그런 사례처럼 직종별 노동자조합들이 자신들의 기금을 이용할 수 있게만 해준다면 직종별 노동자조합들이 매우 커다란 역할을 해줄 수 있다고 결론을 제시한 것이었다.23

닐은 이어진 중요한 토론에 열심히 참여했다. 그는 루들로우의 생각에 상당히 동의했다. 그러나 신용이라는 단어에는 주저했다. 그것은 무리한 확장 같은 투기적 사업들에 붙어 다니는 온갖 공통적인 위험들을 떠올리게 했다. 그것을 오용하면 협동조합의 신규 사업들이 붕괴하는 것은 물론 직종별 노동자 조합들의 불운한 종말로까지 이어질 수 있었다. 신용을 기반으로 한 비즈니스 사업들은 전적으로 은행가들에게 남겨두는 것이 최선이었다. 따라서 닐은 협동조합 운동가들과 직종별 노조 운동가들이 자신들에게 더 기본적인 과업을 정하도록 제안했다. 그것은 '노동에 신용을 공급하는 은행으로서 기능할 수 있는 중앙 수준의 결사체를 설립하는 것'이었다.24 물론 그것은 닐에게 전혀 새로운 주제가 아니었다. 그는 1850년대 초에 열린 제1차 기독교 사회주의 대회에서 강력하게 은행을 지지했던 인물이었기 때문이다. 그의 입장은 '협동조합계의 교구 주임 사제'격으로서 로치데일의 스포틀랜드 교구 사제였던 몰즈워스 신부에 의해 강력하게 지지를 받았다. 몰즈워스 신부는 프랑스의 노동자 신용Credit au Travail이 정확하게 그들이 필요로 하는 시스템이라는 느낌을 가진 사람들과 논쟁을 벌였다. 그런 몰즈워스 신부의 입장은 그 주제를 더 증폭시켜 나갈 수 있도록 닐을 다시 일으켜 세웠다. 직종별 노동조합들은 자신들의 자금을 협동조합의 사업에 직접 활용할 수 있게 직접 설득될 수 없었고, 그 자금을 담보로 사용하는 것은 위험했다. 그러나 그들

---

23 같은 자료 7쪽 이하.
24 같은 자료 10쪽.

은 자신들의 돈을 이자를 받기 위해 노동은행Labour Bank에 넣어 두고, 그 자금의 투자 문제를 은행 조직에게 맡길 수는 있었다. 닐은 자신의 입장을 이렇게 주장했다. 그것은 '직종별 노동조합들에게 자신들이 현재에도 하고 있는 것을 하도록 요청하는 것일 뿐입니다. 그들은 현재에도 자신들의 자금을 투자합니다. 그들은 왜 그 자금의 안전성과 수익성을 확보할 수 있는 기준에서 특별히 엄선된 조합에 자신들의 자금을 투자해서는 안 되는 것입니까?'25

닐의 생각들은 우연의 일치라고 하기에는 프루동Pierre-Joseph Proudhon의 아이디어와 너무 닮았다. 특히 공립 신용은행에 대한 프루동의 개념은 당시에 인기 절정에 있었다. 당시 마르크스의 제1인터내셔널 총회들에서는 프루동의 기획안에 대한 우호적인 결의안들이 있었다. 실제로 로잔Lausanne에서 한 달도 채 되기 전인 9월 2일부터 8일까지 개최되었던 제1인터내셔널 총회는 산업 파트너십 사업체 대회와 정확히 동일한 질문들에 대해 진지한 관심을 나타냈다. 그 로잔 총회는 닐에 의해 표출되었던 것들과 유사한 유보 사항들을 남겨둔 가운데 협동조합적 생산에 찬성한다고 선언했다. 협동조합적 소비에 대해서는 다시 닐과 유사하게 회의론적인 견해를 보였다. 직종별 노동조합 운동가들이 협동조합을 지지해야 한다는 데 대해서는 일반적으로 동의했고, 신용은행들의 설립을 권고했다. 따라서 산업 파트너십 사업체 대회에서 다루어졌던 문제들은 국제적인 중요성 역시 동시에 갖게 되었다. 실제로 그 중요성은 브릭스 회사가 잉글랜드에서 착수하기 10년 전에 이미 유럽 대륙에서는 그런 류의 여러 기획안들이 주목을 끌었기 때문에 산업 파트너십 사업체 자체에도 해당되었다. 1850년대에 이미 파리의 르클레르Edmé Jean Leclaire와 기스Guise의 고딘Jean Baptiste André Godin이 전개했던 사업에 대한 지식이 널리 확산되었다. 르클레르는 주택 페인트공들의 이윤 공유 회사를 채택했고, 고딘은 자신의 철 주조소에서 궁극적으로 피고용자들을 공동 소유권자들로 전환시켜 주었던 시스템을 시작했다. 확실히 그런 실험들은 잉글랜드에서 협동조합적 생산을 다시 새롭게 강조하는 데 영향을 주었다. 또 제1인터내셔널에서 푸르동의 제자들이 활발하게 펼쳤던 노력들이 루들로우와 닐 등

---

25 같은 자료.

에게 협동조합 은행의 설립 문제를 다시 고려해보도록 자극했다는 것 역시 추론상 확실하다.

어쨌든 은행업 이슈는 산업 파트너십 사업체 대회에서 제기된 이슈들 중 적합성 측면을 기준으로 볼 때 이윤 공유 문제와 소비자측 배당에 대한 지나친 강조 문제를 모두 초월하는 가장 중요한 이슈였다. 게다가 은행업 조합의 설립 필요성에 대한 끈질긴 주장들의 내용은 어떤 다른 활동보다도 더 명확하게 그런 활동에 대해서만 진지하게 구상할 수 있을 정도로 충분히 대표성을 갖춘 모임으로서 또 한 번 별도의 전국 모임을 개최할 것을 요구했다. 모든 노동자의 친구들에 대한 연락과 참석 요청이 이루어져야 했다. 그들은 경제학자와 철학자, 노동조합 운동가와 협동조합 운동가들이었다. 그 시점에서 활동의 중심이 런던으로 이전되었고 주도권도 닐에게 넘어갔다. 산업 파트너십 사업체 대회에서 브릭스 형제 회사의 과도한 영향이 증명해주었던 것처럼, 새로운 상업적 정신이 북부 지방의 분위기에 이미 스며들어 있었다면, 오래된 이상주의가 더 확고하게 정착되었던 런던의 경우는 그와 달랐다.

마침내 11개월이 경과한 후 1868년 8월 28일 금요일 저녁에 닐은 농업·원예결사체의 사무실에서 모임을 주재했다. 그 모임은 향후 대회의 정확한 개최 시기와 장소를 결정하기 위한 것이었다. 그 모임에서는 1869년 2월 초로 다음 대회의 개최 날짜가 정해졌다.[26]

실제로 닐은 8월 28일 농업·원예결사체 사무실 회의의 중요성을 다시 깨달았다. 그는 회의를 돌이켜 보면서 회의의 목적이 거의 실패했다는 것을 알게 되었다. 제임스 홀, 그리닝, 홀리요크 같은 몇 명의 충직한 일꾼들은 런던 지역의 주요 조합들에서 파견된 대표들과 나란히 참석했다. 그러니 운동의 주된 동력을 대표했던 북부 지방 협동조합 운동가들은 실망스러울 정도로 미미한 참석률을 보였다. 닐의 온갖 노력에도 불구하고 전국대회의 개최 일자

---

26 *Cooperator*, VIII[1868] 586, 588쪽. *The Social Economist. Industrial Partnership's Record and Cooperative Review*, II[1868] 119쪽. 이 모임과 제1차 협동조합 총회로 이어지는 후속 사건들에 대한 요약 설명은 *Proceedings of the [1st] Cooperative Congress Held in London at the Theatre of the Society of Arts, May 31st, and June 1st, 2nd, and 3rd, 1869. Reprinted Chiefly from 'The Cooperator', and Edited by J.M. Ludlow*[London, 1869]을 참조.

조차 제안된 일자 중에서 확정하지 못했고 불특정 일자로만 정해졌다.

그러나 그 모임은 몇몇 중요한 북부 지방 소비자들의 관심을 끌었다는 점에서는 그 목적에 기여했다. 비록 그 모임 당시 노르웨이에 있었기 때문에 격려 통지만 보낼 수 있었던 페어는 새로운 계획에 열광했다. 그는 곧 잉글랜드로 돌아와 협동조합 운동가들에게 협동조합연합회라는 커다란 목표를 실현하기 위해 적어도 한 번은 더 시도해보자고 요청했다. 그는 어떤 대가를 치르더라도 전국총회national congress가 열려야 한다는 입장을 고집했다. 그것은 고령의 협동조합운동 대원로가 요청하는 것이었다. 그는 이전까지 햄프셔 주 소재 퀸우드Queenwood 커뮤니티의 총지배인으로서 문자 그대로 로버트 오웬의 유언 집행자였고, 그가 봉직했던 기간만으로도 그의 요청을 거스를 수 있는 사람이 없었다. 그에 따라 닐은 런던 그레샴Gresham 가에 있는 스텁스 상업사무실Stubbs' Mercantile Offices에서 이른 봄으로 예정된 또 한 번의 다른 예비 모임을 주재하는 데 동의했다. 그 모임의 목적은 '협동조합운동의 편익이 확산될 수 있고 이제까지 달성된 것보다 더 높은 목표까지 확대될 수 있게 해 줄 최선의 수단을 고려하기 위한' 것이었다.27

'더 높은 목표'라는 명분은 북부 지방 소비자들이 오랜 이상들을 점차 포기해 가고 있었다는 사실을 불편하게 인식했던 다수의 고령 협동조합 운동가들 관점에서 이해될 수 있는 것이었다. 전국총회를 소집하려는 움직임은 최소한 부분적이나마 하나의 구조 작전으로서 구상되었다. 후원자들은 협동조합 운동가들에게 그들의 원래 유토피아주의 사상을 상기시켜주려고 했다. 필요하다면 최후의 수단으로 그 총회는 배당금에 우선적 관심이 있던 사람들, 그리고 그때 협동조합 도매조합CWS으로 자신들의 노력을 응집시키기 시작하고 있었던 사람들에게 대항하기 위한 경쟁자적 영향력을 제공할 수 있었다.28 미래를 들여다보면, 건강하지 못한 경쟁 상태가 CWS의 이사 측, 그리고 협동조합 총회를 이끌게 되었던 오래된 이상주의자 측 사이에서 전개되었고, 그것은 1892년 닐이 사망할 때까지 이어졌다. 협동조합운동에서 가장

---

27 The *Social Economist*, III[1869] 6, 13쪽. *Cooperator*, IX[1869] 205쪽.
28 Hughes, 'Neale', 앞의 책 175~176쪽.

중요한 두 기관인 행정적으로 중심 역할을 하는 곳과 경제적으로 중심 역할을 하는 곳의 지도자들이 분열된 상태는 형성기 동안 그 운동의 난관과 실망이 발생한 현장이었고, 많은 경우에 그 운동을 전면적으로 파괴해버릴 정도까지 위협적이었다.

봄 모임은 닐이 주재한 가운데 1869년 3월 2일 그레샴 가$^{Gresham\ Street}$에서 정식으로 열렸고, 얼마 지나지 않은 10일에 웨스트민스터에서 또 하나의 다른 모임이 열렸다. 페어의 고집으로 다가오는 전국 협동조합 모임을 미국식 용어를 채용하여 '총회^{Congress}'라고 부르기로 결정했다. 모임의 날짜로는 5월 중 새로운 날짜가 정해졌고, 필요한 준비를 위해 위원 총회$^{General\ Committee}$가 구성되었다.29 이번에는 관심을 식히는 일이 없었고, 그 총회는 예정대로 소집되었다. 페어의 카리스마와 닐의 조직적 천재성은 타의 추종을 불허하는 조합을 이루었다.

페어의 등장 이전까지 실망스러웠던 일들에도 불구하고 닐은 오랜 친구들과 연락하고 지지를 확보하는 데 매우 적극적으로 활동했다. 오웬주의자들뿐만 아니라 대속론자들까지 다시 한번 한 곳에 모이게 했다. 트래비스$^{Dr.\ Henry\ Travis}$는 최소한 1868년 1월에 이미 닐과 함께 일했다. 제임스 홀과 홀리요크는 8월에 합류했다. 크레이그는 1869년 3월 10일에 합류 요청을 받았다. 또한 대체로 산업 파트너십 사업체 대회 당시 영감을 불러일으켰던 루들로우의 노력들 덕분에 닐은 조직화된 노동조합계의 주요 인물들을 협동조합운동 내부로 영입하기 위해 열심히 노력했다. 3월 2일과 10일에 있었던 두 차례의 예비 모임들에 상당수의 직종별 노동조합들이 참석하면서 닐의 노력은 초기에 아주 성공적이었다. 그 모임들 중 첫 번째 모임에서 싱설 주비^{籌備}위원회가 협동조합 총회를 준비하기 위해 구성되었다. 가장 저명한 위원들로 영국의 유명한 노동조합 운동가이며 노동계급 지지자였던 로버트 애플가스$^{Robert\ Applegarth,\ 1834\sim1924}$와 리버풀 태생의 직종별 노동조합 운동가였던 다니엘 가일$^{Daniel\ Guile,\ 1814\sim1882}$이 포함되었다. 그리고 직종별 노동조합 운동의

---

29 The *Social Economist* III^{1869} 25쪽, *Cooperator* IX^{1869} 205쪽, the *Fifth Annual Cooperative Congress, Held at Newcastle upon Tyne, April 12, 14, 15, 16*쪽, *1873*$^{Manchester,\ 1873}$, Preface, p.vi.을 참조.

선구자이며 급진적 정치인이었던 조지 오드거스$^{George\ Odgers,\ 1813~1877}$가 10일에 열린 두 번째 모임에서 위원으로 추가 선임되었다. 비어트리스와 시드니^{Sidney} 웹 부부가 그들끼리의 결합된 권력이라는 의미에서 그 직종별 노동조합을 '도당^{Junta}'이라고 불렀던 그 그룹 속에서 케임브리지 태생의 직종별 노동조합 운동가이며 1861년 북부 철도 파업에서 주도적인 역할을 했던 벽돌공노동조합^{Bricklayers}의 쿨슨$^{Edwin\ Coulson,\ 1828~1893}$만 빠져 있었다. 그 위원 총회에는 또 엔지니어들 쪽의 윌리엄 앨런$^{William\ Allan}$, 윌리엄 뉴턴$^{William\ Newton}$, 맥레오드 역시 포함되어 있었다. 노동계 지도자들인 이들 모두는 다가오는 총회를 위해 직종별 노동조합들로부터 광범위한 지지를 얻어낼 것으로 기대되는 별도의 특별위원회에 임명되었다.

위원 총회에 거명된 이름의 대부분은 선전 목적으로 나열되었을 뿐 홍보나 조직화 같은 단조로운 일에는 거의 관여하지 않았다. 페어와 닐이 대부분의 계획과 조율 작업을 수행했다. 이전의 산업 파트너십 사업체 대회 당시에 두드러졌던 사람들은 세부 사항들의 마감 작업을 해주는 공동 노동자들 역할을 수행했던 것으로 보인다. 그들의 업무 지원 속에서 위원 총회는 조금도 과장 없이 철두철미했다. 마침내 4월 30일 그 위원 총회에서 페어는 광고물들이 알려진 주소대로 모든 직종별 노동자 조합들과 협동조합들, 그리고 수많은 해외 협동조합 운동가들과 기타 공감하는 사람들에게 보내졌다고 보고했다. 특히 후자의 목록은 인상적이었다. 이탈리아의 협동조합계 지도자인 비가노$^{Francesco\ Vignano,\ 1807~1891}$ 교수, 독일 협동조합운동의 선구자이자 주택협동조합의 시도로 유명한 후버$^{V.\ A.\ Huber,\ 1800~1869}$ 교수, 독일의 사회개혁가이자 법조인이자 정치인이며 도시신용조합이었던 서민은행의 최초 창설자인 슐체 델리치$^{Hermann\ Schulze\ Delitzsch,\ 1808~1883}$, 프랑스의 인문지리학자이자 아나키스트인 르클뤼$^{Elie\ Reclus,\ 1830~1905}$, 데물랭$^{A.\ Desmoulins}$, 발르후$^{Dr\ Hubert\ Valeroux}$, 프랑스의 정치인이자 급진적 사회주의자로서 도시 빈민의 고용 보장을 위한 협동조합의 창설을 요구했고 실제로 1848년 프랑스 혁명 임시정부에서 국립 작업장$^{Ateliers\ Nationaux}$을 설립했던 블랑$^{Louis\ Blanc,\ 1811~1882}$ 같은 유명 인사들이 포함되어 있었다.[30]

페어는 다가오는 총회의 명예 전무로서 역할을 맡도록 그레샴 가 회의에서 선출되었다. 그는 대부분의 명예직 보유자들과 달리 아주 효과적으로 선전 자료를 작성했고, 광범위하게 연락 임무를 수행했다. 페어는 1873년에 사망했다. 그 총회의 성공적 개최는 그의 마지막 노력에 대한 기념비로서 남았다. 그 총회는 닐에게도 기념비적인 것이었다. 총회의 조직 이면에는 그의 천재성이 있었다. 닐은 궁극적으로 총회 집행부의 줄기로부터 하나의 효과적인 협동조합 연합회라는 가지가 나올 수 있도록 총회를 설계했다. 그에 따라 페어의 꿈뿐만 아니라 자신의 꿈까지 온전히 결실을 맺을 수 있게 했다.

직종별 노동조합 측으로부터 매우 의미있는 지지가 있었던 점에 비추어, 북부 지방 협동조합 운동가들이 계속해서 느린 반응을 보였던 점은 주목할 만하다. 그 도매사업체 측은 지도자들 중 일부가 잠재적인 경쟁 상대라고 인식할 수 있었던 것을 수락하는 것에 대해 게걸음처럼 우유부단하게 움직였다. 총회의 흥행을 맡았던 사람들 중 일부는 협동조합계에 대한 도매사업체 측의 비즈니스 서비스에 대해 이미 노골적인 비판을 전개하지 않았을까? 위원 총회가 랭커셔와 요크셔 주 협동조합 협회 측의 대회 위원회와 직접적인 유대 관계를 형성하려고 애쓴다는 점이 시사되었을 때, 당시에 존재했던 협동조합인들의 가장 강력한 연맹을 대표했던 그 북부 기구가 다가오는 그 총회를 준비하는 데 그들과 기꺼이 함께 작업을 할 의지가 있을 것인가 여부에 관한 의문이 있었다. 비록 협동조합운동이 이미 재정적인 면에서는 튼튼해졌지만, 그 운동은 아직 어떤 의미에서든 중앙집권적 권위기구 같은 것을 보유한 운동이 아니었다.

마침내 제1회 협동조합 총회가 1869년 5월 31일 월요일에 린던 아델피 존 스트리트 소재 예술협회^{Society of Arts}에서 열렸다. 놀랍게도 그 총회는 1850년대 초에 열렸던 구 기독교 사회주의자 대회를 연상시켰다. 그 유사성은 우연이 아니었다. 그 총회는 똑같은 사람들에 의해 지배되었고, 앞섰던 그 대회와 동일한 이슈들을 이어 받았다. 그 총회는 닐처럼 협동조합운동에 새로운 생명을 불어 넣으려고 애썼던 사람들의 입장에서 볼 때 분명한 승리

---

30 *Cooperator* IX[1869] 305쪽.

였다.

그 회합은 다시 1850년대 초와 유사하게 직종별 노동조합의 활동이 증대되었고 경제가 호황기에 접어든 기간 동안에 열렸다. 영국의 소설가이자 정치가이며 총리를 역임했던 디즈레일리$^{Disraeli, 1804~1881}$는 그 시대를 '번영의 경련기'31라고 언급했다. 그런 번영은 낙관주의의 정신, 진보에 대해 새롭게 재개된 믿음, 협동조합연합회에 대한 오랜 열망의 광범위한 부활로 스스로를 드러냈다. 노동계급들에게 이익이 될 수 있는 프로젝트들에 대한 관심이 널리 퍼져있었다. 그리고 아마도 협동조합운동이 글래드스톤의 선거권 확장을 위한 '로치데일 옹호 주장'에 의해 칭송되었기 때문에 많은 저명한 자유당 지지자들이 그것에 매료되었을 것이다. 영국의 사업가이자 자유당원이며 정치가였던 먼델라$^{A. J. Mundella, 1825~1897}$는 총회 기간 중 이틀째에 참석했다. 그는 그 총회와 이후의 연례 총회에 참석하여 연설한 자유당원 그룹 중 유일한 한 명이었다. 방명록을 살펴보면, 블랑, 빅토리아 시대의 유명한 예술평론가이자 사회 운동가였던 러스킨$^{John Ruskin, 1819~1900}$, 에딘버러 대학의 호지슨$^{Dr. Hodgson}$, 영국의 경제학자이며 한계 효용학파의 창시자 중 한 사람인 제번스$^{Stanley Jevons, 1835~1882}$, 영국 공리주의 사상의 대부인 밀$^{John Stuart Mill, 1806~1873}$, 그리고 심지어 시드니 웹이 한 때 '진보를 측정하기 위해 빙하의 옆에 서서 잣대 기능을 제공한다'고 묘사했던 귀족 출신의 급진적 개인주의 철학자인 오베론 허버트$^{Hon. Auberon Herbert, 1838~1906}$처럼 다방면의 사람들이 널리 포함되어 있었다.32 이렇게 자유당-노동조합-협동조합계의 주요 인물 중 일부가 대부분의 경우 일시적이었지만 적어도 자신들의 이름을 협동조합운동의 확장과 진보라는 대의에 빌려주기 위해 모였다.

닐은 해외에 체류 중이었던 처음 두 번의 총회 일정들에 불가피하게 참석하시 못했다. 결과적으로 언실과 토론을 통해서 과거에 기독교 사회주의자들이 제기했다가 실패했던 것과 동일한 계획들을 부활시키는 임무는 휴즈와 루들로우에게 맡겨졌다. 휴즈는 그 총회의 첫째 날 대표를 맡았다. 그의 취임

---

31 Disraeli cited by Asa Briggs, *Victorian People*$^{New York, Harper, 1963}$ 296쪽.
32 Helen Lynd, *England in the Eighteen-Eighties; Towards a Social Basis for Freedom*$^{Oxford, 1945}$ 74쪽.

연설은 예정대로 마찰을 일으켰다. 자신의 연설 방향을 로치데일이 이룬 공유를 포기한 후 랭커셔 및 요크셔 주의 협동조합적 소비자 운동가들에 의해 채택된 칙칙하고 지겨운 물질주의적 경로를 비판하는 쪽으로 선택했기 때문이었다.33 휴즈의 견해에 반대했던 사람들 역시 의견을 피력할 수 있게 했다. 가장 중요했던 논의 중 하나는 전체적인 측면에서 협동조합운동에 대한 그 도매사업체 측의 불가피하며 그 이후 영구적으로 되어 버린 관계의 이슈를 뒤돌아보게 했다. 어떻게 그것이 최고의 기여체가 될 수 있는가의 내용이었다. 스코틀랜드 도매조합 측의 대표는 솔직하게 '협동조합의 이익을 염두에 두고 있는 사람들이라면 원칙에 관한 모든 초월적 이상들을 버려야 한다'는 입장을 확고하게 밝힘으로써 예언가적 논조를 내세우기도 했다.34

루들로우는 자신이 중심 인물이었음을 증명했다. 은행업에 대한 그의 아이디어들은 과거에 했던 주장처럼 직종별 노동조합의 기금을 사용하는 문제를 포함하고 있었다. 그 내용은 가장 열렬하게 논의된 이슈 중 하나를 제공했다. 그는 참석한 직종별 노동조합 지도자들에게 협동조합 운동가들과 공동의 노력을 기울이자는 오래된 호소를 반복했다. 그러나 시대는 더 나은 방향으로 변하지 않았다. 그는 과거에도 실패했고, 이번에도 다시 실패할 것이었다. 그 총회는 노동운동계에서 가장 중요한 인물들 중 일부에 의해 이상주의적 결의안들이 통과되었던 형태로 지지를 받았다. 그러나 그들 역시 그 세기 중반의 잉글랜드에서 유행하던 새로운 개인주의적인 경제적 믿음에 자신들을 맡겨버렸을 때 어떤 실천적인 결과도 만들어내지 못했다. 협동조합 운동가들처럼 노동조합 운동가들이 유토피아로의 초월적인 여행을 시도하는 일은 없을 것이있다. 엔지니어 단체 측의 앨런은 비록 협동조합 은행 시실을 통해 자신들이 업적을 이룰 수 있다 하더라도 자기 연맹의 자금이 협동조합적 사업 계획에 투자되어 리스크에 노출되게 시도해볼 적극적인 의지가 없었다. 그는 루들로우가 '직종별 노동자 조합들의 토리주의^{Toryism}'를 대표하는 사람이라고 명명했던 인물이었다. 1869년 총회에서 그의 입장은 1850년대의 것

---

33 *Proceedings of the [lst] Congress*, 앞의 책 10쪽.
34 Hughes, 'Neale', 앞의 책 176쪽.

보다 나아진 것이 전혀 없었다.35 경계심이 많은 앨런의 망설임은 그 어려움을 말솜씨로 넘기는 것이었다. 대부분의 노동조합 지도자들은 그 총회의 지지자 명단에 기꺼이 이름을 올리고 싶어 했다. 그밖에도, 노동조합 지도자들은 협동조합 측 위원들이 협동조합 작업장들의 이윤 공유에서 노동자들을 배제하기로 결정하자마자 돌이킬 수 없을 정도로 적대관계의 한 편에 서게 되었다. 그후 노동조합 지도자들은 임금을 인상하는 것에 우선적 관심을 둔 자신들의 노동조합운동을 고립시키는 쪽으로 자랑스럽게 스스로 철수해버렸다.

  루들로우는 서로 경쟁하고 있는 개별 조직체 사이에서 자신이 속한 조직체에 충성심을 지켜야 한다는 것에 구애받지 않았다. 이제 루들로우는 연합회에 대한 열정 면에서 닐과 경쟁하는 상대가 되었다. 그는 상설 중앙 대의기구를 설립할 것을 촉구했다. 그는 그 중앙 차원의 대의기구가 잉글랜드 전체를 사업 영역으로 포괄하기 위해서는 지역별로 조직화 되어야 한다고 제안했다. 그러나 그의 동료 대의원들은 그런 발상이 실현되려면 그 총회가 더 진전된 성과를 얻을 때까지 기다려야 한다고 생각했다. 그 총회는 참석률이 좋은 것처럼 보였다. 그러나 여전히 북부 지방 협동조합 운동가들의 진심 어린 지지가 부족했다. 보다 현실적인 접근방법으로 대의원들은 처음에 총회를 계획했던 것과 매우 유사한 방식으로 런던위원회를 구성했다. 닐은 결석 상태에서 위원으로 선출되었다. 그 위원회는 종전의 랭커셔 및 요크셔 대회 결사체Lancashire and Yorkshire Conference Association와 같은 수준에서 활동할 수 있게 규정되었다. 마침내 1870년 봄에 그 대회 결사체가 전국 기구로 합병하는 데 합의했다. 그 결과 그토록 원했던 중앙이사회Central Board가 창설되었다. 그 중앙이사회가 바로 몇 년 후에 협동조합연합회Cooperative Union로 진화하게 된 그토록 원했던 중앙 차원의 대의기관이 되었다. 그러나 예기치 않게 루들로우의 다중 지역 계획이 다시 통과되었다. 그러자 신설된 이사회는 2개 구역으로 쪼개졌다. 북부 구역에 하나, 런던과 남부를 대상으로 하는 구역에 다른 하나가 구성되었다.

  총회의 기본 사명은 협동조합 지역의 심장부인 맨체스터 소재 메모리얼 홀

---

35 *Proceedings of the [1st] Congress*, 앞의 책 32쪽.

에서 개최된 제2회 연례 회기를 통해 그 어느 때보다도 총회의 창립자들이 구상했던 대로 분명하게 드러났다. 페어는 닐이 작성한 '협동조합운동의 현황, 전망, 목표들'이라는 제목의 연설문을 낭독했다. 그 연설문은 양대 주체의 미래 갈등을 예고했다. 하나는 북부 지방의 매장들을 대표하는 배당금 추구 점포 관리자들이었다. 다른 하나는 결사체라는 오래된 사회주의의 신조를 지켜 나가려는 노동자 지향 운동가들이었다.36 갈등의 초점은 새롭게 등장한 총회와 중앙이사회가 협동조합운동에 대한 통제권을 접수하고 다시 협동조합운동을 사회의 재생에 전념하도록 하겠다는 제안이었다. 닐은 전년도에 런던 총회에서 휴즈가 경고했던 것 중 많은 내용을 반복했다. 그리고 1844년에 작성된 평등개척자들의 유토피아적인 '목표 선언'을 인용했다. 그런 다음, 그 내용을 현재 로치데일 신세대에게 점점 더 많이 유행하고 있는 입장과 대비시켜 보여주었다. 그 신세대는 덜 이상주의적인 방식으로 자신들 조합의 목표를 선언했다. 그들이 선언한 조합의 목표는 조합원들의 자발적인 가입을 통해 '도매와 소매 양쪽 분야에서 일반적 거래자들로서의 교역이 합치점을 찾을 수 있게 계속 관계를 맺어줌으로써 조합원들이 먹거리, 총기, 의류, 기타 필수품들을 구매하는 것을 더 잘 도와줄 수 있게 하기 위한 기금'을 축적하는 것이었다.37 닐은 그런 다음 자신의 염려를 전달했다. 그 염려는 그런 문구의 변화가 너무나도 명백하게 사고의 변화를 보여줄 뿐이라는 내용이었다.

> 하향적으로 사회를 재생시키겠다고 하는 고결한 생각은 가능한 한 가장 싼 가격에 좋은 물건들을 입수하겠다고 하는 생각을 이기지 못하고 무너져 왔다. 가장 아래의 방들로 내려가야 하는 사람들이 단결해서 내려가지 않으려 하기 때문이다.38

---

36 E.V.Neale, 'State, Prospects, and Objects of Cooperation, with Special Reference to Production', *Cooperator and AntiVaccinator*, X^{1870} 675~676, 701, 716, 745쪽. 또한 *Proceedings of the [2nd] Cooperative Congress Held in Man chester at the Memorial Hall, Albert Square, June 6th, 7th, 8th, and 9th, 1870*$^{Manchester, 1870}$ 43~48쪽에서도 이용 가능하다.
37 같은 자료 675쪽.

닐은 1853년 기독교 사회주의자 맨체스터 대회에서 자신이 발표했던 '선언'을 상기시켰다. 그는 여전히 협동조합운동의 진정한 원칙과 그것을 달성해 나가는 데 필수 단계들이라고 생각했던 것을 상세히 설명했다. 1854년에 기독교 사회주의가 붕괴된 이후 협동조합운동은 절반의 결단과 절반의 타협으로 채워졌던 세월을 맞았다. 그런 사실에도 불구하고 닐의 이상은 그 어느 때보다 더 포괄적인 것이었다. 자신의 견해에서 점포들은 여전히 필수적인 첫 단계였다. 그 다음은 도매센터들이 설립되어야 한다. 그것의 목적은 넓게 성장한 협동조합의 시장을 통제할 수 있는 능력을 통해 역시 커다랗게 성장한 많은 수의 작업장들을 지지해 줄 수 있게 하는 것이었다. 이런 식으로 지금까지 닐은 자신의 오래된 주장들에 보폭을 맞춰왔다. 그러나 시간에 맞춘 행진은 그의 상상력을 더 빨라지게 했다. 그는 이제 국제적 차원에서 새로운 그림의 윤곽을 그리기 시작했기 때문이다. 도매센터들은 해외 무역의 영역 안으로 진입해야 한다. 그는 '협동조합 수출조합Cooperative Export Society'의 창립을 제안했다. 그것은 총회나 CWS와 동일한 연방 단위의 수준에서 조직되는 것이며, 목적은 더 폭넓고 다양한 품목에 대해 새로운 시장을 제공하기 위한 것이었다. 그는 협동조합 은행에 대한 루들로우의 계획이 그런 확장 노력을 원활하게 해줄 것이기 때문에 그 제안이 즉각 이행되어야 한다고 촉구했다. 마지막으로 그는 여전히 공동체 구축 운동가로서 입장을 밝혔다. 협동조합은 지갑 이상의 것을 생각해야 한다고 했다. 노동 인구들에게 건강에 이롭고 넉넉하며 쾌적한 주택들을 제공함으로써 생활의 질에 관심을 갖는 것이다. 그것은 플라톤, 오웬, 푸리에의 꿈들을 실현하기 위한 서곡 같은 것이었다. 그 꿈들이란 '우리의 가족 생활에서 가족의 신성함은 파괴되지 않고 현새의 고립성은 세워질 때', 그리고 '부자와 빈자의 구분이 인위적인 지시와 개선이라는 평등화 조치를 사용하기 이전에 사라질 때' 사람들의 전체적인 타운 정신이 마침내 창출되는 상태와 같았다.[39] 한 역사가가 『그 사회주의자

---

38 같은 자료.
39 같은 자료 745쪽.

들 이전에 Before the Socialists」라는 책의 제목으로 언급했던 것처럼 새롭게 도래한 세대에서 다음과 같은 반응을 관찰하게 되는 것은 확실히 신기한 일이었다. 회의론이 있었음에도 불구하고 천년왕국설 류의 처방들에 대해 엄청나게 많은 노동계급 및 중간 계급 빅토리아인들의 반응은 예상된 것처럼 부정적인 것이 아니라 진심 어린 마음으로 그것을 받아들였다. 그 회의론은 빅토리아 시대 중반기의 자본주의가 노동계급이 원하는 것보다 언제나 앞서갈 것이라는 점을 확신했던 사람들에게만 특징적으로 나타났던 것에 불과했다.

닐이 새롭게 국제적인 협동조합 사업을 강조한 것은 그의 곁을 맴돌았던 유토피아주의보다 그 시대의 맥락 안에서 설명하는 것이 더 쉬울 것이다. 당시 잉글랜드의 대외 무역은 전례가 없는 확장기에 접어들고 있었다. 닐 자신도 해외에서 점점 더 많은 시간을 보내고 있었다. 그리고 페어의 당시 잘 알려진 외국 유람기들은 마르크스의 1차 인터내셔널이 대중들에게 널리 알려진 효과가 그랬던 것처럼 국제적인 시대를 생동감 있게 느끼도록 해주는 효과가 있었다.

최소한 1873년 이전에 이미 협동조합운동에서 잠재적으로 분열적인 의견 차이가 있었다는 점을 지나치게 강조하는 것은 상당히 타당성 있는 주장이다. 닐이 작성한 연설문을 페어가 맨체스터 총회에서 낭독했을 때 오래된 결사체적 이상론의 상실이 돌이킬 수 없는 현상이라고 보이지 않았다. 그러나 북서부에서는 이미 돌이킬 수 없는 정도였던 것이 분명했다. 예를 들어, 이윤 공유를 반대했던 주요 인물들은 닐의 신중하게 계산된 도전들에 맞서기 위해 개인의 차원에서만 나섰다. 그리고 그들 간의 맞대결은 그 사람들이 CWS를 완전히 장악하여 이윤 공유를 전면 포기하고 그 단체에 거의 반노동적인 색조를 입히기 전까지 기관의 차원과 계보를 따라 세력이 규합되는 형태로 이루어지지 않았다. 실제로, 제임스 크랩트리 James Crabtree가 대표로 있을 당시 그 도매사업체 측은 종종 일부 로치데일인들의 물질주의적 방향성에 이의를 제기했던 적이 있었다. 옛 기독교 사회주의자들의 노력을 통해 협동조합운동에 주입된 재활성화론에 대해서도 주저하면서 호응했던 적이 있었다. 닐의 계획들에는 그 도매사업체, 그리고 그런 조직화에 적극적으로 협동하는 수준에 의존할 수밖에 없는 협동조합적 은행과 작업장의 설립을 위한 그의 기획, 그리고 사업체의 지도 방향이 포함되어 있었다. 만일 중앙이사회와 함께 그 새로운 총회가 행정적·도덕적 지휘력을 제공하게 된다면, 그 도매사업체가 가장 중요한 경제적 구성 요소가 될 것이라고 그는 진심으로 희망했다. 따라서 1872년에 그 도매사업체가 자체 공장을 발족하기로 결정했을 때 닐은 반대하지 않았다. 그의 주요 관심은 그런 제조 공장들이 진정한 협동조합 원칙들에 근거하여 운영되는 것이었다. 그들은 이윤 공유의 혜택을 부여받아야 할 뿐만 아니라 커다란 수준의 자치적 자율성 또한 부여받아야 했다. 처음부터 노동자들 자신이 자신들의 경영에서 가장 커다란 몫을 가져가도록 허용되어야 하고, 궁극적으로 완전한 독립성도 허용되어야 했다. 닐이 나중에 '카이사르주의$^{Caesarism, 전제적 독재}$' 정책이라고 불렀던 것을 추구했다는 점에서 그 도매사업체를 공격했던 일은 아직까지는 미래에 벌어질 일이었다. 그는 당시에도 그 도매사업체의 기능을 확장하기 위해 적극적으로 노력하고 있었다. 1872년 11월에 열린 그 도매사업체의 분기 모임에서 남부지방의 고군분투하는 협동조합 운동가들에게 매우 필요했던 도움을 주기 위해 그 명칭에서 '잉글랜드의 북부'라는 자격 요건을 빼자고 대표들을 설득했고, 런던에 지점을 개설하라고 촉구했다. 닐은 협동조합운동을 도덕적으로 더 높은 차원에 올려놓으려는 자신의 시도 안에서 도매사업체와 거의 함께 했거나 그런 것처럼 보이게라도 했다. 그 구성원들 역시 이윤 공유의 원칙에 대한 자신들의 책무를 '진심으로 긍정'하고 있었기 때문이었다.[40]

페어 자신은 그의 마지막 기고문 중 하나인 '협동조합 운동가들에 대한 기상나팔'이라는 제목의 연속 기고문 중 일부에 다음과 같은 내용을 열정적으로 집필했던 적이 있었다.

> 비록 연약한 건강 상태로서, 고통스러운 질환에서 회복되고 있지만, 나는 잉글랜드 북부 지방 도매조합$^{North\ of\ England\ Wholesale\ Society}$의 지난 분기 회의 자료집을 살펴보면서 내가 느꼈던 높은

---

[40] C.N., II^{1872} 592~593쪽에서 그 분기 모임의 보고서 참조.

만족감을 여러분에게 표현하는 것을 자제할 수 없습니다.⁴¹

그러나 페어는 1년 내에 사망했다. 판J.C. Farn은 '페어 씨와 공동체적 협동조합운동Mr Pare and Communistic Cooperation'이라는 제목으로 그의 사망 기사를 집필했다. 판은 그 기사에서 옛 오웬주의자의 '높은 만족감'이 섣부른 것이었다고 선언했다. 이제 그 새로운 총회에 자리를 잡게 된 이상주의자들은 거친 망망대해 속에 들어갔다. 판은 예언적으로 다음과 같이 썼다.

여기에서 우리는 다음과 같이 희망하며 그 문제에서 이제 떠나고자 합니다. 페어 씨는 그런 계획과 목적의 지지자였기 때문에 소중하게 기억될 것이라고 희망합니다. 페어 씨는 1873년의 협동조합 운동가들이 실현하겠다고 시도하는 것조차 바람직하지 않다고 생각한 계획과 목적을 옹호했던 사람이었습니다.⁴²

북부 지방의 협동조합 평의원들 중 '빌리Billy' 너텔, 존 왓츠John Watts, 미첼의 영향력은 크게 증대되어 있었다. 미첼은 CWS의 대표로서 크랩트리를 계승했다. 만약 그렇게 크게 그들의 영향력이 증대되지 않았다면, 닐과 그의 희망을 놓지 않았던 동료들은 성공했을지도 모른다. 그러나 그 세 사람은 너무 강했다. 그들은 이윤을 노동자들과 공유하지 않겠다는 현실적인 메시지를 발표했다. 그것은 시대와 부합되었다. 그들의 지휘 아래에서, 비록 의미는 있었지만, 이상주의에 대해 그 도매사업체가 일시적이나마 던졌던 추파는 순간 이상 지속될 운명이 아니었다.

---

41 *C.N.*, II¹⁸⁷² 613쪽.
42 *C.N.*, III¹⁸⁷³ 346쪽.

5장

관료주의의 상승기 : 개인주의 대 연방주의
1870~1876

> 선한 사람들의 실수들은 정중히 대우되어야 한다.
> － 닐의 '비망록'[1831년 10월 15일자]

    총회는 초창기 동안 양호한 상태를 보였다. 협동조합연합회를 대표한 닐의 활동이 마침내 결실을 맺었다. 그러나 1870년대의 10년이 한두 해 지나면서 그의 인생에서 가장 커다란 노력은 여전히 미래에 놓여 있다는 것이 분명해졌다. 협동조합운동은 곧 암초에 부딪혔다. 협동조합적 생산의 수행에 관한 심각한 의견 불일치 때문이었다. 그런 불일치는 '연방주의자[Federalist]'와 '개인주의자[Individualist]'라는 용어가 넓은 범위에서 이용 또는 오용되고 있는 특징을 보였다. 간단히 말하면, 북부 지방의 점포 관리자들이 협동조합운동계의 많은 작업장들 내에서 전면적으로 개별적인 주식 보유를 제거하기로 결정했을 때 그 야단이 처음 발생했다. 공장들이 점포 같은 단체들에 의해서만 소유되고 오로지 소비자들의 편익을 위해서 기능할 때만을 진정한 협동조합이라고 말하는 강력하고 크게 성장한 의견의 흐름이 있었다. 여기에서 닐과 그의 이상주의 친구들은 완강하게 저항했다. 어떻게 노동자들이 그런 시스템 하에서 자기 고용 상태가 될 수 있단 말인가? 또한 점포들은 자신들이 구매한 내역에 비례하여 자신들과 이윤을 공유하는 것을 거부하겠다는 입장을 드러내는 어떤 독립적인 작업장에 대해서도 구매거부 운동을 하겠다고 위협했다. 그것은 그들이 로치데일 개척자들에 의해 설립되었던 제분공장들처럼 자신들이 소유한 작업장들에서 노동자들과 이윤을 공유하는 원칙에 대해 날카롭게 이의를 제기했다는 사실을 고려할 때 분명히 비일관적인 행동이었다.

1873년에 이윤 공유 문제는 정점에 놓이게 되었다. CWS에 이목이 쏠리면서 그 문제에 대한 주요 논란이 임박했다. 그해 그 도매사업체는 크럼프살 비스킷 작업장$^{Crumpsall\ Biscuit\ Works}$과 레스터 신발 공장$^{Leicester\ Boot\ Factory}$을 발족시켰다. 일부 협동조합 운동가들은 의문을 제기했다. 왜 그 도매사업체는 그런 공장들을 운영할 때 소비자 조합원들에게 귀속되어야 할 이윤을 개인 노동자들에게 떼어주어야 하는가? 그런 운동가들은 초기 자본의 전액을 제공했던 주체가 연방적으로^{Federally} 조직화된 소비자들이기 때문에 이윤이 당연히 소비자 조합원에게 귀속되는 것이라고 보았다. 모든 관찰자들에게 두 가지 사실은 분명했다. 첫째, 그 도매사업체는 협동조합운동의 독보적이며 거의 의심할 여지가 없는 사업의 중심체$^{Business\ Center}$라는 점이다. 둘째, 생산 영역에서 그런 원칙을 착실히 수행하는 것은 협동조합운동의 미래 경로를 결정할 것이라는 점이다. 결과적으로 1875년에 그 조직체가 모든 이윤 공유 활동을 포기했을 때 그것은 가장 중요한 전환점이 되었다. 연방주의자라는 용어는 그 도매사업체의 변명으로서 한정적인 의미를 갖기에 이르렀다. 그때부터 쭉 그 단어는 특정한 시스템을 가리키는 좁은 의미로 사용되는 경우가 매우 빈번했다. 그 시스템이란 그 도매사업체가 모든 생산 시설들을 소유하고 통제함으로써 그것들을 엄격하게 수익 창출 기준에 의거하여 관리하며, 거기에서 발생되는 모든 편익을 자신이 그곳으로부터 구매한 내역에 대한 배당의 형태로 거두어 가고, 그것을 다시 점포들에게 돌려주게 하는 체계를 의미했다. 그것은 그 도매사업체 자체가 연방 수준의 기관이라는 의미에서만 연방주의자라는 용어와 부합했다. 개인들이 아니라 점포들이 그 기관의 유일한 구성 주체였다.

요컨대 연방주의 하에서는 생산이 전적으로 소비에 종속되는 것으로 되었다. 개인주의라는 낙인은 생산자의 우선성을 강조하고 싶었던 사람들, 그리고 협동조합 점포가 누리는 것과 동일한 준자치적 지위를 협동조합적 작업장에 대해서도 부여하려고 했던 사람들에게 각인되었다. 그들은 대부분의 경우에 산업 파트너십 사업체들과 개인주의적이고 자치적이며 고립적이고 서로 빈번하게 경쟁하는 작업장들을 증대하려고만 하는 것을 옹호한다는 비난을 받았다. 그것은 의미를 그릇되게 해석한 비난이었다. 도매조합과 그것을 수호하려는 사람들의 관점에서 볼 때, 개인주의자들은 수많은 주식회사Joint-stock Company들을 유사 협동조합들로서 설립하여 마땅히 소비자의 몫인 이윤을 소비자에게 주지 않으려고 하는 사람들이었다.

닐의 기본적인 이상은 노동의 대의를 진보시키기 위해 아주 다양한 온갖 노력들을 하나의 운동 안에 모이게 하는 것이었다. 거기에는 노동자들의 클럽과 교육기관들, 우애조합Friendly Society과 직종별 노동조합, 협동조합들이 포함되었다. 그렇게 커다란 결사체로 단일화하는 작업은 배타적이어서도 안 되고 종파적이어서도 안 된다. 그는 협동조합운동의 연방 차원 센터들인 총회, 도매사업체, 보험조합, 계획된 은행, 신문이 각자 조화롭게 협력하고 기타 유사한 동기를 가진 모든 조직체들과도 협력해 나가기를 원했다. 그런 닐의 희망이 완전히 실현될 수 있었을 것인가는 의심스럽다. 그러나 랭커셔와 요크셔 주의 노동자들이 가졌던 현실적인 정신 자세를 감안할 때, 협동조합운동이 외관이나마 '오래된 미덕들'에 충실한 형태로 있으면서, 점포 관리자들은 다른 데로 눈을 돌리지 않고 임금 소득자에게 초점을 맞추는 원칙을 지켜 나간다면, 당대의 모든 다른 이들을 선도할 수 있었고, 사회주의의 원칙들을 실현하기 위한 투쟁에서 하나의 중요한 경제적 무기가 될 수 있었을 것이라는 생각은 합리적인 견해로 보인다.

총회의 처음 몇 개 일정들의 의제 중 가장 중요했던 항목들은 협동조합 신문과 은행을 발족하는 과제를 돌이켜 보는 것이었다. 그 기관들의 유래에 관련한 짧은 역사는 도매조합 측의 자칭 연방주의자들, 그리고 닐과 그의 오랜 기독교 사회주의 친구들에 의해 주도된 소위 개인주의자들 간 갈등의 본성과 전개 과정을 이해하는 데 귀중한 도움을 준다. 실제로 협동조합 뉴스 신문의 중요성을 과대평가하기는 어려울 것이다. 그것은 전국 수준의 지도자들만이 각급 단계의 구성원들과 가장 밀접하게 접촉했던 수단으로 되었기 때문이다.

따라서 닐의 기대했던 대로 그 신문이 모든 협동조합 운동가들과 생산자들뿐만 아니라 소비자들의 견해를 대변하는 전국 차원의 기관지가 되었던 적이 결코 없었다는 점은 특히 실망스러웠다. 그 대신 그 신문은 곧 사실상 서로가 속박되어 있는 하나의 상명하복 단위체가 만들어지는 구조 속에서 소비자 운동을 지배한 좁은 범위의 인물들로 구성된 이른바 위원족^{Coterie}이라는 급성장한 행정적 영향권 안에 놓이게 되었다. 그런 결과는 그 신문의 존재 초기부터 예측할 수 있었다. 1871년에 자금 출자에 대한 서약이 이행되고 그 사업이 시작되면서 그 회사는 의미심장하게 '잉글랜드 북부신문 유한회사 North of England Newspaper Company Limited'라고 불리게 되었다. 그리고 경영위원회의 원래 위원 14명 중 최소한 9명은 그 도매사업체 관계자들이었다.[1]

예상대로 얼마 지나지 않아 그 회사가 파벌에 의해 지배되고 있다는 불만이 증대했다. 닐의 표현에 따르면 그 파벌은 '요크셔가 가미된 랭커셔'라는 특수한 노리개 집단에 가까웠다. 가장 거침없는 비판자였던 그리닝은 그것이 더 대의적이도록 하기 위한 조치가 이루어져야 한다고 단호하게 주장했다.[2] 닐은 그리닝과 마찬가지로 협동조합운동의 공식 신문이 완전히 비당파적으로 운영되어야 한다고 생각했다. 특히 의무적으로 직무를 순환하도록 설계되어야 한다고 생각했다. 그리고 궁극적으로는 너탤에게 보낸 장문의 편지^{1874년 2월 15일자}에서 그런 취지의 특정적인 제안들을 전달했다.[3] 그는 각 구역 ^{Section}별로 1명씩을 파견하고 중앙이사회에서 1명의 이사가 결합하여 그 신문의 경영위원회를 구성하도록 제안했다. 구역은 1873년 뉴캐슬 총회에 의해 신설된 것으로서 남부, 중부, 북부, 북서부, 스코틀랜드로 되어 있었다. 그 제안은 그 신문 기구에게 한 구역만의 성향보다 전국의 성향을 부여해야 한다는 취지였다. 그 편지는 대단히 중요한 것이었다. 그 권고 사항들은 1874년 핼리팩스^{Halifax} 총회에 의해 통과된 공식 결의안에 사실상 내용 변경

---

[1] W.M.Bamford, 앞의 책 5쪽.
[2] 같은 자료 12쪽. 또한 E.O.Greening, 'A Plea for a Truly Cooperative Press', C.N., IV¹⁸⁷⁴ 229~230쪽과 E.O.Greening to Neale, 19 November 1873^{in Greening Papers, the letter books}. 별도의 표기가 없는 한 이하의 모든 그리닝의 서신은 그의 서신 발송 대장에서 찾아볼 수 있다.
[3] C.N., IV¹⁸⁷⁴ 39쪽. Bamford, 앞의 책 재인쇄된 서신 11~12쪽.

없이 통합되었고, 그 뒤에 이행되었다. 너탤의 지지를 확보한 것은 이 경우에서 성공을 보장해주는 것이었다.

그러나 닐의 승리는 너무 많은 희생이 뒤따르는 것이었고, 예외로 될 운명도 아니었다. 랭커셔와 요크셔의 소비자들을 파문할 수 있는 규정이 없는 상태에서, 그들이 궁극적으로 우위를 갖는 경우가 발생하지 않도록 보장해 줄 정관을 작성하는 것은 불가능했다. 잉글랜드의 다른 지역들보다 더 수적으로도 많을 뿐만 아니라 개별적으로도 더 규모가 크고 부유하기까지 한 북서부의 조합들은 그 신문사에 대해 가장 많은 분량의 자본금을 계속해서 보유하게 될 것이며 그에 따라 그 신문사의 경영에서 지배적인 발언권을 보장받을 것이 분명했다. 불행하게도 구역별 대표 위원들은 임원의 선발이나 대차대조표의 문제에 어떤 실질적인 영향력도 결코 가져본 적이 없었다.4 실제로 출자자 총회는 꾸준히 소규모화 되었고, 성격 면에서 더 랭커셔-요크셔 성향이 강해졌다. 그것은 핼리팩스에서 결의안이 도출된 지 2년 안에 입증되었던 추세였다. 그 결과 협동조합 뉴스 신문의 편집 정책은 지속적으로 '연방주의적'으로 되었고 또 그렇게 유지되었다.

다른 한편에서 은행업에 관한 논란은 다른 모든 문제들을 왜소해 보이게 만들었다. 루들로우는 자신의 초기 노력들이 헛된 것이었음을 보고 싶지 않았다. 그는 1870년 성 금요일Good Friday에 베리Bury에서 열린 한 특별회의에서 영감을 주었던 연설을 함으로써 다시 한번 주축 동력이 되었다. 그 내용은 CWS와 밀접하게 연계하여 기능하는 완전하고도 철저한 협동조합적 은행업 기획안을 주도하도록 권고한 것이었다.5 루들로우의 권고는 그런 조치가 궁극적으로 필연이라는 일반적 합의를 눈에 띄게 강화시켜 주었다. 그러나 협동조합 운동가들은 신중하지 않으면 아무 것도 아니게 되는 것이며, 여전히 그의 제안에 입각하여 조치가 취해지기 전에 2년 이상을 지켜볼 필요가

---

4 Bamford, 앞의 책 12~13쪽.
5 Percy Redfern, *Story of the CWS, The Jubilee History of the Cooperative Wholesale Society, Ltd., 1863~1913*Manchester, 1913 65쪽. 베리에서 루들로우의 연설에 대하여 휴즈가 작성한 간단하지만 귀중한 논평은 the *Ninth Cooperative Congress*, Leicester, 1877Manchester, 1877 12~13쪽 참조.

있다는 입장을 보였다. 실제로 닐이 그 대의에 합류하지 않았다면 훨씬 더 오랜 시간이 걸렸을 것이다. 1871년 버밍엄 총회에서 닐은 '은행업에 관한 법률의 개정'이라는 글을 발표했다. 그와 루들로우는 그후 1871년 8월 16일에 조합들이 거의 위험 없이 토지와 건물을 취득할 수 있게 하여 협동조합의 활동들을 확장하는 데 커다란 힘을 보태주었던 의회 법안$^{Parliamentary\ Bill}$을 통과시킬 수 있도록 하기 위해 협력했다.6 그 조항들에 의거하여 구매, 판매, 부동산 저당에 관한 많은 제한 사항들이 해제되었고, 그 결과 대형 조합들이 대규모 건축 프로젝트들에 착수했다. 작은 집^{Cottages}, 면화 공장, 옥수수 공장들이 전례 없는 규모로 세워졌다. 그리고 마침내 협동조합 은행에 대한 수요들을 현실로 전환시켜 주었던 것은 그처럼 자본이 발전 분야들로 돌진해 들어오면서 만들어진 자극 때문이었다. 1872년 초에는 그 분야에서 그들이 경계했던 사항으로 인해 대가를 치뤘던 사건이 잉글랜드 지방의 중요 조합들 대부분에서 현실로 나타났다.7 도매사업체는 그런 사건의 논리적 출발점이었다. 닐과 루들로우를 제외하면, 뉴캐슬 출신의 대담한 협동조합 운동가였던 루더포드$^{Dr\ J.\ H.\ Rutherford}$가 그런 필연적인 은행업에 진입하기 위해 도매사업체 같은 기구를 압박하는 데 가장 열정적이었다.

안타깝게도 루더포드의 동기는 은행업에 열광했던 다른 사람들의 동기와 현저하게 다른 것이었다. 그는 당시에 우수한 품질의 선박용 엔진을 생산했던 뉴캐슬 인근의 신생 산업 파트너십 사업체 중 하나인 오즈번 기계작업장$^{Ouseburn\ Engineering\ Works}$의 전무이사로서 잘 알려져 있었다. 그러나 협동조합 운동가들에게는 염려의 근원으로 드러나고 있었다. 루더포드는 의사이자 회중교회파 목사였다. 그는 터무니없이 낮은 가격으로 주문을 접수했다. 그 결과 회사가 처음부터 심각한 손실에 직면했고, 그는 사업 분야의 자질이 없다

---

6 그 법안은 '산업 및 근검조합법과 관련한 법률을 설명하고 수정하기 위한 의회 성문법^{act}'으로서 법률이 되었다$^{34\ and\ 35\ Vict.\ c.\ 80}$. Hughes, 'Neale', op. cit. 177~178쪽 참조.

7 *Fourth Annual Cooperative Congress, Held at Bolton, April lst. 2nd. and 3rd. 1872*$^{Manchester,\ 1872}$ 9쪽. 연례 총회보고서의 제목들이 다양하기 때문에 이하에서는 다음과 같이 통일하여 줄인 형태로 표기한다. 즉, 예를 들어, *Fourth Cooperative Congress, Bolton, 1872*$^{Manchester,\ 1872}$를 두 번째 인용부터는 *Fourth Congress*라고 줄여서 표기한다.

는 점을 인정했다. 그 후 그가 그 도매조합에게 은행업을 시작하도록 독려했을 때에는 협동조합운동을 위해서만이 아니었다. 그는 자신의 골칫거리인 오즈번 작업장에 끊임없이 준비된 자금을 공급해줄 수 있을 것이라는 기대를 가지고 있었다. 그러나 그 도매사업체는 크랩트리의 리더십 하에서 무척 조심스럽게 움직였고, 루더포드의 조바심은 빠르게 무분별한 지점까지 고조되었다. 사태들을 살피는 것을 꺼려했던 그는 북부 지방의 협동조합 운동가 그룹을 불러 모아 그들로부터 승인을 받은 후 1872년 7월 8일에 자신의 은행을 설립했다.

그 신설 사업체는 '산업은행Industrial Bank'이라고 불렸다. 그 은행은 뉴캐슬의 사업체들을 위해 개업했다. 스스로를 협동조합이라고 거창하게 주장했고 협동조합 운동가들에게 충성심을 요구했다. 그러나 그 은행의 충성심 요구는 의심을 샀다. 반대자들은 그곳이 단순히 이익을 창출하려는 곳이라는 점을 지적했다. 회원 자격은 개인들에게 개방되어 있었고, 그들은 출자금에 대한 엄청난 수익을 약속받았다. 루더포드는 협동조합운동에는 '형식상 협동조합은 아니지만 정신적으로 진정한 협동조합'인 기구들에게 예비된 공간이 있어야 한다고 교활하게 우김으로써 반대 견해에 대응했다.8 확연한 결점에도 불구하고 그는 그 산업은행이야말로 루들로우의 이상을 합리적으로 실현한 것이라고 선전했다. 그리고 더 현명했어야 했던 홀리요크조차 1872년 총회 보고서의 서문에서 루들로우가 협동조합 은행과 이어서 뉴캐슬에 설립된 단체에서 받은 관심으로 '만족했음에 틀림없다'고 논평했다.9

사실 홀리요크 혼자 루더포드의 프로젝트에 대해 열광했을 뿐이었다. 루들로우나 닐은 홀리요크의 의견에 동의한 적이 없었다. 닐은 어떤 새로운 은행이든 회원의 자격을 조합들로 제한하는 것에 상당히 관심이 있었다. 그것은 그가 현존하는 재정적으로 가장 막강한 연방 수준의 조직체인 CWS에게 선행 조치를 취하도록 압박하려고 했던 사람들에게 합류했던 주요 원인 중 하나였다. 지금까지 노동자들의 참여를 보장할 필요가 있는 생산조합들을 제외

---

8 John Ludlow, 'The Industrial Bank', C.N., II^{1872} 517쪽 참조. 이 기고문을 통해 루들로우는 루더포드의 은행에 대한 가장 거침없는 비판자가 되었다.

9 *Fourth Congress*, p.x.

한 어떤 곳에서든 개인의 소유권은 임시 방책으로서만 추진되었다. 연합회, 도매사업체, 신문조합 같은 연방 수준의 기관들에 개인적 주식 보유가 있었다면, 가능한 빠르게 조합들만의 주식 보유로 대체해야 한다는 것이 거의 보편화된 합의였다. 루들로우는 자신의 은행업 제안이 명백하게 왜곡되었던 것을 보고 솔직히 질렸다. 그는 협동조합 뉴스 신문의 지면들을 통해 루더포드의 방식을 비난했다. 그는 화가 나서, "내가 살아있는 한 '형식적으로는 협동조합이 아니지만 정신적으로는 진정한 협동조합'인 기구들을 덜 믿을 것이다"라고 썼다.10 그는 개인 출자자들을 대규모 연방 기관들에 입회시키는 것이 위험한 관행이라는 닐의 견해를 지지했다. 그 이슈에 관해 루들로우와 닐이 그 산업은행에 대해 역시 혹독하게 비판했던 소비자협동조합의 주요 이론가인 왓츠의 곁에 굳건히 섰던 것은 의미가 있었다.11

그때 새로운 복잡한 문제가 발생했다. 가장 강력했던 CWS 위원족, 특히 미첼과 너탤의 지지를 받았던 왓츠가 마침내 크랩트리의 경고를 뛰어넘었다. 그리고 그 도매사업체는 1872년 9월에 예금·대출 부서$^{Deposit\ and\ Loan\ Department}$를 신설했다. 협동조합운동은 이제 두 개의 은행으로부터 축복을 받아 자금의 기근 상태에서 풍족 상태로 행진해 나가는 것처럼 보였다.

협동조합운동 내에는 양쪽 은행 모두를 수용할 정도로 충분한 여지가 분명히 있었다. 그러나 대체로 루더포드의 CWS에 대한 적대적인 접근방법에서 비롯된 그들 사이의 논쟁이 발생했다. 처음에는 그 적대감을 되갚으려고 하지 않았다. 도매사업체 이사들은 루더포드의 오즈번 작업장이든 산업은행이든 뉴캐슬 계획에 대해 어떤 악의도 품지 않았다. 실제로 너탤은 자신이 오즈번 기계작업장에 너무 많은 투자를 했기 때문에 지속적으로 쇠약해지고 있던 회사에 대한 지원을 끌어 모으려고 있는 힘을 다했다. 그러나 루더포드는 CWS와 그 신실 예금·대출 부서 양쪽 모두를 격하시키기 위해 대중 연설과 협동조합 모임에서 얻을 수 있는 모든 기회를 다 이용했다. 게다가 닐과 루들로우가 본질적으로 연방 수준 계획들에 있어서 개인 출자 보유를 강력히

---

10 Ludlow, 'The Industrial Bank', 앞서 인용한 곳.
11 루더포드는 편집자에 대한 광범위한 편지에서 자신의 비판자들에게 답변했다, C.N., III^{1873} 37~39쪽. 그는 C.N., II^{1872} 541쪽에서 루들로우의 주장들을 다루었다.

반대했음에도 불구하고 루더포드는 계속해서 자신의 노력이 협동조합운동의 가장 오래된 이상을 진정으로 대표하는 것이라고 선전했다. 그는 '협동조합운동의 진정한 통일성이란 다양성의 통일'이고, 따라서 '개인주의와 연방주의 양쪽 모두'가 요구된다고 주장했다.12 닐과 루들로우의 견해에 손상을 입히고 전체적으로도 혼란을 야기한 루더포드는 오랜 결사체주의자들 모두가 필연이라고 생각했던 생산자 협동조합에서의 이윤 공유와 개인 출자 보유를 전혀 다른 맥락에 끌어들였다. 그 필연의 문제를 자신의 은행사업에 대한 개인 출자 보유 문제와 등치시켰다. 그것은 기본적으로 두 개로 분리된 문제를 하나의 묶음으로 결부시킨 것이었다. 그의 활동은 자신뿐만 아니라 노동자들과의 이윤 공유를 옹호했던 모든 사람들에게도 '개인주의'라는 딱지를 붙일 수 있도록 도왔던 점에서 해로운 영향을 미쳤다. 누구보다도 루더포드는 협동조합 운동가들을 연방주의자와 개인주의자로 분열시킨 것에 대한 비난을 받아야 한다. 그 이분법은 다음 20년 동안 연속해서 이어졌던 파멸적인 논쟁으로 협동조합운동을 괴롭혔다.13 하지만 또 그런 분열상은 어떤 방식으로든 일어났을 가능성이 높았다. 몇 년 앞서 뿌려졌던 이윤 공유에 대한 갈등의 씨앗들이 이제 싹을 틔우기 시작했기 때문이었다.14

   1871년 여름 후반에 로이드 존스는 북부 카운티들의 협동조합을 순방했다. 그는 요크, 랭커스터, 체스터, 스태포드, '거의 모든 곳에서 단순한 소매 거래로서의 협동조합운동은 틀림없는 성공을 거두었습니다'라고 보고했다.15 노동해방이라는 오래된 열정이 이제 무관심으로 대체되었다는 점을

---

12 *C.N.*, II^{1872} 541쪽.

13 필자는 벤자민 존스가 '개인주의자^{Individualist}' 용어의 기원을 1862년의 *Cooperator* 잡지에 집필된 닐의 기고문에서 찾고 있는 것이 부정확하다고 믿고 있다. 그 용어는 1870년대의 맥락에서만 제대로 이해된다. Jones, 앞의 책 738쪽 참조.

14 이윤 공유 논란의 기원은 1850년대로 거슬로 올라갈 수 있다. 예를 들어, *Cooperative Commercial Circular*, No.12$^{1\ October\ 1854}$ 85쪽, *Report of the [2nd] Cooperative Conference Held at Manchester ⋯ 1853*$^{London,\ 1853}$ 18~19쪽 참조. 초기에 닐은 항상 소비자 측의 입장을 수용하려고 시도했다. *C.C.C.*, No.6$^{1\ April\ 1854}$ 33~36쪽, E.V.Neale, The *Cooperator's Handbook*$^{London,\ 1860}$, 여러 곳; *Cooperator*, I^{1860} 94쪽, II^{1861} 86~87쪽, III^{1862} 82~83쪽.

15 *Fourth Congress* 17쪽. 필자는 그의 부정적 반응을 강조하기 위해 *이탤릭체*로 표기했다.

시사하는 그런 발전 성과에 대해 그는 고무되지 않았다. 북부 지방 협동조합 운동가들에게 그런 이상의 변화는 필연적으로 성공을 동반했던 요인이었다. 처음에는 그런 변화가 정의되지 않았고 방어되지 않았다. 그러나 마침내 남부 지방의 이상주의자들에 의해 자꾸 자신들의 단점이 상기되는 것에 지쳤다. 그 결과 그들은 단순한 상인들로서 자신들의 이해관계에서 비롯된 소비에 대한 선호 논리를 수호하기 위해 자신들의 이론가들을 길러냈다. 특히 노동자들과의 이윤 공유 이슈에 민감했다. 그들은 자신들에게 이상도 없이 돈을 버는 데에만 관심이 있는 용병이라는 내용으로 제기되어 온 혐의에 대항하기 위해 움직였다. 그 과정에서 그들은 연방주의라는 개념을 풍부하게 발전시켰다.

윌리엄 '빌리Billy, 곤봉' 너탤은 소매업체들을 대신하여 개시 사격을 가했다. 너탤은 협동조합 뉴스 신문의 지면에 스스로를 '올덤Oldham 시 바텀 오브 더 무어가 종합법률사무소의 회계사, 감사, 종합금융 대리인'이라고 광고를 냈던 적이 있었다. 그는 당시에 '협동조합운동의 통계가'라고 알려져 있었다. 그는 그 신문이 정기적으로 발행했던 칼럼에서 조합들의 진전 내용을 자신이 제작한 복잡한 통계표를 통해 보여주었기 때문이었다. 1872년 봄에 너탤은 노동과 자본 양쪽 모두가 소비자의 비용으로 자신들의 이득을 만들기 때문에 생산자 협동조합이 소비자들만으로 가장 잘 조직될 것이라고 주장했다. 그는 이윤 공유나 노동에 대한 보너스 모두에 대해서 동의하지 않으려 했다. 그는 소비자들이 자본을 스스로 제공해야 한다고 했다. 차입할 경우에는 가능한 한 가장 저렴한 이자를 지급한다. 그들은 필요한 노동자들을 통상적인 임금 수준에서 고용해야 한다. 그럼으로써, 그들은 구매에 대한 배당금으로 분할될 수 있게 모든 이윤을 지켜내야 한다고 했다.[16] 그해 가을에 그는 자신의 이론들을 더 솔직하게 발표했다.

> 일단 보너스를 관장하는 위치에 노동자를 둔다면…그는 노동에게는 많이 주고, 자본에게는 거의 주지 않으며, 소비자에게는 거의

---

[16] *C.N.*, II^{1872} 268쪽.

또는 전혀 주지 않으려는 사람들을 뽑음으로써 보너스를 관장하려 할 것이다.17

그는 노동자 쪽의 협동조합 운동가들에 의해서든 그렇지 않든 모든 개인 출자 보유의 종식을 요구했다. 그는 소유권이란 소비자들의 연합체들에게만 제한되어야 한다고 추리해냈다. 자신의 생각을 이행하는 과정에서 너텔은 먼저 협동조합 인쇄조합 Cooperative Printing Society을 공격 표적으로 삼았다. 그곳에서 그는 성공적으로 소비자들과의 이윤 공유 체계를 시작하도록 압력을 가했다. 헤브던 브리지 퍼스천 조합 Hebden Bridge Fustian Society도 공격을 받았다. 그곳은 1870년 가을에 발족된 산업 파트너십 사업체였다. 그곳 역시 마침내 개인들 대상의 주식 시세표를 닫음으로써 그 새로운 연방주의 입장을 향한 발걸음을 내딛게 되었다.18

너텔이 소비자를 대상으로 그 사례를 처음 소개했던 것처럼, 그 도매조합의 배타적 신조를 나타내기 위해서 '연방주의자'라는 용어를 사용하는 것을 협동조합 운동가들에게 익숙하게 만들었던 사람은 맨체스터의 왓츠였다. 루더포드의 증대된 공격에 들볶였던 왓츠는 은행업뿐만 아니라 이상적으로는 모든 협동조합적 생산까지도 점포들만의 편익을 위해 CWS에 의해서 배타적으로 수행되어야 한다고 주장했다. 여기에서 CWS란 개인의 출자 보유를 불허하는 진정한 연방적 기구를 의미했다. 루더포드가 한쪽의 극단을 대표한다면, 너텔과 왓츠는 그로부터 반대쪽의 극단들이었다.

협동조합 뉴스 신문은 통계 면에 새로운 칼럼을 추가하여 어떤 조합들이 '노동에 대한 보너스'를 주었는가를 보여주었다. 그러자 협동조합 운동가들은 그 이슈에 관련하여 편을 선택하기 시작했다. 그리닝은 '그릇된 연방주의'라는 제목 아래 소비자 측에 반대하는 장황한 비난 글을 썼다.19 마침내 닐

---

17 같은 자료 495쪽.

18 Fred Hall, *History of the Cooperative Printing Society, 1869~1919* Manchester. [1919] 103~109쪽. 연방주의와 헤브던 브리지 퍼스천 조합에 대한 그린우드의 논평은 *C.N.*, II[1872] 591쪽 참조.

19 *C.N.*, III[1873] 98쪽.

은 그 신문에 '개인과 연합$^{Individuality\ and\ Federation}$'이라는 제목으로 이전 기사의 대부분과 달리 양측 모두를 무장 해제시키려고 했던 기고문을 보냈다. 그는 그 문제가 '조용하고 이성적이며 편파적이지 않은 조사'를 통해 다루어져야 한다고 느꼈다. 그러나 닐은 스스로를 그 용어에 대한 자신의 이해 수준에 따를 때 연방주의의 옹호자라고 선언하면서, 왓츠와 너탤에 의해 옹호되는 연합의 계획에서 결점들이라고 자신이 생각했던 내용들을 시사했다. 그는 '자본과 서비스의 이용을 동시에 공급하고 있는 소비자들이 노동자 측 전체를 봉급 수령 하인들의 상태로 전락시키겠다고 위협한다면, 그때 위험해진다'고 지적했다. 협동조합의 소유 영역에서 개인들을 배제하는 문제에 대해 그는 융통성이 없는 표준 규칙이 있어서는 안 된다고 느꼈다. 필요한 것은 조합들의 정관들을 작성하는 것이며, 그 결과 사적인 목적을 위해서 조합들이 그들의 공통적인 협동조합 목표들로부터 이탈할 수 없게 하는 것이었다. 닐은 소비자가 생산에 기반을 둔 이윤의 일부에 대하여 진정한 청구권이 있다는 너탤과 왓츠의 입장에 동의했다. 그러나 그는 '참여가 흡수와 동일한 것이 아니다'라고 결론을 제시했다.[20]

협동조합운동의 행정 기구가 더 높은 효율성을 추구하기 위해 대대적인 정비가 필요하다는 것이 분명해졌던 때는 1872년 볼턴^{Bolton} 총회 이후부터였다. 하나는 북부 지방, 다른 하나는 남부 지방, 양대 구역으로만 이루어져 있던 중앙이사회는 잉글랜드와 스코틀랜드 전체에서 협동조합운동의 활동을 효과적으로 조율할 수 없었다. 실제로, 설립 당시부터 그 이사회의 활동 범위는 꾸준히 확장되었다. 명예 사무총장인 페어는 그런 정도의 이사회로는 사실상 급증하는 소통 수준을 따라 잡는 것이 불가능하다는 것을 알게 되었다. 그 결과, 너탤이 추가된 유급 사무직원으로서 역할을 수행하기 위해 영입될 정도였다. 궁극적으로, 협동조합운동에서 초래된 문제들의 복잡성은 그런 것이 없었다면 물리적인 성장과 조직적인 발전을 독려했을 것이었다. 그러나 그런 복잡성은 닐로 하여금 1873년 뉴캐슬 총회에서 중앙이사회가 권역 계통을 따라 재편되어야 한다고 제안하도록 이끌었다. 이어서 이루어졌던

---

[20] 같은 자료 122쪽.

중앙이사회를 5개의 대표 지역들로 분할한 것은 그 제안이 만들어낸 가시적인 결과였다. 이행 과정에서 닐의 계획은 커다란 정도로 인정된 권역별 독립성을 전체의 중앙 행정과 결합시키는 것이었다. 각 권역은 지방의 관점에서 볼 때 독립적이지만, 정기적으로 모임을 갖고 최상위의 조율 기구로서 기능했던 연합이사회United Board에서는 공동 구성원으로서의 자격을 통해 다른 모든 권역들과 연계되었다. 닐은 그로 인해 협동조합운동이 중앙 차원의 효과성뿐만 아니라 철저하게 대표성을 갖추기를 희망했다. 그와 루들로우는 둘 다 1870년 이래 그런 류의 변화가 바람직하다는 데 동의했다. 그러나 그것은 모든 협동조합 운동가들에게 그 필연성을 증명하기 위해 과거의 사태들을 거론했다. 특히 은행업에 관한 논쟁의 결과로서 발생했던 문제들이 대표적이었다. 홀리요크는 닐의 추리 과정을 따르며 뉴캐슬 총회에서 은행업 관련 분쟁을 보다 넓은 의미에서 더 효과적인 중앙이사회를 신설해야 한다는 문제의식으로 쉽게 결부시켜냈던 사람들 중 한 명이었다. 그는 '그들이 할 수 있었던 유일한 것이란 중앙이사회의 힘을 이용하여 두 개의 은행을 조화시킬 수 있게 하기 위해 중앙이사회의 힘을 강화시키는 것이었다'라고 주장했다.[21]

홀리요크가 지나치게 낙관적이었다. 그 두 은행들 사이의 논쟁을 해결할 수 없었던 그 이사회는 그 이슈에 대해 실망스러울 정도의 개인적 원한에 의해 분열되며 자체가 흔들렸다. 1873년 8월 23일자 협동조합 뉴스 신문에는 다음과 같은 발표 내용이 담겨 있다. '너탤 씨는 중앙이사회의 사무국에서 물러나겠다는 사직서를 제출했다. 당시 그 신문의 편집자였던 판 씨는 그의 후임자가 되겠다고 자천했다.'[22] 그의 사임은 그 여파가 그 편집자에 대한 성난 편지들로 이어지자 협동조합운동 내에서 의혹의 파문을 일으켰다. 그것은 중앙이사회의 위원 대부분이 너탤의 견해와 상이한 견해들을 갖고 있었기 때문에 그가 '자신의 권한 내에서 올바른 협동조합 원칙인 '조합들의 이익들'을 옹호하는 데 막혔던 것이 매우 확실하고, 그가 자신의 견해와 조화되지

---

21 *Fifth Congress* 70쪽. 일반적인 배경자료는 E.V.Neale, *The Central Cooperative Board: Its Histo,y, Constitution and Use* Manchester, n.d.을 살펴볼 수 있다. 이 책자에서 발췌한 부분과 논의는 *C.N.*, IV[1874] 134~135쪽 참조.
22 *C.N.*, III[1873] 426쪽.

않는 원칙들을 가르치는 것을 거부했기 때문에 그는 몹시 곤란한 처지에 놓이게 되었다'라고 불평하는 전형적인 것이었다.23 닐은 서둘러서 너탤의 사임이 중앙이사회 내 대부분의 다른 구성원들과 반대되는 견해를 그가 보유했기 때문이라는 것은 아마 사실이겠지만, 그를 짓밟으려는 어떤 시도도 결코 없었으며 그의 사임은 그의 자발적인 행동이었다고 설명했다. 다행스럽게, 그 사건에 대한 분노는 급속히 일었던 것만큼 빠르게 잦아들었다. 너탤의 후임자를 정하기 위해 9월 13일에 반슬리Barnsley에서 모임을 열자는 결정이 이루어졌다. 27명의 후보자 중 6명이 연합이사회에 제출될 후보자들로 선정되었다. 나이 때문에 약간의 의구심이 들었지만 최종적으로 닐이 선택되었다. 그것은 닐의 인생에서 또 하나의 중요한 전환점이었던 것으로 판명되었다. 63세의 나이에 그는 새로운 경력을 시작했다.24

협동조합운동의 조직적 장치들을 설계하고 설치하는 측면에서 그의 역할은 거의 완료되었다. 그것의 유지 보수를 책임지는 자리에 앉게 되는 것은 그의 봉사 경력에 대한 최고의 인정이었다. 닐은 단순히 너탤의 자리를 대체하지 않았다. 따라서 그의 사무총장직 취임은 그 직위가 결정적으로 변화되는 결과를 낳았다. 그 시기 이전에는 합법적으로 최고 경영자라고 생각될 수 있는 사람이 그 누구도 없었다. 페어는 자신의 유급 보조자로서 기능을 수행하는 너탤을 두고 명예 사무총장으로서만 봉직했다. 페어가 그해 초에 사망했을 때 너탤의 위상은 약간 변칙적인 것으로 되었을 뿐이었다. 그 당시 닐은 명예 사무총장으로서의 페어를 승계하겠다고 자원했다. 이제 너탤의 사임으로 그는 종전의 제안을 확대했다. 그는 그 연합회의 모든 사무국 업무들뿐만 아니라 법률상의 업무까지 책임을 맡음으로써 모든 것을 하나의 사무실로 통합하는 대신 더 낮은 급료를 받기로 합의했다.

닐의 임명은 당초에 1년 동안으로 정해졌다. 휴즈 등 그의 지지자들 사이

---

23 같은 자료 459쪽.
24 충분히 흥미롭게도, 닐과의 자신 간 두 사람의 관계가 과거에 바람직하게 많이 남아 있었음에도 불구하고, 그 자리에 대해 경쟁 지원자가 되겠다고 먼저 닐에게 시사했던 사람은 홀리요크였다. 홀리요크에 대한 닐의 서신1873년 9월 3일자, Holyoake Papers from Brown Bundle 참조.

에서조차 고령의 노인에게 너무 많은 짐을 맡게 한다는 것에 대하여 회의적이었던 사람들이 있었기 때문이었다. 몇 명의 협동조합 운동가들은 그런 이유에서 그의 선출을 꾸준히 반대해 왔다. 그 중 한 명이 도매위원회^{Wholesale} $_{Committee}$와 총회 이사회^{Congress} ^{Board} 양쪽의 위원이자 이사였던 월리^{Henry} $_{Whiley}$였다. 그러나 닐은 그 일을 처리할 수 있다는 능력을 빠르게 증명했다. 그 결과, 그 해 말 일종의 수습기간이 끝날 무렵에 윌리는 주저하지 않고 '그보다 더 지칠 줄 모르는 사무국 직원과 일했던 적이 결코 없었다'라고 말하게 되었다.^{25} 닐이 대의를 위해 자기 인생의 모든 에너지를 바쳤던 방식을 생각하면, 그가 그렇게 성공적으로 업무를 수행했던 것은 이상한 일이 아니었다. 그가 임명된 지 8년 후 홀리요크는 닐을 칭찬하는 글에서 이렇게 썼다. '사무국 직원이 본인에게 자주 던져졌던 어려운 질문들을 해결할 때 그렇게 통일성 있고 종결적이며 정확하게 수행했던 어떤 협동조합도 나는 알지 못한다.'^{26} 얼마 후 닐은 협동조합 뉴스 신문 지면들에서 'E.V.N. 대 J.W'라는 제목으로 거의 한 달에 걸쳐 왓츠와 논쟁을 벌이게 되었다. 그런 왓츠 역시 닐에게 최고의 찬사를 전했다. '협동조합운동은 어느 누구보다 닐 씨에게 신세를 지고 있다. 원래의 로치데일 개척자들을 제외한다면, 잠시도 쉬지 않고 협동조합운동을 주장했던 사람이 닐이었을 것이다.'^{27} 그렇게 납득할만한 지지를 받았던 닐은 부실한 건강으로 그가 끝내 사임서를 제출했던 사망하기 1년 전인 81세까지 상근했다.

  증언들을 모으는 것은 전기 작가가 범할 수 있는 통상적인 실수이다. 그러나 닐이 사무총장으로서 몇 사람 몫의 일을 수행했다는 것은 사실이었다. 어떤 세부적인 것도 너무 작다는 것만으로 그의 세심한 주의를 피할 수 없었다. 법률 자문, 조직가, 선전가로서 그의 지칠 줄 몰랐던 노력은 정말로 그가 사무총장직을 수락하기 이전에 이미 그를 협동조합운동에 불가결한 인물로 만들어 주었다. 수락 이후에는 추가된 공식적인 업무의 부담에도 불구하고

---

25 *Sixth Congress* 64쪽.
26 *C.N.*, XII^{1881} 397쪽.
27 같은 자료 840쪽.

그는 훨씬 더 많은 일을 한 기여자였다. 1874년에 그는 루들로우와 협력하여 자기의 저서 목록에 한 권을 추가해주었던 『협동조합인 요람$^{Cooperator's}$ ^{Handbook}』을 집필했다. 그의 노력은 몇 가지 항목만으로도 존경을 받을 만하다. 그는 몇 가지 의회 법안을 작성했다. 그는 일반 독자들을 위해 법률적 질문들을 간단하게 만들어주었던 설명 기사들뿐만 아니라 협동조합을 선전하기 위한 온갖 종류의 기사와 소책자들을 집필했다. 그는 총회 보고서들을 편찬했고, 그 보고서들에 신랄할 정도로 이상주의적인 서문들을 집필했으며, 또 연합 이사회의 보고서들을 기초했다. 닐은 다양한 협동조합 대회들마다 대표단들을 위해 자세한 여행 지침들을 정리해주었고, 연사들을 주선했으며, 거의 모든 주요 대회마다 직접 참석했다. 마지막으로 그는 계속해서 가장 상세한 종류의 법률 지원 서비스를 제공했고, 신규 조합들을 위한 안내서, 장부, 모범 규칙들을 준비해 두었다. 장부는 모두 표준화된 형식으로 깔끔하게 인쇄되어 조합에서는 일부 공백들만 채우면 되도록 했고, 규칙들은 우애조합 등록소$^{Registry\ of\ Friendly\ Societies}$에 송부되었다. 표준화와 단결을 이뤄내야 한다는 닐의 지속적인 강박은 그가 스스로 떠맡았던 일이 계속해서 늘어났던 부담을 통해 입증되었고, 그 일들은 성공적으로 완수되었다.

닐은 1873년 9월 13일에 반슬리에서 사무총장으로 임명되었다. 같은 날 예정대로 서로 경쟁하던 은행업 계획들의 대표자들은 합병이라는 마법을 통해 그 논쟁의 최종 해결을 시도하기 위해 중앙이사회와 만났다.[28] 그 문제를 조사했던 특별위원회는 도매사업체 안에서 모든 은행업 업무를 분리해낸 다음 런던에 본사를 둔 하나의 중앙기관을 결성하기 위해 그 업무를 산업은행과 합병하는 대안을 권고했다. 그런 본질적으로 새로운 단일체^{Entity}는 보다 더 협동조합 원칙들에 따른 것으로서 자신의 정관에 의거하여 개인들이 총 주식의 1/3 이상 보유하지 못하도록 금했다. 개인의 출자 보유가 완전히 제거되기까지 시간의 문제일 뿐이라는 것은 이성적으로 판단할 때 확실했다. 닐은 합병을 선호했다. 그러나 타협할 생각을 갖고 반슬리 회의에 참석했다. 충분히 놀랄 정도로 휴즈 역시 같은 생각이었다. 그러나 두 사람만 예외였

---

[28] *C.N.*, III^{1873} 480~481쪽.

다. 루더포드는 도매사업체 측의 은행에 대한 자신의 통상적인 적대적 선전 논리를 가지고 왔다. 당시 도매사업체의 관료제화된 지도자들 중 가장 목소리가 컸던 인물은 미첼이었다. 그는 요지부동의 완고한 태도로 양보하기를 꺼렸다. 미첼은 CWS의 회의들에서 '사자처럼' 일어나 자신의 관점을 포효하듯이 외치는 강한 말본새와 강한 행동력까지 가진 사람이었다.[29] 장신이었고 육중한 체구를 가졌으며 깔끔하게 면도를 했고 결코 틀렸다고 생각하는 법이 없는 타고난 천성을 가졌으며 머리가 벗겨진 외모를 갖고 있었다. 굳이 비유하자면, 몇 세대 후 영국의 정치인이자 외무장관이며 모스크바 삼국 외무장관 회의에서 영국측 대표를 맡았던 어니스트 베빈[Earnest Bevin, 1881~1951]처럼 현실적인 인간의 입장에서 사회 이론과 사회 이론가들을 경멸했던 단어 그대로 현실적인 사람이었다. 그는 왓츠로부터 자신의 신조를 이끌어냈고, 일단 자신이 연방주의 사상을 이해했다고 생각한 이후 자신의 여생 동안 그 사상에서 이탈한 적이 없었다. 노동운동 등 몇몇 미래의 주목할 만한 지도자들과 마찬가지로 매우 험난한 길을 거치며 정상에 오르기 위해 고군분투해왔던 사람이었다. 로치데일에서 아버지가 누구인지 모른 채 노동계급인 어머니의 아들로서 자신의 인생을 시작했다. 닐과 어울리는 점이 어디에서도 발견될 수 없었다. 가난에도 불구하고 협동조합운동에서 대단한 위치에 올랐다는 것은 그가 성공하겠다는 지극한 결심, 그리고 그의 사업적 수완을 인정해주는 하나의 찬사 같은 것이었다. 그러나 그의 공헌은 결코 창의적이지 않았다. 그는 그저 협동조합운동에 대해 자신의 예외적으로 뛰어났던 빅토리아 시대의 사업가적 재능을 빌려주었을 뿐이었다. 그 재능이란 끈질긴 고집, 자기를 위해 일했던 노동자들에 대한 완전한 무관심, 기꺼이 위험을 감수하려는 의지, 풍성했던 행운이었다. 미첼은 반슬리 회의에서 가장 비타협적인 입장을 취했다. 그는 단정적으로 '우리 도매사업체가 협동조합 조합체들의 은행이었고, 조합들 스스로의 요구를 위해 조합들 자신들에 의해 설립되었으며, 충분히 그 요구들을 충족했고, 어떤 의미에서든 스스로 그 구조를 방해

---

29 Percy Redfern, *John T. W. Mitchell: Pioneer of Consumer's Cooperation* Manchester, 1923 39쪽.

하는 당사자가 되지 않을 것'이라고 입장을 밝혔다.30

그런 논쟁적인 회의의 최종 결과는 타결을 기대했던 모든 사람들에게 실망을 안겨 주었다. 반슬리에서 사람들은 CWS의 계획을 지지했다. CWS의 계획은 종합 은행업general banking 사업에 진입하여 신규 지점들을 개설하겠다는 것이었다. 반면, 그 도매사업체가 향후 불특정 시기에 루더폴드의 산업은행과 합병하기 위해 노력을 기울여야 한다는 내용에 대해서는 권고만 했을 뿐이었다. 미첼이 이겼다. 1874년 5월 22일에 미첼은 CWS의 회장으로 선출되었다. 그는 그때까지도 루더포드에게 거뒀던 승리 때문에 각광을 받았다.

사무총장으로 승진한 후 닐은 '개인주의자'라고 그릇되게 명명되어 온 교리의 옹호자로서 새로운 삶 안으로 빨려 들어간 것처럼 보였다. 지금까지 대부분의 이데올로기 갈등은 루들로우, 휴즈, 로이드 존스에게 맡겨져 왔다. 이윤 공유와 은행 문제를 둘러싼 이슈들은 계속해서 더 당혹스러운 지경에 이르게 되었다. 닐은 일반 원칙들에 대해서만 자기 생각을 강하게 표명했고, 상세한 내용은 자신의 동료들에게 맡겼다. 때로는 자신이 서 있는 위치가 논쟁의 모든 당사자들에게 확실하지 않았다. 기독교 사회주의 시절처럼 1867년부터 1873년까지의 기간 동안 사실상 주요 인물은 루들로우였을 수 있다. 그가 이전에 모리스의 배후 인물이었던 것처럼, 그는 그 당시 닐의 배후 인물이었을 수 있다. 그러나 1873년 가을에 닐은 사태의 통솔권을 가져왔다. 논란이 되었던 이슈들에 대해 모호하게 발언하던 태도와 부정확하게 타협하려던 태도의 껍질을 벗어 던졌다. 그는 자신의 새로운 집행부가 가진 위상과 일관되게 명확성과 확실성을 갖고 활동했다.

1873년에는 협동조합적 생산과 관련하여 특별한 긴급 상황이 있었다. 그해에 도매조합이 크럼프살 비스킷 작업장과 레스터 신발 공장을 개소했기 때문이었다. 앞에서 시사했듯이, 닐은 그러한 발전 결과를 환영했다. 그는 항상 도매조합이 거대한 마케팅 시설들을 갖추고 협동조합 작업장들에게 가장 효과적인 창업지원센터로서 봉사하게 될 것으로 생각해 왔기 때문이다. 그러나 그는 또 오랜 협동조합 이상들에 엄격하게 부합하는 방식으로 그 거대한

---

30 C.N., III[1873] 480쪽.

연방기구가 노동자의 이익을 위해서 자신의 새로운 공장들을 경영하는 것이 가장 중요하다고 느꼈다. 소비자들의 이익만을 위해 노동 착취를 정당화할 수 있다는 연방주의의 위협은 어떤 대가를 치르더라도 대항해야 할 대상이었다. 닐은 마침내 '연방적 생산에 관하여'라는 제목의 연설을 통해 자신이 생각할 때 그 이슈들을 해결해줄 것이라고 희망을 품을 수 있었던 특정한 제안을 했다. 닐은 협동조합 작업장의 완전한 독립성을 옹호하지 않았다. 도매조합의 이사회에 속한 자신의 반대자들 중 일부는 그가 그 점을 옹호할 것이라고 예상했다. 그 대신 닐은 자본의 보유 금액과 이윤의 공유 양쪽 측면 모두에서 노동자와 소비자 간 동등성을 찾는 방안을 옹호했다. 닐은 그런 동등성이 다음과 같은 방법을 따르면 쉽게 이루어질 수 있을 거라 여겼다. 그 방법은 노동자들에게 제공되는 이윤 공유 금액이 그 결사체에 대한 노동자들의 출자 계정에 추가 적립되도록 의무화하는 요건을 정한 후, 그 계정의 총액이 소비자들에 의해 출자된 자본금의 총액과 동등한 금액에 도달할 때까지 노동자들의 출자 계정을 채워가는 것이다. 또한, 그는 노동자들이 자기 작업장의 경영에 효과적으로 참여해야 하며, 유통 센터의 이사회에서도 자신들의 대표성이 발휘될 수 있어야 한다는 입장을 고집했다.[31] 그 유통 센터는 CWS 또는 로치데일 개척자들 같은 개별 조합이 될 수도 있으며, CWS와 회원 점포들 사이에 존재하는 것과 유사한 연방적 연결 관계를 유지하게 해주는 수단으로서의 역할을 하는 것을 의미했다. 닐이 사무총장이 되었을 때, 소비자 측의 주요 논객 중 한 명인 너탤을 대체했다는 사실은 그의 집필 활동에 신랄함을 더해주었다. 그는 무시될 수 없었다. 결과적으로 1874년은 닐이 협동조합 뉴스 신문의 지면들에서 연방주의자들의 비판에 대응하는 기사를 연이어 집필하지 않으면 안 되었을 만큼 많은 글들을 발표했던 한 해였다. 문헌상에서 닐의 반대자들 중 가장 가공할만한 인물로는 너탤과 스스로를 의협심 있는 중세 기사처럼 꾸몄던 '베야르Bayard'라는 익명의 필자가 있었다.

그렇지만 1874년에 닐의 활동 중 가장 흥미로웠던 것은 '협동조합 상업회

---

31 E.V.Neale, 'On Federative Production', *C.N.*, III[1873] 586쪽. 또한 닐의 'The Position of the Individual in Cooperation', *C.N.*, III[1873] 529쪽과 'On the True Spirit of Cooperative Propaganda', *C.N.*, III[1873] 624쪽 역시 참조.

의소$^{\text{Cooperative Chamber of Commerce}}$'라고 불렸던 독립적인 생산자 조합들의 소규모 연맹체를 설립했던 것이었다. 그것은 주로 그 도매사업체가 자신의 직접적 통제권 아래 놓이지 않은 작업장들에 거의 관심을 갖지 않는다는 사실에 대처하기 위해 필요했다. 특히 협동조합운동 내에 시장도 없고, 그에 따라 협동조합 소비자들에게 배당의 방식을 통해서는 아무 것도 줄 수 없는 제품만을 보유한 곳들을 조직 대상으로 삼았다. 비록 단명했고 특별한 존재감도 보여주지 못했지만, 닐은 놀라울 정도로 정교했던 여러 가지 생각들을 그 신규 기구를 설계하는 데에 가미했다. 그 기구는 산업의 합리화나 전국 단위의 계획이라는 근대적인 개념의 기본 요소들 중 일부를 기대했다. 시장 조사와 시장 안정, 체계적인 광고, 확장을 위한 자본의 공급, 생산 가공 공정의 개선과 관련된 정보의 공동 이용 제도, 비록 대체로 그 기능이 분쟁의 해결로 제한되었지만 품질과 가격의 규제를 위한 기능들, 특정 산업 내 개별적 생산 조합들 간 경쟁을 방지하기 위해 고안된 중재 장치 같은 요소들이었다.**32** 협동조합 상업회의소에서 닐은 다시 자신의 예지력을 드러냈다. 그는 현실의 문제와 관련하여 자신의 상상력을 집중할 경우 시대에 훨씬 앞선 아이디어들을 떠올렸던 경우가 많았다.

그러나 상상에는 천재적이었을지 몰라도 소비자들의 연방주의라는 복음에 대항하고자 했던 닐의 온갖 노력은 불충분했던 것으로 판명되었다. 1875년 여름에 CWS는 '올리버 트위스트 성격'의 보살핌 의무를 지나치게 강조하는 '애완견 이론$^{\text{Pet Theory}}$'이라거나 뇌물이라고 다양하게 비하하던 이윤 공유 제도를 완전히 포기했다. 그것은 그 조직체의 역사에서 가장 중대한 조치를 취한 것이었다. '만약 우리가 임금을 목적으로 자신들의 서비스를 우리에게 제공하도록 사람들을 이끌 수 없다면, 우리가 그 사람들을 바꿀 때가 되었다'리는 주장이었다.**33** CWS의 런던 지부는 그 조치에 반대했다. 뉴캐슬 지부

---

32 *C.N.*, V^{1874} 160쪽 참조.
33 개척자 조합의 대표였던 하워드$^{\text{Abraham Howard}}$는 '영예롭고 정직한 사람들은 자신의 의무를 수행하기 위해 뇌물을 원하지 않는다'라고 응수하면서 이윤 공유를 포기하자는 동의^{動議}에 재청^{再請}했고, 스토트$^{\text{Samuel Stott}}$는 다음과 같이 무례하게 말하며 재청 의견에 동의했다. '…매우 딱하게도 자신들의 애완견 이론을 대변했던 그런 젠틀맨 분들에게는 그런 커다란 동정심이 있는 것이 당연합니다.…어떤 분인가는 그것이 포기하도록 허용

는 뚜렷한 의견이 없었다. 힘의 균형 면에서 압도적이었고 이제는 미첼에 의해 휘어 잡혀 있던 맨체스터가 승리했다.

만약 연방주의자와 개인주의자 간의 갈등에 정확히 어떤 이슈가 관련되어 있는가와 관련하여 협동조합 운동가들의 마음속에 여전히 해결되지 않고 답답하게 맴돌고 있던 의문들이 있었다면, 그 의문들은 왓츠가 마침내 너텔과 '베야르'에 의해 이뤄졌던 선례를 추종하며 협동조합 뉴스 신문에서 닐과 공개 논쟁을 벌였을 때 깨끗이 불식되었다. 그들은 각자의 이름에서 첫 글자를 딴 'E.V.N.' 대 'J.W.'라는 인물들로 가장한 채 논쟁을 벌였다. 그 논쟁은 공식적인 논쟁에서 필수적이라고 여기는 예절을 벗어날 정도로 치열하게 진행됐다. 닐은 그 논쟁에서 절제의 선을 해제했다. 닐은 '카이사르 전제주의와 연방주의$^{\text{Caesarism and Federation}}$'라는 제목의 기고문에서 CWS가 카이사르 독재 정책을 추구하고 있다고 전투적으로 선언했다.34 그것은 완벽하게 균형 잡힌 관점을 유지한 추진체로서 가치 있는 노력이었다. 선명한 논조, 논리의 전개, 능숙하게 과장된 유추는 닐이 논증적 글쓰기 기술을 완전히 숙달했음을 보여주었다. 비록 그의 용어가 협동조합운동의 맥락에서만 쉽게 이해될 수 있었던 것일지라도, 그의 집필 작업 아래 놓여 있던 패턴의 일부는 보편적으로 적용될 수 있는 것이었다.

> 만약 필자가 그 시스템에 대해 카이사르 전제주의라는 이름을 부여했다면, 그것에 대해 부당하게 반대되는 편견을 만들어내기 위한 것이 아니다. 불가피하게 폭정을 수반하는 중앙집중화 경향이라는 그것의 진정한 성격을 그처럼 정확하게 표현해줄 수 있는

되는 것이 유감이라고 말했습니다. 그 분은 그것이 도입되었던 적이 있었다는 점을 유감이라고 생각했습니다. 그것은 올리버 트위스트 같은 성격을 많이 가졌고 끊임없이 한 그릇만 더 주세요라고 요구하고 있었기 때문에 결코 성공하지 못할 것이었습니다. 그분은 그런 예측에 도전했습니다.' *C.N*, VI^{1875} 352쪽. 그런 식으로 세월은 많은 협동조합운동 지도자들의 견해에 현저한 변화를 일으켰다. 로치데일 개척자들이 도매 부서를 설립해야 한다는 닐의 '제안'을 받아들였을 때인 1855년에 그들은 이상주의를 따라 '모든 사람 각자가 스스로의 고용주가 되는 지점에 이르자'라고 말했었다. *Cooperative Commercial Circular*, No.17^1 $^{\text{March 1855}}$ 126쪽.

34 *C.N*., VI^{1875} 378~379쪽.

어떤 이름도 필자가 알지 못하기 때문이었다. 소위 형제애적 정부라고 불리는 기타 많은 경우들에서처럼, 비록 이 사례의 경우에서도 그렇지만, 그런 폭정은 오로지 공동선을 위한 것이라는 가정을 갖고 자행된다. 필자는 그런 시스템을 옹호하는 사람들이 그것의 민낯을 가장하는 수단으로서 연방주의라는 이름을 '총체적으로 그릇되게 적용'해 왔다는 점 때문에 더욱 그 시스템에 그런 이름을 부여하도록 유도되었다.[35]

닐은 그 도매사업체와 그곳의 회원 조합들인 점포들 사이의 관계가 연방주의적이다라는 점은 인정했다. 대의원들의 회의체라는 순수한 민주주의의 사례들로서 그렇다. 그러나 그 도매조합이 직접 생산 활동들을 수행해버리는 수단으로 제안했던 그 시스템은 연방주의적이지 않다는 입장을 고집했다. 연방주의적 이상은 작업장을 직접 설립했을 때 그 도매사업체에 의해 완전히 각하되어 버렸다. 연방주의적 이상 대신 '카이사르 전제주의'를 실천하고 있는 그들은 생산자들에게 그런 이상 차원에서 어떤 발언권도 주지 않고 모든 것을 직접 규율하려는 중앙의 권위체를 만들어냈다.

'개인주의자'라는 단어는 고립되어 있고 제멋대로이며 경쟁을 일삼는 노동자 소유의 작업장을 설립하는 것을 옹호하는 사람들을 지칭하는 용도로 사용되었다. 그렇다면 그 도매사업체의 거물들은 종이호랑이를 창조해낸 것이었다. 그런 의미의 개인주의자는 없기 때문이었다. 특히 그것은 닐이 이끌었던 어떤 것과도 싸우지 못한 결과를 낳았다. 닐은 그 기고문에서 적어도 가까운 장래에 CWS로부터 그 산하에 있는 공장들의 소유권과 통제권을 박탈할 의도가 없다는 것을 공을 들여 내비쳤다. 도매조합들은 유아기의 협동조합 작업장들에게 유모 역할을 해야 한다. 닐은 그런 센터들이 많이 있어야 한다고 생각했다. 작업장은 출범 초기에 매우 의존적이게 된다. 자본을 공급한 도매사업체는 지배적인 권위를 행사하게 되고, '현지 차원의 질투 섞인 영향력들과 작업장 내부의 파벌들 위에' 군림하게 된다. 그럴 경우 그 도매사업체는

---

35 같은 자료 378쪽.

그곳에 필수적인 만큼의 도덕적 질서를 부과할 수 있게 될 것이다. 하지만 궁극적인 목표가 그곳을 거대한 연방적 연맹의 자율적 인자들로 전환시켜 내는 것이기 때문에 노동자는 점진적으로 자치 능력을 갖추기 위해 젖을 떼야만 한다. 그런 신규 생산 시설의 초창기 경영자들은 논리적으로 생각할 때 CWS가 선임한 사람들일 것이다. 그러나 그 경영자들은 노동자들이 도매조합의 분기별 회의에 파견하는 대의원을 보유하게 될 것이기 때문에 자신들의 행동이 심의 대상이 될 것이라는 점을 알게 될 것이다. 닐은 CWS의 현재 행동이 불의하고 변명이 안 되는 것이며, 사람을 노골적으로 매매하는 것만 아닐 뿐 가능한 한 가장 저렴한 조건으로 사람을 채용하고 자신들에게 이익이 되는 모든 것을 전유하려는 강하게 경쟁을 강조하는 고용주들의 행동과 전혀 다르지 않다고 결론지었다.

> 만약 사자가 모든 것을 가져가 버린다면, 전리품 분배에 대한 어떤 골치 아픈 문제도 없다. 자본에 대한 이윤은 내가 자재를 샀기 때문에 창출된다. 노동에 대한 이윤은 내가 임금을 지급했기 때문에 창출된다. 소비에 대한 이윤은 내가 소비했기 때문에 창출된다. 그런 논리는 자신들에게 유리한 쪽으로만 따지려는 사람들에게 만족스러울 셈법을 기준으로 분할하겠다는 것일 뿐이다.[36]

왓츠는 자기 역시 협동조합 활동의 이윤에 대한 노동의 민주적 참여에 우호적이기 때문에, 원칙적으로는 보이는 것보다 닐과 더 가깝다고 답변했다. 그러나 그는 모든 노동자가 각각 협동조합 점포의 조합원이어야 하고, 그 점포가 결국 도매사업체의 회원이어야 한다는 점이 가정될 필요가 있다는 논리를 펼쳤다. 그러면 그 노동자는 '자신이 창출하도록 돕는 이윤뿐만 아니라 자신이 그 점포에서 구입하는 모든 상품의 생산자들에 의해 만들어지는 이윤에 대해서도 부분적 수취자'가 된다.[37] 그는 리카도^{Ricardo}의 아이디어 중 가

---

36 같은 자료 379쪽.
37 같은 자료 390쪽.

장 논란이 되는 것을 자신의 것으로 편취했고, 그것들을 닐에 대립하는 것으로 만들었다. 왓츠는 노동자들이 빈번하게 생산의 결실 중 너무 많은 몫을 챙김으로써, 임금과 자재를 위해 이용가능한 자본의 제한된 금액을 고갈시키기 때문에 일부가 고용 상태에서 밀려났다고 불평했다. 그는 닐에 대해서 한편으로는 '게으른 사람Idler들과 부주의한 사람Sloven들'을 구별하지 못했고, 다른 한편으로는 '부지런한Industrial 노동자들과 세심한Careful 노동자들'을 구별하지 못했다고 책망했다. 왓츠는 후자에게만 회사의 번영에 대한 공을 돌렸다. 닐이 노동에 대한 정의를 호소하는 것에 관련하여 왓츠는 자기 자신이 생각하고 있는 도덕적 주장들로 맞섰다. 그는 이른바 '성 월요일' 의식이라고 비유되는 월요일에 일하기를 피하는 나태한 습관이 지속적인 골칫거리였지만 그런 문제에 대한 손쉬운 해결책이 빠르게 발견되었던 공장의 이야기를 들려주었다. 결근자의 임금을 결근 일수만큼 삭감하고 그렇게 얻은 돈을 일하기 위해 출근한 사람들에게 분배하는 것이었다. 왓츠는 '그 결과 성 월요일이 그 숭배자들을 잃었던 것'이라고 단조롭게 결론을 정리했다. 왓츠는 그것이 공정한 것이고, 그 결과는 도덕적이었다고 생각했다.[38]

연방주의자들은 자신들의 사업 관행을 재정적으로 건전한 것이라고 방어할 수 있었다. 반면, 그들의 논리는 닐이나 그의 친구들과 논쟁을 벌이면서 자신들의 시스템이 사회 변혁이라는 커다란 과업을 수행할 수 있는 능력이 있다는 것을 보여주려고 했을 때 완전히 타당성을 잃었다. 왓츠의 제자 격이었던 미첼은 그 점에서 특히 순진했다. 그는 수 천 명의 잉글랜드인들에게 협동조합 점포들로부터 구입한 내역에 대한 배당금으로 1년에 몇 실링을 제공하는 힘들며 점진적인 절차를 통해 자본주의의 모든 악을 실제로 완화할 수 있다고 의심 없이 믿었다.[39] 닐은 그런 점에서 특허를 가진 듯 한 몰상식에 대해 참지 못했다. 미첼이 1876년 1월에 올덤에서 이윤이란 '500명의 수중에 들어가게 하는 대신 10,000명 또는 15,000명의 사람들에게 분배될지도 모르는 것이다. 협동조합운동이란 모든 남성과 여성이 각자 자신들의

---

38 같은 자료.
39 *C.N.*, VII[1876] 137쪽.

가정에서 자신들이 종사하고 있는 산업 기업체들의 편익을 느껴야 한다'라고 연설했다.40 닐은 그것을 사실상 협동조합의 선전 활동, 협동조합의 교육시설 확장, 더 많은 작업장과 점포 설립에 필요했던 자금이 대부분의 경우 그것을 가장 적게 필요로 했던 사람들인 수 천 명의 사람들에게 실링과 펜스 단위로 쪼개져 비양심적으로 허투루 쓰이게 된다는 것을 말하는 것이라고 해석할 수밖에 없었다. 닐은 협동조합적 생산으로부터 창출된 이윤에 대해 다음과 같이 주장했다.

> …구매 실적에 따라 소비자들 사이에 분배된다면, 백스터$^{Dudley\ Baxter}$ 씨와 레비$^{Leone\ Levy}$ 씨의 계산에 따를 경우, 소득과 구매력이 필연적으로 비례하기 때문에, 그것의 6/10은 현재 영국의 연간 소득 중 60%를 가져가고 있는 인구의 주머니에 들어갈 것이다. 그들은 영국 전체 인구 중 23%에 불과하다. 나머지 4/10만 현재 전체 소득의 나머지 40%를 가져가는 총인구 중 77%의 주머니에 들어가게 될 것이다. 같은 근거를 따르면, 그 40% 중에서도 가장 큰 몫은 항상 재산을 더 많이 가진 사람들에게 귀속될 것이다. 따라서 그들은 연속해서 자신들보다 일반적으로 더 가난한 계급을 희생시킴으로써 이득을 취하게 된다. 그런데 그런 식으로 분배되는 이윤은 그렇게 희생되는 계급의 노동에 의해 생산된 것이었다.41

관점으로 보자면, 배당금에 근거하여 사회 혁명을 구상하고 있다는 점에서 가장 비현실적인 협동조합 운동가들이었던 이들은 바로 그 도매사업체의 연방주의자들인 것으로 보이게 된다.

홀리요크는 처음에 자신의 팜플렛인 『협동조합운동의 논리』$^{The\ Logic\ of}$

---

40 같은 자료 44쪽.
41 *Eighth Cooperative Congress, Glasgow, 1876*$^{Manchester,\ 1876}$ 21쪽. 이탤릭체는 필자의 강조. 또한 E. V. Neale, 'The Hebden Bridge Manufacturing Society', *C.N.*, VIII^{1877} 54~55쪽 참조.

Cooperation, 1873』에서 연방주의자의 입장을 지지했다. 그 책자는 '가난한 소비자'라는 개념을 옹호해주었던 고전이 된 책이었다. 그러나 그의 '논리'는 궁극적으로 방향의 변화가 불가피하게 되었다. 도매조합이 그 보너스 제도를 포기한 후, 홀리요크는 극적인 의견 변화로서 완전히 180도로 뒤바뀐 입장을 갖게 되었다. 그것은 소비자들의 복음을 방어하고 있는 자신의 이전 동료들에 대해 반대편의 입장에서 웅변조에 가깝게 외친 것이다. 지난날 그들을 대신하여 펼쳤던 홀리요크의 부연 설명 활동은 채 3년을 넘기지 못했다. 1876년에 글래스고에서 열린 제8차 총회에서 닐에 대하여 '감상적이다'라는 혐의가 제기되었다. 홀리요크는 평소의 신랄한 유머를 사용하며 '개인주의자들'의 진영으로 완전히 옮겨 갔다. 그는 닐의 계획이 감상에 기초를 두고 있다는 혐의를 기각했다. 그리고 닐에게 그런 혐의를 씌웠던 고발자들에게 "왜 자신들의 감상을 오로지 배당금에만 쏟아부었던 그쪽 계급의 연사들보다 더 감성적이었던 사람이 아무도 없었을까요"라고 재치있게 재답을 던져 모든 이들로부터 폭소가 터져 나오게 했다.[42]

---

42 *Eighth Congress* 56쪽.

6장

협동조합 운동가와 노동조합 운동가 : 개인주의 대 연방주의
1873~1879

여러분들은 '노동자들'에 대해 이야기합니다.…그런데 여러분들이 야말로 누구입니까? 여러분들은 점포 관리자들입니까? 여러분들은 '최상류층'의 일원입니까? 도대체 여러분들은 누구란 말입니까?

- 로이드 존스[1879]

소비자 협동조합의 주도적 이론가 중 일부가 노동자들을 향해 부정적인 태도를 드러냈던 것은 새로운 현상이 아니었다. 또 그것이 무엇이었든 특정 사건과 관련된 것도 아니었다. 그렇지만, 분명히 오즈번 작업장이 도산했던 것뿐만 아니라 1873년 대공황 이후 엄혹했던 경제 상황들은 그들이 가졌던 편견을 악화시키는 경향이 있었다.

1860년대 후반과 1870년대 초반에 극적으로 사업 호황을 자극했던 것은 동유럽과 미국을 중심으로 경제가 크게 급등하며 발전했던 요인이었다. 그 발전은 프랑스-프로이센 전쟁으로 인해 영국 제품에 대한 수요가 증가하면서 가속화되었다. 국내 시장에서는 가격이 치솟았고 그에 비례하여 이윤도 증가했다. 그것은 또 투자가 쇄도하고 신규 사업 계획들도 급증하도록 자극했다.[1] 노동계는 더 많은 것을 요구했고 파업을 통해 그것을 쟁취했다. 산업

---

[1] 1860년대 후반의 사업 호황기 그리고 그에 이은 불황을 이끌었던 사건들에 대한 설명

파트너십 사업체는 그런 노동의 증대된 요구에 대한 반응 중 하나였다. 일반적으로 높은 이상에 의해 동기가 부여되었지만, 파트너십 사업체들은 종종 노동자들을 무장 해제시키고 고용주가 이득을 거둬가는 동안 노동자들을 잠잠하게 만들었던 일종의 산업 분야의 아편으로 사용되어 왔었다. 브릭스 회사의 탄광이 그런 사례로서 상기될 수 있다. 협동조합운동 역시 더 커다란 이윤을 가져다 줄 그런 호황 현상의 도전에서 밀려나지 않기 위해 확장해 왔었다. 예를 들어, 석탄 가격이 급상승했을 때 협동조합 운동가들은 수많은 불운을 겪게 되었던 탄광들을 출범시킴으로써 대응했다. 광업에 대한 광적인 열기가 처음 시작되었던 1872년에만 에클스쉴Eccleshill, 다윈Darwin, 리즈Leeds, 뉴캐슬어폰타인Newcastle-on-Tyne에서 탄광 사업체들이 협동조합 운동가들에 의해 개업했다.2 심지어 런던의 협동조합 운동가들조차 탄광사업에 뛰어들었다. 1873년에 닐, 그리닝, 휴즈는 신규 협동조합 탄광사업체들에 의해 공급되는 석탄을 소매할 목적으로 웨스트민스터에 석탄협동조합Coal Cooperative Society을 설립했다.3

탄광업의 경제 거품은 1873년에 꺼졌고, 그 영향이 세계적으로 파급되었다. 공황 상태는 5월에 비엔나에서 시작되어 빠르게 독일로 번졌다. 절정은 9월 18일에 제이쿡앤드컴퍼니Jay Cook and Company가 도산했던 뉴욕에 이르렀을 때 찾아 왔다. 충격의 여파가 제이 굴드Jay Gould 같은 거대 부호들을 덮쳤다. 영국에서는 비엔나와 뉴욕시에서 나타났던 것과 비교할 만한 공황 상태가 없었다. 그러나 탈출구도 없었다. 가격은 떨어졌고, 이윤은 점점 줄어들다가 말랐다. 임금이 삭감되었고, 협동조합계의 이윤 공유나 보너스에 대한 이야기는 무모한 것이 되었다. 이번에는 과거의 경제적 재난 상황들과 달리 국가가 회복 노력에 나서기를 거부했다. 죽어 있거나 죽어가는 사업체들이 그 10년이 끝날 때까지 경세계 도서에 흩어져 있었다. 대부분의 신업 피트너십 사업체들은 완전히 사라졌거나 단순한 주식회사들로 되돌아갔다. 그 전

은 S.G. Checkland, *The Rise of Industrial Society in England, 1815~1885*New York. 1964 45쪽 참조.

2 Cole, *A Century of Cooperation*, op.cit. 161쪽.
3 'The Coal Question', *C.N.*, III[1873] 310, 467~468쪽.

형적인 사례로서 1874년에 파업에 직면했던 브릭스 회사는 자신들의 기만적인 이윤 공유 제도를 중단시켰다. 신규 협동조합 탄광사업체들은 느렸지만 확실하게 문을 닫았다. 정상적인 조건에서라면 그 갱들을 수익성 있게 만들수 있을 만큼 충분한 협동조합적 석탄 소비가 확실히 있었다. 그러나 그들은 모두 석탄 산업이 높은 호황기에 있을 때의 가격을 기초로 삼아 출범되었고 장기간의 불황 동안 유지될 수 없는 것으로 판명되었다. 그런 불경기 속에서 노동을 향한 태도들이 경직되었던 것은 분명하다. 하류층과 중산층을 구분했던 벽은 조금 더 높아졌다. 분명히 중산층으로 간주되었을 협동조합계의 위원족들은 냉정해졌다.

협동조합 세계에서 가장 낙담할 만한 실패라고 간주되었던 것은 1875년 여름 오즈번 기계작업장의 도산이었다. 그런데 그 원인이 경기 침체보다 루더포드의 잘못된 경영에서 더 비롯된 것이었다는 것은 역설적이었다. 그 도산은 협동조합운동 내부의 의견들에 가장 심대한 영향을 미치게 되었다. 루더포드의 광폭 선전 활동이 오즈번 기계작업장을 이른바 '개인주의자'의 협동조합적 생산을 옹호하는 주장의 틀 안으로 엮어 넣어버렸기 때문이었다. 처음에는 자신들의 손실을 계산하는 데에 너무 바빠서 그런 맥락까지 깨닫기 어려웠다. 그러나 그 회사의 도산은 연방주의자들에게 정확히 노동자의 통제권, 개인의 주식 보유, 이윤의 공유에 대한 이야기를 영구히 끝낼 수 있게 하는 빌미를 제공했다. 아이러니하게도 루더포드 스스로가 가장 악영향을 주었던 논거를 연방주의자들에게 제공했다.[4] 그는 오즈번 기계작업장의 도산이 오로지 노동자들의 10% 임금 인상 요구 때문이었다고 주장했다. 오즈번의 사업체에 상당히 많은 자금을 투자했던 너댈은 CWS가 그곳을 인수해버림으로써 루더포드의 관점을 뒷받침해주는 데 시간 낭비를 하지 않아야 한다고 간절히 바랬다. 루더포드와 마찬가지로 그 역시 손실을 노동 쪽의 탓으로 돌림으로써 그 회사가 건전했었다는 것을 입증하려고 했다.[5] 왓츠 역시 자기가 가진 선입견이 참이라고 주장하기 위한 도덕적인 예시 사례로서 오즈번 기계

---

[4] *C.N.*, VI[1875] 487쪽.
[5] *C.N.*, VII[1876] 51쪽.

작업장의 노동자들을 이용했다. '노동자 : 문제'라는 제목을 붙인 한 혹평에서, 왓츠는 노동자들이 더 많은 급여를 요구함으로써 "그 회사를 청산하게 했고 자신들 스스로까지 거리로 나앉게 했다"고 혐의를 제기했다. 그리고 약간의 열정을 보이며 결론으로는 '그렇다 하더라도 누군가 노동자들 일반에게 티끌만큼의 분별력이나마 넣어줄 수 있다면, 그들의 손이 미치는 곳에 있는 미래가 얼마나 멋진 것이겠는가!"라고 썼다.6 로이드 존스는 생산자 협동조합운동의 공개적 지지자 가운데 한 사람으로서 수년 동안 비정기적으로 협동조합의 전통 고장에서 유세를 이어 왔던 사람이었다. 그는 노동이 오즈번 기계작업장의 도산에 책임이 있다는 견해에 특히 반대하는 선언을 했다. 『비하이브Beehive, 별집』라는 매체의 지면에서, 그는 왓츠에게 성을 내며 "우리로서는 유감스럽지만, 그 티끌의 분별력이 노동자들의 머리가 아닌 다른 사람들의 머리에 부족한 것이다"라고 응수했다.7

불행히도 협동조합 운동가들만이 협동조합 산업계에 새롭게 등장했던 거인들의 부정적 복음을 듣게 된 건 아니었다. 그 결과 초창기 몇 번의 총회에서 아주 뚜렷하게 이어져 왔던 직종별 노동조합들과의 우호적인 관계가 1870년대 중반 무렵에 끝났다. 여전히 노동조합과 협동조합 간 긴밀한 제휴에 대한 제안은 가끔 로이드 존스 같은 사람들로부터 들려왔다. 그러나 그런 제안들은 두 운동의 중심 기관에서 다수결에 의해 일관되게 일축되었다. 1877년에 직종별 노동조합 총회TUC, Trade Union Congress의 의회위원회는 레스터에서 집결한 노동자들에게 다음과 같이 보고했다.

> 위원회에서 조심스럽게 말하건대, 우리 중에 협동조합 시스템이 보유하고 있는 선을 실천할 수 있는 힘에 대해 충분히 인식하지

---

6 같은 자료 87쪽.

7 같은 자료 157쪽. 로이드 존스는 해당 회사의 경영진을 비난했다. '오즈번은 자신들의 사업에 대해 지식이 없었고 심각한 손실이 초래되었던 계약을 체결했던 사람들에 의해 경영되었기 때문에 도산했다. 그 사람들은 아무 것도 하지 않았다. 그곳은 서투른 경영으로 인해 무너졌고, 그렇다면 그들은 즉시 그것을 인정해야 한다.' 같은 자료 153쪽. 궁극적으로 너탤 역시 경영의 실패를 강조했다. 같은 자료 187쪽. 오즈번 기계작업장의 해산과 관련된 루더포드의 부정직한 활동에 대한 정보는 같은 자료 625~627쪽 참조.

못하는 사람들이 있다. 반면, 우리는 협동조합운동 안에도 더 커다란 이윤을 추구하려는 열망에서 협동조합의 작업장들에서조차 단지 노동만을 요구하고 노동을 징발하기 위해 상당한 물리력을 필요로 하는 사람들이 있다고 생각한다.8

그러나 미첼, 왓츠, 너낼 같은 연방주의의 거물들만이 TUC를 불쾌하게 한 의견을 보유했던 것은 전적으로 아니었다. 닐 역시 이 영역에서 스스로 극복해야 할 몇 가지 편견이 있었다. 그에게서 변함없이 나타났던 맹점 중 하나는 직종별 노동조합주의에 대한 반감이었다.9 그것은 마르크스주의자들과 똑같은 것이었다. 마르크스주의자들은 종종 노동조합들이 필연적이라고 가정되는 혁명적 투쟁으로부터 주의를 딴 데로 돌리고 끊임없이 중간 계급의 선택과 가까워지려고 하는 과정을 통해 노동자들을 안심시켜서 자본주의 사회를 받아들이게 한다고 비난했다. 닐 역시 노동조합이 유익하다는 노동자들의 믿음이 '자연스럽게 그들에게 영구히 편익을 얻을 수 있도록 해주는 연맹에 대해서는 노동자들을 무관심하게 만드는 경향이 있다'고 추론했다.10 1930년대에 어니스트 베빈Ernest Bevin, 1881~1951과 스태포드 크립스Sir Stafford Cripps, 1889~1952를 갈라놓았던 동일한 류의 견해 차이가 1870년대에 직종별 노동조합주의와 닐을 갈라놓았다. 크립스와 닐은 모두 보수 세력으로서 직종별 노동조합주의에 대해 우려했다. 그럼에도 불구하고 반대 입장을 명확히 해 왔지만 닐은 당대의 자본주의 사회를 감안하면 강력한 노동조합이 하나의 필요악임을 인정했다. 그런 판단은 그의 주장을 약간 약화시켰을지 모른다. 그러나 닐의 기본적인 상식 역시 다시 한번 들여다보게 해준다.11

실제로 닐은 직종별 노동조합의 활동 중 한 가지 중요한 측면에 대해서는 전적으로 칭찬했다. 그것은 조합원들이 실업, 질병, 사망의 어려움에 처했을

---

8 C.N., VIII[1877] 503쪽에서 인용된 내용을 따른 것.
9 예를 들어, Eighth Congress, p.v. 참조.
10 C.N., VII[1876] 480쪽.
11 L.Jones, 'Preface to Congress Report', C.N., VII[1876] 429쪽. E.V.Neale, 'Trade Unions and the Congress Report', C.N., VII[1876] 443~444쪽 참조.

때 노동조합들이 해당 조합원들에게 급부를 제공하는 상호보장 조합$^{\text{Mutual Assurance Society}}$들로서 기능을 수행하는 것이었다.12 그는 협동조합 공화국을 향해 나아가는 과정에서 노동조합을 우애조합으로 전환시키는 작업이 필요하다고 믿었다. 상호 보장을 위한 조직체들은 고용주들과 싸우기 위한 조직체들로 되지 않고, 새로운 사회 질서에 필수적인 요소들로서 쉽게 자리를 잡게 될 것이었다. 1852년에 노동조합들에 대한 그의 충고는 노동조합들이 당시에는 파업을 위해 자금을 저축했지만 앞으로는 그 자금을 상호 보장과 협동조합 작업장의 설립을 위해 사용해야 한다는 내용이었다.

   자신의 아이디어를 이행하기 위해 1877년 1월 20일에 반슬리에서 닐은 광범위한 기반을 가진 협동우애조합$^{\text{Cooperative Friendly Society}}$에 대한 계획을 제출했다. 그의 계획은 질병, 노령, 사망에 대한 보험뿐만 아니라 특정 연령에 도달한 아동들에게 일시 축하금을 주는 것 같은 기타 서비스도 제공하는 것이었다. 그 계획은 포리스터스 우애조합^{Foresters}이나 오드펠로우스 형제애조합$^{\text{Oddfellows. 1730년에 처음 문건에 등장했던 형제애 상부상조조합}}$ 같은 대규모의 결사적 조직체^{Order}들에서 조합원에게만 한정하여 제공하던 부조들과 유사한 편익을 제공하려는 의도를 담고 있었다. 열광적으로 받아들여졌던 협동우애조합은 정해진 절차를 거쳐 연방 단위의 조직체로서 등록되었다. 그 조직체는 하나의 중앙 본부가 수많은 권역 단위 지부들을 거느린 형태를 갖췄다. 닐은 그곳의 경영을 주로 책임지게 될 협동보험조합$^{\text{CIS. Cooperative Insurance Society}}$으로부터 전폭적인 지지를 받아냈다. 그 신규 조직체는 세심하게 설계되었다. 신뢰할 수 있었던 보험계리표는 당시로서는 최신 출판되었던 보험계리위원회의 보고서에서 발표된 요율을 근거로 작성되었다. 어떤 조합원도 정기 할부 보험료 형태로 납부되는 고정 금액 이상을 납부하도록 강요받지 않았다. 그러나 협동소합의 평조합원들은 신인도가 있는 CIS의 지원 약속이 있었음에도 불구하고 그 신규 기구를 이용하려는 어떤 성향도 보여주지 않았다. 닐은 간단히 조합원들에게 그 점포의 앞날을 내다보게 해줄 수 없었다. 1883년에 에딘버러 총회에서 그 조직체에 대한 해산이 공식적으로 발표되었다.

---

12 같은 자료 444쪽.

많은 동시대 사람들과 달리, 닐은 우애조합들이 노동계급의 절약을 장려했기 때문에 그것을 지지한 것이 아니었다. 그는 그들이 협동조합운동의 후원 하에서 연방적으로 통일된 전국적인 사회보험시스템의 기반 조직체로 성장해 나가는 모습을 기대했다. 그럼에도 불구하고 빅토리아 시대의 상류 계급들이 의심 없이 그런 조합들의 사회적 효용성을 받아들였다는 사실은 닐에게 가장 중요한 것이었다. 인류의 대다수가 본질적으로 혁신을 인식하는 데 느리기 때문에, 그는 하나의 새로운 행동 경로란 '이전의 관습 안에서 인식할 수 있을 정도로 멀리 떨어져 있지 않은 반경 이내에 있게 제시되어야 한다'고 쓴 적이 있었다.13

닐의 창작물 대부분과 마찬가지로 협동우애조합 역시 그 자체로는 거의 중요성이 없었다. 그의 협동조합 공화국 계획이라는 커다란 캔버스 안에서는 한 점의 페인트 얼룩 정도였다. 슬프게도, 우애조합, 노동조합. 협동조합 점포, 협동조합 작업장들은 모두 19세기 후반 동안 각자 서로 다른 길을 갔고, 닐이 의도했던 것처럼 사회주의적 연합체의 필수적이며 필요한 구성 인자들이 되기보다는 자본주의 시스템의 주변부에 상대적으로 비효과적인 조직체들로 남게 되었다. 닐이 자신의 웅장한 설계물을 이행하는 데 성공해버렸더라면, 가부장적인 복지 자본주의 시스템을 진화시킬 필요가 없었을 것이다. 그 시스템은 고통의 원인에 대처하기보다 고통을 완화시키는 데에 더 관심이 있던 사람들이 통제하는 사회적·경제적 개혁 수단들에 기반을 둔 것이었다. 노동자들이 닐의 꿈을 붙잡았다면, 그들은 일관된 사회 철학을 갖고 연맹적 운동 수단을 통해 노동자 스스로에 의해 스스로를 위해 고통의 원인에 대처하는 조치들을 수행해 낼 수 있었을 것이다. 그러나 훗날 그 조치들은 현상 유지 방식으로 주름진 부분을 다림질로 펴는 데에만 관심이 있는 계급들에 의해 노동자들을 대상으로 전락시키는 방식으로 수행되었다.

닐은 협동조합 뉴스 신문의 지면에서 노동조합주의자가 아닌 노동자의 대의를 지속적으로 옹호했으며, 왓츠와 달마다 더 강력하게 논쟁을 이어갔다.

---

13 E.V.Neale, *The Distinction Between Joint Stockism and Cooperation* Manchester. 1874 3쪽.

그는 1877년 여름에 "필자가 아니라 왓츠가 교묘한 내용으로 옹호했던 그런 새로운 연방 시스템이란 노동자의 상태를 상승시키기 위한 것이었던 우리의 기구를 노동자의 노동 결과물들을 값싸게 만드는 기획물로 전락시킨다"라고 썼다.[14] 그때까지 닐은 자본, 노동, 고객으로 나뉘어 반목하고 있는 요소들을 화해시키기 위해 산업적 이윤의 3자 간 분할을 기꺼이 받아들일 것처럼 보였다. 그러나 이제는 마음을 바꾸어, 궁극적으로 '이윤을 모두에게 분할하는 것이 포기되어야 하며, 자본에 대한 대가를 지급한 이후, 나머지 전체가 그 3자의 청구권자들 중 한쪽에게, 즉 주식회사 시스템이 주장하는 자본가나 그 도매사업 시스템이 지키려는 구매자가 아니라, 바로 노동자에게 주어져야 한다'는 결론을 주장했다.[15] 그 10년이 끝날 무렵에 닐은 자신의 말과 행동에서 점점 더 커다란 좌절감을 드러내기 시작했다. 1879년 초에 닐은 가능한 것들을 적절하게 고려하지 않고 항상 바람직한 것에 대해서만 이야기함으로써 협동조합운동에 해를 끼친다는 모함을 받았다. 그때 그는 그답지 않게 무례한 독설로 응수했다.

> 만약 플라톤이 너텔 씨와 같은 시대에 살았다면 아마도 50년을 기다려야 했을지도 모른다. 그러나 만약 그가 기다리기로 했다면 지금 당장은 벌레들 같은 청중만을 상대해야 하며, 가치도 크게 없다. 플라톤은 사람들의 머리 위에서 생각해보지 못한 많은 것을 이야기했다. 그럼에도 그의 말은 그 이후로도 대대로 울려 퍼져 왔으며, 지금 우리가 향유하고 있는 많은 것들이 그에게서 비롯된 것들이다.[16]

감정을 폭발적으로 쏟아 냈던 그 발언이 있은 지 얼마 안 된 시점에 닐은 홀리요크까지도 비난했던 적이 있었다. 당시에 홀리요크는 『협동조합운동의

---

14 *C.N.* VIII[1877] 393쪽.
15 같은 자료 394쪽.
16 *C.N.*, X[1879] 119쪽.

역사History of Cooperation』라는 책을 출판한 후 유명해졌다. 닐은 그의 책에 담긴 내용 때문에 홀리요크를 비난했다. 홀리요크는 타협적인 태도로 모든 것을 모든 사람에게 의미있게 해주려고 했다. 그의 책은 노동자들의 파트너십이라면 차이를 불문하고 모두 찬양했다. 또 소비자와의 공유가 필연적이라는 점 역시 인정했다. 그는 '자본과 노동은 그들의 생산물에 대해 돈을 지불하는 소비자들이 없을 경우 빈궁한 시기를 보낼 것이다'라고 용감하게 주장했다.17 홀리요크는 닐에 대해서 '정말 친절한 본성을 가진 신사이기 때문에, 옳은 일을 했더라도, 만약 누군가가 그것에 반대한다면, 사과할 사람이라고 믿고 있다'라고 언급했던 적이 있었다.18 그것이 일반적으로 사실일 수 있었겠지만, 그 책자에 대한 닐의 서평은 홀리요크의 감정을 거의 존중하지 않았다. 그는 불과 몇 년 전에도 홀리요크가 드러냈던 매우 똑같은 타협적인 견해들 중 일부 때문에 홀리요크를 강하게 공격했다. 홀리요크는 새로운 이윤공유 회사들 중 가장 찬사를 받았던 헤브던 브리지 퍼스천 조합을 칭찬했다. 닐은 그것을 비난했다. '…합계 1,110파운드 17실링 8페니 중 내 앞에 놓인 6개의 대차대조표에서 분할되어 나간 869파운드 12실링 10페니가 다른 사람들이 만든 것을 단순히 사용하기만 했던 사람들에게 갔고, 241파운드 4실링 10페니만 그것을 만들었던 노동자들에게 갔다.'19 소비자와의 공유에 대한 닐의 견해들은 다시 명확해졌다. 그는 소비자에게 아무것도 내주지 않으려고 했다.

1879년에 사태의 추이는 긴장을 더욱 악화시키는 방향으로 흘렀고, 연방주의자와 개인주의자 사이의 간극을 더 넓혔다. 영리 소매 거래업체들이 공무원 점포Civil Service Store*들과 협동조합 결사체들에 대해 공세를 개시했고,

---

17 같은 자료 129쪽.
18 *C.N.*, VII^{1876} 506쪽.
19 *C.N.*, X^{1879} 129쪽. 유사한 의견 표명은 E.V.Neale, 'The Sun Mill Company', *C.N.*, IX^{1878} 82쪽 참조.
• 역자 주_1864년에 당초 우체국 직원들에 의해 설립된 절반 분량의 음용 차 구매사업으로 시작하여 협동조합을 설립하고 커피, 설탕 등으로 취급 품목을 확대하였으며, 1865년에 모든 공무원들로 조합원 자격을 개방하면서 공무원 구매결사체Civil Service Supply Association로 발전한 단체.

의회가 조사위원회를 임명했다.[20] 그리고 7월에 왓츠는 그 위원회와 인터뷰를 했다. 그는 솔직하게 협동조합운동이란 '상품들을 도매 가격으로 구입하여, 소매 가격으로 판매하고, 그 차액을 분기별로 지급할 배당금 용도로 적립하며, 회원들에게 그런 배당금을 5%의 이자 수준으로 조합에 다시 맡겨두도록 장려하는 제도이며, 자신은 그런 협동조합을 근검한 습관에 대해 가르치고 가난과 궁핍을 예방하는 데 매우 중요한 요소로 간주한다'라고 묘사했다. 왓츠의 그런 설명은 동료 협동조합 운동가들 중 일부를 놀라게 했다.[21] 왓츠는 그 당시에 자주 대중 활동을 하면서 협동조합운동과 관련된 경제적 화제들에 대한 자기 생각을 피력했다. 1879년 늦가을에 사회과학 총회 Social Science Congress가 열리기 전 그런 종류의 자리에서 그는 정부 지출이 노동시장을 침체시키는 경향이 있다는 오늘날에도 여전히 일부 진영으로부터 나오는 주장을 확고하게 긍정했다. 실제로 그는 '과잉' 정부 지출과 실업 사이의 비례 관계가 단순한 산술적 계산의 문제라고 주장하는 데 주저하지 않았다.

> 지난 5년 동안…우리 국가의 지출은 직전의 5년 간 지출했던 금액보다 34,086,983파운드가 많았다. 그것은 340,869명에 해당하는 생산적 고용 수단을 감소시켰다. 그리고 1877~78년의 지출은 1869~70년의 지출보다 14,140,241파운드를 초과했고, 141,402명에 해당하는 생산적 고용 수단을 줄였다. 분명히 지출을 감축시킬 수 있는 방법이 있을 것이다. 정부는 그런 모든 사람들을 복직시키고 그 가족들을 먹여 살리기 위해 1869~70년의 지출 수준으로 돌아갈 수밖에 없다.[22]

---

20 공무원 점포civil service store들은 당시 런던에서 인기가 있었다. 산업 및 근검조합들처럼 등록의 편익도 추구하면서, 로치데일형 조합들과 달리 조합원 자격을 외부인에게 개방하지 않고 조합원만을 대상으로 원가 판매 활동을 전개했다. 그들의 합법적인 협동조합 점포들에 반대하는 주요 비난 요소는 그들이 자신들의 세금 부담을 공정하게 분담하지 않고 있다는 것이었다.

21 *C.N.*, X[1879] 468쪽.

22 E.V.Neale in 'Taxation and Government Expenditure', *C.N.*, X[1879] 706쪽에 인용된 내용을 따른 것임.

닐은 '세금과 정부 지출'이라는 제목의 기고문을 통해 응답했다. 그 내용은 자신의 아이디어가 담긴 약간 긴 인용문이 그 당시 대부분의 다른 경제 사상가들의 아이디어보다 훨씬 앞선 것임을 확인시켜주는 것이었다. 닐은 왓츠의 논리에는 정부가 그런 돈을 묻어버렸다고 하는 믿음이 요구된다고 주장하면서, 다음과 같이 상세하게 요점을 설명했다.

왓츠 박사는 스태포드 노스코트 경Sir Stafford Northcote이 국가 부채의 삭감을 위해 사용했던 소액을 제외하면, 정부의 세입은 모두 채무에 대한 이자든 급여든 임금이든 자재 구입비든 어떤 형태로든 생산적 고용을 촉진하고 '고용된 사람들과 그 가족들의 생계를 지원하기 위해' 다시 국가에 세출로서 투입된다는 사실을 알고 있지 않습니까? 정부가 건축 사업에 철근을 사용한다고 가정해봅시다. 정부는 철물 제조업자, 광부, 제련소, 엔지니어, 대장장이, 목수 등 그리고 그런 사람들이 파급 효과를 통해 고용을 일으킬 수 있게 도와주는 모든 사람들, 다시 끝없이 이어지는 직종의 사람들의 고용을 제공하게 됩니다. 그런 경우는 분명히…손실이 아니라 재산을 양도하는 것에 해당합니다. A에서 나간 것을 B에게 주는 것입니다. A로서는 자신의 영리 수단이 감소하는 것에 대해 투덜거릴 수 있습니다. 그러나 만약 그가 그런 재산의 감소 문제를 국가의 '손실'이라든가 국가의 생산력을 줄인 것이라고 침소봉대하고 그런 자신의 이기심에 존엄성을 부여하려고 한다면, 그는 몰상식한 이야기를 하는 것입니다…그러나 만약 우리가 위선적인 말들로부터 우리의 정신을 해방시키기 위해 건전한 판단에 필수 불가결한 조건들을 모두 충족하고자 한다면, 우리는 어떤 정부든 자신이 제안한 목표를 위해 자신에게 재량권이 있는 자금을 사용하여 현명하게 경제를 운용하고 있는가 여부를 질문하고 있는지, 아니면 우리가 그런 목표들을 승인했는가 여부를 질문하고 있는 것인지를 세심하게 구별해야 합니다. 그런 두 종류의 질문은 쉽게 섞여버리기 때문에 더욱 세심하게 구별해야 합니다. 또한 더욱 신중하게 우리는 우리가 실제로 의미하는 것이 우리는 그것들이 이용되는 목적 자체를 좋아하지 않는 경우, 우리의 호불호를 그런 혐의를 주장한 측의 과학적 원칙들 수준으로 끌어올려서 국가의 자원이 손실되고 있다고 이야기를 하고 싶어 하는 유혹을 경계해야 합니다.23

10년 후에 홉슨J. A. Hobson이 『산업생리학Physiology of Industry』이라는 책에서 유사한 방식으로 공공 지출을 방어했다. 그 결과, 홉슨은 런던 대학에서 연설 허락을 요청했다가 거부당했다.24 1879년에 닐은 무언가를 처음 경험했다. 그 10년 중 닐과 함께 했던 협동조합 지성인 집단은 감수성에 최후의 일격을 당했다. 그것은 1879년에 글로스터 곡물거래소Gloucester's Corn Exchange에서 개최된 총회에서 번진 추문이었다. 그 내용은 레스터 소재 CWS 신발 공장에서 파업이 발생했던 것이었다. 홀리요크는 총회의 대의원들에게 CWS가 노동자들과 이윤을 공유하는 조항을 만들지 않은 것이 재앙이었으며 '간단히 말해서 불명예스러운' 것이었다고 애통해 했다. 그리고 활발하게 이어진 토론 과정에서 헤밍스Hemmings 씨는 자신이 '보너스에 반대한 것이 아니라 너무 많은 몫을 노동자들의 것이라고 하는 것에 반대했다'라고 입장을 밝혔다. 그것은 로이드 존스의 인내 수준을 넘어 섰다. 토론에 참가했던 로이드 존스는 그런 '느슨한 해명'을 맹렬히 비난했다. 즉석에서 장황하게 이어졌던 그의 연설은 준엄했다.

사람들이 자신들을 사회의 구세주로 만들어 줄 원칙들을 내던져 버렸다면, 그런 행동은 싱자의 접옷에 있는 악마의 행동 같은 것이었고, 세상을 상대로 한 나쁜 사업이었습니다…여러분들은 노동자들에 대해 이야기 합니다…그런데 여러분들이야말로 누구입

---

23 같은 자료.
24 Asa Briggs, *Victorian People*, 앞서 언급된 책 136쪽.

니까? 여러분들은 점포 관리자들입니까? 여러분들은 최상류층의 일원입니까? 도대체 여러분들은 누구란 말입니까?[25]

협동조합 공장의 파업만큼 극적인 이슈라고 할만 한 것도 없었다. 그러나 협동조합운동의 미래에 가장 중요했던 것은 은행이라는 오래된 문제였다. 그 문제에 대한 논란 또한 1870년대 말에 접어들면서 일촉즉발의 인화점에 도달했다. 1869년 제1회 총회에서 일찍이 닐이 가졌던 계획의 성공 여부가 협동조합 은행의 창설에 달려 있었다는 것은 분명했다. 점포들이 설립되어 왔다. 도매사업체도 원하는 대로 적절히 뒤따라 나타났다. 옛 오웬주의자들이 그런 조직체들을 매개로 하여 입수하고자 했던 자본도 이제 수중에 들어왔다. 그런 자본을 당초에 원했던 목표 쪽으로 운용하기 위해서는 은행을 설립하는 것만 남았다. 그런 목표란 자치적 작업장, 결사체형 주택단지, 거주 정착촌을 설립하여 경제적 노예 상태로부터 노동을 해방시키는 것이었다. 은행업을 개시했을 때, 그 도매사업체는 올바른 방향으로 움직이는 것처럼 보였다. 그러나 그 후 닐의 종합 청사진에서 예기치 않게 결함이 나타났다. 도매사업체는 자신이 성공 단계에 오른 후 진보를 가로막았고, 이른바 '가난한 소비자'를 제외한 어느 누구에게도 봉사하는 것을 거부함으로써 수단과 목표를 뒤바꿔버렸다. 예를 들어 우애조합 기획 같은 닐의 계획 중 다수는 전체 실타래를 풀지 못해서 실패할 수 있었다. 그러나 노동조합뿐만 아니라 협동조합운동을 실천하고 싶었던 기타 노동자 그룹들 역시 널리 이용할 수 있는 신용 시설이 결여되어 있으면, 협동조합운동은 최고 수준의 사회적 성취 단계로 나아갈 수 있는 기회 자체가 없었다.

당초에 닐은 은행업에 도전했던 CWS를 강력히 지원했다. 그러나 1873년 이후부터는 그의 마음을 바꾸게 했던 사건들이 늘어났다. 오즈번 기계작업장의 도산은 그 여파로 산업은행을 익사시켰고, 현장에는 CWS만 남게 만들었다. 그리고 도매사업체는 그와 거의 동시에 이윤 공유를 포기해버렸다. 너텔이 주장했던 것처럼, 닐, 휴즈, 그리닝이, '도매사업체로부터 군자금을 빼앗

---

[25] *Eleventh Cooperative Congress*, Gloucester, 1879^{Manchester, 1879} 38~39쪽.

기 위한' 최선의 방법을 심의하기 시작했던 것도 그 시점이었다.26 닐 등의 관점에서 볼 때 협동조합운동의 소비자 측으로부터 은행업을 떼어내는 것은 향후 협동조합운동의 생사를 가를 중요한 문제였다. 노동자 클럽과 교육기관, 우애조합, 노동조합들을 비롯한 모든 노동 조직체들에게 이용이 개방되어 있고, '산업 인구가 축적한 자원을 커다란 연방의 중심부로' 한데 모아 운용하는 것을 목표로 하여 별도로 분리 독립된 은행을 설립해야 할 때였다.27

1877년에 이르러 닐과 남부 지방에서 활약했던 그의 동료 이상주의자들은 이제 정당하게 협동조합계의 도당이라고 부를 수 있는 한 집단이 되었다. 그들은 중앙이사회의 권한을 행사했으며 그것을 통해 총회를 통제했던 것이 분명했다. 영향력은 약한 수준이었지만 닐은 연례 총회의 보고서를 연방주의자들이 지배했던 협동조합 뉴스 신문에 대응할 수 있는 일종의 평형추로서 자신의 선전 수단으로 바꿔 활용하기까지 했다. 해마다 열리는 연례 총회는 먼 장래에 닐의 인도 아래 협동조합 운동가들을 진정한 원칙들로 되돌아가게 할 것이었다. 항상 이상주의에 대한 압도적인 찬성이 있을 것이었다. 도매사업체는 그런 찬성 회중에 의해 영원히 자신의 원죄를 지탄받게 될 것이었다. 그러나 일요일에 교회에 출석하는 신자들과 마찬가지로, 기독교 사회주의 설교자와 그 설교자의 집회를 벗어나자마자 협동조합 운동가들은 맘몬^{Mammon,} ^{재화의 신}의 지도력 아래 남겨졌다. 벤자민 존스^{Benjamin Jones}는 항상 그 점을 냉소적으로 지적했다. 총회에서 내린 결정들은 결코 정책에 영향을 미쳤던 적이 없었다.

1877년 레스터 총회는 CWS를 위협적으로 맹렬히 비판했다. 닐은 연례 총회의 보고서 서문에서 만약 총회라는 기구가 입법 기능을 가졌다면 연방주의라는 시스템도 사라졌을 것이라고 논평했다.28 휴즈는 별도의 은행기관 실립안을 옹호하는 책자를 집필했다. 그 책자는 『은행업 ; 그것은 별도의 중앙기관에 의해 수행되어야 하는가 아니면 현재 도매사업체에 의해서 수행되

---

26 *Ninth Congress* 22쪽.
27 E.V.Neale, 'Cooperative Banking', *C.N.*, VII[1876] 467쪽. 또한 E.V.Neale, 'Banking with the Wholesale', *C.N.*, VII[1876] 383쪽 참조.
28 *Ninth Congress*, p. iv.

는 것처럼 상업이나 투자를 목적으로 하는 어떤 다른 기관의 사업 중 일부로서 수행되어야 하는가?』라고 제목을 붙인 육중한 두께의 진지한 내용을 다룬 것이었다.²⁹ 그것은 특히 은행업 문제의 역사를 초기부터 추적할 때 매우 가치 있고 정보도 풍부하게 담은 책자였다. 실제로 그것은 총회에서 커다란 주목을 받았다. 닐과 너탤이 서로의 적수로서 토론장을 지배하며 장시간 동안 이어진 토론 끝에 레스터 총회의 대의원들은 그 도매사업체에게 '별도로 독립된 이사회를 구성한 후 은행업을 수행하는 것이 바람직하다'는 내용을 권고하기로 결의했다.³⁰ 이상적인 측면에서 닐과 휴즈는 완전히 분리된 은행을 원했다. 총회에서 결의했던 권고안은 또 하나의 타협안이었다.

당시의 사태 전개는 닐이 모종의 계책을 부리려고 했음을 시사한다. 닐은 본능적으로 자유지상주의자였다. 그럼에도 불구하고 그는 총회와 중앙이사회를 협동조합운동 내에서 입법적 권한을 가진 위치로 끌어올리고자 했다. 그러나 그에 대한 지지는 부족했다. 실제로, 중앙이사회에서 자신의 유임조차 불확실한 상태였다. 남부 분회만 완전히 신뢰할 수 있는 상태였다. 결과적으로 그 도매사업체를 통제해보려고 했던 그의 시도는 상당한 반대에 부딪혔다. 예를 들어, 뉴캐슬 분회는 '이사회에서 현재처럼 협동조합 도매조합에 의해 수행되는 은행사업을 심의하는 기능이 총회 또는 연합이사회의 기능 안에 포함되어 있지 않다는 것이 우리의 의견이다'라고 결의했다. 그것은 일종의 반란을 통고한 것처럼 들렸다. 뉴캐슬의 협동조합 운동가들은 총회란 "혼합되어 있을 뿐 책임까지 질 수는 없는 하나의 기구"라고 언급하는 것으로 결론을 맺었다.³¹ 닐은 그런 이의 제기를 자신의 계획들에서 가볍게 받아들이지 않았다. 닐은 북부 분회에게 연합회의 정관 하에서 충직하게 '총회와 연합이사회에 의해 정해진 정책을 이행'하겠다는 데에 그들 역시 서약했음을 상기시켜 주었다. 그는 그것의 주요 요지를 정리하면서 뉴캐슬 협동조합 운동가들이 취한 반대 입장은, 만약 타당하다고 받아들여질 경우, '총회의 조

---

29 같은 자료 12~18쪽.
30 같은 자료 23쪽.
31 *C.N.*, IX¹⁸⁷⁸ 231쪽.

치를 무효로 만들 것'이라고 주장했다.32

미첼과 CWS 이사들에게 총회는 당연히 효력이 없는 것이었다. 그들은 자신들을 협동조합운동의 사업적 관심에 역행한다고 간주하는 총회의 결의안이라면 어떤 것이든 이행을 확실하게 거부할 것이기 때문이었다. 도매사업체는 독자적으로 행동하는 습관이 생겼고, 향후에도 계속해서 그렇게 할 것이었다. 따라서 은행업 문제는 궁극적으로 연방주의자들이 전적으로 자신들의 방식대로 하는 것으로 끝났다. 미첼은 1878년 11월 9일에 별도로 분리된 은행업위원회를 구성하는 문제를 CWS의 총회에서 일반 투표에 붙임으로써 결선투표를 진행하겠다는 방식을 제안했다. 그것은 확실히 총회의 권위에 대해 공감을 표하기보다 자신의 조직 내에서 작지만 발언권을 행사하고 있는 소수의 이상주의자들에 대해서만 더 경의를 표하겠다는 것이 확실했다. 그런 회의의 의도는 분명했다. 크랩트리는 양쪽 모두의 의견이 진술되어야 한다는 입장을 고집했다. 그러나 그 역시 거의 고립되어 있었다. 별도로 분리된 은행업위원회를 구성해야 한다는 동의안은 부결되었다. 궁극적으로 런던과 뉴캐슬의 지부들이 포함되었지만 결선투표의 결과는 264 대 32로 역부족이었다.33 1880년대에 접어들어서도 그 투쟁에서 항복하기를 거부했던 닐과 휴즈는 관련 자료들을 읽고 별도의 은행이 필요하다는 점을 설파했다. 그러나 1878년 가을과 비교할 때 1880년대에도 메울 수 없는 간극은 여전히 컸다. 그 기간 동안 닐의 선전에서 드러났던 때때로 공격적이었던 성격은 이해할만 하다. 미약하나마 계속해서 그 총회를 통제했지만 실제로 중요했던 다른 모든 전선에서는 패배하며 쓰러졌다.

1870년대에 닐이 가장 크게 실망했던 것은 그의 인생에서 가장 야심차게 진행했던 사업 중 하나가 실패했던 것이었다. 1875년에 그는 미시시피 밸리 상사MVTC, Mississippi Valley Trading Company를 설립했다. 그 회사는 일반직으로 그레인지Grange, 농장가옥라고 불리는 미국 축산 후원자들American Patrons of Husbandry과 영국 협동조합인들 간 대규모의 제품 교환을 촉진하기 위해 고안

---

32 같은 자료 241쪽.
33 같은 자료 740쪽.

되었던 국제적인 협동조합운동 계획의 하나였다.34 그 회사는 개인주의와 연방주의 문제를 둘러싼 갈등이 전개되는 과정에서 닐에게 특히 중요했다. 그는 그것이 영국에서 제조된 재화에 대한 거대한 신규 시장을 미국에서 개척하고, 그에 따라 협동조합운동 내 힘의 균형 상태도 단순한 소비 쪽에 더 무게감이 실려 있는 상태에서 벗어나 생산자 조합들의 신규 설립을 촉진하는 쪽으로 움직이게 하는 데 기여할 수 있는 것이라고 희망했기 때문이었다. 닐은 '그것이 정확히 협동조합적 생산자들이 요구하는 자기 재화들을 위한 시장을 미국에서 제공하게 될 것'이라고 추론했다.35 닐은 「협동조합적 생산을 진흥하는 방법」이라는 제목의 기고문에서 교환될 수 있는 제품들의 일부를 열광적으로 나열했다.

> …그들은 영국에 공급할 수 있는 엄청난 물량의 제품들로서 자신들의 주요 산물인 면화, 곡물, 밀가루, 돼지고기, 쇠고기, 가죽, 수지, 치즈, 버터, 목재를 교환하는 대가로 우리가 공급할 수 있는 방대한 양의 물품인 우리의 면, 비단, 양말류, 린넨, 모직물과 우리의 보석, 기계, 식탁용 날붙이, 철, 신발, 문구류, 도자기나 토기, 화학제품을 요구하게 될 것이다.36

MVTC라는 대행 회사를 이용할 수 있게 되면, 모든 잉글랜드의 제품들이 결국 협동조합인들에 의해 생산될지도 몰랐다. 어쨌든 협동조합연합회 내에서 생산자들의 무게감이 증대되면 협동조합운동에 대한 그 도매사업체의 지

---

34 간단하지만 자세한 설명은 P. N. Backstrom, 'The Mississippi Valley Trading Company : A Venture in International Cooperation, 1875~1877', *Agricultural History*, XLVI[1972] 425~437쪽 참조. 주된 정보 출처는 Cooperative Union Ltd. 도서관에 있는 대규모 문서 모음집[MVTC 문서들]이다. 또한 Cooperative News 신문 및 연례 총회 보고서, 1875~77에서 방대한 양의 자료를 사용할 수 있다. 그레인지 운동에 관한 일반적 정보는 Solon J. Buck, *The Granger Movement: a Study of Agricultural Organization and its Political, Economic, and Social Manifestations, 1870~80*[Cambridge, Mass., 1913]을 참조.

35 E.V.Neale, 'How to Promote Cooperative Production', *C.N.*, VI[1875] 258쪽.
36 같은 자료 259쪽.

배력은 분명히 약화될 것이었다.

  MVTC는 여러 가지 이유로 실패했다. 아마도 가장 중요한 이유는 닐이 당초에 그 회사가 뉴올리언스에서 면화를 수익성 있게 수출할 수 있을 것이며, 그 그레인지 단체가 자기들의 제품들을 판매하는 면에서 협동조합운동을 성공적으로 실천했던 강력하고 통일된 미국 농업인들의 운동체일 것이라고 착각했던 것이었다.[37] 그는 1875년 여름에 미국 현지를 답사한 후 환멸을 느꼈기 때문에 오랫동안 무지한 상태로 있지 않았다.[38] 닐은 뉴올리언스의 상인들이 면화 거래에서 이미 사실상의 독점권을 가졌으며 강력한 농업인 협동조합 조직체일 것이라고 가정했던 내용과 거리가 멀었고, 전국적인 그레인지 조직체도 거대한 지역에 흩어져 있으며 질서보다는 무정부주의에 더 가까운 특징을 가졌고, 느슨하게 연합해 있는 주 또는 지방의 다중 집단들을 구성하고 있을 뿐이라는 사실을 목격했다. 면화를 제외하면 닐이 영국의 협동조합 공장들을 위해 원했던 제품들도 미시시피 밸리 전역의 개별 농장들에 뿔뿔이 흩어져 있었다. 예를 들어, 만약 그 회사가 밀을 수출하려고 한다면, 밀을 운송하고 창고에 모으는 효율적인 내부 시스템이 먼저 구현되어야 했다. 반대로, 잉글랜드 쪽에서 수입하게 될 물품에 대해서는 유통을 위한 효과적인 도매 또는 점포 조직이 먼저 있어야 했다.[39] 따라서 MVTC가 효과적으로 운영을 개시하기 이전에 사실상 선의에 불과한 수준을 떠나 완전히 새로운 미국 협동조합 조직체가 먼저 나타나게 해야 할 것이라는 점이 분명해졌다.

  그 국면에서 그 그레인저 운동가들이 가졌던 따뜻한 열의는 닐로 하여금

---

37 *C.N.*, V[1874] 255, 267, 301, 304쪽. 또한 Thomas D. Worrall. ed., *Direct Trade Between Great Britain and the Mississippi Valley, United States. 1874*[London, 1874] 여러 곳을 참조.

38 E.V.Neale, 'Mississippi Valley Trading Company. Diary of Deputation to United States', *C.N.*, VI[1875] 563~564, 575~576, 588, 599, 611~612, 624, 636, 648~649쪽, *C.N.*, VII[1876] 5, 20, 27, 55~56, 67~68, 79~80쪽. 또한 'Mississippi Valley Trading Company Limited; Report of the Deputation to the Directors of the Mississippi Valley Trading Company Limited', *Supplement to the Cooperative News*, VI[December 25, 1875] 특히 4쪽 'Report of Mr. Vansittart Neale'을 참조. 이들은 그 벤처 사업과 관련된 가장 중요한 단일 문서들이다.

39 뷰캐넌에 대한 닐의 서신, 1876년 7월 3일자. MVTC 문서들.

전체 프로젝트를 포기할 수 없게 했던 유일한 요소였다. 그들은 아직 협동조합운동을 실천에 옮기지 못하고 있었지만 시작하고 싶어 했다. 결과적으로 닐은 영국으로 돌아오기 전에 영국의 유통 조합들이 개척했던 노선을 따라 소비자 협동조합운동을 구현할 수 있는 모델 규칙들을 비롯한 완전한 청사진으로서 '주 또는 카운티^{County} 단위 그레인지 단체들이 도소매 점포들을 체계적으로 조직화해 나가야 할 계획'을 그 그레인지 단체에게 작성해 주었다.[40]

그 후 2년 동안 닐은 그 회사를 유지하기 위해 고군분투했지만 당시의 상황이 좋지 않았다. 미국의 농업인들은 너무 궁핍해서 거래에 필요한 자본을 모을 수 없었다. 본인들 역시 여전히 경제 불황의 여파를 겪고 있던 영국의 주주들도 그 모험적인 사업에 신뢰를 잃었고, 1877년에 지지를 철회했다.[41] 하지만 MVTC의 창설이 궁극적으로 미국 협동조합운동의 역사에서 가장 결정적인 사건이었음이 입증되었을 때, 닐의 노력은 헛된 것이 아니었다. 철저한 소비자 협동조합운동의 체계를 정착시키기 위해 그가 미국 측 후원자 조직체에게 제시했던 청사진은 1876년 11월 시카고에서 열린 제10차 전국 모임에서 공식적인 계획으로 채택되었다.[42] 1년이 되기 전에 전국 그레인지 단체의 대표^{Master}이자 판사였던 존스$^{John\ T.\ Jones}$는 닐에게 낙관적인 내용의 편지를 보냈다. '그 로치데일 계획에 따라 협동조합의 조합원이 되기를 바라지 않는 우리 단체의 조직원은 거의 없습니다.'[43] 존스의 설명은 과장된 것이 아니었다.

닐은 비옥한 땅에 씨를 뿌린 것이었다. 미국은 국가적 수준에서 그 로치데일 계획을 협동조합 사업의 보편적 양식으로 제공했던 첫 번째 나라가 되었

---

40 *C.N.*, VI^{1875} 596쪽. 'Report of Mr. Vansittart Neale', 앞에서 인용한 곳. 또한 Joseph K. Knapp, *The Rise of American Cooperative Enterprise, 1620~1920*$^{Danville,\ Ill.,\ 1969}$ 52~53쪽. 모델 규칙들로 완성된 닐의 기획안은 냅^{Knapp}이 '미국 협동조합운동 역사에서 가장 영향력 있는 문서들 중 하나가 될 운명'이었다고 주장한 제9회 전국 그레인지 단체 연례회의에 제출된 한 보고서의 정수가 되었다.
41 라이트$^{J.W.A.\ Wright}$에 대한 닐의 서신, 1877년 7월 10일자; 닐에 대한 존스$^{John\ T.\ Jones}$의 서신, 1877년 12월 15일자, MVTC 문서들. *C.N.*, VIII^{1877} 642쪽.
42 E.V.Neale, 'The National Grange Meeting', *C.N.*, VII^{1876} 691~692쪽. 또한 시카고 회의의 중요성에 대해 Buck, 앞의 책 260쪽 이후를 참조.
43 닐에 대한 존스$^{John\ T.\ Jones}$의 서신, 1877년 10월 12일자.

다. 그레인저 운동가들의 노력은 아주 성공적이었다. 산업계 군주Sovereigns of Industry와 노동 기사단Knights of Labor 같은 초기 노동조합들 역시 열광적으로 그 계획을 채택했다. 실제로 그런 노조들이 이상주의적인 목표들을 열거할 때 협동조합운동의 교리를 높은 우선 순위에 두는 경우들을 관찰할 수 있었다.44

장기적으로 가장 많은 편익을 얻게 된 사람들은 미국의 농업인들이었다. 벅Solon Buck은 그 그레인지 운동이 전국적인 위세가 꺾이고 존립 가능성조차 심각하게 의심받았던 1870년대 후반과 1880년대 초반 동안의 상황을 설명했다. 그는 1876년 이후에 설립된 협동조합 점포들이 그레인지 운동을 보전하게 해주었던 '효율적인 요소'였다고 주장했다.45 개별 농업인의 편익 측면에서, 협동조합을 설립하고 경영하는 것은 개별 농업인들에게 조직화의 힘을 가르쳐 주었고, 농업인이 장차 중간 상인들과 거래할 때 도움이 되었던 소중

---

44 Clifton K. Yearley, Britons in American Labor: A History of the Influence of United Kingdom Immigrants on American Labor, 1820~1914Baltimore, 1957 257~265쪽. 닐은 또 그런 직종별 노동조합 내에서 협동조합운동을 촉진하는 데 직접적인 영향을 미쳤다. 미드웨스트Midwest 지역에서 가장 중요한 협동조합 운동가였던 사무엘John Samuel은 닐의 애제자였다. 세인트루이스St Louis의 외곽에서 활동했던 사무엘은 노동기사단과 산업계 군주 양쪽 모두에서 중요한 역할을 했다. 노동기사단이 자체의 총 협동조합 이사회General Cooperative Board를 구성한 지 1년 뒤인 1883년에 그는 그 이사회의 주요 구성원이 되었다. 협동조합 운동가로서 그의 기록은 놀라울 정도이다. 그는 1881년과 1883년 사이에 적어도 24개의 결사체를 신설 또는 자문하는 책임을 맡았으며, 1883~88년에는 최소 104개의 조직체가 될 만큼 활동을 늘렸다Yearley, 앞의 책 285~286쪽. 사무엘과 닐의 연락은 상당히 밀접했다. 1882년에 닐은 런던 협동조합인 길드London's Guild of Cooperators의 회원으로 그를 임명할 수 있게 챙겨주었다. 그는 자주 그 길드의 '유일한 미국 측 대리인'으로서 언급되었다. 그리고 그 후 많은 양의 협동조합 문건이 그에게 송부되었고 널리 회람되었다. 이얼리Yearley는 사무엘과 닐의 관계에 대해 다음과 같이 썼다. '사무엘은, 닐이 일부에서 "세인트루이스의 노동자들"을 깨웠고…, 또 일부에서 그가 대서양 너머로 송부했던 수많은 정보와 조언 때문에, 그 잉글랜드 사람이 미국의 자조 활동에 통신 서비스를 베풀었다고 느꼈다. 다른 한편에서, 닐은 사무엘을 처녀지에서 근무하고 있는 웨일즈의 선교사로 여겼던 것처럼 보이며, 결과적으로 그는 북아메리카의 산업 야생에서 잠재력, 개종, 침례, 배교에 대한 최신 소식을 그에게 의존했다.'Yearley, 앞의 책 282쪽. 또한, 닐은 다른 많은 미국인들에게 정보와 선전 재료들을 제공했다. 그가 연락을 주고받았던 사람들 중에는 노동사 학자이며 경제학자인 엘리Richard T. Ely 교수 그리고 미국 사회학회의 페일스Imogene Fales가 있었다. MVTC가 실패한 후에도 오랫동안 미국 협동조합운동에 대한 닐의 영향력은 계속되었다.

45 Buck, 앞의 책 260~267쪽.

한 사업적 훈련 기회를 제공했으며, 신용에 의존한 농업 때문에 발생되는 부채들로부터 스스로를 해방시킬 수 있게 자극을 주었다. 그리고 개별 농업인뿐만 아니라 협동조합들을 후원했던 다른 모든 사람들에게는 극심한 불황기 동안 사실상 돈을 절약할 수 있게 해주었다.

7장

새 부대에 담긴 묵은 술
- 협동조합인 길드와 결사체형 주택단지

울려 퍼져라, 야생의 종들아, 야생의 하늘까지…
울려서 알려라, 부자와 빈민의 반목을
울려서 설득하라, 모든 인류에게 바로 잡자고
                              - 테니슨 「추모$^{In\ Memorium}$」

'좌절감과 조바심'은 1877년에 닐이 느꼈던 것을 가장 적절하게 묘사해주는 단어들이었다. 그는 레스터 총회에서 진심을 다해 긴 논쟁을 벌였다. 그러나 협동조합운동을 분열시켰던 이슈들은 해결은 고사하고 타협을 통해 그럴싸하게 꾸며질 수 있는 희망마저도 거의 없었다. 닐은 소비자 측에게 모든 것을 주었던 그 연방형 시스템이 사라질 것이라고 고집스럽게 예측했다. 그러나 그것은 희망사항일 뿐이었다. 힘의 균형추는 확실히 도매조합의 수중에 있었다. 북서부 지역의 조합들이 압도적 다수를 차지하고 있었기 때문이었다. 남부 지역의 협동조합운동은 시들해졌다. 그것은 협동조합인 길드$^{Guild\ of\ Cooperators}$가 인기를 얻고 진척도 할 수 있게 해준 원인으로 작용했다. 그 길드는 1878년에 런던에서 설립된 조직이었다. 주요 기능은 강의와 토론을 통해 결사체의 대의를 선전하고, 협동조합 점포들의 설립을 촉진하는 것이었다. 주로 협동조합운동을 확산하려는 단순한 욕구에서 영감을 받았다. 그러나 길드의 성공은 맨체스터의 거대한 세력에 균형을 맞추기 위해 런던이 일어나야 한다는 여러 남부 지역 소속 위원회 위원들의 감정에서 비롯되었다. 길드 창설 당시에 미미했던 그런 정서는 시간이 지남에 따라 더욱 커졌다.

그 길드는 노동자 클럽의 멘토였던 호지슨 프랫$^{Hodgson\ Pratt}$이 처음 발의했다. 그는 1877년에 남부 구역 이사회$^{Southern\ Sectional\ Board}$에서 남부 지방을 대상으로 협동조합운동을 선전할 보조 기구를 설립해야 한다고 제안했다. 그 기구는 그런 노력 과정에서 '결사의 원칙에 공감하는 각계각층의 남성과 여성의 지원 활동'을 요청했다.[1] 이사회는 프랫, 닐, 벤자민 존스, 로버트 뉴턴$^{Robert\ Newton}$으로 구성했다. 그들은 길드의 취지를 더 발전시키고, 더 바란다면 그런 활동의 향후 계획을 준비하도록 임명되었다. 그들의 노력은 성공적이었다. 그 조직체는 1878년 6월에 엑시터 홀$^{Exter\ Hall}$에서 닐, 휴즈, 로이드 존스, 그리닝이 각각 진행하는 4회 연속 강좌를 열며 발족되었다.

같은 달 22일에 휴즈의 주재로 제1회 등록 회원 모임이 열렸다. 그 모임에서 길드의 정관이 승인되었고, 공식 명칭도 정했다. 명칭은 길고 거추장스럽지만 '협동조합운동의 원칙을 조사하고 협동조합운동의 생산적·유통적·사회적 실천을 촉진하기 위해 설립된 협동조합인들의 길드'라고 정해졌다.[2] 그런 모험사업의 중추 역할을 해주었던 사람들, 특히 그 사업을 발족할 수 있게 강좌를 진행해준 사람들은 옛 기독교 사회주의자들인 닐, 휴즈, 로이드 존스, 그리닝이었다. 휴즈는 초대 회장이 되었고, 루들로우 역시 그 활동에 적극적이었으며, 자신의 평생회원 회비 10기니를 납부했다. 평생회원 중에는 두치 백작$^{Earl\ of\ Ducie}$, 존 스튜어트 밀의 의붓딸인 미스 헬렌 테일러$^{Miss\ Helen\ Taylor}$, 닐의 아들 헨리 같은 명사들도 있었다. 닐은 자기 아들이 자신의 곁에서 활동하고 있다는 것이 꽤 만족스러웠다. 실제로 헨리는 그 길드에서 가장 중요한 지지자가 되었고, 1894년에 길드가 해산할 때까지 지지자로 남아 있었

---

1 J.J.Dent, 'The Guild of Cooperators', *The Cooperative Educator*$^{출판\ 관련\ 데이터는\ 없}$ $^{음.\ 논문과\ 보고서\ 등을\ 제본한\ 묶음에\ 포함되어\ 있음}$ 111쪽. Cooperative Union Limited의 도서관에서, 'Guild of Cooperators Early Reports & Papers 1879…'로 이용가능함. 이하에서는 Guild Papers로 인용됨. 길드에 대한 더 많은 정보 그리고 길드에 대한 닐의 견해에는 E.V.Neale, 'The Guild of Cooperators and Labor Exchanges', *C.N.*, VIII^{1877} 691~692쪽 참조.

2 *Eleventh Congress* 28쪽.

다.

 길드가 발전하면서, 닐은 자기가 생각해 오던 패턴대로 그 조직체를 가꿔 나갔다. 1882년에 닐의 제안으로 5개의 별도 위원회들이 협동조합 사업의 특정 영역들을 진흥시키기 위해 각각 특별 명예간사들을 두고 설립되었다. 그 특정 영역들은 다음과 같았다.

① 유통
② 생산(제조업과 농업 모두 포함)
③ 자본을 출자한 노동이 제조업 또는 농업의 이윤에 참여하는 활동
④ 산업시설과 독립적이든, 연결되어 있든 결사체형 주택단지들을 구성하는 활동
⑤ 선전 활동(경제·산업결사체와 관련된 원칙들에 대한 지식의 토론 및 확산 활동)3

 위원회들의 목표와 성격들을 볼 때, 오랜 이상주의에 대한 닐의 헌신 의지가 수그러들지 않았다는 점이 분명했다. 또 길드가 그런 분명한 목표들에 부합하게 활동한다면, 랭커셔와 요크셔의 연방주의계 위원족들과 충돌할 것이라는 점 역시 분명했다. 길드가 이윤 공유 원칙을 지지했기 때문이었다.
 다행스럽게도 남부 지역에서 조합들을 양성하여 북부 지방의 협동조합 운동가들과 힘의 균형을 맞추겠다는 의지는 길드의 최고 존재 이유가 되지 못했고 성취하지도 못했다. 9년간의 광폭 활동 결과 남부 지역 협동조합 결사체의 수는 100% 넘게 증가했다. 그런 후에도 여전히 북서부 지역의 조합 수는 475대 211로 남부를 크게 앞섰다.4 의심할 것도 없이 그 길드란 연방주의자와 개인주의자 간 지리적 구역을 기반으로 한 논쟁 구조 속에서 이미 보

---

3 J.J.Dent, 앞의 책 112쪽.
4 Thomas Hughes and E.V.Neale, *A Manual for Cooperators*. 1879년 4월 글로스터Gloucester에서 개최된 협동조합 총회의 요청에 따라 작성된 문서, 1888년 개정판 Manchester, 1888 부록 233쪽.

장된 수의 우세를 누렸던 맨체스터와 로치데일 지역에 대항하여 힘의 균형을 맞춰보겠다는 욕구 때문에 런던 지역에서 양성하고자 했던 것이라는 점이 분명했다. 그러나 당초에 닐이 그 활동에 참여했던 기본 동기는 분명히 그게 아니었다. 길드는 남부 지역 이상주의자들의 주요한 정치 도구가 되었다. 그러나 길드가 그런 목적을 특정하며 시작된 것은 아니었다. 실제로 닐은 개인적으로 다른 쪽에 더 관심이 있었다. 수적으로 우세하며 그 결과 정치적으로 강력한 세를 과시했던 북부 지역의 협동조합 운동가들에 대항하여 균형을 맞추는 것에 관심을 두지 않았다. 그들을 개종시키는 데 더 관심이 있었다. 그는 우선 공동체 구축이라는 오랜 이상을 널리 알리기 위한 새로운 플랫폼을 확보하는 것을 원했기 때문에 그런 조직체들을 장려했다. 실제로 런던에서 프랫의 구상을 지지하는 쪽으로 방향을 정하기 전에 닐은 먼저 자신이 느끼기에 그런 기관들이 더 필요했던 북부 지방에서 협동조합 길드들의 설립을 촉진하려고 시도했다.

   닐이 그런 새로운 선전 수단을 만들고 싶었던 또 하나의 다른 기본적인 이유는 협동조합운동이 노동자들의 거대한 운동들로부터 해로울 정도로 고립되어 있는 상태를 종식시켜보겠다는 자신의 욕구에서 비롯되었다. 그의 견해에서 볼 때, 노동조합, 우애조합, 노동자들의 클럽과 교육기관들에게 협동조합이라는 복음을 전할 필요성이 그 어느 때보다 더 컸다. 그런 조직체들 모두가 서로 다른 방향으로 끌어당기고 있는 것처럼 보였기 때문이었다.[5] 따라서 길드는 닐을 열광하게 했던 모든 기관들처럼 하나의 단합 수단으로서 우선 설계되었고, 그런 설계 의지는 초기 구성원들의 이름에도 드러났다. '각계각층'에서 가입자를 모집한다는 의도에 성공했던 길드의 처음 선출된 관리자평의회Governing Council에는 CWS 런던 지부의 관리자인 벤자민 존스, 유명한 노농조합 지노자들인 하웰George Howell과 가일, 매우 연로했고 매우 별닌 오웬주의자였으며 랄라인Ralahine 공동체 활동으로 특히 유명했던 크레이그, 최신 기독교 사회주의자인 스튜어트 헤들램Stewart Headlam 목사가 포함되어 있었다. 몇 년 후, 닐은 자선단체협회Charity Organization Society의 평의회를 방문하

---

5 E.V.Neale, 'The Guild of Cooperators', *C.N.*, VIII[1877] 603~604쪽.

기 위해 자신과 아들인 헨리, 휴즈로 구성된 대표단을 꾸리기도 했다. 그것은 길드 활동에 관심이 있을지도 모르는 사람들에게 좀 더 폭넓게 다가가기 위한 노력의 일환이었다.[6]

벤자민 존스는 창립 위원 중 가장 중요한 인물이었다. 그는 초대 명예간사가 되었고, 길드라는 새로운 사업의 존립 목적에 관한 자신의 생각을 표현할 때 닐이 만족할 만큼 이상주의의 색채가 넘쳤다. 그는 '점포들의 다양한 회원들 중 상당수가 아직 협동조합운동을 단순한 점포 관리, 배당금 창출 도구라고 보는 관점을 넘어서지 못했다. 당초의 사상에서는 점포 관리와 배당금이란 목적을 위한 수단이었다. 목적은 부를 생산한 사람들에게 보다 평등하게 부를 분배하고 그런 노동자들의 도덕적·사회적 지위를 향상시키는 것이었다. 그런 견해들이 신속하게 널리 전파되어야 하는 것은 지극히 바람직했다'라고 주장했다.[7]

CWS 런던 지부 대표였던 벤자민 존스는 중요한 동맹군이었다. 그러나 CWS에 대한 그의 충성심은 너무 강했다. 얼마 지나지 않아 그는 그 길드를 지원하는 것을 그만두었고, 가장 중요한 친구에서 아주 교활한 적대자로 변신했다. 그는 자신을 '협동조합 운동가들의 중학교 수준'에 속한다고 소개했다. 또 연방주의와 개인주의 중 어느 쪽이든 협동조합적 생산을 수행하는 최선의 방법은 결국 선택의 자유를 통해 승리할 것이라는 의견을 표명했다. 그는 이윤 공유 문제의 양쪽 측면 모두에 걸쳐 있으려고 했다. 그것은 예상할

---

[6] *The Guild of Cooperators, Third Annual Report* [1881년 2~3월, 서지 데이터 미완성] 4쪽. 협동조합연합회 도서관은 보고서 1~8, 11쪽을 보유하고 있다. Guild Papers. 그 방문에서는 아무런 결과가 나오지 않았고, 많은 것이 기대되어서도 안 되었다. 그 자선단체협회[COS]는 수많은 그리고 지속적으로 증식되고 있던 빅토리아 시대 자선 단체들의 활동을 조화시키려는 시도로서 1869년에 설립된 초가부장주의 단체였다. 그 단체는 유자격 빈민[deserving poor]과 무자격 빈민[undeserving poor]을 조악하게 구분하고, 후자를 빈민법[Poor Law]의 부드러운 자비에 맡겼으며, 그 회원 단체들은 찰스 부스[Charles Booth]의 런던 지역 빈곤에 대한 위대한 연구를 '세계를 만드는 즐거운 꿈나라로의 산책'이라고 묘사했다. 쇼[George Bernard Shaw]는 COS의 창립을 '상냥한 자선의 혐오스러운 잡종 유토피아들'이라고 언급했다. 물론 길드의 목표는 COS의 목표와 거리가 멀었다. 그럼에도 불구하고 닐은 그 협회의 지원을 요청하는 시도를 해보았다.

[7] *C.N.*, VIII[1877] 604쪽. 존스는 닐의 글인 'The Guild of Cooperators', 앞의 책을 읽은 후 토론에서 이런 말을 했다. *C.N.*, XII[1881] 710쪽 역시 참조.

수 있는 행동 경로였다. 벤 존스는 CWS에 사환으로 입사해서, 불과 24세의 나이에 런던 지부의 관리자가 되었다. 그에게 그 도매사업체는 단순한 일자리 이상의 것을 의미했고 삶의 방식이었다. 한동안 그는 남부 구역 이사회에서 자신의 이상주의적인 친구들의 이론에 대해 계속 입에 발린 말만 했다. 그러나 그에게서 가장 강했던 성향은 그를 미첼의 뒷전에 서도록 단단히 붙잡았다. 그럼에도 불구하고 1881년까지 그는 이윤 공유의 진지한 옹호자인 것처럼 행세했다. 그런 이슈들이 명백해지면 항상 노동자를 옹호했다. 그런 일은 가끔 CWS의 다른 중요한 이사들과 갈등 관계를 겪게 했다. 벤자민 존스는 토론에 재치가 있었고, 훌륭한 관리자였고, 유능한 사업가였으며 일류 선전활동가였다.

길드의 제4회 연례보고서에서 길드 회원들은 닐의 고집대로 편제된 새로운 위원회들을 활용하여 '많은 사람들이 사회적 복지라는 일반적 대의에 봉사할 기회를 찾도록 도움을 받을 수 있을 것'이라는 희망을 나타냈다. 이어서 보고서는 닐을 '유능하고 지칠 줄 모르는 인도주의적 복지의 친구'라고 찬양했다.[8] 길드의 출현은 시의적절했다. 1873년의 대규모 불황이 시작된 이래 빈곤 문제는 점점 더 많이 중산층과 상류층의 마음속을 파고들었다. 그리고 세기 중반의 무관심했던 기류와 강하게 대조될 만큼 우려하는 분위기가 우세해진 가운데 '사회적 복지라는 일반적 대의'는 커다란 관심을 받는 이슈가 되었다.

기독교 성향에 더 가깝고 사회주의 성향에 덜 가까웠던 계열의 기독교 사회주의가 잉글랜드의 연단들에서 부활되었다. 스튜어트 헤들램 목사는 초창기에 협동조합인 길드의 평의회 구성원이었다. 그는 1877년에 세인트 매튜 기독교 사회주의 길드Christian Socialist Guild of St. Matthew를 설립했고, 「교회 개혁자들Church Reformer」이라고 불리는 신문을 편집했으며, 나중에는 페이비언 협회Fabian Society에 가입했다. 일부 사람들은 처음으로 빈곤 문제를 깊게 고찰할 기회를 가졌던 것 같았다. 빈곤이 나쁜 행동보다 나쁜 환경에서 비롯된 결과에 더 가까운 것이라는 확신이 커졌다. 여론은 마침내 환경이 조건으로

---

8 *The Guild of Cooperators…Fourth Annual Report*[1881~82] 10~11쪽 Guild Papers.

작용한다는 로버트 오웬의 견해를 정당한 것으로 입증해주는 것처럼 보였다. 실제로, 1878년에 구세군을 창설했던 윌리엄 부스$^{William\ Booth}$는 "동일하거나 유사한 상황에 놓이게 되었을 때, 우리 중 얼마나 많은 사람들이 그 가난하고 부주의하게 망각되어 있고 침몰해 있는 다수의 사람들보다 더 나아질 수 있을까?"라고 요점을 꽤 명시적으로 지적하게 되었다.9 과거에는 항상 상황을 문제로 삼는 상황의 교리를 의심했던 닐 역시 입장을 상당히 바꾸게 되었다. 닐은 "로버트 오웬이 고수했던 그 교리란 우리가 영적인 존재라는 실재에 사로잡혀 있는 사람들에게 간과하는 경향이 있는 정도만큼 사실입니다. 인간은 엄청난 정도로 상황의 피조물입니다. 인간의 성격은 자기 환경으로부터 지각되지 않고 지속적인 활동에 의해 많은 영향을 받기 때문에 무수한 상황에서 인간의 성격이 현실적으로는 그 외부 요소들에 의해 형성된다고 언급될 수 있습니다"라고 썼다.10

신세대 잉글랜드인들은 사회 사업을 실천하는 데 열성적이었다. 닐은 협동조합운동이 그런 상황을 악용하는 데에서 독특한 위치에 놓여 있다는 점을 깨달았다. 당시에 청년 아놀드 토인비$^{Arnold\ Toynbee,\ 1852~1883}$는 '산업 혁명'이라는 용어를 대중화시킨 옥스퍼드의 학자로서 잘 알려져 있었다. 그는 당대를 가장 잘 대변했던 전형적인 인물이었으며, 훗날 1889년에 출생하게 될 역사학자 아놀드 제이 토인비$^{Arnold\ J.\ Toynbee,\ 1889~1975}$의 삼촌이었다. 그는 노동자 계급들에게 이렇게 말했던 적이 있었다. '슬프게도 우리는 여러분들에게 죄를 지었습니다…항상 알고 그러는 것은 아니지만 여전히 죄를 지어 왔습니다. 고백합시다. 그러나 만약 여러분들이 우리를 용서한다면…우리는 여러분의 노고에 우리의 한몸을 다 바칠 것입니다.'11 토인비는 1883년에 요절할 때까지 고행의 협동조합운동에 헌신했다. 그는 1882년에 옥스퍼드에서 열린 총회에 적극 참여했다. 그는 닐이 협동조합 운동가들에게 노동계급

---

9 William Booth의 *In Darkest England and the Way Out*에서 Sydney W. Jackman, ed., *The English Reform Tradition*$^{Englewood\ Cliffs,\ New\ Jersey,\ 1965}$ 156쪽 참조.

10 E.V.Neale, *Association and Education; What They May Do for the People*… $^{Manchester,\ 1882}$ 7쪽.

11 Brian Harrison, 'Philanthropy and the Victorians', *Victorian Studies*, IX^{1966} 359쪽 참조.

들에 대한 옛 사명을 기억하도록 촉구했던 점을 지지했다. 토인비의 마지막 노력 중 하나는 옥스퍼드에 길드 지부를 설립할 수 있게 도왔던 것이었다.

확실히 닐은 그런 사회적 태도의 변화들을 환영했다. 그런 변화란 1880년대에 사회민주주의연합, 페이비언협회, 사회주의동맹의 탄생으로 결실을 맺었다. 닐은 1870년에 포스터 교육법$^{Foster's\ Education\ Act}$의 통과로 개시되었던 정부 개입의 10년조차 만족스럽게 평가할 수 있었다. 그는 자유방임의 종말을 환영했다. 그것은 정부까지 빈민의 상태에 대한 전반적 책임을 받아들이게 되었다는 변화를 의미했다.

> 이제 다른 종류의 질문들이 전면에 대두되고 있다. 또 다음과 같은 활동들을 국가의 진정한 기능으로 간주해야 한다고 주장하고 있다. 독학할 수 없는 사람들을 위한 교육, 스스로를 보호할 수 없는 사람들을 위한 보호, 질병의 완화 또는 근절을 위한 위생 규제, 범죄자들에 대한 단순한 처벌 대신 교화, 월권 행위 유혹의 제거, 너무 가난하거나 너무 무지하여 돌봄을 받을 권리를 행사할 수 없는 사람들에 대한 거처 제공, 공공 휴양의 제공 활동 등이다. 이런 것들과 기타 유사한 노력들은…단순히 생명과 재산을 보호하는 것이 아니라 그보다 더 높은 수준에서 국가에 속하는 것들이라는 생각, 그리고 차별금지법$^{Equal\ Law}$을 도입해야 한다는 것이 사람들의 마음속에서 솟아나고 있음을 보여준다. 모든 사람들 각각에게 스스로를 돌볼 수 있게 해주는 제도들을 유지하는 것을 넘어서서 우리는 강자가 약자를 돌볼 수 있게 하는 제도들이 부족하다는 점을 느끼고 있다.[12]

닐은 국가가 개입하는 것을 말로는 찬성할 수 있었다. 그러나 그는 그런 변화들에 대해서 동시대의 많은 사람들과 훗날의 역사가들이 부여했던 만큼 중요성을 두지는 않았다. 닐은 시늉 형태의 자본주의 개혁론으로 위로받을

---

12 *C.N.*, IX^{1878} 227쪽.

인물이 아니었다. 그는 복지 국가를 전혀 바라지 않았다. 그가 상상하는 것처럼, '자연이 아닌 사회에' 법률을 통해 지나치게 보강된 사회적 복지 수급은 그에게 충분한 것이 아니었다.13 닐은 끝까지 자본주의 국가에서 협동조합을 결성할 수 있는 행위의 자유 이상으로 더 바라는 것이 없다고 주장했다. 닐은 강력한 중앙 정부를 우려했고, 그 결과 정부의 권력을 키워버리는 것에 주저했다. 그는 정부가 복지 영역으로 확장해 들어오는 것에 대해서는 용납할 수 있었지만 그 이상에 대해서는 용납할 수 없었다. 그것은 그가 자발적 결사라는 만병통치약의 또 다른 이름으로서 자신이 때때로 '사회적' 사회주의라고 불렀던 것에 대해서는 선호하면서, '근대적 또는 정치적' 사회주의에 대해서는 반대했던 이유였다.14

그러나 닐은 정치적 비개입이라는 자신의 신념을 고집하지 않았다. 그는 부분적이지만 맨체스터 파의 개인주의적 처방조차도 받아들일 수 있을 정도였다. 실제로 닐을 가장 화나게 했던 것 중 하나는 스마일스$^{Samuel\ Smiles}$의 조잡한 말본새를 협동조합 운동가들이 무심하게 채택했던 것이었다. 예를 들어, 1880년에 로치데일 평등개척자들의 대표였던 스마일스는 인간 사회란 모든 구성원 각자가 '스스로를 위해 자신이 할 수 있는 모든 좋은 것을 행하는 것'이 권리일 뿐만 아니라 의무이기도 하다는 확신 위에서 행동하게 될 때 최고로 완전한 상태에 도달할 것이라고 선언했다. 그는 그것이 일반 복지를 촉진할 수 있는 최선의 방식이라고 주장했다. 닐은 '자조$^{Self-Help}$'라는 제목이 붙여진 한 기고문에서 모욕감을 느꼈다. 그는 그런 자조란 '평등 개척자들이 불과 36년 전 자신들의 의도가 자급적 주거 정착촌들을 세우는 것이었던 시절에 채택했던 방향이었다'라고 하면서 한탄했다. '자조란 스마일스에게 주었던 의미보다 더한 의미를 협동조합 운동가들에게 주고 있는가?… 스마일스는 경쟁을 위한 투쟁에서 자조의 결과를 흥미롭게 설명했다. 그는 자조가 멋있는 주택 한 채를 얻는 데에 도움이 되었다고 했다.'15 닐은 '자

---

13 같은 자료.

14 E.V.Neale, 'What is Socialism?' *C.N.*, IX[1878] 385~386쪽 또한 E.V.Neale, 'The Demon of Socialism', *C.N.*, IX[1878] 294쪽 참조.

15 'Self-Help', *C.N.*, XI[1880] 645쪽.

조'를 개인이 아닌 조직체의 진보 측면에서 정의했다. 그는 상식처럼 쓰이는 자조라는 낱말을 스마일스가 왜곡해서 사용하기 이전인 오웬주의 시대에 사용되었던 방식과 동일한 의미에서 일관되게 사용했다. 그 시대에 자조는 집단적^{Collective} 자조를 의미하는 것으로 이해되었다. 실제로 그 용어를 그렇게 뒤바꿔서 사용한 것은 스마일스가 아니라 홀리요크였던 것으로 보인다. 그것은 국가로부터의 가부장적 원조를 거부한다는 내용을 표현하고자 했다. 그러나 닐의 다음과 같은 진술에서 나타나듯이 전체적인 의미는 단순히 국가에 대응하는 것이 아니라 사회적으로 조직되는 역학을 말하는 것이었다.

> 자조란 그야말로 교육 자체를 의미한다. 그 교육 활동은 그것으로부터 대단한 것들이 국민들에게 희망되게 하는 것이다. 자조라는 교육 활동은 이기적인 원조 활동$^{selfish\ help}$이 아니라, 자신들이 고귀한 미래를 위해 일하고 있다는 의식에 의해, 그리고 일반적인 선$^{General\ Good}$을 증진하는 과정에서 자신들이 자신들의 복리를 가장 효과적으로 증진하게 해줄 것을 수행하고 있다는 굳은 믿음에 의해 단합되어 있는 사람들의 상조 활동$^{mutual\ help}$이어야 할 것이다.[16]

무엇보다도 그 길드를 대표했던 닐의 행적들은 그의 곁을 맴돌고 있던 유토피아 사상을 드러냈다. 특히 그가 결사체형 주택단지$^{associated\ homes}$의 조성을 고찰하기 위해 특별위원회를 구성했던 이후부터 그런 점이 드러났다. 닐은 공동체적 주거생활이 궁극적으로 바람직하다는 것에 의문을 제기했던 적이 없었다. 그렇지만 성공에 대한 확실한 보장이 없이 이 영역에서 행동하는 것을 피하려고 할 정도로 충분히 현실적이었다. 그럼에도 그는 출판될 적기만을 기다리면서 자신의 펜촉에는 주거 생활 영역에도 협동조합운동을 적용하기 위한 계획을 담아둔 채 항상 그 일에 착수할 준비가 되어 있었다. 1878년 겨울에 닐은 「오래된 길$^{Old\ Path}$」이라는 제목의 한 기고문에서 '나에

---

[16] *Association and Education*, 앞의 책 15쪽.

게,…협동조합운동이란 끝내 바른 세상이 도래하도록 하고, 이 현실 세계를
온통 뒤죽박죽으로 만들어 버릴 때까지 협동조합 자신이 맡은 일을 끝내지
않을 것이다'라고 썼다.[17] 그 '오래된 길'의 끝에 있으며 '마침내 도래하게
만든 바른' 세상이란 협동조합 타운들로 가득한 세상이었다. 그는 협동조합
타운의 한 사례로 뉴욕의 성공적인 오나이더 정착촌 Oneida Colony을 가리켰다.
그곳은 복잡한 성적 풍속을 가졌다고 알려졌다. 닐은 개인적으로 전통적인
가족 관계를 방해하지 않는 공동체를 선호한다고 입장을 밝혔다. 그럼에도
불구하고 그는 오나이더 정착촌 운동가들에 대해 깊이 존경하는 태도를 갖고
자주 언급했다.

'연합교육 가정회사 United Educational Home Company'를 소개하는 한 안내서는
유토피아를 설계하는 데에 능숙했던 닐의 초기 사례 중 하나였다. 그 회사는
헨리 클린턴 Henry Clinton 대령과 오랫동안 이어갔던 서신 왕래를 통해 1860
년에 키워냈던 프로젝트였다.[18] 1860년대의 나머지 기간 동안 닐은 결사체
형 주거지들을 향한 오래된 길을 거의 잊은 것처럼 보였다. 그 후 10년 동안
에는 그런 방치 상태를 보상하는 수준 이상으로 많은 일을 했다.[19] 1869년
에 협동조합 총회가 구성된 후 그는 협동조합운동의 오랜 공동체 구축 이상
을 대중화하는 일에 대한 결의를 다시 다졌다. 물질주의를 지향하게 된 협동
조합운동의 경향이 득세했기 때문에 그는 오웬주의자들이었던 로치데일 개
척자들이 원래 협동촌을 건설하려고 의도했다는 것을 협동조합 운동가들에
게 상기시키는 것이 특히 필요하다고 느꼈다. 그것이 닐이 '협동조합운동의
현황, 전망, 대상'에 관한 연설을 하게 된 동기가 되었다. 그 연설에서 닐은
노동자들을 위한 쾌적하고 건강한 주택들이 가득 찬 전체로서의 타운들, '우

---

17 *C.N.*, XI[1880] 809쪽.

18 *Letters on Associated Homes, between Colonel Henry Clinton and Edward Vansittart Neale, Esq.*[London, 1861] 여러 곳을 참조.

19 1860년대에 닐은 자신의 유토피아적 이상들을 양보하고 북부 지역 소비자들의 편협한 견해들을 옹호했다. 그리고 1866년에는 이례적으로 회의론의 입장에서, 가정 생활의 영역에 결사체의 교리를 적용하려는 시도들은 아마도 '조합이 그 시도들을 할 수 있을 만큼 아주 성숙해져서, 어떤 시도의 실패든 그 실패의 원인이, 현재 사례의 원칙이 가진 비현실성 때문이 아니라, 그 원칙을 적용할 때 발생한 실수 때문이라고 될 때까지, 연기되어야 할 것이다'라고 썼다. *Cooperator*, VII[1866] 23쪽.

리의 가족 생활에서 가족의 신성함은 파괴되지 않고 현재의 고립성은 제거된' 공동체들이라는 상상을 불러일으키는 내용으로 결론을 맺었다.[20] 실제로 그 연설문이 낭독되었던 1870년 맨체스터 총회는 주택을 주제로 삼은 선전 활동이 홍수를 이루었다. 홀James Hole이 '노동계급들의 주거'에 관해 자기가 저술한 책 200권을 대의원들에게 무료로 배포할 수 있도록 페어에게 맡겼기 때문이었다.

1872년에 닐은 자신의 상상에 새로운 차원들을 추가했다. 과거의 실패를 감안할 때, 본격적인 협동촌 출범을 구상하는 것은 비현실적이었다. 따라서 그는 더 겸손하게 시작하는 것이 필요했다. 그해 1월에 실렸던 한 기고문에서 그는 협동조합 운동가들이 '결사체형 주택단지Associated Homes'를 건축해야 한다고 제안했다. 그런 주택단지란 별도의 기본 단위 주거 공간인 아파트들로 채워져 있고 넓은 사각형의 공간을 안에 감싸고 있는 5층 높이의 커다란 직사각형 건물들을 의미했다.[21] 1840년대의 대규모 유토피아 공동체들에 대한 건축가들의 계획들에 익숙했던 사람이라면 누구나 그런 계획들이 닐의 생각에 미쳤던 영향을 인식할 수 있었을 것이다. 1층에는 세탁실과 주방 시설을 꾸미고, 그 위에는 점포들, 식당들, 토론실, 도서관을 둔 공동 편의시설 건물을 사각의 공간 안에 배치하고, 각각의 집은 세대마다 독립형 공동 주거 시설 단위들로 바꿨다. 자율성을 확보해줄 수 있는 것은 어느 것도 빠뜨리지 않았다. 각 단지에는 학교, 보육원, 의무실뿐만 아니라 흡연과 당구 같은 사교 환경을 위한 공간들을 제공했다. 그런 시설을 위한 자금 조달과 관련하여, 닐은 현재의 불편하고 건강에 해로우며 낭비 요소가 많은 개별 주거지들을 세우는 비용을 초과하지 않을 것이라고 느꼈다.[22] 구체적으로 닐은 주거 공간당 50파운드의 비용이 소요될 것이라고 추산했다. 약 한 달 후 런던 산입주거개선회사Improved Industrial Dwellings Company of London의 이사인 모리슨[W. Morrison]은 협동조합 뉴스 신문에 닐의 수치를 확인해주는 글을 집필했다. 그

---

[20] *Cooperator*, X[1870] 745쪽.
[21] E.V.Neale, 'Associated Homes', *C.N.*, II[1872] 37쪽.
[22] 같은 자료.

는 자본에 대해 우량한 수익률을 제공하는 주거지들보다 더 나은 투자 양식은 없다는 결론을 주장했다. 지금처럼 당시에도 자본주의 틀 내에서는 자선조차도 수익성이 있어야 했다.[23] 닐의 구상은 혼자만 동떨어져 있던 관심사가 아니었다. 1863년에 설립된 그 런던 주거개선회사는 가장 다루기 힘들었고 빅토리아 시대의 낙인과도 같았던 슬럼가 주택에 대처하기 위해 설립된 일련의 자선 단체들 중 하나에 불과했을 정도였다. 런던에는 특별히 몇 곳의 이름을 열거하자면, 노동계급들의 주거지 개선을 위한 대도시 결사체 Metropolitan Association for Improving the Dwellings of the Industrious Classes, 1845년, 센트럴 런던 주거개선회사 Central London Dwellings Improvement Company, 1861년, 런던 노동자 주거조합 London Labourers' Dwelling Society, 1861년, 피바디 트러스트 Peabody Trust가 활동하고 있었다. 실제로, 잉글랜드 전역에는 1866년 노동계급 주택법 Housing of the Working Classes Act이 통과되기에 충분할 정도로 문제의식이 있었다. 그 법안은 그런 자선 단체들에게 토지를 구입할 수 있게 하기 위해서 공공사업 대출위원회 Public Works Loans Commissioners로부터 돈을 차입할 수 있도록 자격을 부여함으로써 그런 단체들의 활동을 촉진했다.[24]

닐의 동료 협동조합 운동가들 역시 노동계급 주택 문제에 대한 의견을 표명할 준비가 되어 있었다. 1870년대 초반 동안 협동조합 뉴스 신문에는 '협동조합 호텔', '빈민을 위한 궁전', '가정 협동' 같은 눈에 띄는 제목의 기고문들도 나타났다. 그런 노력들로부터는 어떤 결과물도 나오지 않았다. 그러나 주저하지 않고 자신의 선전 노력을 이어갔던 닐에게 그런 결과가 걱정거리는 아니었다. 주거시설회사의 모리슨과 달리 닐은 우량한 자본 수익률보다 훨씬 더 커다란 몫을 위해서 활동하고 있었다. 닐은 자신의 노력이 성공을 거두려면 동료 협동조합 운동가들의 금전적 수익 동기뿐만 아니라 그들의 상상력에도 호소해야 한다는 점을 깨달았다. 이를 염두에 두고 그는 더 널리 회람되었던 자신의 팜플렛 중 하나인 「주식회사주의와 협동조합운동의 구별 The Distinction Between Joint Stockism and Cooperation, 1874」에서 천년왕국설의 영감

---

[23] *C.N.*, II[1872] 85쪽.
[24] W.L.Burn, *The Age of Equipoise: A Study of the Mid-Victorian Generation* London, 1964 127쪽.

을 붙잡고 다음과 같은 내용을 집필했다.

> 나는 그런 변혁이 느리다는 것을 부정하지 않는다. 협동조합 운동가들은 여전히 광야를 헤매고 있다. 수많은 축복이 있는 약속의 땅, 매연이 없는 도시들, 산업과 지적 생활의 중심지들, 단순히 자신들이 제조한 재화들의 창고들로서가 아니라 건물의 건립 대금을 지급하는 데 쓰였던 그 재화들을 직접 만들어낸 사람들의 주택들로서 전국에 촘촘히 뿌리내린 결사체형 주택단지들이 들어찬 궁전들로 아름답고, 활발한 산업과 세련되고 다양한 향유 요소가 함께 있으며, 과학적 지식을 상식을 증진하는 데 사용하겠다는 의지를 가진 과학적 지식연합체에 의해 빈곤이 사라진 땅, 그런 진정한 천년왕국의 땅은 아직 믿음의 눈에만 존재한다.[25]

닐은 집요하고 끈질기게 설교를 이어나갔다. 진보에 대한 그의 믿음이 궁극적으로 성공할 것이라는 그의 확신을 강화시켜 주었다. 그런 확신이 커지면서, 인생 내내 열정으로만 가졌던 그 구상은 길드가 창립되었던 시점인 1870년대 후반까지 가장 열렬하게 매달렸던 하나의 집착이 되었다. 그렇게 재개되었던 그의 열정은 대규모 경제 불황에 따라 계속해서 상승해 온 이상주의적 반응의 일부였다. 그 열정은 죄책감에 휩싸였던 지식인 계급들이 용서를 구하기 위해 사회 개혁으로 전향했던 열정을 보여주는 모델로서 토인비를 앞세웠던 것과 동일한 종류의 반응이었다. 쇼는 보다 전투적인 종류의 그런 열정에 대해 집필한 적이 있었다.

> 헨리 조지Henry George의 『진보와 빈곤Progress and Poverty』 책자를 통해 자극을 받았던 밀, 스펜서, 꽁트, 다윈의 많은 청년 제자들은 진화와 자유 사상을 제쳐 두고, 반란적인 경제학으로 옮겨갔으며, 마르크스를 연구했고, 너무나 매력적이어서 거부할 수 없는 조직

---

[25] *The Distinction Between Joint Stockism and Cooperation*, 앞의 책 5쪽.

체로 노동자 계급들이 가진 엄청난 규모의 힘을 집중시키기 위해서 사회주의가 노동계급들 앞에 분명하게 놓여 있어야만 했다는 것, 그 혁명은 늦어도 프랑스 혁명의 100주년 기념일인 1889년으로 정해졌다고 크게 확신했다.26

닐과 개인적으로 가까웠던 사람들 중 휴즈의 1870년대 말년 즈음의 행동은 가장 매혹적이었고 눈에 띄는 것이었다. 그는 테네시 동부의 컴벌랜드 고원Cumberland Plateau 지대에 독특한 잉글랜드 식민지를 개척했다. 그곳은 특별히 '럭비Rugby'라고 불렸다. 그 명칭에서 예상할 수 있듯이, 그 식민지는 빠르게 사라져가고 있던 옛 잉글랜드의 추억을 되찾으려는 시도로서 향수가 구현된 곳이었다. 그 추억과 향수란 입학자격 개방 기숙 학교public school, 명예, 경의, 정직한 작업으로 이루어진 잉글랜드를 의미했다. 그곳은 잉글랜드에서의 삶이 금권 정치의 극심한 생존 경쟁으로 변해버리게 만들었던 요소들을 피하고, '옛날식 마을'이라는 '조용한 안락과 안식'으로 대체한 작은 공동체로서 신중하게 조직되었다. 이론적으로 볼 때, 휴즈의 공동체에서 필요했던 것은 막대와 총, 약간의 지능, 자신의 손을 더럽히겠다는 의지였다. 럭비는 1880년 10월 5일에 공식 개장했다. 그러나 1년 후 그곳은 도산 직전에 놓이게 되었다. 100파운드를 기부했던 리폰Lord Ripon과 스미스Goldwin Smith 같은 친구들이 기꺼이 재정적 구조에 서둘러 힘을 보탰던 의지가 있었기 때문에 다행히 고비를 넘겼지만 그들의 도움도 헛된 것으로 판명되었다. 성공의 희망 없이 그 모험은 1891년에 끝났다.27 닐은 훨씬 더 현실적이었다. 그는 협동조합을 또 하나의 파괴된 공동체로 어질러 놓고 싶지 않았다.

그런 실패작들로 인해 잉글랜드인들은 유토피아적 사회주의 사상에 회의적인 경향을 보였다. '보아야 믿는다'라는 옛말이 적절했다. 닐이 가장 필요로 했던 것은 실제로 실행되고 있는 공동체 지상주의 원칙의 성공적인 사례였다. 오나이더 정착촌Oneida Colony은 성적인 측면에서 자유로웠던 관행이 빅

---

26 G.Bernard Shaw et al, *Fabian Essays in Socialism*Gloucester, Mass., Peter Smith, 1967 228~229쪽. Bernard Shaw의 'Transition'이라는 제목의 에세이에서 발췌.

27 Mack and Armytage, *Hughes*, 앞의 책 227쪽 이하.

토리아 시대의 정신 구조를 침해했기 때문에 불만족스러웠다. 셰이커Shaker 계열의 식민지들은 결사체의 좋은 사례였지만, 셰이커들 스스로가 너무 금욕적이었고, 성별을 완전히 분리해서 생활했다. 게다가 인류의 멸종이 그들의 성공 조건이었다. 이 두 가지 사례는 본격적으로 유토피아를 실험한 것이었다. 닐은 세기 후반에 잉글랜드의 '상식에 어긋나지 않는' 태도를 보여주는 현실적인 모델을 필요로 했다. 기독교 사회주의 운동에 열중했던 시기처럼 그에게 그런 모델을 제공해주었던 곳은 다시 프랑스였다. 1878년에 고딘은 『르 드브와Le Devoir』라는 정기간행물을 출판하기 시작했다. 그 출판물에서 그는 자신의 성공적이었던 노력들을 소개했다. 그 내용은 파리에서 북동쪽으로 127마일 떨어진 소규모 타운인 기스 소재 자기의 공장과 연계하여 철두철미하게 협동조합운동 프로그램을 개시했다는 내용이었다. 그 공장은 주로 난방장비 제조를 위해 이용되는 주조공장이었다. 고딘은 자신의 사회적 실험을 '파밀리스테르Familistère, 노동자생산협동조합'라고 불렀다. 닐은 그 사업에 대한 내용을 읽고 완전히 매료되었다. 그것이야말로 그가 찾고 있던 것이었다.[28]

바른 세상으로서 파밀리스테르라는 최종적인 날개가 마침내 완공되어 팡파레와 함께 개장된 후 1880년에 이르러 번성하기 직전 시점에 닐은 이미 프랑스에 주목하고 있었다. 그가 파밀리스테르에 벅차올랐던 이유를 이해하는 것은 쉬웠다. 그는 스스로 그런 계획들을 세울 수 있었고, 그런 계획들은 그의 아이디어와 아주 잘 맞았다. 우선 기스의 노동자들은 20년도 안 되는 기간 내에 실제로 그 공장의 소유권자들이 될 정도로 공장의 이윤을 공유할 수 있었다. 그것만으로도 닐이 열광하기에 충분했다. 그러나 고딘은 자신의 푸리에주의적 본능을 채우기 위해 훨씬 더 나아갔다. 노동자들은 결사체형 주택단지 또는 연합주택들에 살았다. 가족마다 별도의 주거 공간이 주어지지만 공동체적 관할 구역 아래에 놓여 있었다. 이윤은 음료, 음식, 기구, 연료, 의복 같은 일상 생활의 모든 필수품을 판매하는 협동조합 점포들을 설립하는

---

[28] 고딘과 파밀리스테르에 대한 정보는 Aneurin Williams, *Twenty Years of Copartnership at Guise*London, 1903 88쪽을 찾아볼 수 있다. 또한 'Jean Baptiste André Godin; A Biographical Sketch', *C.N.*, XIX[1888] 109~110, 134~135쪽 참조. 아래의 자료 대부분은 이들 연구를 참조했다.

데 사용되었다. 그리고 파밀리스테르의 아동들에게는 최소 14세까지 무료 초등 교육이 전면적인 유아 보육 시설과 함께 제공되었다. 마지막으로 고딘은 질병, 노령, 장애, 사망에 대한 상호보험이라는 독창적인 시스템을 만들어냈다. 일찍이 1852년에 그는 그 주조공장에서 질병기금$^{Sick\ Fund}$을 설치했고, 거의 동시에 그 기금의 통제권을 노동자들에게 넘겼다. 파밀리스테르 생활 공간들을 건축한 후에는 보험을 확대하여 아내들까지 포함하게 했다. 그 재원을 마련하기 위해 질병기금의 특정 비중을 그 목적으로 적립했고, 적립금은 여성들이 관리하도록 했다. 놀랍게도 그것은 19세기 중반에 있었던 진보적인 움직임이었다. 그의 모든 노력의 배후에 있는 원동력에 대해, 고딘은 다음과 같이 요약했던 적이 있었다.

> 그 원동력이란 '일과 평화에 대한 숭배를 통해, 그리고 인간에 대한 사랑을 통해, 사람들 안에서 하느님을 섬기는 수단으로서, 전 세계 모든 인간의 생명을 존중하고 보호하며 발전시키는 것'이었다.[29]

닐은 마침내 협동조합 운동가들의 관심을 끌 수 있는 현실적인 모델을 찾았다. 공동생활에 대한 대부분의 실험들과 달리, 고딘의 파밀리스테르는 사회로부터의 유토피아적 탈출이나 사회의 관습적 도덕·수칙들에서 어긋나는 내용을 포함하고 있지 않으면서, 기성의 제조 시설들에서도 자연스럽게 발전시킬 수 있는 것이었다. 그 점이 가장 커다란 장점이었다. 그것은 푸리에의 팔랑쥬^{Phalanx} 또는 오웬의 협동촌으로 가는 경로에서 일종의 중간 단계의 주택 형태였다. 파밀리스테르에 대한 닐의 열정은 끝이 없었다. 그는 그곳의 정기 축제들을 방문했고, 협동조합 뉴스 신문을 통해 잉글랜드의 협동조합 운동가들에게 그 축제들을 자세히 보도했다. 그는 정기적으로 고딘의 『르 드부아』 잡지 기사들을 번역해서 재출판했다. 그리고 잉글랜드의 협동조합 지도자들이 개인적으로 프랑스에 여행을 가서 직접 보도록 유도했다. 종종 자

---

29 Williams, 앞의 책 86쪽.

신이 그들과 동행하기도 했다. 실제로 고딘과 그의 사회적 실험은 닐이 여생 동안 벌였던 협동조합 논쟁에서 두드러지게 나타났다. 닐이 협동조합인 길드의 활동 분야에 협동조합 주택을 고찰하는 특별위원회를 도입하도록 이끌었던 것은 고딘의 사례였다. 닐은 1880년에 「결사체형 주택단지」라는 제목을 붙인 팜플렛을 출판했다. 그 팜플렛은 그 주제에 관련하여 가장 인기 있었던 팜플렛이었다. 그 집필 작업은 길드의 후원을 받은 것이었다.30

1880년 5월에 탄광 사업체인 뉴캐슬어폰타인에서 열린 총회 동안 그 아이디어는 당연히 논란을 일으켰다. 털라웨이^{Thirlaway} 씨는 '협동조합 오두막 건축물과 토지 문제'라는 제목의 글을 낭독했다. 그 내용은 노동자 협동조합 운동가들을 위한 거처들이라는 분야의 주제에 대해 협동조합운동 전역에서 입증되었던 높은 관심에 응답하는 것이었다. 털라웨이와 그의 지지자들은 결사체형 주택단지에 대한 닐의 열정에 공감하지 않았다. 그들은 개인 주택을 건축하기 위해 협동조합적 자본과 여신을 활용할 수 있는 수단에 관심이 있었다. 그런 관심은 어떤 공동의 프로젝트나 협동조합운동 자체에 의존해 진행하는 것과 전혀 관계가 없는 것이었다. 일부 대의원들은 조합들이 잉여 자금의 일부를 활용하여 토지를 매입하고 합리적인 가격에 개별 협동조합인들이 구입할 수 있는 오두막집들을 짓는 데 사용해야 한다고 주장했다. 그때 조합들은 그런 구매를 위해 개인들에게 신용을 제공함으로써 그 과정을 더욱 원활하게 해줄 수 있을 것이다. 닐은 1876년의 산업 및 근검조합법이 조합들에게 다른 어떤 나라에서도 누릴 수 없는 특권을 부여했다는 점을 강조하면서 그런 제안들에 모욕감을 느꼈다. 그 법률에 의거하여 조합들은 단체들을 결성할 수 있었고, 그 단체들은 각자의 단체 역량 안에서 타법의 적용 배제 혜택을 받기 때문에 이미 금액에 구애받지 않고 토지를 보유할 수 있는 권리를 갖고 있었다. 그렇다면 조합들은 자신들의 단체 역량 안에서 토지를 매입하고 그것을 궁극적으로 개인들에게 쪼개서 나눠줌으로써 그런 특권을 헛되게 사용하는 것이 합리적인가? 노동계급의 집단적 노력을 통해 얻은 부

---

30 E.V.Neale, Associated Homes: *A Lecture…with Three Engravings of the Familistere at Guise, and a Biographical Notice of M. Godin, its Founder* London, 1880 3쪽.

가 결사체의 활동을 더 발전시키기 위해 사용되어야 하지 않겠는가?

뉴캐슬 총회에 참석했던 닐의 반대자들은 유머러스한 태도로 프랑스인들이 결사체형 주택단지들을 잘 해 나갔을지 모르지만 개인주의 성향이 강한 잉글랜드인들이 잘 해 나갈 가능성이 낮다고 충고했다. 요크셔 주의 한 도시인 헥몬드와이크Heckmondwike의 크랩트리는 '그것이 모두 오래된 적들인 너텔과 닐, 핑스톤Pingstone과 미첼, 홀리요크와 로이드 존스가 함께 살게 하려는 의도가 있었다면, 닐은 그들이 어떻게 지낼 것인가에 대해 몰라도 한참 몰랐다'라고 깔깔대며 웃었다.31 닐에 대한 비판가들은 잠재적으로 곤란한 상황을 일으킬만한 요소들을 뿌리 채 뽑아버리려고 했던 것으로 보인다. 그것은 협동조합운동의 위원회 족장들이 우호적으로 합심해야 할 정도의 문제였다. 과연 그들이 자신들의 주택 관리처럼 사적인 것을 친밀하게 공유할 것이라고 기대할 수 있는 사람들이었던 적이 있었을까?

역사의 어떤 시대보다 '주택'이라는 단어가 그토록 상징적 의미로 가득 찼던 적은 없었다. 빅토리아 시대의 인구는 그것을 경외심에 가까운 태도로 발음했다. 닐의 오랜 지인이자 친구인 러스킨John Ruskin은 가장 분명하게 그런 분위기를 또렷하게 말했던 사람이었다.

> 그것이야말로 주택의 진정한 본질이다. 그곳은 안식처이다. 모든 피해뿐만 아니라 모든 공포, 의심, 분열로부터의 피신처이다. 그런 것이 아니라면 주택이 아니다. 외부 생활의 불안이 그 안에 스며들어 있고, 외부 세계의 변덕스럽거나, 알려지지 않았거나, 사랑받지 못하거나 적대적인 사회 관계가 남편이나 아내에 의해 집안의 문턱을 넘어 들어올 수 있게 허용되는 한, 그것은 집이기를 멈춘다. 그때 그것은 당신이 지붕을 씌우고 불을 지펴놓기만 한 바깥 세계의 일부일 뿐이다. 그러나 그것이 신성한 장소, 여신의 사원, 가정의 신들에 의해 보살핌을 받는 가정 생활의 사원인 한…지붕과 불은 고상한 그늘과 빛이 취하는 유형들로서 메마른

---

31 *Twelfth Cooperative Congress, Newcastle-on-Tyne, 1880*^{Manchester, 1880} 41쪽.

땅의 바위가 만든 그늘일 뿐이고 폭풍우가 내리치는 바다에서 등대가 만든 불빛과 같은 것일 뿐이다. 그것이 집이라는 명칭만 지키는 한, 그렇다면 집에 대한 찬사만을 충족시키게 된다.32

주택이라는 생각과 그 안에 있는 여성들의 위치에 대한 생각은 사회의 안정성 자체를 결정해주었던 견고함을 기준으로 일종의 도덕적 중심축 역할을 했다. 비어트리스, 헉슬리 여사Mrs T.H. Huxley, 토인비 여사Mrs Arnold Toynbee 같은 지적이고 진보적인 여성들이 워드 여사Mrs Humphrey Ward의 유명한 선언인 '여성의 참정권에 대한 호소'에 서명하도록 이끌었던 것은 그것이 지녔던 전체적인 함의들이었다. 비어트리스는 나중에 거기에 서명하는 과정에서 '그릇된 발걸음'이었던 실수를 했다고 느꼈다. 그러나 그녀가 과거의 입장을 번복하는 데 20년 정도를 기다렸다는 것은 의미가 있다.33 닐은 여성 해방 문제에 대해 특이하게 양가적 입장을 유지했다. 그는 정치적 이슈에 대해서도 좀처럼 확실하게 이야기하지 않았다. 그는 이번 경우에도 결사체형 또는 그가 불렀던 대로 단일가구 주택들Unitary Homes과 특유의 방식으로 다음과 같은 질문을 연결하려고 했다.

나는 오랫동안 여성의 권리 옹호 운동가들과 함께 코트를 입을 경우에 정치적 투표의 자격이 부여되는 사람들이 페티코트를 입었다는 이유 때문에 투표에서 배제되어서는 안 된다고 주장해 왔다. 마찬가지로 나는 그들과 함께 여성들이 남성과 동등한 위치에 있을 수 있게 해주는 지적 활동이나 직업으로부터 배제되지 않을 것이라고 주장한다. 그러나 나는 역시 그런 주장의 반대자들과 함께 진정한 여성들의 활동 영역이 가내 영역이라고도 주장한다. 여성의 자연스러운 기능은 투쟁하는 것이 아니라 매혹하는 것이다. 이런 견해들이 일관성 없게 보이지만, 그런 견해들은 단

---

32 Walter E. Houghton, *The Victorian Frame of Mind, 1830~1870*^{New Haven, 1957} 343쪽에서 인용된 것을 따름.
33 Beatrice Webb, *My Apprenticeship*^{London, 1926} 341~342쪽.

일가구 주택들이라는 아이디어에서 일관성을 충족한다.34

여성의 참정권에 대한 닐의 견해는 그가 현실적인 성격을 가졌다는 점보다 한 가지 생각만을 고수하는 편협한 성격을 가졌다는 점을 더 잘 보여준다. 진부한 정서를 가졌던 그는 여성이 가진 삶의 사명이란 단일가구 주택들을 '경쟁 상대 주택보다 더 매력적으로 만들고, 그에 따라 일반적 복리가 나타날 수 있게 준비할 때' 가장 잘 실현될 것이라는 의견을 표명했다. 그리고 그는 '만약 그녀가 그런 사회적인 선Social Good을 생산하기 위해 자신이 가진 사회적 능력들을 행사한다면, 인류임을 주장하기 위해 그녀가 선택할 수 있는 권리는 그것이 무엇이든 기꺼이 그녀에게 양보할 것이다'라고 자비롭게 약속했다.35 주택, 여성, 사랑을 이상적으로 표현하는 방식에서 닐이 대단히 빅토리아적이었다는 것은 의문의 여지가 없다. 그러나 그는 대부분의 시간을 맨체스터에 사는 한 명의 독거 남성으로서 조용히 살았고, 그의 가정 생활은 분명히 만족스럽지 않았다. 더 행복한 가정 상황에 있었던 많은 빅토리아 시대 사람들이었다면 '결사체형 주택단지'라는 명칭에서 시사되는 것처럼 자신들의 사생활에 대한 간섭이 암시되어 있는 것을 싫어하는 경향이 있었다. 그것은 때때로 닐이 '단일가구 주택'이라는 표현을 사용했던 이유였다.

닐이 주택을 이상적으로 표현했던 방식은 대부분의 빅토리아 시대 사람들이 반감을 가진 채 공동체 지상주의적 이론에서 달아나게 했을 요인이었다. 그러나 그것은 닐에게 정반대의 영향을 미쳤다. 고단의 공동체를 상대적으로 매우 바람직한 것처럼 보이게 했던 것은 분명히 공허함, 또는 더 적절한 용어를 사용하자면, 엄격한 기준을 충족하지 못했던 자기 가정 생활의 불완전함이었을 것이다. 닐은 기스를 방문했을 때 자기보다 행복한 가정에 초대되어 다양한 생활들을 접했다. 그들은 직장이나 학교에 가고, 게임을 하거나 결정을 내리며, 축제와 축하 행사들에 참여했다. 사회적 위계 안에서 닐의 지위는 특히 1885년에 비샴 수도원Bisham Abbey을 인수한 후에 그의 고립감

---

34 *C.N.*, XIII[1882] 513쪽.
35 같은 자료.

을 고조시켰다. 그런 요인은 고딘을 모방하려는 그의 욕구를 자극했다. 어느 크리스마스 날에 닐은 홀리요크에게 오래된 수도원에서 자기 가족과의 삶을 드러내는 메모를 썼다.

> 나는 우리가 이 비샴 마을에서 가장 작은 규모의 크리스마스 파티를 하고 있다고 생각합니다. 우리는 이 수도원의 응접실 쪽만 이용하고 있습니다. 이렇게 커다란 집에 3명의 사람과 1마리의 개밖에 없습니다. 그런데 아직 이 벽의 반대편에는 같은 지붕 아래 모두가 우리와도 아주 친한 관계를 유지하고 있는 10명가량의 사람들이 있습니다. 만약 우리가 그들과 어울리려고 한다면 그들의 사회를 망칠 것이 틀림없습니다. 그들도 우리의 사회에 아무 영향을 주지 않을 것입니다. 결론적으로 여기에 사회적인 문제가 있습니다. 깨뜨리기 어렵습니다. 환경의 피조물들입니다. 환경은 풍자하기 쉬울지라도 변화시키기 어렵습니다.[36]

닐은 '그 결사체형 주택단지란 사회적으로 아치형의 구조물이 있다고 상상한다면 그 구조물의 쐐기돌 같은 것, 즉 합리적 향유와 일반적 복리에 필요불가결한 조건이다'라는 입장을 고집했다.[37] 닐은 외로운 사람이었으며, 그런 의견은 아마도 그의 고독했던 측면에서 가장 잘 이해될 수 있을 것이다.

협동조합운동의 경제적 강점이 CWS와 북서부 지방에서 자회사 점포 네트워크의 꾸준한 성장에서 기인했다면, 정신적 강점의 중심지는 쉽게 좌표가 정해질 가능성이 낮았다. 1870년대 후반의 혁신적인 조직체들 중 다수는 협동조합운동이 경제적으로 취약했던 런던에서 먼저 발족되었고, 잉글랜드 남부 지방에서 그런 동태를 보여주는 전형적인 것이 협동조합인 길드였나. 닐

---

36 홀리요크에 대한 닐의 서신^{날짜 미상}, 홀리요크 문서들.
37 *Fifteenth Cooperative Congress, Edinburgh, 1883*^{Manchester, 1883}, p.v. 닐의 '서문'부터 총회 보고서까지.
• 역자 주_워릭셔 주 럭비 타운에 소재한 최초의 입학자격 개방학교Public School이며 영국 국교회 학교의 유명 졸업생들을 가리키는 말.

자신은 이제 대부분의 시간을 맨체스터에서 보내고 있었다. 하지만 남부 지방의 사람들인 특히 휴즈, 홀리요크, 그리닝에게 영감과 지지를 의지했다고 말하는 것이 정당할 것이다. 실제로 닐에게 동기를 제공했던 사람들이 중앙이사회의 남부 분회를 지배하고 있던 이상주의자 무리였는지, 또는 그들에게 동기를 부여했던 사람이 닐이었는지 여부를 확인하는 것은 어려울 때가 있다. 어쨌든 그의 가장 거대했던 선전 작업에 대한 아이디어는 휴즈가 처음 꺼냈다. 1878년 12월에 엄청난 올드 럭비언$^{Old\ Rugbean}$•세력에게 강하게 압박을 받았던 남부 분회는 협동조합 운동가들을 위한 일종의 증보판 편람^{handbook} 또는 방법서^{manual}를 준비하는 것이 바람직하다고 결정했다. 2개월 후에 그 방법서의 윤곽이 승인되었고, 닐이 편집자로 선택되었다. 그 윤곽은 휴즈가 작성했던 것이 틀림없었다. 휴즈는 몇 명의 다른 구성원이 그 방법서의 공동 편집자들로서 닐과 함께 결합해야 한다고 제안했다. 그는 '협동조합운동의 이론적, 과학적 측면에 대한 지식, 그리고 현실적 활동 경험이 아마도 어떤 생존해 있는 잉글랜드인보다 더 충만하고 더 넓을 것인 우리의 사무총장님'을 추천한다고 했다. 그렇게 닐은 그 프로젝트에 영입되었다.38 그 추천은 서문을 제외한 전체를 닐이 집필하기로 하는 조건에서 받아들여졌다.39 논란의 여지가 있었더라도 그 방법서는 협동조합운동의 이상주의적 측면을 가장 완벽하게 표현한 것 중 하나로 남았다.

방법서의 처음 1, 2부는 협동조합 이론에 관한 것이었다. 마르크스를 비롯한 프랑스, 독일 사회주의자들의 주요 견해를 비판적으로 고찰했다.40 3부

---

38 *Eleventh Congress* 28쪽.
39 휴즈는 나중에 그 방법서의 공동 저자로서 등장하는 자신의 이름이 닐의 사심없는 행동의 한 사례라고 주장했다. 그는 '거기에서 내 부분은 서문일 뿐이고 여기저기에서 문구가 수정되었다. 그것은 그 [닐]의 끊임없는 자기 억제 습관의 한 예일 뿐이다.' Hughes, 'Neale', 앞의 책, 181쪽. 옥스퍼드 대학의 고교회적 소책자 운동$^{Oxford\ Tractarians}$의 초기 영향 외에도 닐의 의식적인 자기 억압 시도는 동양 종교의 영향 때문이었다. E. V. Neale, 'Buddha and Buddhism', *Macmillan's Magazine*, I$^{1860년\ 4월}$ 439~448쪽 참조. 그리닝과의 대화에서, 신지학자^{theosophist}인 블라바츠키$^{Madame\ Blavatsky}$의 사망 후 얼마 안 되어 닐은 궁극적인 목표로서 열반^{Nirvana}에 대한 브라만적 개념에 큰 관심을 표명했다. *C.N.*, XXIII^{1892} 1121쪽.
40 이 책자의 3장에서 방법서의 해당 부분을 일부 이용했다. 이 책의 60~63쪽 참조.

는 '협동조합운동의 실천'이란 제목으로 파운드와 펜스 같은 재무적인 것에 관한 내용을 담았다. 거기에는 협동조합운동의 엄격한 사업 목적이 지루할 정도로 상세하게 조사되었다. 3부의 9장인 '사회 생활에서 협동조합운동의 실천'은 닐의 철학을 추가로 조명했기 때문에 가장 흥미로웠다.

    닐이 공장과 마을의 모델로서 집착했던 대상은 19세기 후반에 한정된 현상들만이 아니었다. 노동 빈곤층과 그들의 생활 조건에 대한 관심이라면 언제 어디의 것이든 대상으로 삼았다. 닐은 방법서에서 타이터스 솔트 경$^{Sir\ Titus\ Salt}$의 노력에 찬사를 보냈다. 그는 1851년에 샐테어^{Saltaire}에서 자신의 공장과 모델 마을을 세웠다. 그곳은 1880년대 후반에 그런 일련의 창의적 활동들이 레버스 포트 썬라이트$^{Lever's\ Port\ Sunlight}$로서 시작될 수 있게 하는 데 기본 패턴을 제공했다. 그러나 노동계급의 조건을 개선하려는 그런 선의의 시도들은 그 동기가 얼마나 고귀한 것이든 그 자체가 전부는 아니었다. 그런 동기는 매우 자주 금전적인 것에 관심을 둔 것이었으며, 노동자들에게 더 열심히 일하고 더 많은 이윤을 생산하라는 내용을 담고 있었다. 닐은 자신의 관점에서 볼 때 최선의 모델이란 솔트 경의 것이 아니라 고딘의 것이라고 지목했다. 노동자는 가부장적 원조의 수동적 수령자 이상이어야 했다. 특히 종종 매우 과시적으로 하사되는 그런 원조는 당초에 노동자들 자신에게 정당하게 소유되었어야 할 이윤으로부터 나온 것이기 때문에 노동자가 그렇게 간주되어서는 안 되는 것이었다. 샐테어의 잘 꾸며진 아파트는 아름다웠지만 공동 소유권자들이 아닌 세입자들로 가득 찬 것이었다. 노동자는 개별적으로 그런 시설물들에서 커다란 편익을 얻을 수 있다. 그러나 닐이 느끼기에 그런 시설물들은, 어떤 실제의 종합적인 이득이 생성될 수 있기 이전에, 현재의 자본에 대한 노예 상태로부터 노동자들을 해방시키는 데 있어서 필요했던 공동체적 연대 정신을 배양하는 면에서는 아무 것도 하지 못하게 되었다. 그와 대조되게 고딘의 결사체형 주택단지 사상은 닐이 분투하고 있었던 목표를 축소판으로 나타내주었고, 결사체의 정신에 의거한 일종의 훈련 학교로서 직접적이고 현실적인 기능 역시 수행했다.[41]

---

[41] *Manual*, 앞의 책 159쪽.

그런 생각들은 협동조합 현실주의자Cooperative Realist들에 의해서 '유토피아적'이라고 경멸되었다. 현실주의자들은 그런 삶을 살았고 그런 지배적인 중간 계급들의 생각을 했으며, 자기 도시들에서 자신들 바로 옆에 놓여 있는 빈곤과 비참함에 대체로 눈을 감았다. 그들 스스로와 극빈자 간의 사회적 간극은 너무나 뚜렷해서 대부분의 협동조합 운동가들이 1889년에 찰스 부스Charles Booth가 고발했던 내용에 충격을 받았을 정도였다. 불행히도 협동조합 운동은 노동 귀족과 쁘띠 부르주아에 국한된 운동이 되어버렸다. 본능적으로 그런 지도자들은 자본주의 사회 내부에서 자신들의 자리를 찾았다. 그들은 변화의 일정표가 다소 먼 거리에 있는 종착점을 포함하고 있더라도 변화시켜 보겠다는 옛 욕구를 잃어 버렸다. 현재에 대한 자신들의 만족감이 미래에 대한 관심을 억제했기 때문이었다. 유토피아적 사회주의의 아버지인 생시몽Saint-Simon은 '제네바에 사는 한 주민이 동시대의 사람들에게 보내는 편지'에서 다음과 같이 주장했다. '실천되어야 할 하나의 발견 결과가 출현 당시에 성행했던 것들과 상이한 전망이나 습관들을 요구할 때마다, 그런 발견은 그것의 탄생을 목격한 세대가 향유할 수 있는 보물이 된다. 그런 향유는 발견으로 이익을 얻게 될 미래 세대에 대한 애착 감정을 통해서만 이루어질 수 있다.'⁴² 그런 미래 세대를 내다본 닐의 생각은 그만큼 유토피아적이었던 반면, 그를 비판했던 사람들은 너무나도 현실적이었을까? 이와 똑같은 문제들은 여전히 해결되어야 할 것으로 남아 있다. 1세기가 넘게 자본주의를 '현실적'이라거나 '실용적'인 것이라고 명명하며 수용했음에도 불구하고, 노동계급 빈민촌들은 여전히 즐비하다. 그 안에서 사람들은 단결해야 할 때 소외되고 공동체 정신이 부족하다. 그들은 가치를 거의 또는 전혀 소유하지 못했기 때문에 소유권의 자부심이 없으며, 집주인, 점포주인, 심지어 법과 질서의 효력에 의해서조차 착취된다. 이 모든 것은 자신들의 무기력함에 대한 좌절과 분노의 감정을 증대시킨다. 그것은 의미 있는 사회적 존재가 되기 위해 필요한 인간관계를 형성하는 데 손상을 주는 부정적인 개인주의를 낳는다.

---

42 Henri De Saint-Simon; *Social Organisation, The Science of Man and Other Writings*, ed. and trans. with a Preface and Introduction by Felix Markham New York, Harper Torch book, 1964 5쪽.

그렇다고 협동조합 프로젝트들을 개시하도록 장려함으로써 빈곤 계급들 사이에서 공동체 정신을 생성하는 것에 대해 일부 사회과학자들이 지금 이야기하는 것은 아이러니이다. 실제로 그들 사이에는 묘한 유사성이 종종 있지만 세부적인 것의 상이한 점이 있다면 닐의 집단적 자조 개념을 꼽을 수 있을 것이다.

닐의 신념들을 찾아내고, 그런 신념들을 일부 경우에는 현재까지도 지속되고 있는 그릇된 해석들로부터 재해석할 수 있도록 보호하는 것은 유용한 작업이다. 그러나 그 방법서가 집필되었던 방식에 비추어 볼 때 그런 오해가 오래 이어지고 있는 것을 이해하는 것은 그리 어렵지 않다. 4부의 '협동조합운동에 대한 도움과 방해'는 부당한 반복과 종말론적인 내용이었다. 그것은 '협동조합운동의 위험들과 그 위험들에서 탈출하는 방법'이라는 제목이 붙은 장만을 유일하게 담고 있었다. 그런데 그 장에서는 이전의 장들에서 이미 철저하게 살펴본 내용들을 다시 횡설수설 반복했다. 부실하게 구성된 가운데 전개되었던 그 내용은 설명할수록 혼란스럽기만 했다. 안타깝게도 그 방법서 곳곳에 기독교와 고딘의 기스 파밀리스테르 같은 주제들에 대한 연이은 여담과 불필요하게 반복되는 참조 사항 언급들은 너무 많았다. 그런데다가 이 장에서 특히 지루해졌다. 사실, 닐이 그 내용을 편집하는 데 너무 서둘렀거나 그의 마음이 그 책의 단점을 인식하지 못할 정도로 일상사에 너무 사로잡혀 있었다는 지적을 피하기는 어렵다. 그는 자신의 반복적 요약을 가시가 돋친 화살촉이며 그 책의 주된 생각을 '화살대'라고 비유했다. 그러나 그것은 형편없는 유추였다. 그런 화살촉들은 불행하게도 피를 뽑아내는 경향을 갖기 때문이었다. 그의 주장이 지닌 진실성 여부도 문제였지만, 그의 맺음말들은 트집을 잡는 내용들이었다. 그런 내용들이 없었다면 호감을 갖고 그 방법서를 받아들였을 많은 협동조합 운동가들은 분명히 그것이 닉타의 등을 부러뜨리는 마지막 빨대라는 속담에 나오는 최후의 결정타로서의 빨대를 만들어낸 것이었다고 느꼈을 것이다.

닐은 '생산의 이윤이 노동자들에게 빈곤의 강 위에 건설할 수 있게 해줄 다리가, 두 종류의 거인들, 하나는 개인의 자기 추구, 다른 하나는 집단적 무관심에 의해 차단된다'라고 썼다.43 첫 번째의 거인을 보여주기 위한 사례는 레스터 신발 공장에서 이윤 전체를 의도적으로 그것을 벌어들이게 해준 노동자들 쪽이 아닌 다른 곳으로 돌려버렸던 잉글랜드 도매사업체의 사례였다. 그 방법서의 주요 주제 중 하나였던 그에 대한 해결책은 생산 이윤을 노동자에게 향하게 하는 것이었다. 다른 거인인 집단적 무관심을 가장 두려운 장애물이라고 닐은 느꼈다. 사회주의를 즉각 실현할 수 없게 만들었던 것은 재산적 부의 생산자인 노동계급 대중의 무관심이었다. 여기에는 그가 스스로를 위해 준비한 활동이 놓여 있었다. 천년왕국이 가능하기 전에 사람들의 가치가 바뀌어야 했다. 사람들은 상하기 쉬운 대상들을 향한 그들의 '옹졸하고, 비열하고, 만족할 줄 모르는' 투쟁으로부터 억제되어야 했다. 그 투쟁은 자본주의적 시스템의 산물인 경쟁적 이기심에 의해 동기를 부여받는다. 그리고 사람들은 인류 역사의 전체 경로를 이끌어 온 단결의 원칙으로 방향을 전환해야 했다. 협동조합운동의 현장 사업가로서 닐이 기독교적 신비주의의 전달자로 되어버렸던 것은 항상 이 지점이었다. 그러한 사람들의 변화는 그분의 위대한 평화와 사랑과 형제애의 왕국을 지상에 도래하게 하는 창조 작업에서 바로 그 하느님과 동역자가 될 수 있다는 점을 사람들에게 깨닫게 함으로써 가장 잘 성취될 수 있었다.

> 유대인 선지자들은 항상 밝게 빛나는 희망을 가지고 거룩한 메시아의 통치를 기대한다…신약 성경은 같은 논조를 이어받고 있다. 주기도문은 우리에게 하느님의 뜻이 하늘에서와 같이 땅에서도 이루어질 것을 희망하고 바라도록 촉구한다. 세상의 종말은…살아 계신 하느님의 성전인 천상의 예루살렘을 지상에, 열방들 사이에 도래하게 한다…44

어떻게 인간이 그 '천상의 예루살렘'을 이 땅에 도래하게 하는 데에서 하

---

43 *Manual*, 앞의 책 211쪽.
44 같은 자료 216쪽에서 닐은 요한계시록 XXII 2를 참고.

느님과 가장 잘 동역자로 될 수 있는가? 어떻게 자기의 진정한 의무 이행을 알 수 있는가? 오직 '선한 사람들이 그 왕국, 즉 이름이 사랑인 그분의 성령에 대한 적절한 표현에 합당하다고 느낄 수 있는 것과 같은 인간의 삶의 조건을 창출함으로써, 하나님의 왕국을 지상에 전파하기 위한 진지한 노력을 할 때'에만 발견하게 된다.[45] 물론 이곳에서 결사체라는 만병통치약이 다시 그 방법서 안으로 돌아온다. 우리는 다시 협동조합 작업장과 협동조합 주택으로 되돌아가게 된다. 그리고 또 닐이 목적이자 수단으로서 제시한 고딘의 기스 파밀리스테르로 다시 돌아간다. 결사체적 사업장이 확산되면서, 이타심과 공동체 정신으로 훈련된 신세대 노동자 계급이 나타날 것이며, 마침내 인간에게 하느님의 뜻을 실현할 준비가 될 것이다. 그것은 모든 역사가 지향하는 궁극적인 천년왕국의 형제애이다. 기독교 사회주의가 부활했다!

그 책은 닐의 신앙에 대한 진술서로서는 무척 귀중했다. 그러나 그 책은 안타깝게도 『협동조합 운동가들을 위한 방법서$^{\text{Manual for Cooperators}}$』로서는 소화 불가능한 것이었다. 처음에는 초보자뿐만 아니라 오랜 협동조합 운동가 모두에게 유용한 편람으로서 구상되었던 그 책은 전쟁의 수단이 되어버렸다. 연방주의적 협동조합운동 체계를 끊임없이 공격했고, 닐이 다가가려고 추구했던 많은 사람들을 소외시켰다. 결과를 보면 그 방법서는 실제로 인기를 얻었지만 효과는 미약했다. 사실은 닐이 그렇게 개탄했던 평균적 협동조합 운동가의 바로 그 무관심이 없었다면, 그 협동조합 운동가들을 위한 방법서는 그것이 가졌던 단결이라는 메시지에도 불구하고 협동조합운동을 분열시켰을지도 모른다. 그것은 어느 누구를 달래기 위해 고안된 것이 아니었다. 오로지 그 이슈가 정면으로 해결되어야 한다는 닐에게 커지고 있던 느낌만을 증명해주었다. 그 책은 종교적 색채로 인한 논란을 덜 초래했다. 중간 계급들의 종교적 편견을 따랐던 대부분의 협동조합 운동가들이 적극적인 기독교인들이었기 때문이었다. 그러나 동맹자들을 소외시켰기 때문에 결과적으로 어떤 의미에서는 더 비극적이었다.

방법서의 문제가 리즈 총회에서 토론 대상이 되었을 때, 가장 전투적인 세

---

[45] 같은 자료 216~217쪽.

속주의자였던 홀리요크는 기독교 사회주의로 편향되어 있고 주장이 완화되어 있지 않은 그런 선전물을 협동조합연합회가 출판해야 하고, 그에 따라 연맹의 종교적 중립성 관습을 포기해야 한다는 발상에 대해 격분했다. 책자에 대한 그의 반응은 놀랍지 않았다. 실제로 닐 자신은 훗날 자부심을 갖고 협동조합인들을 위한 방법서가 '그 나라의 기독교 사회주의자들에 의해 품어왔던 생각이었기 때문에 기독교와 사회 개혁의 관계에 대한 가장 성숙되고 완전한 설명'이었다고 주장했다.46 방법서를 그렇게 인식했던 홀리요크는 종파적 성격을 감안할 때 이사회가 그것을 출판하도록 내버려둬서는 안 된다는 의견을 표명하면서 총회에서 공세를 취했다. 그런 다음 그는 휴즈가 그 사업의 책임자였기 때문에 개인적 공격에 가깝게 굉장한 기세로 그에 대한 장황한 비난에 착수했다. 그는 '협동조합운동의 기구가 처음으로 신학 서적을 출판하도록 요청 받은 것'이라는 자신의 입장을 주장했다. 그의 연설이 장황하게 길어지면서, 홀리요크는 더 열을 올렸다. 그는 '이제 그 책이 무엇을 하게 될까? 그것은 실질적으로 전체 협동조합운동의 기구를 잉글랜드 국교회에 넘겨주게 된다…휴즈 씨는 종교적 문제를 제기할 때 자신이 과반수 쪽에 있고, 만약 그 방법서에 기도서를 추가하자고 제안하면 그것을 통과시킬 수 있다는 것도 잘 알고 있다'고 한탄했다. 그 무렵 훌륭한 기독교인들인 총회의 대의원들은 "시간 종료!"라고 외쳤고, 그들 중 한 명이 일어나서 의사발언의 위법성을 항의했다. 그러나 홀리요크는 끈질기게 연단을 고수하며 가시 돋친 말로 결론을 맺었다.

> 여러분은 오늘 승리할 수 있습니다…여러분은 우리 가운데 소수자들을 의심에 대한 조롱이나 패배에 대한 열등감에 노출시킬 수 있지만, 동시에 여러분은 지금까지 우리 사이에서 존경과 선의를 유지해온 바로 그 고귀한 중립성의 성격을 낮추고 훼손할 수도 있습니다…저 자신을 위해서만 신조에 반대하는 것이 아닙니다.

---

46 엘리Richard T. Ely에 대한 닐의 서신1882년 11월 29일. Richard T. Ely Papers, Wisconsin Historical Society, Madison, Wisconsin.

저는 종교적 진리를 추구하는 데 우호적이지만, 그것을 하도록 지정된 장소는 점포가 아니라 예배당이나 교회라는 의견을 드립니다.[47]

홀리요크의 발표가 끝나자 함께 오웬주의 선교사를 역임했던 시절부터 홀리요크와 사이가 좋지 않았던 로이드 존스는 거만한 태도로 일어서서 그들이 홀리요크의 발표를 듣도록 한 것에 대해 자신이 미안했다고 진술했다. 그러나 가장 알리고 싶었던 말은 그 방법서에 대해 홀리요크가 최악으로 두려워한다는 것을 증명하려고 했던 것처럼 보였다. 한 스코틀랜드 대의원은 일어나서 자신은 '기독교인'이라고 말하는 것이 창피하지 않다고 주장했고, 방법서에 관해서는 '최고의 추천사는 그 방법서가 홀리요크 씨에 의해 비난받았다는 것일 것이다'라고 말했다.[48]

길고 격변이 이어졌던 삶의 과정에서 홀리요크는 많은 논란을 불러일으켰다. 그는 너무 호전적이라는 점에서 항상 킹슬리 같았지만 그에게도 관대한 면이 있었다. 그날이 지나기 전에 홀리요크는 자신이 사적인 뜻은 없었다고 설명한 후 사과했다. 사실 그는 휴즈와 닐에 대해 커다란 존경심을 갖고 있었다. 홀리요크는 휴즈든 닐이든 자신과의 사이에 발생한 적대감이 어떤 것이든 그것은 개인적인 우정을 깊이 손상시킬 성격의 것이 아니었다. 실제로 말년에 홀리요크는 닐의 엄청난 에너지에 대해 이야기하는 것을 좋아했다. 두 사람은 같은 회의에서 연설을 했고, 그런 다음 집으로 향하는 먼 여정을 가야 했던 시절의 이야기를 들려주는 것을 좋아했다. 비바람 속에서 기차를 기다리고 마침내 기진맥진해서 맨체스터 역에 되돌아 왔던 닐은 어두워져서 잘 볼 수 없을 홀리요크를 보겠다고 고집했다. 닐은 당시에 포츠머스Portsmouth에 있는 자기 숙소까지 쐐 널었던 길을 걸어서 되돌아가게 되더라도, 머천트 호텔에 있는 그의 방까지 갔다. 종교라는 영원히 어려운 주제 때

---

47 *Thirteenth Cooperative Congress, Leeds, 1881*[Manchester, 1881] 49쪽.
48 같은 자료 50쪽. 총회 이후 논란이 계속 이어졌다. 닐의 13회 총회에 대한 '서문', 특히 p.iv~vi를 참조. 또한 G. J. Holyoake, '협동조합 매뉴얼에 대한 인상', 협동조합 뉴스 신문 보충 자료[1882년 3월 25일], 1~2 참조.

문에 때때로 쓰디쓴 다툼을 벌였더라도 그의 곁에 홀리요크가 서있는 것을 보지 않고 닐과 논쟁을 벌였던 경우는 정상이 아니었다. 닐이 사망한 지 6년 후에 홀리요크는 상업회의소의 연설에서 기독교 사회주의자들과의 길고도 역설적인 관계를 회상했다.

    기독교 사회주의자들이 협동조합 운동가들 사이에서 자유 사상의 견해들을 가졌던 사람들을 자신들의 적으로 간주했던 것은 이상한 일이었습니다. 그러나 그들은 이윤을 공유할 노동의 권리라는 자신들의 사회주의적 의견들을 보유했던 유일한 협동조합 운동가들이었습니다. 끊임없이 그 원칙에 대하여 반대했던 사람들은 기독교적 협동조합 운동가들이었습니다. 그들은 반시터트 닐 씨와 토머스 휴즈 씨를 '이상주의자들'이라고 불신하고 조롱했습니다. 그 사람들 곁에 서서 그들의 시대가 끝날 때까지 그들을 지지했고 옹호했던…사람들은…협동조합 운동가들 사이에서는 사회주의 원칙들을 공유했던 이단자들이었습니다.[49]

---

[49] MSS^{루들로우의 수고}에서 'The Christian Socialists Explained'^{상업회의소 연설}, 1898, Holyoake Papers, Manchester.

3부

관료주의의 승리와 이상의 좌절

8장

협동조합적 생산 세력의 결집
1881~1886

열렬한 활동가가 없다면, 급히 서둘러야 할 가치가 있는 운동도
없을 것이다

– 엘리Richard T. Ely에 대한 휴즈의 서신[1886년 크리스마스]*

영국에서 발행되는 국제 정치 경제 문화 주간지 『이코노미스트Economist』는 1879년의 불경기를 '세기 중 가장 햇빛이 안 들고 생기가 없었던 한 시기' 였다고 묘사했다.[1] 그런 불경기 속에서 잉글랜드의 협동조합운동은 협동조합적 생산의 가능성에 대한 관심을 다시 받으며 1880년대라는 새로운 10년을 맞이하기 위해 되살아났다. 연방주의자와 개인주의자 간 갈등은 1870년대 말의 경제적 저점을 거치며 조금도 수그러들지 않고 계속되었다. 닐은 계속해서 생산과 은행업 분야에서 도매조합의 '카이사르 전제주의'라는 동일한 오랜 이슈에 대해 왓츠나 너텔과 공격을 주고받았다. 그런 영구적인 공방도 쌍방 모두가 활기를 되찾은 것처럼 보였다. 실제로, 닐은 기스에서 고딘의 성공 사례를 보며 의욕이 충전되었던 유토피아적 공동체 구축 본능과 일시적으로 호전된 무역주기[1880~1883]년를 타고 고조되었던 신규 협동조합 사업들에

---

* 이 인용문이 담겨 있는 서신은 Ely Papers, Wisconsin Historical Society, Madison.에서 찾아볼 수 있다.

[1] R.S.Sayers, *A History of Economic Change in England, 1880~1939*[Oxford, 1967] 33쪽에서 인용된 대로 따른 것임.

대한 희망 속에서 그 어느 때보다 더 공세적이었다.2

1870년대에 닐의 주요 지지자였던 몇 명의 중요한 인물들은 그 사이에 다른 곳에서 활동하고 있었다. 지난 10년의 초반에 힘이 넘쳤던 루들로우는 우애조합 등록소의 대표로서 너무 바빠서 협동조합운동의 내부 투쟁에 크게 참여하지 못했다. 최근에 협동조합인을 위한 방법서에 착수할 수 있게 영감을 주었던 휴즈는 테네시 주 럭비에서 실패한 자신의 공동체 활동을 둘러싸고 발생했던 경제적 곤경의 늪에 깊게 그리고 슬프게도 빠져있었다. 홀리요크는 한동안 그 방법서로 인해 제기되었던 종교적 이슈들로 인해 충분히 상처를 받았던 것 같다. 그러나 한때 어니스트 존스가 마르크스에게 보낸 편지에서 '아주 훌륭하고 명석하며 정직한 청년, 훌륭한 연사이자, 훌륭한 작가이자, 훌륭한 민주주의자'3라고 묘사되었으며 그들의 자리를 대신할 정도로 눈에 띄게 성장한 한 명의 중요한 오랜 동맹자가 있었다. 그 남성은 닐 쪽의 진정한 병력이 되었던 그리닝이었다. 닐은 지난 전투의 월계관에 만족할 수도 있었다. 또 모든 '올바른' 색상을 갖고 그 전장에 날아들어 온 그 새롭고 더 젊은 챔피언의 활약을 통해 계속되는 싸움을 대리로 치룰 수도 있었다. 그런 유혹에는 양심의 가책이 있었다. 그러나 그는 그리닝이 그 도매사업체의 이사들에 대한 공격의 선봉이자 그들의 불가피한 반격의 주된 표적이 되게 놔두었다. 그에 따라 형식상으로 중립적인 사무국의 사무총장으로서 자신의 지위를 더욱 견고하게 만들었다.

그러나 닐과 그리닝이 단 두 사람으로 이루어진 소수 그룹을 대표했다고 가정해서는 안 된다. 연례총회의 투표에 따르면, 각급 단계에 그들과 본질적으로 일치된 의견을 가진 사람들은 많았다. 협동조합 도매조합 안에서조차 잠재적 지지자들이 있었다. 그러나 대다수가 침묵하고 무관심했다. 따라서

---

2 그는 협동조합뉴스 신문에 '그 도매 사업체가 레스터 신발 작업장의 이윤에 대해 무엇을 했는가?' 같은 기고문들을 집필했다. 그는 25%의 총 이윤 중 15%가 '생산자로부터 소비자에게 신발을 가져다주는 과정에서 그 도매 사업체에 의해 흡수되었다'고 불평했다. 그는 그 비율을 소비자에게 도달할 예상 배당금으로 환산한다면 1/16페니가 약간 넘을 것이라고 추산했다. C.N., XII[1881] 563쪽 참조.

3 Royden Harrison, *Before the Socialists: Studies in Labour and Politics, 1861~1881*[London, 1965] 177쪽.

주요 활동은 무관심을 극복하고 망설이고 있는 더 많은 이상주의자들을 하나의 단합된 활동으로 결집시키는 쪽으로 향해야 했다. 연방주의 체계의 지지자들은 항상 그 도매사업체를 진정한 소비자 민주주의체라고 과장해서 선전했다. 이론상으로는 타당했다. 그러나 실질적으로는 평균적인 점포 조합원의 무관심, 그리고 미첼에 의해 지도되는 그 도매사업체 이사들의 야망이 관료제적 단체를 만들어내는 형태로 결합되어 있었다. 그 단체는 보수적이고 융통성이 없으며 자기가 영속적이려고 하는 성격을 가졌다. 그 조합의 분기별 회의가 보여주는 것처럼, 미첼이 추진했던 모든 정책의 이면에는 결코 만장일치가 없었다. 때때로 과반수가 반대하는 경우도 있었다. 그러나 의장으로서 미첼의 능숙한 정치적 책략은 대체로 그를 어떤 위기에서든 헤쳐 나가 끝내 승리할 수 있게 해주었다. 단단히 발을 딛고 확실하게 자신의 입장을 관철시키는 의회적 전술가인 그는 종종 특정 정책이 반대에 부딪힐 경우 대의원들을 교착상태로 몰아갔다. 그 반대 질문이 적시성을 상실하고 자연스럽게 고사될 때까지 표면상으로 추가 조사를 한다는 핑계를 대며 질문을 연기시키곤 했다. 비어트리스 웹만큼 우호적이었던 목격자조차 미첼에 대해 아첨에는 못 미치지만 존경스러울 정도였다고 말했다.[4] 그녀는 소비자 협동조합운동을 찬양하며 그 선전에 가장 영향력 있는 연구물 중 하나를 집필했던 인물이었다. 그렇게 그곳의 경영 체계는 닐이 '카이사르 전제주의'라고 습관적으로 불렀던 시스템이었고, 그 영향은 협동조합적 생산 분야에서 매우 심각하게 느껴졌다.

1880년 5월 뉴캐슬에서 소집된 총회는 협동조합 방식으로 생산된 재화들에 대해 우선권을 부여하는 것이 협동조합인들의 긍정적인 의무라는 취지의 결의안을 통과시켰다. 그것은 충성에 대한 많은 행동 명령 중 하나 일뿐이었다. 그러나 CWS는 미첼의 지휘 아래 총회의 결의안이라면 그것이 글자든 정신이든 고수하기를 거부했다. 실제로, 그런 반응은 종종 다른 극단 쪽으로 갔고, 사업도 협동조합 결사체들로부터 멀어지게 했다. 미첼, 왓츠, 너텔은 점포들이 도매조합에 대한 충성심을 보여야 한다고 끊임없이 설파했다. 반

---

[4] Beatrice Webb, *My Apprenticeship*^{London, 1926} 348, 372~373쪽.

면, 생산에 관해서는 이중 잣대를 고수하여 '자기 이익을 기준으로 경쟁적으로 선택'한다는 관점에서 공개 시장 형태로 구매하는 것을 선호했다.[5] 한 가지는 완벽하고 분명해 보였다. 그들은 도매조합과 그 조합이 대표하는 점포들의 체인을 완전히 독립적인 체제로 만들 결심을 했다. 그것은 실질적인 측면에서 언제 어디서든 가능하다면 그 도매사업체 자신이 스스로를 위해 필요한 제품을 제조하겠다는 것을 의미했다. 예상대로 궁극적으로 그 정책은 이미 존재하는 생산자들의 결사체들과 직접 경쟁하는 작업장들을 설립하는 결과를 초래했다. 그런 '개인주의' 생산자 협동조합의 총 수는 적었다. 그 수는 1882년에 약 20개에 불과했고, 규모는 그 중 5개만이 각각 1만 파운드 이상의 매출액을 기록할 정도로 적었다.[6] 그러나 그 점이 더욱 그들을 지원해야 하는 이유였다. 닐과 그리닝은 그 도매 사업체가 처음에 그런 지원 사업에 실패했던 원인이 부분적으로는 단순한 숫자 때문이었다고 설득력 있게 주장했다.

그 도매사업체의 행동은 피할 수 없는 반작용을 불러왔다. 1881년 말에 닐과 그리닝의 지휘 아래 다수의 독립적 생산자 결사체들이 브래드포드^{Bradford}의 에어데일 제조조합^{Airdale Manufacturing Society}에서 만났다. 목적은 '서로 호혜적으로 돕고 도매조합의 사무소들과 그 점포들에게 편익을 생산조합인 자신들과 더 긴밀하게 교환할 것을 자극하기 위해 협동'할 수 있는 방법을 결정하기 위해서였다.[7] CWS의 이사들은 분명히 그 모임을 위협으로 여겼다. 왓츠는 그 모임에 연루된 생산조합들에 대해 구매 반대 운동을 고려하고 있다는 불길한 내용을 암시했다. 그러나 그 소문과는 달리 아무 일도 없었고, 브래드포드 모임은 결국 1882년에 생산자협동조합연합회^{CPF, Cooperative Productive Federation}를 출범시켰다. 그 새로운 기구는 우선 필요한 경우 그 도매사업체를 우회하여 협동조합 점포들과 그 밖의 곳들에서 새로운 시장들을 개척하기 위해 자신의 회원 조합들을 위한 대리인 역할을 하도록

---

5 그리닝에 의해 사용된 일반적인 구문이었던 것으로 보인다. *C.N.*, XII[1881] 883쪽.
6 G.D.H.Cole, *A Century of Cooperation*, 앞의 책 204쪽.
7 *C.N.*, XII[1881] 883쪽.

고안되었다. 닐은 물론 자신과 그리닝 뿐만 아니라 헤브던 브리지 퍼스천 조합의 매우 유명한 지배인이었던 조셉 그린우드$^{Joseph\ Greenwood}$, 레스터 양말 조합의 뉴얼$^{George\ Newell}$, 에어데일 제조조합의 램버트$^{John\ Lambert}$, 유명하지 않았던 기타 인물들이 서명한 연합회의 규칙 초안을 작성했다. 그 조직체는 현재까지 존재하고 있다. 1963년에 발간한 팸플릿에서는 23개의 회원조합들이 소개되고 있다. 숫자로 보면, 83년 동안 진전이 거의 없었다. 기독교 사회주의자들이 구상했던 종류의 생산 영역은 여전히 협동조합운동의 주변부에 머무르고 있었다.

CPF는 1880년대에 등장한 생산자 협동조합운동의 진흥을 위한 최초의 기구였다. 훨씬 더 중요성이 있는 두 가지 조직체가 곧 뒤따르면서 협동조합운동가들 사이에 논쟁이 더욱 심화되었다. 그들은 협동조합 원조결사체 Cooperative Aid Association와 노동결사체$^{Labour\ Association}$였다.

휴즈는 그 도매사업체가 관련되는 지점에 이르면 인내심이 거의 없었고, 친화력도 낮아졌다. 1870년대에 그는 이윤 공유에 반대했던 그 도매사업체의 결정을 뒤집게 하고, 독립된 은행 기관이 설립될 수 있도록 하기 위해 악착같이 일했다. 그러나 비효율적이었다. 1880년대 초에 그는 테네시 사업이 예상치 못한 어려움에 처하자 심적 압박을 받았다. 그런 그는 미첼을 무너뜨리고 싶었다. 그래서 총회에서 CWS가 협동조합연합회로부터 추방되는 작업을 시도했다. 그러나 휴즈보다 북부 지방의 상황을 더 잘 알고 있었던 닐과 그리닝은 동의하지 않았다. 협동조합 운동가들이 총회에서 이상주의 쪽에 유리하게 투표할 수 있지만, 협동조합운동을 둘로 쪼개는 데에 대해서는 꺼릴 것이 매우 확실하다고 그들은 주장했다. 결과적으로 휴즈의 시도는 저지되었다. 훗날 그리닝은 휴즈와의 그런 의견 차이가 미쳤던 여파에 대해 다음과 같이 썼다. "나는 휴즈 판사가 오히려 우리 쪽에서 그를 뒷받침해주지 못했다고 느꼈을 것이라고 생각한다. 그는 당시에 모든 사건에서 지도자 대신 '방관자' 입장을 취했고 그런 제목으로 협동조합뉴스 신문에 글을 실었다."[8]

---

[8] Tom Crimes, *Edward Owen Greening; A Maker of Modern Cooperation* London, 1924 52쪽.

휴즈의 제안은 너무 극단적인 것으로 보였다. 반면, 무언가가 이루어져야 한다는 감정은 일치했다. 소비자 측이 경영하는 공장에 속한 노동자들은 영리적인 곳의 노동자들과 똑같은 수준으로 취급되고 있었고, 그 도매사업체는 독립적인 협동조합 작업장들을 차별하고 있었기 때문이었다. 간단히 말해서 그들은 생산자 협동조합운동의 원칙이 자연스럽게 패할 것이라고 생각하고 있었다. 닐의 뒤에는 더 젊은 그룹의 사람들이 집결하고 있었다. 그들은 휴즈처럼 결정적인 행동을 두고 참을성이 없었다. 생산자협동조합연합회에는 자신들이 좌절했던 영역에 대한 약간의 창구가 있었다. 하지만 그 조직체는 대체로 이미 존재하는 생산적 조직체들을 위한 마케팅 연구 개발에만 국한되어 있었다. 협동조합인 길드 역시 불충분했다. 대부분이 남부 지방에 제한되어 있었으며, 어쨌든 그것의 주요 기능은 새로운 점포들을 신설하는 것이었다. 필요했던 것은 산업 부분에서 이윤 공유와 공동 파트너십 원칙을 더 추진해 나가는 데 특히 헌신할 수 있는 활기찬 조직체였다.

  그런 것이 바로 노동결사체를 결성하기로 결정했던 배경이었다. 그것은 그리닝이 만들어냈던 '매우 짧은 명칭'이었다. 그의 표현을 사용하자면 그는 '대중 기구들의 이름이 간결한 것에 호감'이 있었다.[9] 그 결사체의 창립자들로는 닐과 그리닝 외에도 당시로서는 곧 편집자, 언론인, 정치인으로 명성을 얻게 되는 콕스(Harold Cox), 공동 파트너십 영농의 개척자인 킹(Bolton King), 걸출한 프랑스인 협동조합 운동가인 님(Nimes) 출신의 보이브(Edouard de Boyve), 로이드 존스가 있었다. 닐은 규칙의 초안을 작성했다. 또 1884년 6월에 더비(Derby) 총회 동안 열렸던 한 모임에서 정식으로 발표되었던 그 결사체의 원칙 선언문 초안 역시 작성했다. 그리닝이 의도했던 것만큼 아주 짧지 않았던 신설 협동조합 기구의 법률적 명칭은 '협동조합적 생산의 진흥을 위한 노동결사체'였다.[10] 목적은 첫째, 협동조합운동 내부의 조직체들에게 노동을 동반자로 삼도록 설득하는 것, 둘째, 일반적인 고용주들에게도 똑같이 노동을 동반자로 삼도록 설득하는 것, 마지막으로, 가능할 때마다 자체적으로 협동조

---

9 E.O.Greening, *A Pioneer Copartnership: Being the History of the Leicester Cooperative Boot and Shoe Manufacturing Society Ltd.* 'Equity' Brand London, 1923. 33쪽.
10 1902년에 Labour Copartnership Association노동 공동파트너십 결사체로 변경되었다.

합 작업장들을 출범시키는 것이었다. 활발하게 참여했던 협동조합 활동에서 뒤로 물러나 앉게 만든 언짢았던 일에서 회복한 휴즈는 루들로우와 마찬가지로 곧 합류했다. 실제로 오랜 기독교 사회주의자들의 이름들은 그 노동결사체에 너무나도 두드러져 보였다. 따라서 그 결사체는 상식적인 수준에서 그들의 사업인 것처럼 간주되고 칭찬되고 비방받았다. 그리닝은 다음과 같이 판단했다.

> 그 결사체는 뿌려진 종자로부터 싹이 튼 식물이지만 모 식물의 후계자이기도 하다는 의미에서만 기독교 사회주의 운동의 후계자라고 불릴 수 있다. 그 결사체를 결성한 나와 다른 발기인들은 휴즈 판사와 그의 동료들로부터 영감을 얻는 신세를 졌다. 그러나 그 시점에서 그들은 활동의 지속을 위해 준비하고 있었고, 우리에게 열려 있던 경로와 만나는 길을 선택했던 것 뿐이었다.[11]

홀리요크의 이름은 처음에 그 노동결사체의 명부에서 이상하게 누락되어 있었다. 그는 닐보다도 훨씬 더 협동조합들의 공개적인 분열로 이어질 수 있는 행동을 취하는 데 주저했다. 그는 그 새로운 기구의 의도를 불신했다. 그래서 자신이 집행 간부 중 한 명이자 그곳의 최고 대변인들 중 한 명이 되었던 1886년까지 그곳에 합류하지 않고 기다렸다.

1885년 1월에 그 노동결사체는 헤브던 브리지$^{\text{Hebden Bridge}}$에서 첫 번째 총회를 개최했다. 총회에는 생산자조합과 유통조합 양쪽에서 모두 상당한 수가 참석했다. 닐은 그 신설 결사체의 헌장을 정하는 행사를 위해 주요 발표문을 연설조로 작성했다. 그 글이 낭독되었을 때 헤브던 브리지에 모였던 사람들에게는 협동조합운동 계의 사무총장이 과거에 자신이 품었던 열정을 전혀 잃어버리지 않았다는 것이 분명해졌다. 그는 '우리 사회악의 깊은 근원이란 이런 것이라고 생각한다. 과거 노동의 결과물을 활용하게 되는 축적의 과정이 전체 노동자 기구의 공동선을 위한 이성적 조화에 의해 체계적으로 수행되지

---

11 *Crimes*, 앞의 책.

않고 자연 상태의 투쟁 본능들에 의해 실행되도록 방치되어 있었다. 그곳에서는 "권력을 가진 사람이 권력을 얻을 수 있고, 지킬 수 있는 능력이 있는 사람이 그 권능을 지킬 수 있다"라고 열변을 토했다.12 청중들은 자신들이 참석하여 기념하고 있는 그 신설 조직체가 협동조합 소비자들의 의무불이행 때문에 필수적인 것으로 되어버렸다는 것을 자각했다. 그것은 또 그 신설 조직체란 닐의 종합 계획이 실패하고 있었다는 사실의 사례라는 점 역시 자각하게 해주었다. 닐은 그 도매사업체가 점포들에 의해 제공된 커다란 시장을 지휘했던 것처럼 협동조합 작업장들을 설립해나가는 데에서도 중심축으로서 역할을 수행해야 한다고 늘 주장해 왔다. 닐은 기독교 사회주의자들에 의해 설립되었던 작업장들이 실패했던 주된 이유가 그 작업장들에게 보장되어야 할 시장이 제공되지 않았던 점이었다고 주장했다. 정확히 말하면, 협동조합 도매조합^{CWS}이 제공하도록 되어 있던 것을 제공하지 않았기 때문이라는 내용이었다. 닐은 협동조합 공화국을 향한 여정이 점포와 도매업체들로 시작되며, 그 후에야, 협동조합 작업장들이 논리적으로 이어지게 될 것이라는 입장을 끊임없이 지켜왔다. 그것은 성공을 보장해주는 연속적인 단계였다. 거기에서 그 노동결사체는 협동조합적 생산으로 시작되는 루들로우의 만병통치약, 즉 무모했던 오랜 정책으로 회귀하는 것을 나타내는 것처럼 보였다.

그러나 닐은 전술을 바꾼 것뿐이었다. 자신의 견해는 변함이 없었다. 노동결사체에 담긴 최고의 의도는 설립 시점부터 계속해서 협동조합 운동가들에게, 특히 그 도매사업체와 그 도매사업체가 대표하는 점포들에게, 그들의 협동조합적 생산 정책을 옛 이상에 맞게 되돌리도록 설득하는 것이었다. 1885년 가을에 그 결사체가 CWS와 접촉하기 위해 대표단을 보냈던 것은 그런 목표를 염두에 둔 것이었다. 그 대표단에는 닐과 그리닝이 포함되어 있었다. 대표단의 역할은 CWS에게 '형제애의 정신에 따라…그들이 생산 작업장들에

---

12 E.V.Neale, *The Principles, Objects, and Methods of the Labour Associat-ion*$^{Now\ \text{'}The\ Labour\ Copartnership\ Association\text{'}}$ *By its First President and Hon. Legal Adviser, E. Vansittart Neale with which is included a Portrait of Mr. Neale and an Account of his Labours on Behalf of Cooperative Production.* 3rd Ed.$^{London,\ 1913}$ 7쪽.

대해 협동조합 원칙을 이행하지 않음으로써 협동조합운동의 대의에 끼쳤던 심각한 피해'를 지적하는 것이었다.[13] 미첼은 자비를 베풀 듯이 그들을 맞이했다. 그리고 '도매사업체 위원회 역시 협동조합적 생산이 최대한 실행되어야 한다는 것에 대해 똑같이 염려하고 있으며, 방법만 다를 뿐'이라고 논평했다.[14] 그 만남은 그 도매사업체의 정책에 전혀 영향을 주지 못했다.

노동결사체의 진로는 창립 시점부터 갈등 때문에 가로막혔다. 처음부터 그 결사체는 활동 무대를 확보하지 못했다. 경쟁 상대 기구가 존재했기 때문이었다. 그 기구는 당시 중앙이사회의 남부 분회에 의해 출현하게 된 협동조합 원조결사체였다. 그 원조결사체는 CWS의 정책을 지원하겠다는 적극적 의지 때문에 이상주의자들에게 매력적이지 않은 것으로 판명되었다. 그 기구는 연방주의자들에 의해 지배되었다. 실제로 그 기구의 가장 중요한 구성원들이었던 벤자민 존스와 펌프리Henry Pumphrey는 그 도매사업체의 런던 지부 관계자들이었다. 누군가는 기독교 사회주의자 '도당'이 남부 지구를 너무 오랫동안 지배해 왔기 때문에 그곳의 모든 창작물은 분명히 그들의 협동조합적 생산이라는 이상을 따른 것일 거라고 예상할지 모른다. 그러나 닐과 그의 친구들이 중앙이사회 남부 분회에 들어 왔던 때는 1870년대였고, 벤자민 존스와 그의 친구들이 들어 온 때는 1880년대였다. 그 원조결사체의 설치 시점에 만연해 있던 생각은 후자 인물들의 생각이었다. 벤자민 존스는 펌프리의 도움을 받으며 협동조합적 생산에 대해 정면으로 대응하려고 하지 않았다. 논란의 양쪽에 모두 걸치는 형태로 신설 기구의 규칙을 세웠다. 원조결사체의 설명서에는 이런 내용이 담겨 있었다.

> 생산조합들의 형식에 관련해서는 최대한 자유가 장려될 것입니다. 연방에 의해 설립된 것이든 개인들로 구성된 것이든, 단 하나의 목표는 생산을 위하는 쪽으로 협동조합적 노력을 독려하는 것이 될 것입니다. 만약 하나의 형식이 다른 것보다 더 낫다면 선택

---

13 C.N., XVI[1885] 935쪽 참조.
14 같은 자료.

의 자유에 따라 궁극적으로 나은 쪽이 전체적으로 채택될 최고의 기회를 누릴 것이라는 점은 보장되어야 한다고 느낍니다.15

이런 내용이 연방주의자들과 개인주의자들 간 갈등을 해결하는 벤자민 존스의 방식이었다. 그는 몇 년 동안 이런 입장을 호전적으로 고수했다.

도매사업체의 정책을 인정하는 입장이면서도, 원조결사체는 닐이 과거에 그렇게 자주 제안했던 패턴을 상당히 많이 추종했다. 그 패턴이란 협동조합운동 계에서 모험사업의 용도로 이용할 수 있는 자본을 협동조합적 생산이라는 약속의 땅에 모아주는 것을 우선적으로 고려하여 설계된 조직체를 의미했다. 그러나 이상주의자들의 입장에서 볼 때 벤자민 존스가 양보했던 것은 그 모험사업을 가치 있게 해주는 데 필요했던 요소를 정확하게 제거한 것이었다. 실제로 그리닝은 벤자민 존스와 언쟁을 벌였다. 그 언쟁은 궁극적으로 그 두 사람이 완전히 관계를 절연하게 했던 많은 언쟁 중 첫 번째의 것이었다. 그리닝은 겸손하게 벤자민 존스에게 자신이 그 원조결사체의 구성원이 될지도 모르지만 그것은 여전히 불만족스럽고, 그래서 자신은 동시에 또 하나의 다른 '더 선진화된' 결사체를 설립하는 데 박차를 가할 것이라고 통보했다.16 그런 다음 그는 바로 다음해 더비 총회에서 노동결사체를 탄생시킴으로써 자신의 목표를 실현할 수 있었다.

노동결사체의 설립은 그리닝을 만족시켰다. 그는 기꺼이 그 문제를 묵혀두려고 했다. 그러나 닐은 그 상황에 고통스러워했다. 역사가 반복되는 것 같았다. 10년 전에 협동조합운동 내에 두 개의 경쟁 은행업체가 있었고, 이어졌던 투쟁은 '개인주의자'와 '연방주의자'라는 그릇된 용어를 널리 사용하게 만든 결과를 야기했다. 이제 닐은 불일치와 분열에 직면할 때마다 연합회라는 향유를 발라서 고통을 완화시키려고 시도했다. 그것은 은행업 문제에 대한 그의 반응으로 활용되어 왔다. 그것은 다시 원조결사체와 노동결사체 간 경쟁 관계에 대한 그의 대답이 되었다. 그리닝이 항의 활동을 이어갈 때, 그

---

15 *C.N.*, XV[1884] 541쪽. *이탤릭 글씨체는 필자의 것.*
16 휴즈에 대한 그리닝의 서신[1890년 8월 10일자].

는 두 조직체들이 적어도 남부 지구 내에서라도 자신들의 노력을 단일화해야 한다는 공식 제안을 준비하는 데 바빴다. 분명히 닐은 진지하게 화합을 독려하고 싶었을 것이다. 그러나 그것을 진정시키는 하나의 수단으로서 그의 제안은 굉장히 순진한 것이었다. 그의 제안이 확실하게 정반대의 영향을 미칠 것이라고 믿었던 점에서 그리닝은 옳았다.17

그 두 기구들 간 행동의 일치가 있을 수 있었을까? 노동결사체의 범위는 전국적이었다. 반면, 원조결사체는 남부 지구의 창조물이었고 따라서 지방 수준의 조직체였다. 전자는 기본적으로 CWS와 대립했다. 반면, 후자는 우선 CWS에 충성해야 하는 사람들에 의해 지배되었다. 닐의 화합 제안에는 지방 수준의 원조결사체가 전국 수준의 노동결사체에 흡수되고 궁극적으로는 노동결사체의 지부가 될 것이라는 내용이 암묵적으로 담겨있지 않았을까? 이런 내용은 닐의 선의에도 불구하고 벤자민 존스가 그의 제안을 해석한 방식이었다. 1885년 봄에 벤자민 존스는 노동결사체에 악의적인 공격을 개시했다. 그는 두 조직체 사이에 어떤 접촉도 있을 수 없다는 점을 매우 분명하게 보여주었다.18

처음에 벤자민 존스는 협동조합 원조결사체를 대변했을 때 그 기구를 남부 지구의 구역 안에서 협동조합인 길드의 이상적인 동료 조직체 중 하나를 구성하는 것이라고 언급했다. 전자는 스스로를 생산에 국한시키는 것이었고, 후자는 주로 신규 점포들을 진흥하는 데 효과적인 것이라는 의미였다. 그러나 벤자민 존스가 1880년대 초에 남부 구역 안에서 가공할만한 권력을 행사하기 시작했던 것과 똑같이, 협동조합 길드 역시 해를 거듭할수록 기독교 사회주의자들의 영향력을 더 많이 반영하기 시작했다. 그들은 남부 분회 이사회에서 권력을 상실했을 때조차 길드에 대한 자신들의 통제력을 증대시켰다. 그런 지도부 아래에서는 벤자민 존스가 의도했던 영역보다 더 먼 곳까지 길드가 활동 영역을 확대하는 것은 피할 수 없는 현상이었다. 길드는 원조결사체의 서비스를 건너뛰고 자체적으로 협동조합적 생산 영역에 관여했다. 실제

---

17 킹Bolton King에 대한 그리닝의 서신1885년 1월 2일자.
18 *C.N.*, XVI1885 293~294쪽 참조.

로 1885년에 길드는 이미 그 방향에서 몇 가지 사업을 시작하여 형틀제조업자·도금사결사체Framemakers' and Gilders' Association, 애싱턴 농업결사체Assington Agricultural Association, 영구 건축물조합Permanent Building Society 3개의 생산자 협동조합에 깊이 관여했다.

협동조합 영구 건축물조합은 그런 생산 관련 사업 중 가장 수명이 길었던 사업체였다. 그 사이 해군성에서 공직을 맡게 되었던 닐의 아들 헨리는 그 조직체뿐만 아니라 다른 조직체들을 만드는 데 매우 두드러진 활동을 보였다. 헨리는 그 건축물조합을 창립했던 길드의 회의를 주재했다. 닐은 개인적으로 자신의 아들이 그 작업에 깊이 몰두하는 것을 보고 보람을 느꼈다. 과거에 그들 사이의 관계는 종종 긴장 상태에 놓였던 경우가 있었다. 그러나 이제 그들은 효과적으로 협업을 하는 사이가 되었다. 게다가 헨리는 길드의 평회원이 아니라 지도자 중 한 사람이 되었다.

지난 몇 년은 닐의 가족에게 슬픈 시절이었다. 따라서 닐이 자신의 아들을 옆에 두고 있었던 것은 두 배로 위로가 되었다. 그의 딸 헨리에타Henrietta가 1879년에 세상을 떠났고, 이어서 자신의 여동생 샬롯Charlotte이 1881년에, 자신의 사촌 아서Arthur Augustus가 1882년에 사망했다. 아서는 평온했던 기독교 사회주의 운동 시절에 자신과 함께 일했고 돈도 잃었던 바로 그 사촌이었다. 3년 후 1885년 11월 3일에 그 아서의 동생인 조지 헨리까지 사망하자 슬픔이 더해졌다. 그러나 동시에 그의 죽음은 가족의 생활 방식과 재산에 완전한 변화를 가져 왔다. 조지 헨리 반시타트George Henry Vansittart의 사망으로 닐의 일가는 비샴Bisham의 오래된 수도원을 인수하게 되었다.

닐이 경제관념 없이 돈을 썼던 것으로 인해 항상 따라다녔던 재정적 걱정은 이제 영원히 사라졌다. 협동조합운동 계의 '대원로Grand Old Man. G.O.M.'는 이제 2천 에이커에 이르는 사유영지를 상속받았다. 그 상원의 영주가 서쳐했던 저택인 비샴 수도원은 하나의 중요한 역사적 기념물이기도 했다. 대원로라는 호칭은 협동조합 운동가들이 글래드스톤에 대한 경칭에서 빌려 와 닐에게도 붙여주었던 별칭이었다. 닐은 그 수도원을 소유할 것이라고 생각해본 적이 결코 없었다. 그의 사촌들이었던 조지 헨리와 아서 오거스터스는 상속

순위에서 닐보다 앞에 있었다. 그들이 결혼할 때 그들에게는 그 재산을 넘겨줄 자신들의 상속인들이 누구일 것이라는 기록이 매번 있었다. 그들에게 자녀가 없을 것임이 분명해 졌을 때조차도 닐은 그 사촌들의 죽음이 자신의 죽음보다 앞설 것이라고 상상할 어떤 이유도 없었다. 결국 닐은 1885년에 그 수도원을 물려받았다. 그때 닐은 75세였다.

길드에서 협업을 하게 된 결과가 닐과 그의 아들이 한 자리에 있게 해준 것이었다면, 비샴을 소유하게 된 것은 그들을 더 가까워지게 했다. 유언에 따라 닐은 그 장원을 받았다. 헨리에게는 그 수도원의 가구뿐만 아니라 농장과 여러 오두막들이 주어졌다. 그런 내용의 이중 소유권 때문에 아버지와 아들은 1887년에 아들이 결혼한 후에도 계속해서 비샴에서 공동 가구를 유지했다. 그러나 단점이 있었다. 비샴으로의 이사는 협동조합 운동가로서 닐의 일을 더 힘들게 만들 조짐을 보였다. 그의 가족은 항상 런던 내부와 부근에서 살아 왔다. 런던에서 맨체스터까지 통근하는 것도 불편했다. 그러나 이제 비샴까지 가는 경로를 추가한다면 더 불편해질 것이었다. 실제로 런던에 거주지를 갖는 것은 맨체스터와의 거리를 어느 정도 줄여주었고 몇 가지 이점이 있었다. 그 중 하나는 닐이 중앙이사회의 남부 분회에 활동적인 구성원으로 남아 있을 수 있게 해주는 것이었다. 그러나 비샴은 상대적으로 고립되어 있었고, 상당한 관리가 요구되는 너무 넓은 사유영지로서 추가적인 단점까지 있었다.

결과적으로, 대부분의 협동조합 운동가들은 이제 닐이 곧 자신의 협동조합에 대한 짐을 내려놓고 은퇴할 것이라고 느꼈다. 전원에 있는 자기 소유의 사유영지를 관리해야 하는 여가 활동을 추가로 선사 받은 사람이 아직도 도시의 일을 계속하겠다고 희망할 수 있겠는가? 전원으로 가서 은퇴 이후 여생을 보내고 싶다는 목표는 산업혁명으로도 없어지지 않았다. 그런 생활에 대한 매력은 오히려 더 커졌다. 닐은 이제 대부분의 잉글랜드인들이 사회적 최고선$^{Summum\ Bonum}$으로서 추구했던 것을 취득했다. 휴즈조차도 자신의 오랜 동료가 가진 의도를 정확하게 가늠할 수 없었다. 그는 협동조합 운동가들에게 닐의 불가피한 부재 상황에 대비하라고 경고하기까지 했다.[19] 휴즈의 경고는 닐과 그 사이에 오랫동안 잘 알려진 친밀함 때문에 커다란 비중이 주어졌다. 뿐만 아니라 그의 예측에 신빙성을 부여해주었던 것은 예기치 않은 상속 재산을 물려받았던 때와 거의 동시인 1885년 12월 4일에 닐이 중앙이사회의 남부 분회 위원직을 사임했다는 사실이었다. 그 때 닐은 넓은 사유영지를 관리해야 하는 추가 부담 때문에 자신이 계속해서 사무총장과 그 이사회의 위원으로서 두 가지 일을 모두 수행하는 것이 불가능하게 되었다고 단순하게 이유를 밝혔다. 1886년 봄에 그의 길었던 경력이 종료될 것이라는 점은 명백하게 되어 갔다. 그를 기념하는 동판화가 회람되었다. 협동조합뉴스 신문은 그의 간략한 전기를 실었다.[20] 절정은 플리머스^{Plymouth} 총회였다.

> 우리의 사무총장이 협동조합이라는 대의에 베풀었던 50년 동안의 봉사에 대한…자그마한 증표'로서 옥스퍼드에 '닐 장학금'을 설치하기 위해 기금을 모금하자는 제안에 대해 만장일치의 찬성이 있었다.[21] 닐은 대의원들에게 그런 영예에 대해 감사의 뜻을 표했고, 호라티우스^{Horace}를 인용함으로써 자신의 은퇴 가능성을 직접 언급했다. "마침내 우스꽝스럽게 땅에 쓰러지기 전에 늙은 말을 가게 해주자." 그 말은 몇 년 더 남아 있기를 희망할지도 모른다. 그러나 그 말이 이제 선수라기보다 오히려 관객이 되어야 할 때는 다가오고 있었다.[22]

그러나 1886년 말에 협동조합 운동가들은 또 다른 모습을 보았다. 그들의 'G.O.M.'은 어느 때보다도 활발했다. 낡은 비샴 수도원의 경우, 그는 맨체스터에서 아침을 먹기 위해 제 시간에 도착하려고 밤새도록 여행한 후, 주말에는 그곳에서 일했다. 종종 토요일 밤에는 두 사람이 협동조합 연방주의자들과의 전쟁을 위해 전술을 짰던 상소인 런던 소새 그리닝의 집에서 그를 찾을 수 있었다. 그것은 그가 계속해서 비샴에서 일요일을 보내고 월요일에는

---

19 *C.N.*, XVI^{1885} 1122쪽.
20 E.Vansittart Neale, Esq. *C.N.*, XVII^{1886} 325~326쪽.
21 *C.N.*, XVII^{1886} 622쪽.
22 같은 자료 623쪽.

맨체스터로 다시 이동하여 사무총장으로서 자신의 직무를 재개했음을 보여주는 사례였다.23 그는 프랑스와 이탈리아에서 협동조합이라고 당연히 묘사될 것들로부터 깨달은 바가 있었다. 분명히 그것이 닐에게 계속해서 일을 하도록 결정하는 데 무게를 실어주었을 것이다. 1880년대에 그는 그 두 나라에서 모두 협동조합 연합회를 창설하는 데 핵심 인물로서 적극 참여했다. 어쨌든 1880년대 중반에 협동조합의 현장에서 사라졌던 것은 닐 자신이 아니라 그의 은퇴 소문이었다.

---

23 E.O.Greening, Memories of Edward Vansittart Neale, 같은 책 72쪽.

9장

듀즈베리 원정
1886~1888

그 두 개의 이상 사이에 있는 갈등의 성격은 '몇 마디로 설명될 수 있다. 하나는 이윤을 나누지 말고 모아서 공유하자는 것이고 profit-sharing, 다른 하나는 이윤을 쪼개서 회원 모집용으로 팔자는 것profit-mongering이다.

-팰 맬 가제트 지Pall Mall Gazette, 1888년 5월 23일자•

닐의 무한한 에너지, 그의 영원한 젊음은 수많은 일화의 주제였다. 닐은 맨체스터 어퍼 브룩 가Upper Brook Street 소재 비국교도 교회에서 예배당 감시원으로 봉사했던 적이 있었다. 그 교회의 패링턴Silas Farrington 목사는 닐에 대한 일화를 소개한 적 있었다. 닐은 아침 9시가 지나자마자 자기 방을 나서고, 8시까지 사무실에서 일하며, 10시까지 교회위원회 모임에 참석하고, 그 후에는 자신에게 몸을 기댄 후 '이 일의 나머지 부분을 위해 그 의자에 조금 앉아도 될까요? 저는 아침 식사 이후 아무 것도 먹지 못했기 때문에 무언가 먹을 것이 필요하다고 느끼기 시작했어요'라고 말할 정도로 대단한 인상을 심어주었다고 그는 회고했다.1

호턴Walter Houghton은 "하나님을 빼고 빅토리아 시대의 어휘에서 가장 인기

• 역자 주_1865년에 런던에서 창립된 석간 신문.
1 Pitman, 앞의 책 75쪽.

있었던 단어는 틀림없이 '일^{Work}'이었을 것이다"라고 썼다.2 만약 그것이 사실이고 누군가 그 시대의 저명한 사람들의 삶을 연구했을 때 정말로 그런 점이 확실히 나타난다면, 닐은 매우 전형적인 빅토리아 시대의 사람이었다. 그의 일은 나이가 들어감에 따라 늘어났다. 그는 협동조합운동이 오래된 이상으로부터 멀어지는 것을 수동적으로 지켜보고만 있지 않았다. 결과적으로 그는 그의 삶에서 저녁녘에 자신이 가진 모든 에너지를 오래된 이상으로부터 멀어진 것을 되돌려 놓는 데 쏟았다. '바쁜 노인'이라는 별명은 닐에게도 해당되었다. 시간은 소중했고 어떤 조금의 시간도 너무 적게 남은 것이어서 신속하게 활용되지 않으면 안 되었다. 평범한 사람에게는 비샴으로 이주하는 것이 끝이었을 테지만 닐은 기차에서 협동조합뉴스 신문에 보낼 기고문을 집필하면서 시간을 사용하며 그 통근 시간마저 소비가 아닌 자산으로 전환시켰다. 야간열차조차도 극복할 수 없는 장애물이 되지 않았다. 그는 기차 안의 희미한 빛조차도 한 가닥의 끈으로 수화물 선반에 교묘하게 매달았던 양초를 통해 대체했다. 그는 정상적인 상황에서도 참을 수 없을 만큼 악필이었다. 하물며 기차 안에서 작성한 원고의 필체는 더 판독하기 어려운 수준이었다. 그의 원고는 조판자들에게 가기 전에 그 뉴스 신문 사무실에서 완전히 다시 필사됐다.3 그러나 그런 비법들은 닐이 자신의 정규 일자리에서 요구하는 많은 종류의 집필 수요에도 불구하고 엄청난 분량을 집필할 수 있게 해주었다. 협동조합운동이 급성장하면서 점점 더 집필 부담도 늘어났다. 예를 들어 킹슬리, 밀, 헉슬리^{Huxely}, 아놀즈^{Arnolds} 같은 빅토리아 시대의 인물들에게는 자신들의 정규 일자리 이외에 편지, 정기 간행물, 책을 다량으로 쓰는 것이 드문 일이 아니었다. 그리고 호턴이 그런 사람들에 대해 말했던 내용은 닐에게도 예외가 아니었다.

이 설명은 부분적으로 그들의 낙관론이 관련되어 있다. 그들은 모든 문제를 해결할 수 있다는 정신력을 확신했다. 또 개인들이

---

2 Houghton, 앞의 책 242쪽.
3 Bamford, *Our Fifty Years*, 앞의 책 33쪽.

정치적 또는 경제적 압력에 구애받지 않고 사태의 진행과정에 영향을 미칠 수 있는 힘을 가졌다고 확신했다. 그리고 그들은 결정적인 이행의 시대와 무지한 민주주의의 시대에는 많은 영역에서 직접적인 지도가 요구된다고 믿는 깊은 신념이 있었다. 그러나 그들에게는 객관적이고 계속해서 산만하게 벌어지는 활동 아래 자신들이 가진 의심과 불안을 묻어버리기 위해 정신없이 서둘러야 할 필요도 있었다.[4]

닐은 항상 활동의 중심부에 있었다. 그는 가능한 한 많은 모임에 참석했다. 중앙이사회의 지역별 분회마다 관할 구역 내에서 점점 더 많은 지구 대회가 개최되고 모임 수도 계속해서 늘어났다. 협동조합 운동가들은 그 노인에게 익숙해졌고, 그의 참석을 기대하게 되었다. 심지어 규모가 큰 회의장들에서도 그는 눈에 띄지 않은 적이 없었다. 그가 사무총장이 아니었더라도 마찬가지였을 것이다. 그의 생김새는 인상적이었다. 근엄하게 꿰뚫어 보는 듯 움푹 들어간 구슬픈 눈, 뒤로 움푹 벗겨져 있는 모발선으로 인해 강조되고 있는 묵직한 이마, 빽빽하게 덥수룩한 수염으로 더욱 강하게 보이는 턱은 잊힐 수 없었다. 그의 침울한 얼굴은 그의 밝고, 빠르며, 참을성이 없고, 종종 충동적인 성격과 기묘하게 대조를 이루었다. 그는 때때로 문제가 되었던 그런 기질들을 엄격하게 억제하는 방법을 수년에 걸쳐 학습했다. 그러나 때때로 지나치게 흥분했을 때 발언하기 위해 일어설 경우에는 좀처럼 이해하기 어려울 정도로 그의 생각이 그의 혀를 훨씬 앞질러 빠르게 내달려버렸다. 맨체스터의 동료 노동자들은 그의 습관에 익숙해 있었다. 그러나 그들 중 대부분은 그를 이해하는 척 해주지 않았다. 그는 옥스퍼드 로드Oxford Road를 지나 포트만 스트리트Portman Street에 있는 '초라한 숙소'에 살았고, 습관적으로 차를 끓여 마시기 위해 1페니어치의 무를 구입했다. 주말에 비샵 수도원의 웅장한 분위기로 돌아올 때는 기차의 3등석을 타고 이동했다. 훗날 그의 추종자 중 한 사람은 다음과 같은 시를 통해 내핍과 풍요 사이에서 그의 홍미로

---

4 Houghton, 앞의 책 261쪽.

운 변신을 보여주었다.

> 그의 온갖 부가 그의 휘하에 놓여 있고
> 그 모든 것을 그는 부주의한 손으로 쓸어내 버렸고
> 비샴의 색조조차 등한시한 채 내버려두고
> 그 시원한 너도밤나무 숲, 넓은 잔디밭, 양치식물이 덮인 빈터
> 데이지가 피어 있는 초지, 넓고 부드럽게 흐르는 시냇물
> 모두 희귀하고 시인의 꿈처럼 너무 사랑스럽고
> 오래된 고택, 문화 생활
> 모든 좋은 것이 풍부하고 분쟁에서 자유롭다.
> 음산하고 연기에 얼룩진 타운을 향해 떠나며
> 다시 그 모든 것들을 뒤에 남겨 두었고
> 거무칙칙한 곳 부근에 자신을 앉혔다.
> 마음이 강하고 현명하며, 재치와 인내는 드물지만
> 거기에서 해야 할 필요가 있었던 위대한 일을 위해.5

프랑스와 이탈리아의 협동조합운동 발전을 원조할 수 있는 가장 좋은 위치에 있으려고 했던 욕망은 그가 1885년 비샴수도원을 인수한 이후에도 사무총장으로 남아 있기로 결정했던 데에 영향을 미쳤을 수 있다. 그러나 그것이 확실히 주된 이유는 아니었다. 대륙의 협동조합 운동가들 사이에서 그가 가졌던 영향력은 그의 공식적인 지위 때문에 생긴 것이 아니었다. 또 그에게 외국 시찰에 내보내려는 잉글랜드 협동조합연합회의 의지 역시 어떤 식으로든 그의 공식적인 지위에서 비롯된 것이 아니었다. 실제로, 그의 최종 은퇴일이었던 1891년 9월 12일 바로 다음 날에 그는 파리에서 열린 프랑스 협동조합 총회에 참석하기 위해 잉글랜드를 출국했다. 그와 미첼은 함께 여행할 가능성이 매우 낮은 관계였지만 그런 그들이 나란히 대표단의 일원으로서 여정을 함께 했다. 공식적인 자리에서 물러났고 연합회에서 그를 대우해야

---

5 W.H.R., *Edward Vansittart Neale and the Christian Socialists* London, n.d. 11쪽.

할 이유도 없었다. 그럼에도 불구하고 닐이 미첼과 나란히 대표단의 일원이 되었던 것은 닐에게 독자적으로 쌓아 온 대표성이 있었음을 보여주는 사례였다. 닐은 편안한 마음으로 해외에서 협동조합운동을 살펴볼 수 있었다. 그러나 국내 사태들이 최고 집행부인 자신에게 계속 활동해주기를 절대적으로 요구했다고 느꼈다. 그것이 그가 맨체스터라는 '음산하고 연기에 얼룩진 타운'을 향해 비샴의 '시원한 너도밤나무 숲'을 떠나도록 했다. 1887년 9월 7일에 휴즈는 엘리에게 다음과 같은 단어들이 담긴 편지를 썼다. '오랫동안 질질 끌어 오던 힘의 시험대가 연합회와 도매조합 사이에서 결말을 향해 치닫고 있습니다. 연합회는 동료로서의 노동이라는 오래된 영원한 원칙을 대표하고 있습니다. 도매조합은 그들이 '사업 측면'이라고 부르기 좋아하는 것을 대표하고 있습니다.'6 닐에게 그것은 방향타를 쥐게 했던 투쟁이었다. 1888년에 개최된 듀즈베리Dewsbury 총회는 그런 투쟁의 최종 절정을 보여주었다.

1880년대 후반에 도매사업체와 그 지지자들의 활동은 불가피하게 중대한 갈등을 일으켰다. 오래된 이상에 무감각하고 협동조합운동의 '사업 측면'을 대표했던 사람들은 행진을 시작했다. 예를 들어, 협동조합인 길드와 절연한 지 오래된 벤자민 존스는 기독교 사회주의자들을 좌절시킬 수 있는 기회라면 어떤 것도 놓치지 않았다. 중앙이사회의 남부 분회에서 가장 중요한 인물이 된 그는 닐과 그의 친구들에게 불리한 방식으로 그 분회의 정관을 개정하려고 시도하는 데까지 갔다.7

독립적인 협동조합 작업장들은 멸종 위기에 직면하고 있었다. 단순히 불충분한 지원의 결과가 아니라 그 도매조합이 그런 작업장들과 경쟁하게 될 새로운 생산 시설들을 고의적으로 개설하고 있었기 때문이었다.8 또한 그 도매사업체가 공정한 노동 관행 면에서 스스로의 명성에 극도로 부주의하게 대처하고 있다는 징후들이 있었다. 실제로 그 사업체는 저가의 상품을 찾으며 노동력을 착취하는 저임금 작업장Sweatshop들을 후원했다.9 끝으로, 만약 노동

---

6 Ely Papers.
7 홀리요크에 대한 그리닝의 서신[1885년 11월 21일, 12월 24일, 1886년 3월 14일]을 참조.
8 예를 들어, 코코아의 생산에 대한 논쟁을 참조. *C.N.*, XVII[1886] 877~878, 1105, 1192~1193, 1198~1199, *C.N.*, XVIII[1887] 1138~1139쪽.

자들의 주장에 신빙성이 주어진다면, CWS의 이사들은 자기 제품이 어떻게 만들어지는가에 대해 주의를 기울이지 않았다. 뿐만 아니라 레스터 신발 작업장에서는 직접 '노동력을 착취'하는 데 탐닉하는 경우가 있었으며 가격을 낮추려는 유혹에 굴복했고, 그 결과 심각한 파업이 뒤따랐다.10 닐과 그리닝은 파업을 야기했던 상태를 조사하기 위해 독립적인 조사위원회를 설치해야 한다고 촉구했다. 그러나 미첼은 단호히 거부했다. 처음부터 그는 그 문제에 대한 대화의 필요성이 전혀 없다고 고집하며 문제들을 덮어 두고자 했다. 그는 '생각의 차이가 있을 때 모든 경우마다 하인^{Servant}들과 그들의 관계를 토론하는 것이 가능했을까요?'라고 의문을 제기했다.11

닐은 참을성이 있는 사람이었고, 홀리요크와 그리닝은 약간 덜했지만, 휴즈는 내면에 절충 기제가 전혀 없었기 때문에 결코 자신을 억제하지 못했다. 휴즈는 정치적인 게임을 끝낼 때이며, 이상주의자들도 자신들의 적을 분명히 정하고 그들과 정면으로 맞붙어 싸워야 하며, 그 도매사업체는 협동조합 원칙의 중대한 위반자로서 공개적으로 격퇴되어야 한다고 일관되게 주장했다. 그는 1887년 5월에 칼라일^{Carlisle} 총회에서 사태를 비등점까지 끓어오르게 할 기회를 잡았다. 그는 본회의에 앞서 열렸던 전시회에서 '협동조합적 생산'이라는 주제의 연사로 초대받았고, 그 도매사업체의 '집중화' 정책에 반대하는 연설을 했다. 그 연설은 그 자체로 문제를 일으킬 만큼 충분히 신랄했다. 휴즈는 말로만 자신의 적을 후려치는 데 만족하지 않았다. 그는 총회 둘째 날에 CWS가 공동 파트너십 사업체의 원칙과 조화를 이루도록 재창립 수준에서 개혁되어야 한다고 요구했다. 그것은 2연발식 결의안을 제출한 것과 같았고 앞날의 입장을 재차 지원한 것이었다. 그 내용은 공장들에서 노동자들이 이윤과 경영 양쪽 모두에 참여해야 한다는 것이었다.12 닐, 그리닝, 홀리

---

9 *C.N.*, XVII[1886] 881~882, 1120, 1194, 1242쪽, *C.N.*, XVIII[1887] 956~957쪽.
10 *C.N.*, XVII[1886] 1194~1195, 1214~1216쪽, *C.N.*, XVIII[1887] 227, 231, 246~247, 280~281쪽 참조. E. O. Greening, *A Pioneer Copartnership: being the History of the Leicester Cooperative Boot and Shoe Manufacturing Society Ltd.* '*Equity Brand*' London. 1923, passim.
11 *C.N.*, XVIII[1887] 246쪽.
12 같은 자료 577쪽.

요크는 그 결의안에 초기 지지자로 첨부되었던 5명의 명단에 포함되어 있지 않았다. 그런 행위는 틀림없이 그 3명의 오랜 협동조합 동맹자들을 놀라게 했을 것이다. 그러나 홀리요크는 그런 놀랐던 감정에서 회복하는 데 오래 걸리지 않았다. 그가 도매조합의 상처에 소금까지 문지르는 연설로 휴즈의 동의안을 재빨리 재청하며 나섰기 때문이었다.

예기치 않게 그 시점에서 노팅엄의 헴^{Hemm}은 그 이슈를 차기 총회로 연기시킬 목적에서 대항 결의안을 제출하며 분위기를 식히자고 제안했다. 그리고 오후에는 또 다른 놀라움이 이어졌다. 닐이 연기하자는 그 수정 동의안을 지지했다. 그는 그 과정에서 총회가 사전 통지를 하지 않았고 결과적으로 어느 누구도 그 결의안에 대한 준비가 부족한 상태이기 때문에 그 문제를 바로 심의하자고 요청해서는 안 된다는 의견을 표명했다. 그는 '그들이 일종의 강탈적 투표 결과를 얻으려고 해서는 안 된다'고 느꼈다.13 아마도 닐은 휴즈의 동의안이 부결되고 그에 따라 결의안 자체가 취소되어 버릴지도 모른다고 생각했을지도 모른다. 아니면, 최소한 향후에 또 다른 그런 움직임의 영향마저 둔화시킬지 모른다고 생각했다. 또 사전에 자신에게 비밀로 했던 이유 때문에 휴즈에게 화가 났을 수도 있었다. 이유가 무엇이었든, 그의 의견은 헴의 수정 동의안이 통과되는 결과를 가져 왔다. CWS의 작업장들에서 공동 파트너십 문제는 듀즈베리 총회를 위해 남겨둘 수 있게 되었다. 휴즈는 깜짝 놀랐고 원통했다. 하지만 닐이 CWS에 대한 굵직한 맹공격을 준비하면서 한 해를 보냈기 때문에 그 감정을 이겨낼 수 있었다.

전체로서 협동조합운동에 의견들이 양분되었다. 휴즈는 그 중 한 쪽 극단에 목소리를 보탰다. 미첼은 '자기 산하의 협동조합 작업장들에서 도매조합이 보여주고 있는 것보다 더 높은 형태의 협동조합적 생산을 보여주는 곳은 지구상에 존재하지 않는다'고 퉁명스럽게 말하며 다른 쪽 극단을 지지했다.14 이제 닐은 휴즈의 견해에 동의하게 되었다. 그 대결은 더 이상 미뤄질 수 없는 것이었다. 따라서 닐은 자신의 계획을 짰다. 실제로, 그는 과거에는

---

13 같은 자료 579쪽.
14 같은 자료 598쪽.

피하고 싶었던 것이었지만 이제 그 이슈에 대한 논쟁을 피할 수 없었다. 노동결사체가 휴즈를 강력하게 지지하고 있었기 때문이었다. 그 회원들은 행동을 초조하게 기다렸다. 그들은 협동조합계의 원로 지도자들이 나서주기를 바랬다. 1887년 7월 23일 그리닝은 휴즈에게 그런 상황에 관해 편지를 썼다.

> 노동결사체 집행부는 협동조합운동 내에서 노동자의 권리를 선동해 나가려는 자신들의 특별 활동을 추진할 때 추구해야 할 정책에 대해 자신들에게 명확한 이해가 부족하다는 점 때문에 다소 난처해하고 있습니다.
> 그들은 그 문제에 관하여 휴즈 씨, 닐 씨, 테일러 씨, 홀리요크 씨, 그린우드 씨, 기타 인정받고 있는 지도자들이 만나서 우리가 어떤 일을 해야 할 것인가에 대해 합의해야 한다고 생각하고 있습니다. 우리는 현재 그 도매사업체의 현행 위원회와 백병전을 벌이자는 닐 씨의 제안이 듀즈베리 총회 이후에는 발효가 되기를 바라는 것이라고 이해하고 있습니다. 집행부는 기꺼이 그 제안에 동참하겠다는 의향이 상당히 있습니다. 그러나 올해에는 자신들의 정책이 수립되고 대안적 경로가 논의되기를 원하고 있습니다.
> 만약 듀즈베리에서 우리의 동의안이 거부된다면 어떻게 해야 합니까? 우리는 활동을 잘 하고 있는 노동결사체의 집행부가 있습니다. 그들은 대부분 젊은 노동자들이고 열정적이며 사심이 없습니다. 그들은 또 런던 소재 생산적 결사체들과 점포들에 연결되어 있습니다. 그들은 노동자대학Working Men's College과 토인비 홀Toyngee Hall, 복지관의 친구들로부터 도움을 받고 있습니다. 그러나 조언 측면에서는 자연스럽게 원로 협동조합 지도자들에게 기대를 걸고 있습니다.

논쟁의 양측 진영에서는 긴장이 고조되고 있었다. 벤자민 존스는 남부 지역에서 정책을 장악하는 데 승리했다. 그런 사실에도 불구하고, 자신에게 반대하여 결정된 사항들을 되돌려 놓는 이상주의자들의 단절되지 않고 남아 있는 힘에 그는 크게 분개했다. 기독교 사회주의자들은 상황을 특히 민망하게 만들었다. 또 항상 옳다고 믿는 그들의 차분한 자신감은 화를 돋웠다. 더구나 협동조합운동에서 그들이 과거에 전개했던 활동은 많은 협동조합 운동가들의 정서 속에 그들을 평등개척자들과 나란한 반열에 놓이게 해주었다. 그런 전설을 공격하기는 어려웠다. 하지만 벤자민 존스는 집요했다. 그는 적의 갑옷에서 약점을 찾기로 결심했다. 결국 협동조합뉴스 신문의 지면을 통해 그리닝의 농업·원예결사체를 기습하기로 결정했다. 처음에 휴즈, 닐, 그리닝 세 사람에게 통렬한 비판이 가해졌다. 다음에는 여러 명으로 이루어진 협동조합 운동가들 간의 가상 대화를 이용하여 풍자적으로 '그 농업결사체의 진척, 경영, 결과에 대한 완전한 조사 기회가 주어져야 한다고' 요구했다.15 벤자민 존스는 그것이 나쁜 협동조합 결사체의 사례이며, 그 경영자들은 도매 사업체를 공격하기 전에 자신들의 내부부터 살펴봐야 한다는 의혹을 은연중에 풍겼다. 그 기고문은 그 결사체의 운영 성격이 이미 잘 알려져 있었기 때문에 분명히 빛을 비추는 성격의 것이라기보다 열을 발생시키려는 시도로서 의미가 더 컸다. 첫째, 그 결사체는 통상적으로 일컫는 사업체와 달랐다. 그 결사체는 노동자들의 상태 자체를 향상시키기 위한 것이 아니었다. 농산물 제품에서 불순물 혼입을 막기 위해 결성된 것이었다. 주된 고객들도 사회적 또는 문화적으로 박탈된 계급들 사이에 있는 사람들이 아니었다. 대상 고객은 필연적으로 농업인과 지주들이었다. 둘째, 그 결사체가 공급했던 제품의 특성상 그 결사체는 생산자나 소비자라고 구분되는 범주 중 어느 한쪽과만 배타적으로 잘 어울려야 하는 조직체가 아니었다. 그 조직체는 생산과 마찬가지로 도소매에도 많이 관여되어 있었다. 벤자민 존스는 평범한 협동조합에 적용되는 기준이 그 농업결사체에 대해서는 거의 소용이 없다는 것을 잘 알았다. 하지만, 그 결사체의 협동조합적 불완전성을 쟁점화하려고 물고 늘어졌다.

    그 결사체를 변호하기 위해 나선 사람은 그리닝이었다. 그는 먼저 휴즈에

---

15 같은 자료 743쪽.

게 편지를 썼다. '존스 씨는 한 번에 두 마리의 말 위에 올라타려고 양다리를 걸쳤던 사람이었습니다. 우리는 그런 그의 입장과 태도를 상당히 인상 깊게 감상했습니다. 존스 씨와 협동조합 운동가들이 그런 사실을 모두 알 수 있게 해줄 때가 왔습니다.'16 그 뉴스 신문에서 갈수록 신랄해졌던 몇 번의 기고문들이 교환되었다. 그 후에 존스는 비정상적으로 공격적이었으며 개인적 차원의 장황한 비난을 퍼부으며 그 연재 기고문을 종결했다. 그 기고문은 닐에 대해서까지도 '답변할 기회가 전혀 없는 총회 보고서에서 협동조합 운동가들과 협동조합 기관들을 공격'했던 사람이라고 콕 집어서 비난했다. 끝으로는 자신의 적들에게 조언을 한 마디 했다. '이제 그들이 할 수 있는 최선의 것이란 "그들이 일반 사람들과 다르다는 점을 하나님께 감사하는" 바리세인 같은 습관을 던져버리고, 실로암의 웅덩이와 요단강에 간다면, 자신들의 시력을 되찾고, 씻어서 나병으로부터 깨끗이 나을 수 있을 것이다'라고 했다.17 존스는 그 기고문에서 가장 분노를 폭발하게 하는 부분을 그리닝 쪽으로 향하게 했다. 그것은 그 기고문의 제목을 '그리닝 씨가 유죄를 인정하다'라고 붙인 것이었다. 그런 그의 행동은 두 사람이 완전하고 공개적으로 절연하는 결과를 낳았다. 앞에서 말했던 그 때라는 것은 그렇게 도래했다. 만약 벤자민 존스가 참석해 있는 것을 안다면, 그리닝은 닐이 비샴수도원으로 초대하더라도 거절했을 것이 분명하다고 느낄 정도였다.

실제로 벤자민 존스는 정치적으로 너무 능숙했고, 쉽게 동요하지도 않는 사람이어서 순전히 개인적인 이유로 그런 뜨거운 이슈를 제기하지 않았다. 그는 기독교 사회주의자들을 그들이 서있는 받침대에서 완전히 제거해버려야겠다는 어떤 혐오감도 없이 휴즈와 그리닝의 방아쇠 같은 성질을 시험하는 일을 대단히 즐겼다. 그러나 그 농업결사체의 사업 관행을 공격했던 그의 주된 동기는 보다 객관적인 곳에 있었다. 그런 수법은 시간상 적절했다. 존스는 닐이 다가오는 듀즈베리 총회에서 CWS를 상대로 단호한 작전을 벌이기로 결정했다는 것을 알았고, 선수를 쳐서 기선을 잡기로 결심했다. 그 도매

---

16 휴즈에 대한 그리닝의 서신 1887년 7월 23일.
17 *C.N.*, XVIII¹⁸⁸⁷ 1006쪽.

사업체는 자기들의 제조·구매 관행 결과 때문에 협동조합 운동가들로부터 의혹에 찬 정밀 조사를 받게 되었다. 어쨌든, 그 도매사업체에게는 그 이상주의자들이 소속된 조직체들에 대한 중상을 전개함으로써 관심을 다른 데로 돌리려고 했던 것은 정치적으로 적절했다.

  1887년 여름과 가을이 그렇게 지나가고 있는 동안, 벤자민 존스가 적으로서 공격했던 사람들은 지지를 모으고 전략을 세우느라 바빴다. 비샵수도원에서 열린 가든 파티에서 닐은 협동조합 지도자들 사이에서 형제애가 어린 유세를 벌일 수 있었다. 그리고 헤브던 브리지 퍼스천 제조 조합의 축하 모임은 이윤 공유자들에게 비공식적인 간부회의 역할을 했다. 닐은 회의, 오찬, 공개 회의, 새로운 증기기관에 대한 공식 세례식이 포함되었던 헤브던 브리지의 축하 행사를 리폰$^{\text{Lord Ripon}}$ 경이 주재하도록 주선했다. 그 엔진에는 다음과 같은 문구가 새겨진 황동판이 부착되었다.

    1887년 7월 30일에 닐 님께서 착수했고, 1887년 10월 15일에 고귀하신 리폰 후작$^{\text{Marquis of Ripon, K.G}}$님에 의해 '토마스 휴즈'라고 명명되다.[18]

  그 행사의 연설들, 특히 닐과 리폰 두 사람의 연설은 모두 임박한 총회의 방향을 시사했다.

  그 축하연이 끝난 뒤에 닐은 경계심을 풀고 쉽게 안심했을 수도 있었다. 그러나 그는 헤브던 브리지에서의 성공을 축하하기 위해 연례적으로 모였던 협동조합 운동가들이 대체로 협동조합운동을 대표하기 어렵다는 점을 알았다. 실제로, 두드러졌던 몇 명의 예외적인 경우를 빼면, 이윤 공유 원칙에 반대했던 사람들은 참석하는 것을 고민조차 하지 않았다. 그리닝은 휴즈에게 보냈던 1887년 7월 23일자 서신에서 듀즈베리에서 투표가 부결될지도 모른다고 우려했다. 그런 우려는 근거가 없는 것이 아니었다. 이윤 공유 지지자들은 도매사업체의 최근 활동에 대한 비호감 때문에 가장 강력한 열의를 보

---

[18] 같은 자료 1044쪽.

였다. 그러나 그들이 협동조합운동의 우익에 서있는 활동가들을 압도했다고 가정했다면 그것은 실수였을 것이다. 대부분의 정치적 논란에서와 마찬가지로, 그 대결은 광범위하며 무관심하며 상대적으로 추구하는 이상이 없는 중도의 대중들인 '침묵하는 다수'의 지지를 얻기 위한 것이었다. 그런 대결에서 우익은 당대의 공통적인 편견과 긴밀하게 연결되어 있는 대중적이며 간단한 주장을 내세우는 면에서 우월했다. 킬버니 조합$^{Kilbirnie\ Society}$의 대표인 헨더슨$^{William\ Henderson}$같은 사람은 퉁명스럽게 이렇게 말했다. '내가 협동조합의 모든 하인들과 함께 지켜나가고 싶은 원칙은 정직하게 제공된 하루 일에 대해 공정한 하루 임금을 지급하는 것이다. 나는 하인들에게 영합하고, 그들을 어루만져 주고, 그들의 버릇을 망치게 대우하는 것은 나쁜 발상이라고 생각한다.'[19] 위원족들 사이에서 뿐만 아니라 평조합원들 사이에서도 그런 태도가 일반적이었던 현상은 협동조합운동에 사회주의적 기원이 거의 남아 있지 않았음을 보여준다. 사실, 단어들 자체에도 의미가 있다고 가정한다면, 협동조합운동을 언급할 때 노동자에 대해 일관되게 말하거나 '노동자 계급'이라는 용어를 사용하기는 어려울 것이다. 비어트리스 웹은 미첼과 그의 이사회를 노동계급 자본가들이라고 불렀다. 그러나 그 표현은 어울리지 않는 단어들을 조합한 것이었다. 협동조합 운동가들은 대부분 노동자들의 자녀들이었다. 그러나 산업화된 경제에서는 태생이 지위의 변화를 막지 못했다. 실제로 빅토리아 시대의 경제학자인 마샬$^{Alfred\ Marshall}$은 다음과 같이 말했던 적이 있었다. '1850년에 노령의 산업가들 중 거의 절반은 틀림없이 시골집에서 태어나 출세했을 것이다.[20] 만약 사람들이 출생만을 기준으로 사회적으로 분류된다면 산업혁명 자체는 '노동계급 운동'이라고 말할 수 있었을 것이다.'

닐은 홀리요크에게 칼라일 총회의 대표로 선출된 것을 축하하는 편지를 썼던 적이 있었다. 당시에 닐은 자신이 그 직책에 오를 수 있을 때를 추측해보았다. 그는 사색에 잠겨서 홀리요크에게 이렇게 털어 놓았다. '나는 그런 날

---

19 같은 자료 960쪽.
20 W.H.B. Court, *A Concise Economic History of Britain*$^{Cambridge,\ 1964}$ 175쪽 참조.

이 올 때까지 퇴직 의사를 알리는 날짜를 미루고 싶고, 그 일을 한 다음에 빈사의 백조 노래를 부를 수 있을 것이다.'21 그런 후 전혀 예상치 못하게 닐은 그 다음 총회의 대표로 지명을 받았다. 운명은 이윤 공유자들에게 유리한 쪽으로 관례적인 불편부당성을 포기한 것처럼 보였다. 그것은 그가 듀즈베리를 주재하게 될 것임을 의미했기 때문이었다. 시점은 더 이상 좋을 수가 없었다. 1888년에 닐이 은퇴할 것이라는 것에 대해서는 의문의 여지가 없다. 그는 대표 연설문을 쓰기 위해 자리에 앉았을 때, 홀리요크에게 썼던 편지의 내용도 잊었고, 마지막 무대를 알리는 백조의 노래도 생각에 없었다. 그 해가 시작되었고, 협동조합적 생산을 둘러싼 논쟁에서 각각의 편을 들었던 모든 사람들의 마음속에 그 연례총회가 크게 떠올랐다. 그러면서 그 문제에 대한 논쟁이 또 이어졌다. 1월 17일에 벤자민 존스는 왕립통계협회[Royal Statistical Society]에서 '노동계급 협동조합 운동가들의 진보, 조직화, 목적들'이라는 글을 발표했다. 그는 여전히 맹렬하게 중립성에 대해 항의했다. 그러나 그의 말은 자기 쪽 도매사업체의 연방주의 견해를 지지하는 방향에서 급류처럼 쏟아져 나왔다. 그리고 그는 신중하게 '개인주의라는 생산자 또는 자율주의 학파'의 교리가 비현실적이라는 점을 증명하는 일을 시작했다.22 상상할 수 있듯이, 그 이후의 토론은 닐과 홀리요크가 가능한 한 가장 강한 용어로 자신들의 믿음을 확언하기 위해 참여함으로써 흥분이 매우 고조되어 갔다. 노동결사체의 젊은 집행부 구성원들은 이제 고령의 협동조합 운동가들로부터 강력한 지도력을 얻게 되었다. 고령의 협동조합 운동가들은 연방주의자들의 선전에 대응하고 있을 뿐만 아니라 공격까지 하고 있었다.

협동조합운동의 이상주의자들은 나이를 불문하고 다가오는 집회를 결정적인 전환점으로 예고하고 있었다. 이윤 공유의 새로운 옹호자인 케임브리지 트리니티 대학의 테일러[Sedley Taylor]는 레스터 조합에서 '생산적 협동조합운동의 현재 위기'에 대해 강의했다. 닐은 리폰, 휴즈, 홀리요크와 함께 '협동조

---

21 홀리요크에 대한 닐의 서신[1887년 4월 1일]. 홀리요크 문서.
22 Benjamin Jones, *Progress, Organisation, and Aims of Working Class Coop-erators*[London, 1888] 9쪽. 존스가 사용한 통계에 대한 논평은 *Eighth Annual Report of the Labour Association*[1892~93] 16쪽 참조.

합 원칙의 확장, 모든 협동조합의 조합원들에게 드리는 말씀'이라는 제목으로 1888년 3월 31일자 그 뉴스 신문에 공개 서한문을 작성했다. 거기에서는 그 도매사업체 산하 작업장들의 이윤 공유 문제와 관련하여 임박한 총회에서 결정하게 될 사항을 자세히 설명하고 지지를 호소했다. 닐은 협동조합적 생산의 대의를 위해 일하려는 그 후작의 의지를 최대한 활용했다. 닐은 리폰 경을 그 논쟁에 적극적으로 참여시키기 위해 커다란 노력을 기울였다. 그것은 대단히 어려운 일이 아니었다. 리폰 경은 초안 작성 과정에 전혀 참여하지 않았지만 위의 연설문에 서명하는 것을 동의했고, 듀즈베리 총회의 둘째 날 회의를 주재해 달라는 초대를 바로 수락했다. 협동조합 운동가들 사이에서도 존중하는 습관은 과거의 일이 되었다. 자기 쪽에 동료들을 많이 영입하는 것은 유용했다. 그러나 전에는 그런 모든 일이 없었을까? 그것은 10년 전에 이윤 공유와 은행 문제를 사이에 두고 CWS와 맞붙었던 옛 승부를 연상시키지 않았을까? 그 당시에 닐은 총회의 결정에서 이겼다. 그러나 그것만으로는 역부족이었다. 이번에 그 결과가 달라진다면 그 근거는 무엇일까? 협동조합뉴스 신문은 슬프지만 사실인 서론격의 주의 내용을 보도했다. '총회는 그 도매사업체의 회원들에게 도매사업체가 사업을 수행해야 하는 방법에 대해 지시할 수 없다…한마디로, 듀즈베리의 토론은 실천을 위한 것이라기보다 학문적인 내용일 것이다.'[23]

마침내 1888년 5월 21일 성령강림절 월요일 아침에 영국과 아일랜드 협동조합들에서 온 대의원들로 구성된 제20회 연례 총회가 닐이 대표를 맡은 가운데 듀즈베리의 인더스트리얼 홀에서 열렸다. 협동조합뉴스 신문에서 엄숙하게 예언했던 내용에 진실성이 담겨 있었음에도 불구하고, 그 회의는 닐의 경력에서 정점이 되었다. 그런 총회는 결코 다시 일어나지 않을 것이었다. 이윤 공유지들의 힘은 절정과 끝을 동시에 맞았다. 그들의 운명은 급격하게 추락했다. 그 후 닐이 사망한 1892년에는 최저점에 도달하게 되었다.

닐의 대표 취임 연설 주제는 대의원들에게 전혀 놀라운 내용이 아니었다. 그것은 풍요 속의 빈곤 문제를 살펴보고 협동조합이 '생산에 대한 평등성을

---

[23] 'The Dewsbury Congress', *C.N.*, XIX[1888] 300쪽.

적용함으로써 실현해야 하는' 커다란 편익에 대해 이야기했다.24 내용 면에서는 일관성이 없었지만 그 연설에는 숭고한 순간들이 담겨 있었다. 나이에도 불구하고 닐은 시대적 필요에 대한 상당한 감수성을 가지고 있었다. 극심한 빈곤과 노동의 동요가 널리 퍼져 있었다. 그것은 산업혁명이 가져온 자원과 부의 엄청난 증가와 암울하게 대조되었다. 많은 학식 있는 잉글랜드인들은 헨리 조지의 『진보와 빈곤』이라는 책으로부터 영향을 받았고, 인기가 매우 높았던 그의 강의에 참석했던 사람도 소수가 아니었다. 1880년대 후반에 그들은 그 책의 제목에 있는 두 가지 주제 사이에 놓여 있는 수수께끼 같은 연결 관계를 설명하려고 노력했다.25

닐은 자신의 연설에서 진보와 빈곤을 언급했다. 그는 헨리 조지가 그 증상들을 올바르게 설명했다는 데에는 의심의 여지가 없었다. 그러나 진단은 달랐다. 닐은 모든 사회적 불행이 토지의 사적 전유와 착취에서 기인한다고 보았던 조지의 견해를 따르는 것을 거부했다. 닐은 빈곤과 노동 불만이 주로 산업화의 과정이 개인 생산자를 두 가지 측면 모두로부터 소외시켰다는 사실에서 비롯되었다고 결론을 내렸다. 그것은 자기 노동의 원료와 자기 노동의 산물을 직접적으로 향유하는 것에서 소외되었던 것을 가리켰다. 그런 자원들을 지휘했던 이전의 위치로 노동자의 지위를 회복시켜 주는 것은 필연적이었다. 따라서 토지에 대한 단일과세가 아니라, 협동조합운동이 제대로 된 처방이었다. 협동조합운동만이 자본, 노동, 유통, 소비 간에 나타났던 인위적인 장벽들을 제거하게 될 것이었다. 그 자리에서 그는 그 대의원들에게 점포란 소비자와 유통업자 간의 대립만을 제거함으로써 그 문제의 절반에만 답한 것일 뿐이라고 말했다. 그는 계속해서 자본과 노동 사이에 존재하는 대립도 줄여 나가야 한다고 말했다.

닐은 다시 한 번, 이번에는 훨씬 더 강하게, 자신이 궁극적으로 협동조합

---

24 *C.N.*, XIX^1888 486쪽.

25 조지는 '어디서나 물질적 진보가 보살피는 상태들이 매우 잘 실현되는 곳에서, 즉 인구 밀도가 가장 높고, 부가 가장 많으며, 생산·교환시스템이 가장 고도로 발달 된 곳에서, 우리는 가장 심각한 빈곤, 가장 날카로운 생존 투쟁, 강요된 게으름의 최고 형태를 발견하게 된다'고 썼다. Jerome Hamilton Buckley, *The Triumph of Time* Cambridge. 1966 55쪽에서 인용.

운동을 단순한 이윤 공유의 수준을 넘어 공동체를 구축하는 차원까지 나아가게 할 것이라고 반복했다. 그 차원에서는 산업과 농업의 이해관계가 조화를 이루고, 도시의 문화적 기회들이 시골의 평화·청결·아름다움과 결합되며, 육체 노동이 반복적이고 무의미한 고역이었던 상태에서 해방될 것이었다. 닐이 제시한 목표는 그 자리에 모였던 협동조합 대의원들 중 적지 않은 수의 보수적 본능을 건드렸을 만큼 충분히 급진적인 것이었다. 그는 토지의 공적 소유란 '빈곤의 강물을 건너게 해줄 완성된 아치교의 쐐기돌'이라고 묘사했다. 그는 노동이란 공정한 임금만 받을 자격이 있다고 보는 소비자들의 견해를 반박했다. 그는 '임금 체계란 뒤지지 않으려는 투쟁의 직접 결과물이다. 그 폐해는 협동조합적 생산이 시정하려는 명백한 대상이다. 여러분들은 그런 체계를 옹호하려는 방법을 통해 그 폐해를 시정할 수 없다'라고 응수했다. 마지막으로 그는 '이 나라의 입법자들이 협동조합들을 대변해줄 때'가 올 것이라는 자신의 믿음을 확언했다.[26]

닐의 공동체 지상주의는 낡은 것이었다. 그것은 자신이 해방시키기를 바랐던 계층의 대다수에게 거의 불가능하게 되어버린 이전의 삶의 방식에 대한 향수로 가득 차 있었다. 산업화는 그런 삶의 방식을 거의 불가능하게 만들어버렸다. 그럼에도 불구하고 자본주의 사회에 대한 그의 비판은 시의 적절했다. 뿐만 아니라 자본주의 사회를 옹호했던 동료 협동조합 운동가들을 비판한 내용에는 선견지명이 있었다. 닐은 빈곤과 노동 동요의 근본 원인들을 분리시켜낸 후 제거하려고 시도했다. 그는 그런 원인들이 산업 시스템 자체에 내재한 것임을 알게 되었다. 자본주의는 소수가 부를 물 쓰듯이 쓰기 위한 목적으로만 다수에 의해 생산된 부를 몰수해갔다. 협동조합운동은 다수에게 그런 유용한 부를 되돌려 주려고 노력해야 했다. 경쟁은 사람들을 사물에 종속시킨다. 협동조합운동은 사물을 사람들에게 종속시켜야 한다. 닐의 연설에서 그의 동시대인들이 노동계급의 불만을 선동가들의 영향 탓으로 돌렸다는 내용을 읽게 되는 것은 매우 흥미로운 점이다. 조금도 과장하지 않고 말하자면, 그것은 엉터리 진단이었다. 닐은 정반대로 부자와 가난한 사람 간 불평

---

[26] *C.N.*, XIX[1888] 489, 491쪽.

등에 대한 불만이 그 원인이라고 지적했고, 그 불평등을 야기한 시스템을 대체하고자 했다. 그러나 그는 소비자들에게 단순히 이윤을 쪼개서 나누어 주는 방식에 의해서는 그런 목표가 결코 성취되지 못할 것이라고 우려했다. 따라서 그는 '전투가 개시되게 하자'고 선언했다. 이제 두려워해야 할 유일한 적은 '타협' 뿐이었다. 점점 더 커다란 의심의 눈초리에 시달렸지만, 닐은 '진보가 빈곤과 결합되는 것을 중단시켜야 한다'는 자신의 믿음을 지켜냈다. 그리고 그는 자신의 경우를 그 믿음에 맡겼다. '차라리 나는 미래의 홀리요크 같은 사람들이 영국의 협동조합 운동가들에 대해서 "그들은 유통과 교환을 도덕적인 방향으로 유도했고, 계속해서 생산 역시 도덕적인 방향으로 유도해 나갔다"라고 기록할 수 있게 할 상서로운 전조 역할을 하고 있다.'[27]

총회 둘째 날에 대표로서 연설을 하게 된 리폰은 미래에 대해 덜 낙관적이었다. 그 역시 소비자들에게 배당금 배분을 통해서 노동자들을 해방시킬 수 있을 것이라는 협동조합운동의 능력에 대해 거의 또는 전혀 확신이 없었다. '버림받은 런던인들의 쓰라린 외침'을 들어왔던 그는 빈곤에 대해서도 깊이 우려했다. 그는 닐만큼 점진적인 변화에 스스로를 기꺼이 순응하려고 하지 않았다. 그는 청중들에게 미래에 더 나아질 것이라는 약속을 기다리려고 하지 않는 사람들이 많다. '그 사람들은 우리의 커다란 타운들에 사는 극빈 계급의 상태에 대한 분노로 동요된 사람들이다…' 협동조합 운동가들은 신속히 움직여야 한다고 경고했다.[28]

비어트리스 포터Beatrice Potter는 듀즈베리 총회의 방문자 중 한 명이었다. 그 당시 그녀는 자유주의자이자 사회주의자였던 젊은 사회 연구자였다. 그녀는 「나인틴쓰 센츄리Ninetheenth Century」라는 잡지에 '런던 동부의 부두 생활'이라는 제목으로 게재되었던 기고문을 집필했다. 그런 기고문 때문에 그녀는 빈민 문제에 관해 쏟아지는 직접적인 관심의 많은 부분을 계속해서 자신이 주목해야 한다는 책임감을 개인 차원에서 느끼고 있었다. 그녀는 찰스 부스와 함께 빈곤 조사를 수행했다. 부두 노동자들에 관하여 그녀가 맡았던 부분

---

27 같은 자료 491쪽.
28 같은 자료 505쪽.

은 유명했던 찰스 부스의 '런던에서 사람들의 삶과 노동Life and Labour of the People in London'에 관한 연구 안에서 당연히 상대적으로 더 중요했던 부분 중 하나가 되었다. 그녀가 보았던 런던 동부 지역 빈민가의 끔찍한 상태 속에서 살아가는 수천의 가족들은 그녀에게 자본주의의 체계에 대해 완전히 환멸을 느끼게 했다. 그녀는 '산업 분야에서 자본가의 독재에 대한 현실적인 대안'을 강구하는 과정에서 협동조합 연구에 집중하기로 결정했다. 그 탐구활동은 그녀를 듀즈베리로 데려 왔다.29 이어진 총회들에서 그녀는 미래에 남편이 될 사람을 만나서 약혼하게 되었다. 그녀의 연구는 『영국에서 협동조합운동 The Cooperative Movement in Great Britain』을 출판하는 것으로 이어졌다. 그 책자는 협동조합적 생산과 관련하여 CWS의 입장을 압도적으로 지지했다. 마구잡이 식의 고집을 피웠던 독단적인 그 연구물은 역사 연구물로서의 가치보다 다른 쪽에서 훨씬 커다란 영향을 미쳤다. 아마도 협동조합운동에 대한 다른 어떤 책보다도 그 책은 닐과 그의 동료들을 비현실적이라고 영구적으로 딱지를 붙여 버렸고, 그들의 매우 귀중했던 기여 중 다수를 역사적으로 흔적도 없이 사라지게 만들었던 것에 책임이 있었던 책이었다.

페이비언 사회주의자Fabian로서 그녀의 이후 삶의 이력 역시 미첼의 신조들로 개종하는 데 커다란 도움이 되었다. 실제로 첫 번째는 그녀의 남편이었다. 듀즈베리 총회가 열리기 거의 두 달 전에 그의 남편이 될 사람인 시드니 웹은 런던의 유니버시티 홀에서 '협동조합운동이 실패작인가?'라는 주제로 토론회를 열었다. 그때 그는 협동조합운동이 '단순한 쇼핑의 일상에 빠져들었다'고 비난했고, 최소한 소비자 진영의 만병통치 처방을 비판했던 닐의 견해에 부분적으로 동의했다.30 그러나 결혼 후 시드니 웹의 생각은 약간의 변화를 겪게 되었다. 그 결과 1893년에 소비자들의 결합을 집산주의collectivism의 한 형태라고 묘사할 수 있었다. 아울러 노동계급의 상태를 끌어 올렸다는 점에서 그런 소비자들의 결합물들이 '1842년 이래 이루어진 어떤 진보에서든 커다란 요인들' 중 하나가 되어 왔다는 입장을 제시했다.31 현재 잘 알려

---

29 Beatrice Webb, *My Apprenticeship, op.cit.* 336쪽.
30 *C.N.*, XIX[1888] 299쪽.

진 바와 같이, 『소비자들의 협동조합운동Consumers' Cooperation Movement』이라는 책은 시드니 웹이 훗날 자신의 부인과 함께 공동으로 집필했던 연구들에서 매우 두드러지게 나타났다.

비어트리스 포터는 『협동조합운동의 역사』를 출판했던 1891년부터 길드 사회주의운동Guild Socialism을 전개했던 시대까지 그녀가 '비현실적인' 아이디어라고 했던 협동조합적 작업장이라는 것에 대한 관심이 점점 줄어들었다. 심지어 관심이 부활되었던 후자의 운동 기간 동안조차 그 주제에 대한 지식의 축적에 기여했던 닐의 흔적은 거의 잊혀졌다. 닐은 듀즈베리 총회에 방문자로 참가했던 한 젊은 여성이 여러 해 동안 생산자들의 협동조합운동을 대신하여 수행해 왔던 자신의 작업을 모호하게 만들어버렸던 그런 어두운 그림자를 드리울 것이라고 결코 상상할 수 없었을 것이다.

그러나 미래의 결과를 제쳐두고 보면, 듀즈베리는 협동조합적 생산에 대한 관심이 절정에 올랐던 상황이었기 때문에 닐이 성공했던 시기였다. 닐의 대표 연설뿐만 아니라 리폰의 연설 역시 그 주제를 환기시켜 주었고 소중했던 글들이 총회 석상에서 낭독되었다. 그에 대한 보답은 많은 토론, 논쟁, 우유부단함 끝에 총회가 다시 한 번 자신의 정당한 권한으로 이윤 공유의 원칙을 강조했을 때 나타났다.

---

31 C.W.S. *Annual, 1893*Manchester, 1893 554쪽.

10장

고개 숙인 거수기
1888~1892

아무것도 기대하지 않는 자들에게는 복이 있나니, 결코 실망하지
않을 것이다.
　　　　　　　　　- 휴즈의 홀리요크에 대한 서신[1892년 12월 19일]

　1890년 11월 1일에 닐과 홀리요크는 협동조합뉴스 신문조합[Cooperative Newspaper Society]의 총이사회 및 주주 회의에서 이윤 공유에 찬성하는 동의안을 냈다. 그들은 24 대 16으로 패했다. 그 신문조합의 직원들은 자신들의 임금에 만족해야 했다. 홀리요크는 너그럽게 봐줄 때 그 사람들이 투표했던 방식에서 하나의 '희망적인 여지'를 엿볼 수 있었다고 설명했다. '그 동의안에 반대하는 쪽에 손을 들었던 사람들은 고개를 숙였다'. 그는 이런 모습에서 '맨체스터의 협동조합인들이 적어도 그런 염치를 가지고 있었고, 비록 노동자들도 그들처럼 행동했겠지만 자신들이 한 행동에 대해 부끄러워했다'고 결론 내렸다.[1] 분명히 부끄러웠던 것은 동의안을 부결시켰을 때 그 신문조합 이사들이 느꼈던 바로 그 마지막 감정이었다. 그들은 협동조합운동의 원로들이지만 일선에서 활약하고 있는 베테랑들로부터 뿜어져 나오는 불쾌함이라는 준엄한 시선을 피하고만 싶었을 것이다. 그러나 머리를 들거나 머리를 숙였을 뿐, 그 정책은 사라졌다. 그런 방식의 반대 투표는 그 시기의 전형이었

---
1 *C.N.*, XXII[1891] 1025쪽.

다. 닐과 그의 친구들이 상징했던 도덕적 금지 사항을 협동조합인들이 불복하는 것은 불편했다. 특히 그들이 지켜보는 데에서 그렇게 하는 것은 더 불편했다. 그러나 그들은 반대쪽에 표를 던졌다. 그들은 그런 일이 짜증나는 일이며 자신들과 상관도 없는 일인데도 분위기상 정해진 쪽으로 결정을 내려야 한다고 끊임없이 강요받고 있는 것을 얼른 해버리고 벗어나자는 심정이 커졌었다.

듀즈베리에서 대표 연설을 마무리하면서 닐은 테니슨의 「추모」라는 시에서 두 개의 구절을 바꾸어서 자신의 뜻을 전했다. 그 내용은 미래의 역사가가 오늘을 돌아보고 바로 이런 사람들이 협동조합 운동가들이었다고 말하기를 희망하는 표현이었다.

> 크게 종을 울려 대지의 어둠을 쫓아냈다,
> 종을 울려 앞으로 올 그리스도를 불러 들였다.

닐은 마치 테니슨이 자신과 같은 세대의 잉글랜드인이 아닌 것처럼 테니슨의 시를 인용하는 것을 좋아했다. 테니슨은 대단한 계관시인이었다. 그는 그 세기 중반의 대변인으로서 그 시대의 희망과 열망을 운문에 담아냈다. 닐과 테니슨 사이에는 흥미로운 유사점이 있었다. 둘 다 80년 이상을 살았고, 출생과 사망도 서로 1년 이내의 차이밖에 없었다. 자신들의 삶에 영향을 주었던 종교의 힘 때문에 둘 다 정서적으로 천년지복설의 음악에 맞춰 춤을 췄다. 그리고 한 사람이 시를 통해 표현했던 것을 다른 사람은 협동조합운동이라는 현실적 매체를 통해 실현하려고 시도했다. 그런 두 사람은 모두 1880년대의 후반에 접어들면서 왕년 세대의 대가들로서 계속해서 효과적으로 의사소통을 할 수 없게 되었다. 잉글랜드인들은 진보를 이야기하는 시에 점점 더 많이 귀를 닫게 되었다. 버클리[J. H. Buckley]가 '진보의 불황기'라고 불렀던 시대가 이미 시작된 것이었다. 버클리는 테니슨을 본보기로 삼았다. 그는 테니슨이 집필했던 2편의 시를 대조했다. 하나는 1835년에 집필했던 '록슬리 홀[Locksley Hall]'이라는 시였고, 다른 하나는 그가 1886년에 집필했던 '60년 후 록슬리 홀Locksley Hall Sixty Years After'이라는 시였다. 앞의 시는 빅토리아 시대를 이끌었던 열렬한 낙관주의와 신앙심을 갖고 집필한 것이었다. 뒤의 시는 앞의 속편에 해당하는 것으로서 환멸적인 말로 완전히 다른 어조를 가진 것이었다. 그 내용에는 '앞으로 1만 년 간 전진이라는 외침 자체가 입 밖에 나오지 않게 하자'라는 구절이 담겨 있었다. 버클리는 한 사람의 일생에서 두 개의 전혀 다른 시가 나왔던 결과가 그런 진보의 불황기를 보여주는 본보기라고 소개했다.[2] 만약 그것이 새로운 시대의 목소리였다면 그것은 협동조합 운동가들에게도 잘 들어맞는 것이었다. 그들에게 그것은 환멸의 말인 것만은 아니었다. 자신들이 과거에는 일을 편안하게 했구나 하고 자족하면서 내는 한숨이기도 했다.

    세기 후반의 변화에 대한 반응들은 다양했다. 예를 들어, 페이비언주의자Fabian들은 진보의 실패를 자본주의의 탓이라고 평가했다. 그들은 자신들의 민주주의적 사회주의를 통해 잉글랜드를 부활시키려고 했다. 그러나 그들은 너무 쉽게 중앙집권화와 관료제적 통제의 '필연성'을 받아들였다는 점에서 새로운 시대의 소산이었다. 닐 역시 자신의 유토피아주의를 다른 세대로부터 영감을 받아 쌓아 올렸다. 그러나 그가 그것을 옹호하면서 가졌던 그 시절의 기준으로 볼 때 새로웠던 열정은 그만이 보여줄 수 있었던 독특한 반응이었다. 그의 일생 동안 현실에 대해 불만족스럽다고 느껴 왔던 감정들은 그의 삶이 황혼녘에 이르면서 극심해졌다. 사려 깊었던 많은 자신의 동시대 사람들과 마찬가지로 자신이 볼 때 기준에서 역행하는 것처럼 보였던 변화들에 적응하는 데 실패했기 때문이었다. 그는 근대 협동조합 운동가들의 둔감했던 행동에 대해 애통해했다. 소수는 자신의 둥지만을 가꾸면서 세기 후반의 추악했던 잉글랜드의 현실에 자신들을 적응시켰다. 반면, 다수는 다르게 존재하는 방식을 알지 못해서 결과적으로 더 커다란 것을 열망하지 않았다. 일부 협동조합들은 집합적으로 조성된 자신들의 잉여 자본을 부유층 조합원들을 위한 개인 주택처럼 사회적 진보와 전혀 무관한 대상들에 낭비하는 것을 허용했다. 닐은 어떻게 하면 그런 일을 할 수 있는가를 수수께끼로 생각했다.

---

[2] Buckley, 앞의 책 53쪽.

투자의 관점에서 그것은 충분히 건전했다. 그러나 누군가는 결사체형 주택단지를 그리고 궁극적으로는 주거 정착촌들을 쉽게 건설할 수 있는 데에도, '매년 더 많은 인구를 경쟁 속에 가둬 넣는 곳, 타운들이라고 불리는 넓은 교도소 같은 단지 안에 사설 감방들을' 짓는 것은 그야 말로 낭비였다.3

오랜 이상주의에서 마치 모래 가루가 빠져나가고 있는 것 같은 징후들은 많았다. 듀즈베리 총회는 닐에게 승리의 월계관을 수여했다. 그러나 CWS 이사회의 위원들의 투표 용지가 개표되고 집계가 완료되었을 때, 조합들이 사상 최다 투표수로 미첼을 지지했다는 사실이 나타났다. 닐이 품었던 가설은 협동조합 운동가들의 과반수에 대해서만큼은 절망적으로 적중되지 못했다. 그것은 그들이 항상 닐에게 반대표를 던졌었다는 것을 의미하는 것이 아니었다. 총회에서 이상주의의 결의안을 마주했을 때, 선출된 대의원들을 통해 모습을 드러낸 과반수는 보통의 경우처럼 호의적으로 응답했던 것이었다. 그러나 정기총회라는 정화 의식을 벗어나자마자, 그들은 단순하게 결의안에 대한 관심이 조금도 없었다. 협동조합연합회와 그 도매사업체 양쪽 모두 표면상 민주주의적 형식들이 있었음에도 불구하고, 관료제적 통제로 가는 길을 이끌고 갔던 것은 집단적 무관심이었다. 닐은 그렇게 헌신적이었던 소수의 우두머리 자리에 미첼이 앉아서 권위적으로 무관심한 대중을 통솔했다는 내용을 협동조합 운동가들에게 말할 필요가 없었다. 그것은 1888년 5월의 분석 내용을 주의해서 살펴보았던 사람들이라면 모두 충분히 알 수 있었던 것이었다. 그 도매사업체 위원회 쪽에 투표한 수는 총 826개 유자격 조합 중 338개 조합에 불과했다. 그러나 과거의 선거 결과들을 근거로 판단할 때, 그것은 예외적으로 높은 지지율을 보인 것이었다.4

듀즈베리 총회가 닐에게 정점이었다면, 1889년 6월 10일 입스위치Ipswich 총회는 그가 쇠퇴하기 시작했음을 보여주었다. 벤자민 존스가 둘째 날의 대표로 선출되었다. 그는 자신의 연설에서 처음으로 협동조합운동에 대한 기독교 사회주의자들의 공헌에 대해 중상 비방을 전개하면서 그들의 신비로운 모

---

3 닐의 듀즈베리 연설에서, *C.N.*, XIX¹⁸⁸⁸ 489쪽.
4 같은 자료 587쪽.

습을 벗겨내려고 의식적으로 노력했다. 닐과 그의 친구들을 격하하기 위해 치밀하게 계산된 수인 60명 미만의 대의원만이 대우를 받았다. 존스는 영웅숭배에 대해 항의했다. 특히 그들의 탁월함이 상상된 것일 때 그렇다고 강조했다. 그는 홀리요크조차 그 범주에 포함되어 있다는 점을 분명히 했다. 그는 가차 없이 비난했다.

> 진정한 사실은 기독교 사회주의자들이란 이미 활기차게 성장하고 있었고 풍성한 열매를 맺고 있었던 협동조합운동이라는 나무에 접목되었던 가지에 불과했다는 것입니다. 그 접목된 나뭇가지는 프랑스의 모델을 따른 것이었고 금방 죽어버렸습니다. 약간의 수액이 본 나무 줄기의 수액과 섞여서 몇 번 교배된 꽃을 피워냈을 뿐이었습니다. 그리고 그 접목된 나뭇가지를 돌봤던 몇몇 정원사들은, 서로 다른 시기에, 다소 간헐적으로, 빠르게 성장하는 협동조합 나무를 가꾸는 것을 도왔습니다.[5]

비어트리스 포터는 벤자민 존스를 자신이 알고 있는 노동계급 친구들 중 3명의 가장 친밀한 사람 가운데 한 명이라고 꼽았다. 그녀는 또 그를 '고민을 많이 하는 식료업자, 공적 정신을 가진 행정가, 배후 조종자'라고 묘사했다.[6] 그녀는 목적과 수단을 둔갑시키는 그의 냉소적 경향을 미심쩍어 했다. 그러나 그녀는 이미 협동조합운동에 대한 그의 실용주의적인 견해의 먹잇감이 되어 있었다.

그러나 만약 다툼을 야기하는 벤자민 존스가 당시 협동조합운동에 스며들었던 새로운 정신을 대표하는 사람이라고 한다면, 닐로 대표되는 낡은 정신이라는 것은 전적으로 절하되지 않았다. 닐은 입스위치 총회가 이윤 공유를 찬성한다고 선언하게 만들겠다고 결심했다. 그는 다시 성공했다.

닐은 그 이슈에 대한 논쟁이 시작되고 적절한 순간이 올 때까지 기다렸다.

---

5 *C.N.*, XX^{1889} 643쪽.
6 Beatrice Webb, *My Apprenticeship, op.cit.* 356~357, 359~360쪽 참조.

그런 다음 열정적으로 노동자의 권리를 옹호하는 발언을 했다. 그에 대한 반응은 닐조차 놀랐을 정도였다. 협동조합뉴스 신문의 사설에서는 '결코 이전의 어떤 총회에서도 닐의 호소에 뒤이어 나왔던 것 같은 그런 감상의 표현을 우리는 기억하지 못한다. 박수갈채는 진심이자 만장일치였다. 연이은 환호는 몇 번이고 우리의 G.O.M.^{대원로}에게 쏟아졌다'라는 내용이 실렸다.7 따라서 그는 결정을 자신의 뜻대로 돌릴 수 있었다. 그러나 실제로 총회는 무엇을 지지했을까? 그 무대에서 대의원들의 열정은 닐이 생산자 협동조합운동을 옹호하기 위해 했던 말을 향한 것이었다기보다 닐 자체를 향한 것이었다는 점이 확실하다. 그는 이미 한 명의 중요 인사가 되어 있었다. 카알라일 총회와 함께 열렸던 협동조합 제품 전시회에서는 작카드 직기^{Jacquard Loom}를 통해 현장에서 비단으로 짜인 닐의 사진을 6펜스에 살 수 있었다. 듀즈베리 총회 기간에 열렸던 전시회에서는 코벤트리 시계 제조회사가 수작업으로 닐의 초상화를 그려 넣은 시계 눈금판들을 특별히 전시했다. 협동조합 운동가들은 마치 국회의원들이 글래드스톤을 바라보는 것처럼 그를 중요하게 바라보았다. 반면, 나이든 사람들이 가진 생각들에 대해서는 결코 중요하게 여기지 않았다. 1889년에 비어트리스 포터는 닐이 너무 연로해서 실세가 될 수 없기 때문에 협동조합연합회의 실무 총장 감으로 그레이^{J.C. Gray}가 있다고 언급했다. 그녀의 말은 외견상 어느 정도 설득력이 있는 것처럼 보였다. 그러나 사실상 그녀는 닐의 지휘에 따라 움직였던 그 젊고 충성스러운 부관을 전혀 인지하지 못했기 때문에 그 다음부터는 상당히 넓은 표적을 상대해야 했다. 닐의 힘은 좀처럼 눈에 띄지 않았고, 노년기에는 더욱 그랬다. 어쨌든 닐과 그의 친구들은 입스위치에서 이윤 공유에 대한 투표를 이겼다. 그들이 그것으로 할 수 있게 된 것은 다시 한 번 지켜볼 일로 남았다.

그 사이 닐과 그리닝은 8월에 크리스탈 팰리스^{Crystal Palace}에서 협동조합 운동가들이 후원했던 것 중에서 가장 커다란 장관을 이루게 될 제2회 전국 협동조합 축제를 개최하기 위한 준비를 하고 있었다. 1880년대에는 연례 총회와 연결하여 협동조합 제품 전시회를 개최하는 것이 일반적인 관행으로 되

---

7 *C.N.*, XX¹⁸⁸⁹ 702쪽.

었다. 그러나 1888년에 그리닝은 그런 행사가 총회와 분리될 수 있고, 그 자체로 하나의 중요한 관행을 만든다는 것, 그리고 고객들을 유치하기 위해 잠재력을 최대한 활용함으로써 그런 행사가 바로 공동 파트너십 종류의 협동조합적 생산을 크게 촉진시킬 수 있다고 생각했다. 크리스탈 팰리스에서 열렸던 첫 번째 축제는 매우 성공적이었고 매년 이어가기로 방침이 결정되었다. 그리닝은 경쟁 상대를 뛰어넘는 흥행가이기도 했다. 1년간의 계획과 닐, 홀리요크, 로렌슨^{Mary Laurenson}의 특별 지원을 받은 그는 그 다음에 열린 1889년의 축하 행사를 그 어느 것에도 비교될 수 없을 만큼 협동조합의 이색 볼거리로 만들어냈다. 로렌슨은 그 축제의 여성위원회 의장이 되었던 인물이었다.

시계 태엽처럼 딱딱 맞춰져 있던 일정표 안에 모두 채워 넣었던 행사들은 서로 관심을 받기 위해 경쟁했다. 꽃·과일·채소 행사, 가내 공업 전시회, 생산성 전시회, 유명 비행선 조종사인 데일 대위^{Capt. Dale}가 승선해서 크리스탈 팰리스 띠를 붙이고 올라간 열기구 풍선, 특별히 CWS 직원들로 구성된 중앙 악단의 음악 속에서 달리기 및 걷기 경기와 줄다리기 등 포상을 내건 체육 경기, 5천명이 넘는 목소리로 '마을 대장장이^{Village Blacksmith}' 노래와 '노동의 승리^{The Triumph of Labour}' 노래를 불렀던 합창단의 2시간짜리 공연이 있었다. 마을 대장장이라는 노래는 헨리 워즈워드 롱펠로가 1840년에 출판했던 시에 곡을 붙인 노래였다. 노동의 승리라는 노래는 당시 1889년 7월 14일이 제2인터내셔널 창립일이었던 배경에서 노동운동의 고조를 상징하는 노래였다. 무용, 록하트^{Lockhart}의 훈련된 코끼리 연기, 분수 놀이, 왕실 근위대 중 스코츠 가드^{Scots Guards}의 음악이 있었다. 스코츠 가드는 군악대에 백파이프가 편성되어 있는 점이 특징인 왕실 근위대였다. 공무원 점포의 연극 동아리는 로버트슨^{Robertson}의 연극인 '신분^{Caste}'을 공연했다. 그 작품은 1867년에 처음 공연된 이후 잘 알려지게 되었던 프랑스 귀족 가문 내 신분 구별을 그린 로버트슨의 대표 연극 작품이었다. 닐의 대표 연설에 이어 홀리요크와 그리닝의 연설이 있었고, 꽃 장식을 한 무희들의 발레 작품인 '황금빛 꿈^{A Golden Dream}'도 공연되었다. 그 공연에서는 동굴과 바위 속에서 부엉이와 박쥐 옷을 입고 우리 눈앞에서 높이 뛰어 오르며 주위를 돌고 있는 수많은 요정들이 나왔다. 마지막으로 역시 행사의 백미였던 브록사$^{C.T.Brock\ and\ Co.}$가 기획한 크리스탈 팰리스의 불꽃놀이 축제가 있었다.[8] 축제의 행사들이 이어지는 중간중간에 전시된 제품들을 구경할 시간이 거의 없었을 정도였다. 그러나 협동조합운동의 내부 사정을 잘 알았고 있었던 사람들은 그런 야단법석이 모두 중요한 것이 아니라는 것을 이해하고 있었다. 그 2회 축제에서 정말로 중요했던 것은 협동조합 도매조합이 참석하지 않았다는 것이었다.

미첼은 1888년 8월에 첫 번째 축제에서 받았던 대우에 대해 강하게 분개했고, 결과적으로 다음 축제에는 참여를 거부하기로 결정했다. 당시에 CWS는 자신들이 원치 않았던 의붓자식이 아님에도 불구하고 눈에 띄지 않도록 조심해야 하는 위치에 놓이게 되었음을 알고 분개했다. 그의 행동은 정당화되지 않았다. 그 축제에 대한 발상의 출발점은 도매사업체의 제조업 정책들에 대한 공격과 명백히 관련되어 있었다. 닐은 듀즈베리 총회에 이어 그 공격의 시간 계획을 세워두었다. 축제를 흥행시키기 위해 노력했던 가장 눈에 띄는 인물들이었던 닐, 홀리요크, 그리닝은 모두 미첼의 적이었다. 그리고 그 행사가 노동결사체의 특별한 관심사였다는 것은 기여자들의 명단을 보면 분명했다. 실제로 축제는 이윤 공유를 실천했던 결사체들만을 우대했다.[9]

게다가 지지가 주로 남부 지역으로부터 모인 것이었음에도 불구하고 전국 축제라고 불렸던 사실에 대해 적지 않은 협동조합 운동가들이 분개했다. 그 점을 바로 잡기 위해 닐과 그리닝은 조직 방식을 전면 재구성하는 차원에서 축제가 잉글랜드 전역의 다양한 도시들에서 연례적으로 열리게 조정했다. 그러나 북부 지역 소비자 조합들의 지지 부족 때문에 그 축제는 계속해서 런던에서 열렸다. 미첼은 그 신설 기구에 대해 비타협적인 태도로 단호하게 반대 입장을 유시했다. 그것이 화제로 떠오르면, 그 축제가 '정당한 권한도 없이, 어떤 실질적인 정관상의 근거도 없이 시작되었던 사적인 것'이며 '비협동조합적'인 것이라고 불같이 항의했다. 신문조합은 그런 신규 사업을 뒷받침하

---

[8] 같은 자료 878~879쪽.

[9] *C.N.*, XIX^{1888} 803쪽, *C.N.*, XX^{1889} 918쪽 참조.

기 위해 적립금에서 약간의 자금을 제공해달라는 요청을 받았다. 그 때 미첼은 그것이 '만약 수행된다면 협동조합운동의 해체로 이어지게 될 정책을 지원하는 것'이 된다고 완강하게 고집했다.[10] 그런 그의 고집은 신문조합에게 그런 지원을 거부하도록 확신시켜 주었다. 그런 결정이 비준되었던 주주 회의에서, 누군가는 '노래를 부르는 것 등'이 어떻게 협동조합적 생산을 확산시킬 수 있게 해주는가를 상상할 수 없다고 했다. 또 다른 사람은 모든 것이 '그 농업 및 원예결사체를 위한 거대한 광고'라고 선언했다. 세 번째 사람은 그 축제를 일시적인 유행이라고 말했다.[11] 닐은 적어도 그 축제가 자신의 새로운 공격의 일환으로서 관심을 받고 있다는 사실을 통해 자신감을 얻을 수 있었다.

그러나 그 축제는 주된 과업 중 한 측면을 맡아주어야 했다. 듀즈베리 총회와 입스위치 총회는 지극히 중요한 협동조합적 생산 문제와 관련된 것이었다. 따라서 총회들이 끝난 후에는 관심도 의지도 없는 협동조합 운동가들에게 두 총회의 결의안을 실행에 옮기도록 설득해야 하는 주된 과업이 남아 있었다. 그 과업 중 하나를 축제가 수행한 것이었다. 12월에 닐은 조합들에게 이윤 공유 체계를 실행에 옮길 의지가 있는지 여부에 관한 정보를 요청하고 그들의 입장을 묻는 설문지·회람 서신을 조합들에게 우편으로 송부했다. 조금도 과장하지 않고, 그 답변은 실망스러웠다. 회신용 우편 봉투를 동봉했음에도 불구하고, 총 1,503통의 설문 우편 중 487통의 회신을 받았을 뿐이었다. 그 회람 서신을 후원했던 생산위원회Committee on Production는 1890년 2월 22일에 다음과 같은 결론을 확정했다.

> …어떤 추가 활동도 무익할 것이다. 낮은 회신율을 근거로 판단하면, 우리 회원들 전체에서도 그 문제에 대한 관심이 거의 없다는 것이 분명하다. 우리는 앞으로 그런 중대한 문제들을 더 충분히 그리고 더 공정하게 토론할 수 있는 기반을 준비하기 위해 더

---
10 *C.N.*, XX[1889] 646, 872쪽.
11 같은 자료 873쪽.

적극적으로 교육 사업에 의지해야 한다.[12]

벌써 듀즈베리 총회가 끝난 지 거의 2년이 흐른 시점이었다. 생산위원회의 보고서는 그 기간 동안 닐이 최선을 다해 오고 있었던 때 '더 적극적인 교육 사업'을 요구한 것이었다. 두 총회의 공식 결의안, 대규모 축제, 무수한 개인 차원 조합 방문들, 지구와 분회 모임, 수많은 기고와 연설로도 충분하지 않았다면, 이제 그런 조류를 역전시키는 것은 불가능하게 될 것이 분명했다.

1890년 2월 말에 닐은 가장 낮은 썰물 때를 맞았다. 그는 노인이었고 겨울과 함께 밀려 온 우울한 정신 상태는 그의 신체 상태에 영향을 미쳤다. 한 달도 채 안된 3월 21일에 맨체스터의 시티 빌딩 내에 있던 사무실에서 평소처럼 걸어서 숙소로 돌아오던 일상이 끝나갈 무렵에 닐은 길을 건너다가 갓돌에서 미끄러져 심하게 넘어졌고 허벅지에 심각한 부상을 입었다. 주위에 누구도 도와줄 사람이 없고, 혼자서 그렇게 멀리 갈 수 없었을 것이라는 점을 생각한다면, 그가 자기 숙소의 거의 반대편에서 넘어졌던 것은 다행이었다. 부상이 너무 심해서, 그는 자신의 80세 생일 아침에 더 안심되는 분위기에서 충분히 회복할 수 있도록 비샵수도원으로 떠날 때까지 거의 2주 동안 의사의 신세를 지며 집안에 있어야 했다. 그리닝은 사고 소식을 듣고 크게 두려웠다. 그는 닐의 신체 상태가 그런 낙상을 특히 위험하게 만들었다는 것을 알고 있었던 몇 안 되는 사람 중 한 명이었기 때문이었다. 몇 년 전에 닐은 캄덴 스퀘어Camden Square에 있는 그리닝의 집에 머물렀던 적이 있었다. 그 때 그리닝은 닐이 고통을 느끼면서 걷는다는 것을 알아 차렸다. 닐에게 물어본 결과 탈장 상태가 심해져서 그것을 완화하기 위해 탈장 보호대에 의지하여 악화되는 것을 막고 있다는 것을 추가로 알게 되었다.[13] 그리닝의 두려움은 2년이 조금 지난 후에 해명되었나. 그 발상이 사신의 친구인 닐의 사망 원인이라고 판명되었기 때문이었.

그 사고와 그 여파에 대하여 가장 주목할 만한 것은 회복 기간 동안에 닐

---

12 C.N., XXI[1890] 248쪽.
13 C.N., XXIII[1892] 1121쪽. 닐에 대한 그리닝의 서신[1890년 3월 30일자] 참조.

이 일을 할 수 있었던 능력이었다. 일정한 기간 동안 그의 생애 자체가 협동조합운동의 역사였다. 그가 실내에서 목발에 의지하여 다리를 절뚝거렸을 때조차 그것은 역사로 남게 되었다. 그는 계속해서 산더미 같이 쌓인 문서, 편지, 보고서들을 파고들었고, 지난 총회들의 결의안들을 실행에 옮겼으며, 곧 글래스고에서 개최될 새로운 총회를 준비했다. 회복을 위해 맨체스터를 떠나기 전에 그는 이미 중앙이사회의 보고서 작업에 바빴다. 비샴에서는 그런 신체적 상황에서도 자신의 친구들을 걱정할 시간도 내고 산더미 같은 세부 사항들도 계속 챙겼다. 그리닝은 당시 협동조합연합회의 사무차장이었던 그레이에게 불쾌하다는 편지를 썼던 적이 있었다. 그 내용은 중앙이사회의 남부 분회 선거를 위한 지명에서 자신의 이름을 올리는 것을 거절하는 것이었다.14 확실히 그것은 성급한 움직임이었다. 닐은 자신이 그것을 막을 수 있었을 것이라고 생각했다. 그러나 몇 가지 잔소리 같은 염려에도 불구하고 그의 평소 기력은 회복되고 있는 중이었다. 홀리요크에게 보낸 4월 8일자 편지에서 닐은 자신과 그리닝이 그 도매사업체에 제출했던 이윤 공유 계획에 대한 희망을 표명했다. 자신의 부상에 대해서도 낙관적으로 이렇게 언급했다. '나는 계속해서 신체적으로 조리하고 있고, 며칠 안에 그 병들었던 다리를 사용할 수 있게 허락되어 맨체스터에서 다시 일할 수 있게 되기를 바랍니다.'15

로즈베리^{Rosebery} 백작은 글라스고 총회의 대표를 맡아주었다. 그는 자신의 연설에서 닐에게 '매혹'되었고 스코틀랜드 CWS의 의장이었던 맥스웰^{Maxwell}에게 '갈고리에 걸린' 사람이 되었다고 유머를 섞어 말했다.16 바쁜 백작을 영입했던 것은 특히 회복기 동안 꽤 훌륭한 공적을 세운 것으로 판명되었다. 닐은 그들 간의 사적 우정에도 불구하고 계속해서 그를 매료된 상태로 붙잡아두는 것이 어렵다는 것을 알았다. 총회는 5월 26일로 예정되어 있었다. 로즈베리는 5월 19일이 되어서야 닐에게 '내 연설의 원고가 마무리 되지 않

---

14 그레이에 대한 그리닝의 서신$^{1890년\ 4월\ 2일자}$.
15 홀리요크의 문서에서 이용 가능한 편지.
16 *C.N.*, XXI^{1890} 513쪽.

을까봐 걱정됩니다. 확실히 현재까지는 그렇습니다'라고 편지를 썼다.17 다행히 일을 미루는 버릇에도 불구하고 백작은 대표 연설을 예정대로 마쳤다. 연설 내용은 탁월한 것도, 특이한 것도 아니었다. 대의원들은 그의 연설을 들었을 때 자유당에 공통적인 인식에서 비롯된 편견을 마주하게 되었다. 로즈베리는 협동조합운동이란 노동을 고양시키는 하나의 자발적인 수단으로서 국가로부터 '지지나 원조'가 아니라 자비로운 중립성만을 요구한다는 이유에서 협동조합을 칭찬했기 때문이었다.18 주택 건설, 사회 보험, 농업 각 분야에서 더 커다란 노력을 기울이도록 대의원들에게 촉구한다면, 정부가 그런 분야들에 대한 책임을 높이지 않아도 될 것이라고 희망했다. 그 책임이란 당시 많은 사회주의자들이 끈질기게 높여야 한다고 설파하고 있던 것이었다.

부상에서 회복해서 총회에 모습을 나타낸 닐은 이윤 공유 갈등에서 자신의 지지자들이 그랬던 것처럼 글래스고에서 매우 활발하게 움직였다. 그는 일을 사랑했고 자신의 봉사가 정말로 소중하다는 것을 알았지만, 이제 곧 끝이 오고야 말 것이라는 것도 깨달았다. 6월 23일에 그는 세인트루이스에 있는 협동조합 운동가이자 친구인 새뮤얼John Smuel에게 '나의 안부에 대한 자네의 친절한 질문에 고맙게 생각하네. 나는 예상했던 것보다 더 잘 더 빠르게 회복했네. 하지만 80세라는 세월을 이길 수 없고, 활동을 훨씬 더 연장해서 하는 것을 기대해서는 안 된다고 느끼고 있다네. 그것은 이미 통상적인 인간의 한계를 넘어선 것이지'라는 내용이 담긴 편지를 썼다.19 얼마 지나지 않아 닐은 마침내 사무총장에서 은퇴하기로 결심하고 9월 5일에 연합이사회의 회의에서 그 결심을 발표했다. 그 후 그는 이사회가 자신의 후임자를 선발할 수 있는 시간적 여유를 주기 위해 마지막 1년 동안 재임명되었다. 그리고 1891년에 링컨에서 열리는 총회에서 자기 후임자에 대한 추천사를 전하기로 예정되어 있었다. 그러나 그는 계속해서 이례적으로 바빴다. 그 후 몇 달 동안 그는 이윤 공유의 원칙을 발전시키려는 자신의 마지막 노력에 진척이 있었는

---

17 닐의 문서에서 이용 가능한 편지.
18 *C.N.*, 인용한 문구.
19 새뮤얼의 문서에서 이용 가능한 편지.

지, 부족했는지 더 초조해했다. 앞에서 언급했던 것처럼 협동조합 신문조합에서 의결안이 부의되어 '손은 들었지만 고개들을 숙였던' 일이 벌어졌던 것은 바로 1890년 가을의 이 시점이었다.

닐은 그런 불행을 조용히 받아들일 수 없었다. 따라서 1891년에도 자기 활동의 속도를 늦추지 않았다. 자신의 여건에서 무모하다는 것을 알았지만 고령의 나이나 신체적 허약함을 돌보는 활동을 다시 한 번 거부하기 시작했다. 주말에 집에 있을 때 너무 많은 고통과 불편함이 있었기 때문에 의사는 그에게 맨체스터로 돌아가지 말라고 경고했다. 그러나 그 경고를 무시했던 그는 탈장이 재발했다. 결과적으로 이른 봄에 그는 다시 자신의 방에 갇혀 지내게 되었다. 그러나 그의 회복력은 여전히 비상했다. 불과 몇 주 만에 그는 링컨 총회로 향하는 기차에 올라 있었다. 거기에서 그는 자신의 최근 질병에 대해 지나가는 투로 언급할 뿐이었다. '나는 은퇴하려고 합니다. 그러나 나는 대의에 진절머리가 나서 그런 결정을 한 것이 아니라 자연이 나에 대해 점점 더 많이 진절머리를 느끼고 있다는 신호를 확실하게 나에게 주기 시작했기 때문에 그런 결심을 한 것입니다'라고 말했다.20

총회는 5월에 열렸고 날씨조차도 60세 이상의 남성들에게 불리한 음모를 꾸민 것처럼 보였다. 대의원들이 도착하기 시작하자 온화했던 봄 날씨가 갑자기 심한 비, 우박, 진눈깨비, 눈으로 뒤바꼈다. 총회를 '추운 총회 또는 겨울 총회'라고 부르는 농담들이 나왔다. 그러나 그런 것들로부터 야기될 수 있을만한 정신적 축축함 같은 것은 링컨조합Lincoln Society이 협동조합 간부들을 위해 사라센스 헤드 호텔Saracen's Head Hotel에서 즐거운 만찬을 제공했을 때 금세 사라졌다. 닐과 홀리요크에게 그 행사는 자신들끼리 '소박한 크기의 바르삭 백포도주 한 병'을 나눠마심으로써 약간의 추가된 온정을 느끼는 적절한 기회가 되었다.21 일정은 18일인 월요일에 통상적인 경우와 같이 대표 연설로 개막되었다. 대표 연설은 애클랜드A. H. D. Acland, 1847~1926가 했다. 그에 이어 아브라함 그린우드가 짧은 일화를 소개하며 닐에게 오랜 봉사에 대

20 *C.N.*, XXII[1891] 496쪽.
21 같은 자료 510쪽.

한 감사의 뜻을 담은 선물을 주는 순서가 진행되었다. 그린우드는 고령의 로치데일 퇴임자이자 CWS의 창립자이며 사실상 닐의 길었던 경력을 가장 오랫동안 지켜 본 증인 중 한 명이었다. 그는 대의원들에게 닐과 자신이 40년 전 쯤에 어떻게 처음 만났고, 닐과 기독교 사회주의자들이 로치데일 조합의 신설 옥수수 제분소 개소식에 참석하기 위해 북부 지방으로 언제 들렀으며, '외투를 더럽히지 않기 위해 그들이 자신들의 외투들을 안으로 말아 두었던' 이야기를 들려주었다.22 유머가 섞인 회상을 끝낸 그린우드는 금으로 장식한 시계와 시곗줄, 중앙이사회의 현재 구성원 사진을 담은 사진첩, 그리고 가장 중요한 것으로서 그의 이름으로 설치된 오리엘 대학의 전액 장학금을 그에게 선물했다. 동시에 아직도 비샵 수도원에 걸려있는 닐의 정교한 유화 초상화가 전달되었다. 그 초상화는 그의 아내에게 주어진 것이었지만, 그녀가 참석할 수 없었기 때문에, 그의 딸인 에디스가 감사히 받았다. 그 후 빠르게 계속해서 하인스$^{George\ Hines}$가 합창단에 합류한 대의원들과 함께 '우리의 오랜 잉글랜드 신사$^{Our\ Own\ Old\ English\ Gentleman}$' 노래를 불렀다. 미첼의 제안으로 세 차례의 환호가 이어졌다. 그리고 닐은 1887년 초에 자신이 홀리요크에게 썼던 편지에서 말했던 것처럼 끝까지 미뤄왔던 고별 연설을 하기 위해 일어났다. 그 고별 연설은 자기 인생의 커다란 꿈을 짧지만 웅변조로 정리한 또 하나의 다른 연설이었다. 그 꿈은 '일반적 복리 성취를 체계적으로 이끌고 가는 산업 기관들의 세계' 그리고 '도시와 전원의 생활이 더 이상 적대적이지 않고 복받은 인구의 지속적인 즐거움을 위해 서로의 매력을 단합시키게 할…세상'이었다.23 그날 아침의 일정은 드브와$^{M.\ DeBoyve}$가 프랑스의 협동조합 운동가들을 대신하여 닐에 대한 짧은 찬양 연설문을 낭독한 후 끝났다.

링컨 총회는 짓궂었던 날씨에도 불구하고 닐의 말년 중에 또 하나의 다른 정점이 되었다. 그러나 이번에는 명예와 존경만을 받았다. 그는 더 이상 자신의 생각에 찬성하는 열정의 파장들을 불러낼 수 없었다. 마력은 사라졌다.

---

22 같은 자료 495쪽.
23 같은 자료 496쪽.

애클랜드의 개막 연설은 그 도매사업체가 그렇게 격렬하게 비판받지 않았다면 '그 비판자들이 원했던 바로 그 방향을 따라 더 모험적이며 아마도 더 평등하게' 그 도매사업체가 행동했을지도 몰랐다는 '선량한 유머가 담긴 조언'을 하면서 태도를 정했다.24 실제로, 닐은 그에게 쌓였던 모든 영예, 그리고 그를 위해 울려 퍼졌고 그가 들었던 모든 환호에도 불구하고 자신이 전망했던 것들을 무너뜨렸던 것임에 틀림없는 발전물들을 총회에서 마주하게 되었다. 예를 들어, 둘째 날 아일랜드의 협동조합적 생산에 대한 지원 문제가 제기되었다. 그 때 미첼이 드러냈던 견해는 미래의 전망에 대해 좀처럼 닐을 낙관적이도록 내버려두지 않았을 수 있었다.

플런켓Horace C. Plunkett은 아일랜드에서 박애주의적 협동조합운동의 창시자였다. 대체로 그의 노력과 그레이의 노력에 힘입어 그 나라도 그 당시에 중앙이사회의 독립된 분회로서 지정되었다. 아일랜드 사람들의 극심한 빈곤 때문에 협동조합 점포가 성공을 거둘 수 있는 조건이 절대적으로 미미했다는 것은 처음부터 거의 확실했다. 실제로 아일랜드는 잉글랜드에 존재했던 것과 거의 정반대 상황에 놓여 있었다. 성공을 위해 소비자 운동은 성숙한 산업 경제의 산물인 잘 먹고 자의식도 강한 노동 귀족이 필요했다. 그러나 농업이 지배적이었던 아일랜드는 오늘날 '저개발 국가'라고 부를지도 모르는 정도의 수준을 이루고 있었다. 노동계의 힘은 종교적으로 분열되어 있었고 경제적으로 궁핍한 소농들로 구성되어 있었다. 1890년 글라스고 총회에서 플런켓은 그 점포들의 실패 현황을 심각하게 언급했다. 반면, 협동조합 낙농업 사업은 그와 반대로 아일랜드 협동조합에 밝은 희망을 주었다고 지목했다.25

링컨 총회 당시 아일랜드의 협동조합적 생산에 대한 희소식은 빠르게 확산 중이었고, 플런켓은 잉글랜드의 지원을 요청했다. 이제 가난한 소비자에 대한 이야기는 거의 들리지 않았다. 유제품 제조공장인 크리머리는 성공적이었다. 플런켓이 생각하기에, 그것은 아일랜드의 소농들에게 경제적 해방 이외에도 지금까지 너무 파멸적이었던 심각한 종교적, 정치적 차이를 초월하여

---

24 같은 자료 509쪽.
25 *C.N.*, XXI[1890] 571쪽.

단결할 수 있는 정신을 가져다 줄 것을 기약해주는 것이었다. 그는 이제 닐이 과거에 자주 그랬던 것처럼 영국의 소비자들에게 새롭고 힘들지만 희망적인 생산자들의 결사체들을 지원해달라고 요청하고 있었다. 그것은 분명히 도매조합의 이사들을 시험에 빠뜨릴 요청이었다. 미첼과 그의 지지자들은 주로 그런 결사체들이란 협동조합운동 이론가들의 비현실적인 두뇌가 낳은 자녀들이기 때문에 그런 독립적인 협동조합 기업체들에 반대한다고 종종 주장해 왔다. 그러나 플런켓은 협동조합 이론이 아니라 현실적인 필요에 의해 지원을 얻어내는 데 성공해 왔다. 과연 그 도매사업체가 어떻게 반응했을까?

닐은 자신의 견해가 새로운 모습으로 생명을 되찾았다는 것을 인식하게 되었다. 닐은 협동조합적 생산이 아일랜드의 낙농업에 적용될 때 그 생산을 진흥하는 데 필수적인 선전 운동에 경비가 필요할 것이라고 생각했다. 닐은 경비의 일부를 찬조하기 위해 200파운드를 보조할 수 있도록 연합이사회에게 권한이 주어져야 한다고 권고했다. 닐의 노력은 성공했다. 총회는 그 자금을 투표에 붙였다. 그러나 미첼은 아일랜드에서 협동조합운동이 생산뿐만 아니라 유통 영역에서도 진행되어야 한다는 의견을 표명하면서 자신은 반대한다고 선언했다.[26] 벤자민 존스는 자신의 습관대로 양측에 섰다. 보조금에 대한 닐의 호소를 지지하면서, 그는 '…현재의 크리머리들이 불완전한 협동조합운동의 형태이며, 더 많은 영국인들의 공감을 얻기 위해서는 소비자와 이윤을 공유해야 할 것'이라고 의견을 밝혔다.[27] 그 도매사업체는 아일랜드산 유제품을 대량으로 구매하는 계획을 세웠다. 그때 존스의 생각은 자연스럽게 대부분의 영국 협동조합 운동가들의 환심을 얻으려는 것이었다. 그러나 그것은 자기들보다 훨씬 더 부유한 잉글랜드인들에게 자기들이 힘들게 노력해서 벌어들이게 해준 이윤을 질질 흘려주는 것을 장차 겪게 될 아일랜드의 가난한 소농들은 말할 것도 없고 닐에게도 당연히 불쾌한 것이었다. 그런 정책은 착취적인 것이 된다. 그러나 장기적으로 볼 때 그 도매사업체가 배당을 고집했던 것은 아일랜드의 협동조합 문제 중 가장 가벼운 것에 속했다.

---

[26] C.N., XXII[1891] 544쪽. 또한 C.N., XXI[1890] 573쪽 참조.
[27] C.N., XXII[1891] 544쪽. 이탤릭체 표시는 필자의 것.

그 도매사업체는 처음에 아일랜드 협동조합운동에 커다란 도움이 되었다. 그러나 직접적 소유권과 감독권을 받아들이지 않는 기업체에 대해서는 지원하기를 거부하면서, 그 도매사업체는 곧 걸림돌이 되었다. CWS는 민주주의적 고객에게 봉사한다고 생각했다. 누군가는 심지어 집산주의자^{collectivist}라는 용어를 사용할지도 모른다. 그러나 CWS는 사익적 자본주의 조직체들과 마찬가지로 국내에서는 독점 정책을, 또 언제든지 가능할 때마다 해외에서는 경제적 제국주의 정책을 추구했다. 그들은 마시는 차의 구매를 위해 인도에 있는 창고부터 시작해서, 직영 플랜테이션 농장들에서 차를 직접 재배하는 데에까지 이르렀다. 아일랜드는 비록 영국의 일부였지만 전혀 차이 없이 그렇게 대우될 것이었다. 닐이 1895년까지 살았다면 잉글랜드의 CWS가 아일랜드의 토착 협동조합과 경쟁하면서 아일랜드 내에 자신의 크리머리들을 설립하는 것을 목격했을 것이고, 협동조합 이사회의 아일랜드 분회가 해체되고 연간 보조금이 중단되는 것을 지켜봤을 것이며, 마침내 상호 비난하는 분위기에서 아일랜드의 농업 협동조합운동을 협동조합연합회에서 완전히 분리시키는 것을 보고 실망했을 것이다.

에드워드 반시터트 닐은 1891년 9월 11일에 열린 연합이사회의 회의에서 공식적으로 은퇴했다. 그러나 그의 노력을 이어가는 데 주저하지 않았다. 닐의 은퇴는 전형적인 은퇴가 아니었다. 그는 노년기에 특징적으로 나타나는 정신의 둔화 속에서 비효과적인 회상 상태에 머무르게 되는 림보^{Limbo} 상태에 빠져 서서히 죽어가는 길은 선택하지 않았다. 오히려 마지막으로 최근에 태엽이 다시 감긴 훌륭한 낡은 시계처럼, 결국에는 그가 모든 것을 한 번에 다 썼을 때까지, 1분도 틀리지 않고 제시간대로 움직였다. 나이가 들어갈수록 닐은 사람들에게 녹슬어 가는 것보다 닳아 가는 것이 더 낫다고 조언하는 것을 좋아했다. 시간이 9월에서 10월로 접어들면서 그는 특히 활동적이었다. 사무총장으로서 자신의 활동을 챙기고 느슨해졌던 목표들을 다시 단단히 동여맸다. 가는 곳마다 은퇴를 선언하게 되는 즐겁지만 슬프고 신경이 쓰이는 작별 모임들에 참석했다. 동시에 노동결사체와 협동조합인 길드의 법률고문으로서 자신의 직무를 전혀 느슨하게 수행하지 않았다. 그런 직무는 그의 여가 시간을 늘 헌신하게 했다.

　버밍엄에서 열린 미들랜드 분회 대회 동안 닐은 작별 선물 보따리를 받고 '협동조합적 생산의 진정한 대상들The True Objects of Cooperative Production'이라는 제목의 글을 발표했다. 그것은 그가 은퇴하더라도 그의 우선순위가 변하지 않을 것이며, 세상의 어떤 호의도 그의 고집스러운 펜을 꺾지 못할 것이라는 것을 보여주는 신호였다. 오로지 죽음만이 그가 생산자 협동조합운동을 대신하여 선전물을 작성하는 것을 막을 수 있을 뿐이었다. 그러나 버밍엄에서 발표했던 글은 강조점에서 이례적인 곳이 있었다. 소비자 조합들에 대한 예상된 훈계의 문구가 포함되어 있었다. 그러나 닐은 다른 진영으로부터의 위협과도 대결하게 되었다. '사회주의'가 진군 중이었고, 그는 다시 한 번 그것과 교전하기 위해 일선에 나섰다.

　버나드 쇼는 1889년의 혁명을 예언했다. 그 연도는 윌리엄 하코트 경Sir William Harcourt이 '이제 우리 모두 사회주의자들이다'라고 냉소적으로 선언했던 해였다. 쇼는 틀렸고, 혁명은 없었다. 그러나 진보와 빈곤이 출판된 후 10년 동안 눈에 띄는 변화가 있었다. 정부가 대중의 복지를 보장하기 위해 때때로 개입해야 한다는 믿음이 널리 퍼지게 되었고, 그에 조응하여 국가 사회주의의 교리가 인기를 얻었다. 닐의 젊은 시절과 중년기에는 '사회주의'라는 단어가 협동조합운동과 동의어였다. 사회주의의 병사들은 푸리에Charles Fourier나 마르크스Karl Marx 같은 다양한 출원지들로부터 권위를 이끌어냈던 독립적인 장군들의 군대를 따랐다. 실제로, 그 단어는 매우 느슨하게 사용될 수 있었다. 심지어 존 스튜어트 밀조차도 사회주의에 대해 자신의 권리를 주장할 수 있을 정도였다. 그러나 1880년대 후반에는 모든 것이 변했다. 정치적 사회주의나 국가적 사회주의가 그 분야를 강력하게 지배하게 되었고, 그런 사회주의가 전체 전통의 상속자로 되었다. 닐이 '사회적 사회주의' 또는 '집단적 자조'라고 부르는 경향이 있었던 것은 더 이상 일반적으로 말하는 사회주의가 전혀 아니게 되었다.

　차티스트 운동의 시대부터 그는 정치적 사회주의에 반대해 왔다. 그러나 자신의 생애 중 만년의 시절임에도 이번처럼 더 긴박하게 그런 적은 없었다.

실제로 하니$^{George\ Julian\ Harney}$와 어니스트 존스의 이론은 모든 곳에서 부활한 것으로 보였다. 그 외침은 '노동의 권리'를 위한 것이었고, TUC는 몇 년 동안 연속으로 토지의 국유화에 찬성한다는 입장을 선언했다. 1888년부터 닐은 협동조합뉴스 신문을 투고 논쟁, 기고문, 논평들로 홍수를 이루게 만들었다. 그런 글들은 모두 국가 사회주의가 과장되게 주장하는 내용들을 벗겨내기 위해 계획된 것이었다. 투고 논쟁은 토지국유화운동협회의 명예 사무총장이었던 제임슨$^{William\ Jameson}$뿐만 아니라 페이비언파의 시드니 웹 같은 명사들과도 이루어졌다. 여러 종류의 급하게 작성된 선전물들은 하나로 모을 경우 닐이 가졌던 사회사상을 가장 성숙한 형태로 가장 명확하게 표현한 것 중 하나를 이루게 되었다.

그는 여전히 자신의 목표가 혁명적이라는 점을 간곡하게 내비쳤다. 자신은 철저한 사회 변화의 사도 중 한 명으로서 남아 있었다고 했다. 그러나 그에게 그런 변화의 방법론은 목표만큼이나 중요했다. 목표와 수단은 서로 일관되어야 하는 것이었다.

> 나는 철저한 개조를 목격하기를 매우 갈망하고 있다…철도의 도입이 내가 어렸을 때 존재했던 여행 시스템에 영향을 미쳤던 혁명만큼 대단한 사회 혁명을 갈망하고 있다. 유사한 수단들을 통해서만 야기되는 유일한 것을 갈망하고 있다. 이전의 시스템을 폭력적으로 파괴함으로써가 아니라, 또 하나의 다른 더 완벽한 운송 양식을 평화롭게 성장시킴으로써 나타나게 하는 것, 그것은 더 완벽한 것이기 때문에 점진적으로 이전의 시스템을 대체하게 된다.[28]

그는 역사를 하나의 논리적 과정과 같은 것이라고 보았다. 폭력이 없는 분위기에서 사적인 부가 축적되는 것은 더 높은 사회 질서를 향해 가는 도중에

---

[28] E.V.Neale, 'Capital, Labour, and Land', *C.N.*, XX^{1889} 38쪽. 닐은 1888년 후반부터 이 표제 아래 편집자에게 여러 통의 편지를 썼다.

거치는 하나의 필요한 단계라고 간주되었다. 그는 인류의 발달 과정 중 초창기에 자연에서 수확하여 얻었던 변변찮은 보상들이 가장 강한 자들로 나아가게 했고, 생존을 위한 투쟁이 변화의 최종 중개 수단으로 되었다고 주장했다. 그때 노동은 불모의 것이 되었다. 노동은 자신의 결과물을 쌓아 올릴 수 없었기 때문에 부를 생산하는 주체가 되지 못했다. 문명은 인간이 '폭력과 사기를 억누르고, 재산의 소유와 승계를 안전하게 지켜내며, 계약의 이행을 단속'함으로써 투쟁 대신 법과 질서를 도입하기 위해 자신의 이성을 적용하면서 발전했다.29 법은 인간의 자유를 안전하게 지켜줌으로써, 인간이 재산을 안전하게 축적하고, 발명을 통해서 그리고 노동의 지휘 또는 관리를 통해서 그 재산을 개량시켜 나갈 수 있게 해주었다. 따라서 법률 아래에서만 노동이 비로소 그 결과를 저장할 수 있기 때문에 부를 생산하는 주체로 된다. 닐은 노동이라는 용어를 매우 광범위하게 정의했고, 순전히 신체적인 측면만을 강조하는 전통적인 사회주의의 경향을 거부했다. 그는 '그럴듯한 재킷과 다듬지 않은 턱'을 가진 남성들만이 유일하게 부의 생산자들이라는 피어거스 오코너$^{\text{Feargus O'Connor, 1796~1855}}$의 오래된 엉터리 주장에 동의하지 않았다. 오코너는 아일랜드 출신의 차티스트 운동가였으며 토지 분배 계획의 지지자였다.

> 육체 노동이 부를 창출하지 못한다면…, 무엇이 부를 창출한다는 것인가? 나의 답변은 육체 노동을 인도하고 도움을 주는 지적, 도덕적 자질들이 부를 창출한다는 것이다. 관찰, 발견, 발명, 어려움을 극복하는 인내, 습득한 기술, 사전 숙고, 경제 그리고 그와 유사한 자질들이 부를 낳는 부모가 된다.30

육체 노동을 인도하고 부의 기반이 되는 그런 지적, 도덕적 자질들은 질서가 확립된 분위기에서만 살아남을 수 있다고 그는 추론했다.

---

29 같은 자료 39쪽.
30 E.V.Neale, 'Capital, Interest, and Labour', *C.N.*, XXII[1891] 736쪽과 E.V.Neale, 'True and False Socialism', *C.N.*, XXIII[1892] 43쪽 참조.

닐은 현재의 발전 단계에서 문명을 가능하게 만들었던 바로 그 법률 아래 놓여 있는 권리와 자유를, 입법이나 폭력 혁명 어떤 것에 의해서든, 파괴하는 것을 옹호할 때 사회주의자들이 퇴보적인 세력이 된다고 설명했다. 인구 중 한 집단이 폭력을 써서 다른 집단으로부터 재산을 박탈하는 것은 노골적으로 적자생존이라는 오래된 동물계의 법칙으로 되돌아가는 것이었다. 또 그것이 '노동의 권리'라는 이름으로 민주적으로 이루어진다고 하더라도, 보상 없이 재산을 몰수하는 것은 여전히 잘못일 것이다. 미묘하게 가장했더라도, 야수 같은 폭력은 여전히 퇴행적인 중개자가 될 것이다. 규모와 무관하게 다른 집단을 희생시키면서 한 집단의 권리를 주장하는 방법은 어떤 것이든 모든 인간의 권리가 기반을 두고 있는 법률적 토대를 더 높은 단계의 형제애라는 사회 질서로 발전시키지 못하고 오히려 그 토대를 약화시키는 데 일조할 뿐이었다. 닐과 사회주의자들은 모두 그런 형제애적 사회 질서를 자신들의 목표라고 주장했었다.

   실제로 잉글랜드에서는 더 과격한 종류의 사회주의나 무정부주의로부터 위협이 거의 없었다. 그들은 폭력적인 전복을 설파하거나 '행동에 의한 선전'을 실천하는 것을 옹호했던 세력들이었다. 잉글랜드 내에서 그들의 영향력은 작았다. 적어도 대륙에 비해서는 그랬다. 어쨌든 그들은 협동조합 운동가들을 전향시키는 데에도 그다지 성공 가능성이 높지 않았다. 그러나 페이비언 단체에 속했던 부류의 '중간 계급' 사회주의는 전혀 다른 문제였다. 그들은 1887년부터 1891년 사이에 일련의 소논문 형태로 자신들의 교리를 발표해왔다. 그 발원지는 잉글랜드였다. 실제로도 그랬듯이 그들의 주장은 협동조합 운동가들에게 매력적인 교리로 될 수 있었다. 닐은 '점진적으로 나아가는 것이 불가피하다는 점'에서 일치한다는 사실 이외에 페이비언주의자들과 공통점이 거의 없었다. 그들은 민주주의의 즉각 이행을 목표로 삼았다. 반면, 닐은 그런 행동 방침을 피라미드의 꼭대기부터 먼저 짓겠다는 것이라고 보았다. 닐은 과거에 그렇게 오랫동안 그랬듯이 다음과 같은 내용을 고집스럽게 주장했다. 인류의 발전과정 중 현재 단계에서 민주주의는 적절한 것이 아니다. 효능에 대한 신념부터 갖는 것은 환멸과 절망으로 이어질 뿐이다. 그는 우익에 더 가까웠다. 쇼는 가장 과장되었던 사례였지만 전혀 비전형적이지 않았다. 그는 1897년에 민주주의에 대한 그의 신념 중 많은 것을 상실했다. 그 시점은 자신의 신념을 방어하기 위해 고전적인 페이비언 류의 글을 집필한 후 얼마 되지 않았던 때였다. 그는 '사회주의의 환상The Illusions of Socialism' 이라는 단편 논문에서 '사회주의의 주요 장애물이 노동계급의 어리석음'이었다고 선포했다.31 닐은 노동자들을 자기 스스로의 고용주들로서 정립시키려고 시도했던 데에 많은 돈을 썼던 사람이었다. 그런 닐은 노동자들을 이상주의적인 사회주의자들로 바꾸는 것이 하룻밤 사이에 성취될 수 있는 위업이 아니라는 것을 오랫동안 잘 알고 있었다. 그는 페이비언주의자들처럼 높은 수준의 관료적 통제를 미리 계획해둠으로써 그 문제를 우회하겠다는 시도를 어떻게든 하지 않으려고 했다. 그는 또 단편적인 경제·사회 개혁을 지향했던 페이비언주의자들의 성향에 대해 회의적이기도 했다. 실제로 반대하지는 않았지만, 장기적으로 그런 개혁이 현재 시스템에서 실질적으로 어떤 필수적인 변화도 일으키지 못할 것이라고 느끼고 있었다.

닐은 버밍엄의 미들랜드 분회 대회에서 낭독했던 연설문에서 협동조합 운동가들이 올바른 행동 방침을 정하는 데 주의를 산만하게 만드는 요소들이 있다고 지적했다. 소비자 조합들의 엄청난 발전이 하나이고, 현대 사회주의적 오류의 확산이 다른 하나라고 보았다. 그런 두 가지의 산만함은 그 사이 비어트리스 포터의 능숙하지만 왜곡된 협동조합운동의 역사 책자에 의해 하나로 결합되어 위협이 될 정도가 되었다. 비어트리스가 시드니와 결혼한 직후인 1892년 8월 타인머스Tynemouth에서 간결하게 진술했던 한 마디는 그 책의 명제가 가졌던 본질을 마치 계시처럼 보여준다. '소비자들의 결사체들이라는 이상은 협동조합 또는 사회주의 국가의 이상으로서, 산업이 전체 공동체의 이익을 위해 봉급 수령 공무원들에 의해 관리되는 것을 말한다.'32

벤자민 존스를 아는 사람이라면 비어트리스 포터가 가졌던 협동조합에 대한 관념들의 대부분을 그에게로 거슬러 올라가는 데 거의 어려움이 없었을

---

31 A.M.McBriar, *Fabian Socialism and English Politics, 1884~1918*[Cambridge, 1966] 84쪽.

32 Beatrice Webb, 'Cooperation and Trade Unionism', *C.N.*, XXIII[1892], 973쪽.

것이다. 그가 대표 연설을 했던 입스위치에서 임시변통으로 뿌렸던 생각들은 결혼 전의 포터에 의해 속속들이 흡수되었다. 그녀의 책에서 기독교 사회주의는 소비자들의 '오웬주의 이상에서 유래한 민주적 협동조합운동 형태'와 대조되는 것이며 개인주의적이고 외국에서 파생된 것이라는 이유로 똑같이 비난되었다.[33] 그녀는 협동조합 사상의 두 계보를 비교할 때 지나치게 풍자에 빠져드는 경향까지 벤자민 존스를 닮았다.

> 개인주의자^{Individualist}라는 용어는 지난 20년 동안 협동조합운동 내에서, 각각 분리된 형태의 제조 단체가 그 안에서 일하는 사람들에 의해 지배, 그리고 가능하면 소유됨으로써 그 이윤이 일하는 소유주들 사이에 분배되어야 한다고 주장하는 협동조합 운동가들의 계파를 가리키기 위해 사용되어 왔다. 결국 '광부들을 위한 광산, 노동자들을 위한 토지'라는 구호와 같은 것이다. 나는 그들이 학교 교사들을 위한 학교 또는 하수도 청소부들을 위한 하수도를 추가할 것인지 여부는 모른다. 반면, 정치적 민주주의의 모델을 따라 산업의 민주주의적 행정을 옹호하는 협동조합 운동가들은 보통 연방주의자들이라고 불린다.[34]

그러나 그녀조차 소비자 시스템에 착취의 가능성이 있고 소비자와 노동자 사이에는 자연스럽게 이해관계의 갈등이 있다는 점을 인정했다. 협동조합 작업장들에서 저임금으로 장시간 노동하는 노동자를 발견하는 것은 어렵지 않았다. 실제로 협동조합 운동가들이 착취에 가까운 활동들에 종사했던 경우들도 있었다. 그녀는 그것을 강력한 직종별 노동조합들을 유지함으로써 바로잡기를 제안했다. 간단히 요약하면, 그녀가 구상했던 사회주의 국가는 정치권에서 모든 시민의 복지를 보호하고 능력에 따라 임명된 헌신적이고 비편파적인 공무원들의 업무 덕분에 원활하게 기능하는 전능하고 민주적인 정부를 담

---

33 Beatrice Webb, *The Cooperative Movement in Great Britain*$^{London, 1899}$ 118쪽.
34 같은 자료 75~76쪽.

고 있었다. 경제 시스템도 같은 방식으로 작동했다. 소비자들과 직종별 노동조합 활동가들로 이루어지는 위대한 민주주의는 선한 관료들에 의해 인도된다. 그런 민주주의는 상충되는 이해관계를 합리적으로 조정하는 것이었다.

협동조합운동에 대한 그녀의 견해를 볼 때, 그녀는 왓츠, 너텔, 미첼, 벤자민 존스의 이념적 후계자 이상도 이하도 아니었다. 그녀가 소비자들의 이론에 새로운 차원을 추가했던 것은 '협동조합 기구를 사회주의에 봉사하도록 사로잡아두려는 그녀의 염려'에서 비롯된 것일 뿐이었다.35 위의 표현은 협동조합뉴스 신문의 편집인으로부터 빌려온 대목이다. 실제로 비어트리스 포터의 소비자 협동조합운동에 대한 성향은 그녀의 배경을 고려할 때 예측하기 쉬웠다. 찰스 부스와 함께 수행했던 그녀의 견습 경력은 닐과 기타 생산자 이론가들 같은 성곽 건축가들에 대해서는 물론, 잘 확립된 경제학자들의 추상적 방법론에 대해서도 의심하게 만들었다. 그녀는 사물들이 어떻게 있어야 하는가에 관한 선험적 가정들에 대해 회의적이었다. 제도들의 역사를 존재하는 대로 연구하기로 결심했던 한 명의 사회과학자로서, 갓 태어나자마자 협동조합운동을 조사하기 위해 뛰어 들었다. 따라서 그녀는 소비자 쪽에서 보는 협동조합운동에 쉽게 관심과 충성도를 부여했다. 그녀는 자신이 생각할 때 존재하는 대로의 실제적인 사물들의 단단한 암반이라고 여겨졌던 것 위에서 사회주의 이론의 기초를 학습했다. 그러나 비어트리스 포터는 닐이 했던 것보다 더 '사회주의에 복무하도록 협동조합 기구를 사로잡아둘' 수 없었다. 그녀가 CWS 같은 조직체들에 매우 감탄하면서 바라보았던 '사실주의'란 실제로는 상상력을 상실한 것일 뿐만 아니라 미래상이 없었다는 것을 나타내는 것일 뿐이었다. 완벽한 협동조합운동의 이상, 즉 공동체 지상주의의 이상은

---

35 *C.N.*, XXII[1891] 708-709쪽. 1891년 8월 협동조합 축제에서 홀리요크는 그 새로운 차원이 페이비언파 사회주의의 이익을 위해 협동조합운동을 파괴하게 될 것이라고 비난했다. 그리고 그 새 책에 의해 설파되는 교리를 '포터리즘Potterism'이라고 이름을 붙였다. 홀리요크는 그 용어를 선의의 유머로 생각했다. 그러나 그것은 분명히 자기 자신의 소산이 공격받고 있다고 생각했던 벤자민 존스에게 전혀 다른 태도로 받아들여졌다. 벤자민 존스는 '구문을 사용하여 정복하기를 희망하고, 한 단어의 조어가 적을 물리칠 것이라고 생각하는 것은 우리를 분별력 있는 영국 시민들이라기보다 제2제정 시대의 프랑스인들이라고 상상하는 것이다…나는 홀리요크 씨의 나쁜 취향 그리고 여성을 대하는 그 방법의 무례함에 대해 놀랐다'라고 썼다. 같은 자료 905쪽 참조.

그런 종류의 사실주의에 의해 파괴되었다. 페이비언 사회주의자의 이데올로기적 조합물이 그런 것이기도 했을 것이다. 평균적인 협동조합 운동가의 야망은 그 배당금을 넘어선 어떤 것으로도 발전하지 못했다. 협동조합운동에 대한 그런 협동조합 운동가의 관심은 개인주의적인 것이 되었다. 그것은 사회주의자, 이상주의자, 현실주의자 중 누구도 변화시킬 운명을 부여받지 못했던 게 사실이었다.

닐은 자신의 새로운 발판을 모색하기 위해 비어트리스 웹이 자신의 이론을 세우기 시작했던 그런 곳에서는 발을 뺐다. 닐은 1892년 봄에 휴즈에게 '나는 현재의 연합회를 통해 우리의 목표들을 직접 얻겠다는 모든 희망을 포기했습니다'라고 편지를 썼다.36 닐은 자기 생애의 마지막 해에 40년 이상 자신이 응원해 왔던 소비자 운동을 포기하고 협동조합적 생산에 관한 활동을 중심에 둔 전적으로 새로운 협동조합 운동가들의 연맹을 설립하는 쪽으로 자신의 관심을 돌렸다.

그가 그런 행동 방침을 정하는 것은 쉽지 않았다. 그 연합회의 창립자였던 그가 그것을 포기한다는 것은 오랜 시간의 노력을 낭비하고 말았다는 엄연한 현실에 직면하게 되는 것이었다. 새로운 시작을 기획하는 것이 그의 삶에서 너무 늦은 것은 아닐까? 그는 4월 2일에 82세가 되었다. 시간을 되돌아보면서 그는 협동조합운동과 관계를 끊었던 옛 동료들을 한명씩 회상했다. 트래비스 같은 옛 오웬주의자가 가장 먼저 떠올려졌고, 월터 모리슨 같은 사람들이 그 뒤를 이었다. 가장 최근에는 매우 활발했던 휴즈가 협동조합운동에서 각광을 받지 못하고 '방관자'가 되었다. 휴즈는 10년이 넘는 기간 동안 협동조합운동 안에서 CWS의 물질주의적으로 편향된 지도자들을 추방하기 위한 교전을 요구해 왔다. 반면, 닐은 그와 반대로 그런 내부 갈등이 협동조합운동의 대의에 돌이킬 수 없는 해를 끼칠 것이라는 입장을 확고하게 지켜왔다. 그리닝은 그런 의견에 따라 닐을 지지해 왔었다. 그러나 마침내 1891년 봄 5월 9일에 그리닝조차 휴즈에게 아래와 같은 편지를 썼다. 그리닝은 이미 그런 선동가의 태도를 이어받기에 충분했고 준비도 되어 있었다.

---

36 Hughes, 'Neale', 앞의 책 188쪽.

나는 조셉 그린우드가 보낸 편지를 가지고 있습니다. 그린우드는 그 편지에서 우리 협동조합운동의 현재 양상에 대해 당신이 낙담하고 있다고 언급했습니다.

 나 역시 똑같은 감정을 갖고 있습니다. 나는 우리의 노동결사체 작업장들이 더 이상 저절로 실패하지 않고 실제로 성공할 수 있는 방법을 학습해 왔다는 것을 미첼 집단이 이제 인식했다는 것을 지켜볼 수 있기 때문입니다. 그리고 그것을 알게 된 미첼 집단은 연방의 거래 센터인 도매사업체에 대한 가맹 관계에서 우리의 모든 신규 작업장들을 먼저 차단한 다음 동일한 류의 재화를 제조하기 위해 자신들과 주종관계를 맺은 작업장들을 세움으로써 우리의 작업장들과 싸울 작정을 하고 있습니다. 우리 역시 적의 손에 집중되어 있는 협동조합운동의 모든 자본, 관습, 조직과 목숨을 건 싸움에 돌입하기 위해 무경험과 실패의 시대를 넘어설 만큼 성장해 왔습니다.

 지금이 중대한 지점입니다. 우리는 이미 5개의 사업 분야를 보유하고 있습니다. 그 안에서는 두 곳의 도매사업체에 의해 발족된 작업장들이 점포들에 대한 지원을 사이에 두고 우리 쪽의 자치적 작업장들과 경쟁을 벌이고 있습니다. 나는 협동조합운동의 통제와 통솔을 위한 정당한 싸움 외에는 출구를 발견할 수 없다는 점을 고백합니다. 그것은 협동조합운동의 당초 원칙들을 기꺼이 실행에 옮기겠다는 사람과 그것을 희망하는 사람들을 모든 직책에 도전할 수 있게 하는 것입니다. 현재 도매사업체의 회장을 비롯한 모든 직책은 우리의 적들이 장악하고 있습니다.

 그런 투쟁을 실행하는 것은 가능합니다. 당신은 그 투쟁을 기꺼이 승인하고 도와주시겠습니까? 나 자신으로서는 중앙이사회와 협동조합 신문 위원회의 내부에서 단순한 논쟁만을 이어가는 것이 너무 희망이 없는 일이라는 것을 알았기 때문에 두 기관 모두에서 사임했습니다. 그러나 나는 그 기구들과 도매사업체 이사회에서 과반수를 얻기 위한 단호한 운동에 기꺼이 참여하여 싸울 것입니다. 과반수가 아니라면 중요한 어떤 것에도 영향을 미칠 수 없습니다.

자신의 사임 계획을 제출한 이후 후임자를 찾는 기간까지 근무 기간이 연장되었던 한 해 동안 닐은 이전의 화해 정책을 유지하기 위해 홀로 서 있었다. 그러나 그 후에는 그 역시 그런 화해 정책을 포기했다. 1892년 봄에는 그리닝과 함께 완전히 새로운 미래 지침들을 수립하기 위해 회합을 가졌다.

닐은 이제 그 도매사업체가 자신의 관리 하에 있지 않은 곳이라면 어떤 생산적 작업장에 대해서든 반대하는 입장을 가졌기 때문에, 몇 가지 과감한 대응 조치가 취해져야 한다는 데 동의했다. 설득은 총회 때마다 시도되었다. 그런 메시지를 협동조합 일반 소비자들에게 전달하기 위한 노력도 아끼지 않았다. 그러나 모두 성공하지 못했다. 그는 두 가지 행동 경로만 남아 있다는 그리닝의 입장을 인정할 수밖에 없었다. 하나는 중앙위원회의 통제권을 되찾고, 그 도매사업체와 협동조합뉴스 신문의 경영권을 인수하기 위한 선거 투쟁을 하는 것이었다. 다른 하나는 오랜 이상에 서약한 새로운 기관 또는 기관들을 신설하는 것이었다. 그는 그리닝이 선호했던 앞의 대안에 대해 협동조합운동에 '당파성'을 도입하는 것으로서 분열적인 성격이 있기 때문에 반대한다는 입장을 표면적으로 취했다. 그러나 닐은 그런 선거 투쟁이 압도적인 패배를 초래할 것이라는 것 또한 잘 알고 있었다.[37] 그리닝도 그 점을 알았어야 했다. 어쨌든 닐의 고집에 따라 그들은 두 번째 행동 경로를 택하기로 결정했다. 그들의 아이디어들은 마침내 노동자 쪽 협동조합운동에 우호적인 모든 조직과 개인들이 커다란 연맹체를 형성하기 위한 계획으로 구체화되었다. 닐은 '증보판 방식'에 따라 과거의 노동자결사체 진흥 기독교 사회주의협회를 소생시키는 것을 염두에 두고 휴즈에게 다음과 같이 설명했다.

---

37 그리닝의 그린우드에 대한 서신[1892년 3월 27일자]. 또한 그리닝의 닐에 대한 서신[1892년 5월 27일자], 그리닝의 그린우드에 대한 서신[1892년 6월 2일자] 참조.

내가 결성하고 싶거나 결성되는 것을 보고 싶은 것은 기존 또는 새로 결성된 조합들을 지원하고, 그들이 단순한 주식회사주의의 암초들 위에서 표류하지 않도록 막아주기 위해, 당신과 내가 옹호했던 방침들에 입각하여 생산이 계속 진행되는 것을 보고 싶어 하는 모든 사람들의 연맹체를 말합니다. 나는 그런 연맹체를 산업조합법Industrial Societies Act에 따라 등록할 것을 제안합니다.38

루들로우는 기독교 사회주의 시절 동안 닐이 어떻게 소비자들의 대의를 옹호해버렸는지를 회상하면서 자신의 육필肉筆 자서전에서 '그가 그런 결론을 40년 전에도 예상할 수 있었다면!'이라고 썼다.39

그들의 계획이 무르익자 그 연맹체는 더 커다란 차원들을 갖게 되었다. 닐은 그것이 국제적인 성격을 가져야 한다고 결정했다. 그것은 그의 다방면에 걸쳐 전개되었던 활동에서 나올 수 있었던 논리적인 발전물이었다. 그는 프랑스와 이탈리아에서 협동조합연합회들을 설립하는 데 도움을 주어 왔다. 해외 총회들에 정기적으로 참석해 왔으며, 계속해서 각각의 국가에서 협동조합 뉴스 신문에 상당하는 선전지들이었던 『이탈리아 협동조합운동La Cooperazione Italiana』과 『해방L'Emancipation』에 기고문을 게재해 왔다. 또 영국의 소비자 운동에 대한 자신의 믿음이 약화되었을 때조차 국제 협동조합운동에 대한 참여를 늘려왔었다. 외국인들, 특히 프랑스인들이 참여하는 것은 매우 유리할 것이었다. 프랑스 협동조합운동의 주요 지도자 중 두 명은 헌신적인 이윤 공유 운동가들이었다. 한 사람은 『해방』의 편집인이었으며 프랑스 총회의 창립자였던 드브와Edouard DeBoyve였다. 다른 한 사람은 이윤참여협회Society for the Participation in Profit와 르클레어 상호부조회 하우스House of Leclaire's Society for Mutual Aid의 내표었던 로버트Charles Robert였다. 그때까지 프랑스가 생산직 협동조합운동을 향한 이상주의적 경로를 걸어올 수 있었던 것은 로버트M. Robert가 당시 프랑스 협동조합연합회의 사무총장으로 선출되었다는 사실에서

---

38 Hughes, 'Neale', 인용한 문구.
39 Ludlow, Autobiography, Ch.XXX 546쪽.

나타났다. 드브와와 로버트 두 사람은 모두 로치데일 총회에 대표 단원들로서 참석했었다. 그곳에서 그들은 닐 측에서 제안한 새로운 연맹에 대한 비공식 토론에도 참여하여 닐을 전적으로 지지했다. 그것은 닐에게 행운이었다.

로치데일 총회 이후 닐은 모든 이해 당사자들로 구성된 예비 대회를 개최할 계획을 세웠고, 다가오는 협동조합 축제에서 그 모임을 열 수 있도록 일정을 잡았다. 그는 유럽의 많은 친구들이 참여할 수 있도록 초청 편지를 보냈다. 또 그리닝과 협력하여 '협동조합적 생산 동지들의 국제 연맹체 건설 제안서'를 작성했다. 그것은 간단했지만 효과적인 행동을 요청하는 내용으로 구성되어 있었다.

> …이 제안서의 작성자들은 자본과 노동 간 현재의 적대감이 제거되고 우리가 협동조합 활동에서 나타나기를 바라는 더 높은 수준의 사회 질서를 위한 길을 준비하려는 모든 조합들, 회사들, 개인들을 초대하여 협동조합적 생산자 협회와 산업 공동 파트너십 사업체의 모든 친구들에게 도매조합들이 해야 했지만 현재 제공되지 않고 있는 성공의 중요한 요소인 단결의 중심축을 제공할 목적으로 국제 연맹체에 가입하도록 하고자 한다.[40]

그 제안서는 널리 회람되었다. 닐은 자신들이 노동결사체, 생산자연합, 협동조합인 길드, 그리고 아마도 중앙이사회의 분회 중 소수와 일부 소비자 조합들의 적극적 지지에 의존할 수 있을 것이라는 희망을 가졌다. 소비자 조합들과 갈등하는 관계가 아니라 그들을 보완하는 기구로서 그 연맹체를 설계하려는 것이 닐의 각별한 의도였다. 그런 보완적 기구란 '생산과 소비의 영역들이 비록 긴밀하게 제휴 관계에 있어야 하지만 노동 인구에 대한 영구적인 복리가 협동조합운동을 통해 확보되기 위해서는 별도의 영역들로 구별되어야 한다는 것'을 소비자들이 이해할 수 있게 되는 모범적인 모델이었다.[41]

---

40 *Proposal for an International Alliance of the Friends of Cooperative Production*[n.p., n.d.] 5쪽. 또한 닐에 대한 그리닝의 서신[1892년 7월 27일자; 홀James Hole에 대한 그리닝의 서신[1892년 7월 27일자; 휴즈에 대한 그리닝의 서신[1892년 7월 31일자 참조.

그리닝은 닐에게 보낸 7월 22일자 편지에서 격려하는 어조로 '나는 영국인들이 매우 자유롭게 가맹하도록 하고 있습니다'라고 썼다. 닐 역시 외국의 협동조합 운동가들에게 기대를 걸고 있었다.

미래를 조금 앞서 들여다보면, 그 예비 대회는 축제와 연계하여 크리스탈 팰리스의 카운실룸에서 예정대로 1892년 8월 22일에 개최되었다. 엄청난 열의를 가졌던 그 모임은 국제연맹 임시위원회를 구성하기로 계획을 세웠다. 그리고 닐, 홀리요크, 그리닝, 로렌슨 여사$^{Mrs\ Laurenson}$가 위원회의 위원들을 임명하도록 선임되었다. 무엇보다도 가장 중요했던 것은 1893년 8월에 전국 협동조합 축제와 연계하여 그 연맹체가 첫 번째 총회를 영국에서 개최해야 한다고 결의했던 내용이었다.

크레이그, 호지슨 프랫처럼 협동조합운동에서 가장 오래되었고 가장 잘 알려진 불멸의 동지들 중 일부가 크리스탈 팰리스에서 열린 총회에 참석했다. 닐은 그곳에 참석해 있지 않았다. 그는 살 수 있는 날이 한 달도 채 안 남았고, 그의 마지막 병환 때문에 자기 침대에 갇혀 있었다. 불행히도 닐이 영향력을 행사하지 못한 가운데 다가오는 국제총회의 계획은 흔들렸다. 누가 그 연맹체에 포함되는가 또는 배제되는가에 대한 개인적 불일치의 암초들에 좌초되었다. 그 결과 상황이 완전히 달라진 시점인 1895년까지 그 총회는 개최되지 못했다.

---

41 Hughes, 'Neale' 인용한 문구.

11장

비샴 수도원
1891~1892

나는 끝없는 전사다, 그래서 또 한 번 싸운다, 최고로, 끝으로!
- 브라우닝$^{Robert\ Browning,\ 1812~1889}$ 「재회의 기대^{Prospice}」•

그리닝은 새로운 국제 연맹체를 위해 다리품을 많이 파는 일의 대부분을 수행했다. 반면, 닐은 주로 우편으로 참여했다. 그전에는 닐이 빈번하게 자신의 지지자들에게 조언을 제공하고 열정을 불러일으키기 위해 모임과 대회를 찾아 힘차게 떠났지만, 그의 말년 중 대부분은 비샴 수도원에서 지냈기 때문이었다. 그는 마침내 전원의 젠틀맨이 되는 데 바칠 시간을 찾았다.

플로렌스 반시터트 닐이 그녀의 시아버지가 옛 봉건 사유영지를 거래했던 것에 대해 이야기했던 내용에는 그의 성격을 더 밝혀주는 것으로 보이는 나쁜 판단의 사례 중 하나가 있었다. 그녀는 그가 말로우^{Marlow}와 비샴 교회$^{Bisham\ Church}$ 사이의 훗날 '스토니웨어^{Stonyware}'라고 불렸던 부동산을 가치보다 낮은 가격에 매각했고, 그 곳은 나중에 그가 받았던 가격의 두 배 이상으로 재매각 되었다고 언급했다.¹ 인간의 기본적 선량함에 대한 닐의 믿음은

• 역자 주_테니슨과 함께 빅토리아 시대를 대표하는 시인으로 알려진 로버트 브라우닝이 1864년에 발표한 시집 Dramatist Personace에 처음 등장한 시로서, 시의 내용은 1861년에 사망한 자기 아내의 기억에 대한 찬사를 담고 있으며, 죽음에 관하여 가장 영감을 주고 독창적인 시 중 하나라고 평가되는 시임. 시의 제목인 '프로스피스^{Prospice}'는 라틴어로 '기대하다'라는 뜻이며, 이 시에서 시인은 죽음을 정복할 것이라고 확신하고 아내와의 재회를 기쁘게 '기다린다'는 내용을 표현한 것으로 알려져 있음.

과거에도 여러 번 그랬던 것처럼 이 경우에도 그의 실수를 자초한 원인이 되었다. 드물지 않게 믿음이 좌절되었던 일로 인해 수천 파운드의 손실을 입었음에도 불구하고, 그는 일관되게 자신이 거래했던 사람들에게 최선의 동기보다 못한 것을 전가하는 것을 거부했다. 가족의 문서 중에는 아들 헨리가 사람들로부터 선한 것만을 찾겠다는 자기 아버지의 단호한 결심에서 발생하는 또 하나의 유사한 문제를 우려하며 작성했던 기록이 있다.

> 모든 사람을 신뢰하려는 성향은 그 분에게 신뢰할 가치가 상당히 부족한 사람들조차 신뢰한다고 고집을 피우게 했다. 그에 따라 현혹되고 부정한 행위를 당했기 때문에 때때로 불운을 맞으셨다. 그 분의 생애 막바지에도 가족이 막기 위해 노력했지만 비샴 그레인지라고 불렸던 여기 이 집마저 사기꾼에게 맡기셨다. 우리는 손쉬운 것으로서 성격 등에 관한 추가 조사라도 하시기를 원했지만, 너무 무자비하다는 이유로 우리를 꾸짖으셨다. 그 결과 그 사기꾼이 근린에서 700 내지 800 파운드에 달하는 빚을 얻기 위해 이 집을 담보로 제공했고, 그 후에는 집세의 일부도 연체시켰으며, 신용으로 구입했던 가구까지 대금을 완납하지 않고 챙겨서 달아났던 사건을 당하셨다.'

여기에는 닐이 가진 강점의 원천이 놓여 있었다. 하지만 그 강점은 자신의 이상을 실현하는 데 필요한 종류의 힘을 휘두르지 못하고 실패하게 한 원인이기도 했다. 세계적 위인들의 대부분은 자신의 목적을 위한 수단으로서 타인들을 이용했다. 그러나 그는 사람들을 믿었고, 그 사람들을 그 자체로 합리적 목적들이라고 보았으며, 자기 야망의 실현을 위해서는 전적으로 사발적인 선의에만 의지했다. 인간의 유산은 닐 같은 사람들에 의해 고귀해질 수 있다. 그런 사람들이 세속적으로 현명한 사람들에 의해 '비현실적'이라고 낙인찍히고, 그들의 한없이 자비로운 내적 금기 사항들이 대체로 무시당하는

---

1 Florence Vansittart Neale, MSS on Bisham Abbey.

것은 불행한 일이다.

닐은 자기 생애의 마지막 몇 달을 역사적 흥밋거리와 숨 막힐 정도의 아름다움으로 가득한 전원에서 보냈다.[2] 그러나 그런 다양하고 쾌적한 주위 환경에서조차 그는 자신에게 중요한 우선 순위를 바꿀 수도 있는 유혹을 버텨내며 협동조합운동의 선전물을 쓰는 데 전념했다. 국제연맹의 준비 작업을 지휘하는 것 외에도, 국가 사회주의자들에 반대하는 그의 최신 격론의 대부분은 비샴에서 나왔다. 그런 모습에는 쉽게 비애감을 그려내지 않더라도 분명한 아이러니가 있었다. 그는 중세 수도원의 화려한 경치 속에서 거주하는 한 노인이며 육안에 담을 수 있는 것보다 더 넓은 면적의 땅을 소유한 사람이었다. 반면, 그는 토지의 국유화를 신조 중 하나로서 중시하는 국가 사회주의에 관한 장황한 비난들을 글로 집필하고 있었다. 그는 후자의 비판 활동도 하면서 전자의 생활에 동화되어 가는 측면이 있었다. 그런 활동은 집필자가 누구인지 잘 알지 못하고 있다면 참으로 자기 잇속만 챙기는 심심풀이 인물처럼 보이게 할 수 있었다. 무엇보다도 자신의 마음뿐만 아니라 다른 사람의 마음까지 사로잡았던 비샴에서 닐이 집필했던 두 개의 원고가 있었다. 하나는 '협동조합에 대한 신념과 실천'이었으며 휴즈와 공동 집필한 것이었다. 다른 하나는 '사회 문제와 그 해결책에 대한 생각'이었다.

「협동조합에 대한 신념과 실천 Cooperative Faith and Practice」이라는 연설문은 과거에 발표한 적 있는 『협동조합 운동가들을 위한 방법서 Manual for Cooperators』의 축소판이었다. 그 원고는 기독교 사회주의를 다시 진술했을 뿐만 아니라 협동조합 운동가들이 궁극적으로 그 운동의 선구자들에 의해 상상되었던 약속의 땅에 도달할 수 있는 방법에 대한 또 하나의 설명을 담고 있었다. 닐이 끝없이 반복했던 것은 오래된 상투적 불평이었다. 그러나 그 글은 비어트리스 포터가 일방적으로 가했던 비난을 반박하는 것 이외에 다른 이유가 아니라면, 마치 한 번 더 노력해볼 가치가 있는 것처럼 보였다. 그녀는 닐과 휴즈가 고립되어 있고, 경합을 벌이고 있으며, 소자본주의적이고 비

---

[2] 예를 들어, G.J.Holyoake, 'The Garden Party at Bisham Abbey', *C.N.*, XXII[1891] 854~855쪽 묘사를 참조.

협동조합적이며 개인주의적인 작업장들을 신설하는 것을 옹호했다고 일방적으로 비난했던 적이 있었다. 닐의 계획은 과거에도 그랬듯이 늘 본질적으로 '연방주의적'인 것이었다. 닐은 생산 조합들이 자신들의 힘만으로 존립하는 것을 보겠다고 갈망한 적이 결코 없었다. 그는 도매조합이 그들에게 단결할 수 있게 해주는 과정에서 수행하게 될 것이라고 자신이 희망했던 필수적인 중요 역할을 다시 한 번 강조했다.**3** 그 연설문의 어조는 일반적으로 결코 양보하는 법이 없이 전투적인 것이었다. 실제로 휴즈는 그것조차도 성에 차지 않았다. 그는 1월 12일에 홀리요크에게 편지를 보냈다.

> …닐이 협동조합 분야에서 나보다 현명한 전사라는 것, 또는 어쨌든 그것을 증명하기 위해 선량한 길을 가고 있다는 것을 입증해주는 것을 당신이 좋아해서 나는 기쁩니다. 만약 내가 나의 길이라는 것을 가졌다면, 그것은 악마가 우리들 사이에 털썩 들어앉는 데 성공했고 아직 호시절을 한 세대 동안이나 지연시킬 수 있는 그 요새에 대해 훨씬 더 예리한 공격을 가하는 것이었을 것입니다. 나는 작년 이 시기에 그 도매사업체가 연례 정기총회에 즈음하여 보내는 통상적인 선물을 거절한다고 편지를 썼습니다. 그러나 닐의 긴급한 항의를 받고 그 편지와 책자를 반송하지 않았습니다. 여전히 나는 "그들이 저녁 식사보다 더 깊숙이 넘겨버린" 협동조합운동 또는 그 밖의 어떤 것에 대한 믿음이 없는 미첼, 그리고 그의 끄나풀들과 본격적으로 맞설 시간이 오지 않았다고 하는 발언들을 확신하지 못하고 있습니다.**4**

아마도 휴즈가 옳았을 것이다. 1892년 봄의 전야에 CWS는 레스터 신발 작업장에서 발생했던 또 한 번의 파업으로 고생했다. 이전과 마찬가지로 그리닝은 노동자들을 적극적으로 변호했다. 반면, CWS 위원회는 노동자들의

---

3 Thomas Hughes and E. Vansittart Neale, 'Cooperative Faith and Practice', Supplement to the Cooperative News[2] January 1892 26쪽.
4 홀리요크 문서.

관점에 대해 그것이 무엇이든 어떤 동정심도 보이지 않았다. 소비자들의 대의를 받드는 쪽에 기울어 있던 시드니 웹과 비어트리스 웹조차도 항상 협동조합운동의 공장들에서 직종별 노동조합 운동을 유지하는 것이 필수적이라고 주장했다. 그렇지 않으면 협동조합 운동가들이 그들의 영리 산업체 쪽과 똑같이 적대적인 방식으로 노동자들을 취급하는 경향이 있었기 때문이었다.

6월 6일에 닐은 24회 협동조합 총회에 참석하기 위해 로치데일에 있었다. 이번에는 대의원 자격이었다. 그 총회는 그의 은퇴 이후 첫 번째로 개최된 총회였다. 미첼이 대표 연설을 했다. 닐은 자신이 들었던 내용에 어리둥절했다. 그 연설은 일인칭 대명사로 넘쳐나는 모순된 말장난이었다. 이윤 공유를 지지하는 연례 선언문과 관련하여 그는 이제 '총회들에서 감상주의가 분쇄될 때'라고 선언했다. 그는 자신이 모을 수 있는 정보에 따르면 로버트 오웬이 '협동조합운동을 그다지 믿지 않았다. 그는 상인들의 집단이 상인들을 위해 사업을 할 수 있을 뿐만 아니라 그런 상인들이 스스로를 위해서 사업을 할 수 있을 것이라고 생각했다'는 말을 했다.[5] 그것은 협동조합운동의 과거에 대한 미첼의 태도였다. 그는 미래에 대해서도 똑같이 확신적이었다. '내가 관련되는 한, 모든 나의 노동과 나의 노력, 그리고 나의 발언력은 소비라는 것을 모든 협동조합 조직체가 성장하는 기초로 만들기 위한 것이 될 것이다.'[6] 노동에 대한 그의 진술, 그리고 짐작컨대 보너스에 대한 생각도 동일한 맥락에서 이루어졌다.

> 나는 어느 누구와 같은 정도로 노동이 고양되는 것을 많이 보고 싶다. 나는 노동이 고양되어야 한다고 생각한다. 하지만 어떻게? 그것이 문제다. 어떻게? 단순히 인류의 이익을 모두에게 동등하게 만드는 것을 통해서. 나는 다수의 기부금을 받아내기 위해 소수의 사람들을 선택해야 한다는 것을 믿지 않는다. 나는 그들이 내가 가져야 할 몫으로 호사를 누리는 것을 경계한다.[7]

---

5 C.N., XXIII[1892] 609쪽.
6 같은 자료 610쪽.

미첼의 선언에서 나오는 가장 일관된 진술은 '종교, 절제, 협동조합운동'이 인류의 발전을 위한 3가지의 커다란 힘이며, 협동조합운동은 '다른 두 가지의 힘에 의해 지원되고 지탱되는 상업적인 힘으로서,… 근면한 계급들을 구원하는 데 가장 웅장하고 가장 고귀하며 가장 성공할 가능성이 높은 것'이라는 말이었다.[8] 종교, 절제, 협동조합운동은 닐의 신조에도 기초가 되는 것들을 잘 묘사한 것일 수 있었다. 그러나 미첼은 그 용어들에 완전히 다른 의미를 부여했다. 그는 닐이 설파했던 넓은 범위에서 모두를 포괄하는 형제애와 단결이라는 종교를 받아들이지 않았다. 또 오래된 이상에 뿌리가 배태되어 있는 협동조합운동 역시 받아들이지 않았다. 그리고 미첼이 절제에 대해 말했을 때 그는 정말로 전면적인 금욕을 의미했다. 절제에 대한 닐의 믿음은 그 단어의 진정한 의미와 더 일치하는 것이었다. 그는 '완전히 금욕적 또는 준금욕적인 부조화를 풍부하게 일으켜 온 학대와 혼동하여 사용하는 것'을 증오했다.[9] 노동운동의 내부와 외부에서 절제를 옹호하는 사람들은 술을 제공한다는 이유로 노동자 클럽을 비판하는 공통적인 관행이 있었다. 과거에 닐은 항상 노동자 클럽을 적극적으로 변호했다.

이것은 정말로 항상 불쑥불쑥 튀어나오는 입장이다. 도박은 나쁜 일이고, 따라서 카드나 주사위 놀이는 있어서는 안 된다. 내기는 해를 끼치는 일이고, 따라서 경주를 없애야 한다. 연극은 종종 부도덕한 것이고, 따라서 어떤 극장도 있어서는 안 된다. 사람들이 '자신들의 입에 적을 넣어서 자신들의 뇌를 제거하는 것'은 커다란 악이고, 따라서 어떤 종류의 알코올 음료도 판매되어서는 안 된다. 철저한 금욕주의자들에 의해 행해지는 것처럼 이 원칙을 정당하게 끝까지 실행하라. 그러면 당신은 천국이 받아들일 수 있을 정도로 지상의 인구를 줄여야 한다. 이기심을 양성하는 것

---

[7] 같은 자료.
[8] 같은 자료.
[9] E.V.Neale, 'Free and Easy', *C.N.*, IX[1878] 337쪽.

이기 때문에 가족들을 제거하고, 기아 상태에 이르지 않을 정도로만 식량을 줄이면서 그렇게 해야 한다.10

미첼과 닐의 삶은 서로 대조되는 빅토리아 시대의 미덕들을 엿볼 수 있게 해준다. 미첼은 외모에서도 존 불$^{John\ Bull}$•의 이미지였다. 그의 비천했던 태생은 자기를 희생하는 품위 있는 사치를 허용하지 않았다. 그는 직위를 의식하고, 단호하게 편견을 드러내 보이며, 상업적인 정신을 가졌을 뿐만 아니라 금욕적이며 자신의 개인적 성공을 도덕성과 현실성의 결합 때문이라고 간주했다. 대부분의 측면에서 그는 부르주아지^{Bourgeoisie}의 태도를 나타냈다. 반면에 닐은 빅토리아 시대의 정신 가운데 흔히 '귀족성'이라는 단어와 결부되어 있었던 귀족적 전통의 속성들을 드러냈다. 자기 계급의 우월성에 대한 무의식적인 믿음을 가지고 있었다. 그것은 인격적 겸손을 몸에 배게 하고 그에게 민주주의를 부조화된 것으로 생각하는 성향을 갖도록 했다. 불행히도 닐의 배경은 자수성가한 사람들의 심리를 이해하는 데 어려움을 초래했다는 면에서 약점이었다. 고평가되기 쉬운 옥스퍼드 출신으로서 도덕적으로 지성화되어 있는 면은 그 자체로 미첼이나 뒤이어 나타난 젊은 세대 협동조합 운동가들에게 점차 적대감을 불러일으키는 경향이 있었다.11

로치데일에서 미첼이 강한 어조로 진행한 연설은 작업 개시 신호였다. 도매조합은 더 이상 비판을 받을 때 거슬리지 않는 것처럼 앉아 있지 않았다. 주도권을 잡을 때가 온 것이었다. 본격적으로 기를 쓰고 싸울 태세를 보일 주체는 이제 휴즈가 아니라 '미첼과 그의 끄나풀들'이었다. 벤자민 존스 역시 다음과 같은 결의안을 총회에 제출했다. 더 이상 어떤 식으로든 공정성이라는 구실 뒤에 자신의 편견을 감추려 시도하지 않았다.

---

10 같은 자료.
• 역자 주_잉글랜드를 의인화한 가상의 인물이며, 정치 만화나 유사한 그림 작품에서 중년의 배불뚝이에 중절모를 쓰고 부르주아를 연상시키는 복장을 한 남자로 그려짐.
11 예를 들어, Percy Redfern, *John T.W.Mitchell; Pioneer of Consumer's Cooper-ation*$^{Manchester,\ 1923}$ 참조.

이 총회의 의견으로 협동조합적 생산에 대한 입장을 정리하는 최선의 방법은 그런 생산을 소매와 도매 유통조합들의 부속물로 조직하고 활용함으로써 개인적으로 지분을 보유할 수 있게 하는 생산조합들을 현재처럼 외부 시장을 대상으로 공급하게 되는 광범위한 장에 남겨 두는 것이다.[12]

하지만 그 결의안은 총회의 정책에 대한 성명서에 포함되지 않았다. 벤자민 존스는 그 결의안을 추가 검토를 위해 분회들에게 회부하는 쪽으로 돌리면서 스스로 철회했다. 1892년 여름 말에는 비준 여부와 무관하게 그런 내용이 소비자 조합 대부분의 의견을 대표한다는 것이 분명해졌다. 어쨌든 그것은 그 도매조합이 성공적으로 설파했고 금방 포기하지 않을 정책이었다. 생산조합은 협동조합운동의 역사에서 얼마나 존중을 받을지 모르지만 어떤 것이든 잠식될 수 있다는 점에서 안전하지 않았다. 닐은 자기 생애의 마지막 몇 달 동안 협동조합 인쇄조합에 관련한 소식을 듣고 원통해 했다. 그 내용은 CWS가 인쇄와 관련된 작업을 모두 자체적으로 수행함으로써, 오랫동안 번성하며 잘 정착된 인쇄조합과 직접 경쟁을 벌이는 형태로 회사를 운영해 나가겠다는 방침을 정했다는 것이었다.[13]

닐은 그런 진행 경과들, 특히 로치데일 총회에서 확실하게 드러났던 그런 정신의 변화를 목격하고 무척 낙담했다. 휴즈와 드브는 닐이 국제연맹을 추진하겠다는 자신의 의향을 확정했던 때가 그 총회 기간 동안이었다고 증언했다. 그 시점은 총회에서 미첼의 모욕적인 연설이 있었고, 그에 대해 본질적인 대응을 하지 못했다고 느꼈던 때였다. 그 때 닐은 국제연맹이 실제로 절대적으로 필요하다는 생각을 굳혔다. 그러나 로치데일 총회가 전환점이었다고 너무 많이 강조하는 것은 착오를 일으킬 수 있었다. 왜냐하면 우리가

---

12 *C.N.*, XXIII[1892] 616쪽.
13 CPS의 반기 출자자 회의[1892년 8월 13일]에서 대의원 중 한 명이 관련 질문을 했다. '그 도매 사업체에게 그의 부분만큼 그 자체와 함께 나란히 존재하게 되었던, 그리고 그런 조합 중 한 곳이 크게 성공했을 때, 그 도매 사업체가 그곳과 경쟁을 시작하려고 추구해서는 안 되는, 협동조합 기관들에 대하여 충성심을 발휘하도록 요구하는 것이 너무 과도했습니까?' 같은 자료 922쪽.

보았듯이 그곳에서 일어났던 사건은 이미 임박하고 있었던 것을 확인시켜주었을 뿐이었기 때문이다.

1892년 봄에 벤자민 존스는 중앙이사회의 남부 분회가 더이상 협동조합인 길드를 승인하지 않을 것이며 지원하지도 않을 것이라는 내용을 공식 통보했다. 길드는 이윤 공유를 선호하고 이상주의자들에 의해 지배되어 왔다고 간주되었다. 분회는 길드에 마지막 보조금 10파운드를 의결한 후 관계를 단절했다. 당시 벤자민 존스는 울리치^{Woolwich} 지역구의 자유급진당 소속 국회의원으로서 새로운 경력을 추구하고 싶었다. 그는 '길드가 미래에도 우리의 보조 기구라고 인정할 수 없기 때문에 해산의 가부를 고려해야 한다'고 제안함으로써 훨씬 더 나갔다.14 홀리요크는 양쪽 조직체 모두의 일원으로서 가장 먼저 모욕감을 느꼈다.

> …그것은 마치 우리가 한 극빈자에게 더 이상 원조를 받지 못할 것이라고 말하는 빈민법의 법정 보호자 위원회인 것 같았습니다.…길드는 남부 분회 이사나 어떤 이사회에 의해 줄이 조종되고 있는 꼭두각시가 아닙니다. 프랫, 헨리 닐, 아버지 반시터트 닐, 휴즈, 회계 책임자인 미넷, 길드의 회장인 리폰 경 같은 젠틀맨들에게 이제 우리가 그들로부터 10파운드를 인출했고, 따라서 해산의 가부를 고려하는 것이 나을 것이라고 말하는 것은 내 생각에 협동조합 선전가 위원회가 했던 가장 이상한 일입니다.15

마침내 8월 13일 토요일에 스트랜드^{Strand} 소재 에섹스 홀에서 열린 연례회의에서 길드 자체에 의해 구슬픈 의제가 심의되었다. 닐도 참석했다. 그 회의는 그가 죽기 전에 참석했던 마지막 회의가 되었다.

연례회의는 길드의 통상적 회의와 같았다. 닐은 가장 오래되었고 소중한

---

14 같은 자료 517쪽.
15 같은 자료.

동지들 곁에 둘러싸여 있었다. 리폰 후작은 홀리요크, 그리닝, 프랫, 닐의 아들이며 여전히 공무원이자 지도적 인물이었던 헨리의 지지를 받아 회의를 주재하고 있었다. 회의는 그 이사회의 태도에 유감을 표명했다. 그러나 참석자들 중 어느 누구도 아직 해야 할 일이 많다는 점을 고려할 때 길드의 노력을 정리할 이유가 없다고 생각했다. 그들은 또 크리스탈 팰리스에서 개최될 예정인 국제연맹 설립 예비 대회에서 대변되어야 할 자신들의 기대사항을 기록으로 남겼다. 그 회의에서 닐의 마지막 공개 행적은 누구도 알아채지 못할 만큼 그에게 깊은 상처를 입혔을 것이 틀림없다. 강박적으로 연방주의자들인 연합회의 사도가 중앙이사회의 업무에서 협동조합인 길드의 업무를 공식적으로 잘라내자는 동의안을 제출했던 것이다.16 닐은 두 조직 모두에서 오랫동안 충직하게 봉사했다. 그 단체들은 이제 뿔뿔이 잘라내졌고, 그가 평생동안 싸워 온 대상이었던 당파성의 제물이 되었다.

  2주일 이내에 닐은 꽃·과일·채소 전람회뿐만 아니라 국제연맹의 발족을 위한 대회를 점검하는 회의를 주재하기로 되어 있었다. 두 가지 모두 협동조합 축제 동안 열려야 하는 것이었다. 그러나 탈장이 심각하게 재발해서 어느 회의에도 참석할 수 없었다. 닐의 마지막 편지들은 기운을 북돋우는 내용들로만 채워져 있었다. 그는 축제 성공에 대한 자신의 기쁨을 표현하고, 국제연맹의 발족을 알게 될 사람들에게 행운을 기원하는 내용의 편지를 썼다. 그 사이에 그의 몸은 꾸준히 악화되고 있었다. 협동조합 운동가들과의 서신에서는 그런 상태에 대한 어떤 암시도 찾을 수 없었다. 실제로 8월 27일에 신문조합은 닐로부터 통지를 받았다. 그 통지는 '오래된 불평거리로부터 약간의 공격을 받아 신문조합의 회의에 참석하지 못하게 될 것'이라는 내용이었다.17 수술을 해야만 그가 살 수 있다는 것이 확실해지자 그의 가족은 수술을 위해 런던의 요양원으로 그를 옮기기로 결정했다. 그 절차는 당연히 그 나이대의 남자에게는 마지막 수단이었다. 그러나 닐은 자기 친구들에게 보내는 편지에서 런던으로 가는 것이 마치 여행의 즐거움을 추구하는 것이고 건

---

16 같은 자료 929쪽.
17 Pitman, 앞의 책 31쪽.

강 회복의 표시인 것처럼 보이게 했다. 그는 그들에게 '주치의가 1~2주 후에는 런던으로 돌아올 수 있을 것이라고 생각한다'라는 말도 전했다. 닐은 그때 런던에서 편지를 썼고, 여전히 그의 건강 상태에 대한 어떤 암시도 주지 않았다. 모든 사람들은 그가 곧 복귀해서 다시 업무를 지휘할 것이라고 생각했다. 따라서 그 후에 들려 온 소식은 충격이었다. 그것은 아버지가 돌아가셨다는 헨리의 부고였다.

> 수술이 이루어질 수 있기를 기대하며 런던으로 모셨지만, 아버님의 기운은 수술이 이루어지는 것을 허락하지 않았고, 아버님은 오늘 아침9월 16일에 현저히 떨어진 기력을 보이셨습니다. 저는 아버님의 고통이 상당할까 두려웠지만 의료적 처치를 통해 많이 완화되었고, 아버님은 그 고통과 육신의 변화를 대단한 인내와 의연한 태도로 참아내셨습니다.18

며칠 후9월 19일 헨리는 회복할 가능성이 낮다는 것을 닐이 알고 있었던 것 같다고 홀리요크에게 언질을 주었다. 헨리는 '하지만 그의 밝은 표정과 누가 보아도 모든 것을 즐기는 것을 볼 때, 몇 년 더 사실 수 있을 것처럼 보였다'라고 썼다.19 그렇게 닐은 그가 살아왔던 대로 죽었다. 자신보다 다른 사람을 먼저 생각했던 그는 자신의 고통을 친구나 친척들과 나누려 하지 않았다.

그는 마지막 몇 달 동안 신체적으로 활발하게 활동하면서 '바쁜 노인'의 속성을 모두 드러냈다. 그러나 그것은 그가 유토피아적 사색의 즐거움에 몰입해 온 것처럼 보이는 그의 글들에 반영되지 않았다. 닐은 죽기 직전에 프레드릭 데니슨 모리스Frederick Denison Maurice를 기리는 'F.D.M.'이라는 작은 사적 클럽의 모임에서 로버트 오웬에 대한 글을 발표했다. 그리고 그의 마지막 기고였던 '사회 문제와 그 해결책에 대한 생각Thoughts on Social Problems and Their Solution'은 유사한 유토피아적 논조로 작성되었다. 그가 죽었을 때 출판

---

18 G.J.Holyoake, 'The Late Mr. Vansittart Neale', *C.N.*, XXIII1892 1066쪽.
19 홀리요크에 대한 헨리 반시티트 닐의 서신1892년 9월 19일자. 홀리요크 문서.

과정을 거치고 있었던 그 기고문은 그의 최고 작업 중 하나는 아니었다. 복잡해지고 몹시 정교해지는 성향은 어느 때보다 더 분명해졌다. 그러나 그것에 대한 그의 모난 표현 양식에도 불구하고, 내용에 담겨 있는 그의 열정적인 희망에는 힘과 우아함까지 있었다. 특히 그 기고문이 그의 마지막 유언장이 되었기 때문이었다. 그는 과거에 대한 자신의 생각을 요약했고, 마르크스주의자들처럼 확신을 갖고 미래에 대한 자신의 믿음을 표현했다. 그는 인간 진보의 역사가 두 단계의 거대한 발전을 거친 것으로 간주될 수 있으며, 이제 막 세 번째 단계에 접어들고 있다고 주장했다. 그 단계들은 각각 자유^{Liberty}, 질서^{Order}, 상호성^{Mutuality}의 원칙을 구현하는 '개인주의적인 단계, 법률적인 단계, 사회적인 단계'였다.[20] 과거에는 사회가 자유에 질서를 덧붙였고 그에 따라 부의 축적에 필수적인 개인과 재산에 대한 안전을 제공할 수 있게 됨으로써 전진했다. 이제 인류의 영구적인 복리는 상호성의 원칙이 승리하는 것을 통해 지금까지 축적되어 온 부의 공평한 분배가 보장되는 사회적인 단계로 인간들이 진보해 나갈 것을 필요로 했다. 그런 승리는 결사체의 실천을 통해 획득될 것이다. 그 결사체는 그런 동기를 부여하는 동력으로서 사랑을 의미한다. 대부분의 사람들은 회고하면서 자신의 삶을 마치지만, 닐은 앞을 내다보며 생을 마쳤다.[21]

에드워드 반시터트 닐의 장례식은 1892년 9월 21일 오후에 열렸다. 맨체스터, 뉴캐슬, 런던에 있는 CWS 주요 건물들에서는 5일 동안 조기가 게양되었다. 간헐적으로 비가 내리고 천둥이 치는 가운데, 닐의 자녀인 콘스턴스^{Constance}, 이디트^{Edith}, 헨리가 앞섰고, 그의 친애하는 동지들인 홀리요크와 그리닝이 끝을 따랐던 장례 행렬은 비샴 수도원에서 그가 어린 시절에 성직자로서 봉직하는 것을 꿈꿔왔던 것과 똑같은 교회인 비샴의 오래된 교회당 옆에 자리한 고요한 무덤까지 천천히 이동했다. 부늘로우는 다음과 같은 내용의 비문을 썼다.

---

20 E.V.Neale, 'Thoughts on Social Problems and Their Solution', *Economic Review*, II^{1892} 518~537쪽. 인용은 518쪽.
21 같은 자료 536쪽 참조.

고대인들은 '신이 사랑하는 자는 젊은 나이에 죽는다'고 주장했다. 그 속담의 진실은 그들이 그렇다고 이해했던 것보다 더 깊은 의미가 있다. 그들은 그것을 햇수로 측정된 청소년만을 뜻했다. 하나님이 사랑하시는 사람은 나이에 상관없이 젊은 나이에 죽는다. 반시터트 닐은 82세의 젊은 나이에 사망했다.[22]

---

[22] J.M.Ludlow, 'Some of the Christian Socialists of 1848 and the Following Years', *Economic Review*, IV[1894] 33쪽.

| 후기 |

닐의 사후 3년,
공동체와 노동을 존중했던 협동조합운동 흔적 지우기

사람들은 전투를 벌여서 패한다. 그러면 패배했음에도 불구하고 그들이 싸웠던 대의가 무엇이었는지 드러난다. 그런 대의가 자신들이 의도했던 것과 다른 것으로 판명되면, 다른 사람들이 또 다른 이름 아래 그들이 의도했던 것을 위해 싸워야 한다.
- 윌리엄 모리스William Morris의 『존 볼의 꿈Dream of John Ball』●

비 내리는 오후에 닐의 무덤 주위에 협동조합 운동가들이 앙숙 관계에 있었던 사람이든 동지이든 함께 모였을 때 모든 견해 차이는 그의 죽음에 의해 의미가 없어졌다. 가족은 마지막 경의를 표하기 위해 와준 수많은 조문객들과 장례식이 끝나고 추모식이 시작되었을 때 놀라움을 금치 못했다. 잉글랜드, 스코틀랜드, 아일랜드, 유럽과 세계 곳곳에서 편지들이 쏟아졌다. 개인들뿐만 아니라 조합들에서 보내온 그 편지들은 협동조합뉴스 신문의 지면들을 차지했다. 여러 편의 시가 접수되었고, 그 중 하나는 거의 시력과 청력을 잃었지만 가장 고령으로 생존해 있던 협동조합 운동가인 크레이그의 것이었다. 해외에서 온 편지 중에는 뮌헨 대학의 브렌타노Brentano 교수가 루들로우를 통해 전해온 1892년 9월 23일자의 것이 있었다. 그 편지에는 '잉글랜드에서 사회적 진화를 평화로운 방식으로 가져오기 위해 가장 많은 일을 한 사람들의 이름 중에서 그의 이름이 가장 돋보일 것입니다'라는 내용이 적혀 있었다.[1] 이전에 그를 반대했던 사람들은 마치 자신들이 그렇게 했던 것에 대해 특별히 속죄하고 있는 것처럼 보였다. '이 불완전한 세상에서 우리가 보기를 희망할 수 있는 완벽한 사람에 거의 근접했던 사람을 잃은 것에 무한한 슬픔'을 느낀다고 적었던 벤자민 존스가 바로 그런 사례였다.[2] 실제로 협동조

● 역자 주_1886년부터 1887년까지 연속물 형태로 발간했던 글들을 1888년에 책자로 편집한 소설로 1381년 농민 반란Peasants' Revolt을 배경으로 반역자 사제 존 볼John Ball이 던졌던 질문을 주제로 다루었음.

1 C.N., XXIII[1892] 1098쪽.
2 같은 자료 1099쪽.

합 운동가 중 존스는 닐을 한 명의 전설로 만들기 위해 가장 열망했던 사람처럼 보였던 인물이었다. 그는 한 위원회에서 닐의 대형 실물 크기 두상과 흉상 사진을 연합회 중앙사무소에 두도록 주선했다. 또 잉글랜드 전역의 협동조합 이사회 회의실들에서 이용할 수 있도록 소형 복제품 제작을 후원했다.

그 사이 잉글랜드의 정계, 종교계 지도자들에게 닐을 기릴 수 있게 설득하려는 시도가 여러 차례 있었다. 그가 죽기 몇 달 전에 그에게 알리지 않고 그의 동지들은 그에 대한 귀족 신분 수여를 추진했지만 소용이 없었다. 루들로우가 신중하게 표현했듯이, '총선 전야에 보수당 정부는 잉글랜드에서 가장 인기 있는 보수당원을 위해 아무 일도 하지 않을 것이었다.'[3] 그리고 닐이 떠난 후 웨스트민스터 사원의 원장에게 수도원 내에 기념비를 설치할 수 있도록 하기 위해 신청했다. 존스 또한 그 원장의 생각을 알아보기 위해 신임 사무총장인 그레이가 포함된 협동조합계 대표단의 일원으로 선정되어 그 노력에 동참했다. 그러나 귀족 신분을 신청했던 때와 마찬가지로 실패했다. 웨스트민스터 원장은 대성당의 벽이 이미 명판들로 너무 붐비고 있다는 점을 거절 사유로 들었다.

그에 당황하지 않고 중앙이사회는 성 바울 대성당의 원장인 그레고리 신부에게 향했다. 이번에는 그들의 노력이 보답을 받았다. 그 결과, 1894년 3월 3일 토요일에 그 교회 지하실에서 열린 추도식에서 대리석 소재의 명판이 공개될 수 있었다. 거기에는 닐의 초상이 조각되었고 다음과 같은 문구가 새겨져 있었다.

노동하고 또 기다리다
에드워드 반시터트 닐
1810년 4월 2일 출생
1892년 9월 16일 사망

---

3 Ludlow, 'Obituary, Edward Vansittart Neale', the *Economic Journal*, II[1892] 754쪽.

> 그는 권력도 부도 추구하지 않았고
> 그는 자신이 아닌 다른 사람들을 위해 싸웠다.
> 단결이 힘이다.⁴

그리닝은 추도식 1주일 전에 휴즈에게 편지를 보냈다. '나는 닐의 사망 이후 그 연합회가 현재 보이는 것처럼 내리막길을 걸어갈 것에 크게 우려하고 있습니다. 나는…지금 미첼과 그의 동료들이 그 도매사업체와 그 연합회를 지배하고 있는…우리의 운동이 어디로 갈지 모르겠습니다…우리는 파멸을 향해 급히 가고 있는 것처럼 보입니다.'⁵ 크레이그로부터 받았던 닐을 찬양하는 운문에는 다음과 같은 내용이 있었다.

> 그는 이윤 공유의 규칙을 가르쳤다
> 그들의 노동이 부를 만들었던 고역을 한 자녀들에게
> 온 세상의 부를 만들었던 그들에게.⁶

'이윤 공유의 규칙'은 닐이 살아있는 동안에도 그렇게 잘 지켜지지 않았다. 그의 죽음 이후에는 곧바로 어떤 지위도 전혀 갖지 못하게 됐다. 그의 존재는 자신의 젊은 시절부터 이어져 온 그 오래된 이상주의의 마지막 남은 내용물이 그의 노년기 동안 인기 있었던 '현실적인' 자본주의의 엉터리 처방전들에 의해 침수되는 일이 없도록 막아주었던 제방이었다. 그러한 침수를 막기 위한 그의 자리에 앉을 수 있는 기질이나 능력을 어느 것이든 갖춘 사람은 아무도 없었다. 그의 나이를 느끼게 해주고 있던 휴즈는 너무 싸움꾼 성향이 많았고, 그를 억제시켜주었던 닐의 영향력이 달마다 약해지면서, 이슈들을 과열되게 만들려는 그의 욕망 때문에 더 무모해졌다. 그리닝은 너무 신경질

---

4 Pitman, 앞의 책 52, 60쪽. 닐의 친구들에게는 원통하게도, 미첼이 추도식을 주재했고 그 명판을 제막했다. 휴즈에 대한 그리닝의 서신¹⁸⁹⁴년 ²월 ²⁵일자, 그리고 특히 Mack and Armytage, *Thomas Hughes, op.cit.*, 262쪽.
5 휴즈에 대한 그리닝의 서신¹⁸⁹⁴년 ²월 ²⁵일자.
6 *C.N.*, XXIII¹⁸⁹² 1080쪽.

적이었고 안타깝게도 적대감을 불러일으키는 경향이 있었다. 그는 최고 수준의 진흥인 단계에는 미치지 못했다. 그 역시 능력이 적지 않은 사람이었지만 많은 추종자가 따르지 않는 리더로만 남았다.

기독교 사회주의자들이 오랫동안 우세했던 남부 분회는 순전히 부정적인 반응만을 전달하려고 했다. 그곳은 협동조합 이상주의가 아직 존재하고 있는가를 알아보는 일종의 리트머스 시험지처럼 받아들여졌다. 벤자민 존스는 재빠르게 런던 지역의 계승자가 되었다. 그리닝은 1893년 5월 8일에 휴즈에게 '이제 이 남부에서 정정당당한 결전을 벌일 때입니다'라고 편지를 썼다.

> 존스는 자신이 챙겼던 원조결사체마저 포기했다. 협동조합인 길드에서 탈퇴했다. 공개적으로 축제를 공격했다. 페이비언주의자들과 손잡고 노동결사체, 생산조합연합회, 협동조합운동의 우리 측에서 설립한 이윤 공유 작업장들의 활동을 저지하려고 갖은 힘을 다 썼다.7

같은 편지에서 그는 다가오는 1893년 브리스톨^{Bristol} 총회에서 자신들이 '지갑 권력을 쥔 그 도매사업체 일당'을 갈아치우기 위해 옛 가르침에 충직한 개인들과 결사체들을 다시 한 번 결집시킬 수 있을 것이라는 희망을 표현했다. 그러나 닐은 통합자였고 이제 가고 없었다. 이상주의자들의 어떤 거대한 연합도 브리스톨에서 CWS를 좌절시키기 위해 일어나지 않았다. 우리가 보게 될 것처럼 그리닝은 계획대로는 아니더라도 국제연맹을 활성화시킬 능력조차 없었다. 징후로 볼 때에도, 불과 몇 차례도 지나지 않아 총회에서 연례적으로 발표해 오던 이윤 공유 결의안은 끝내 최후를 맞았다. 번거로웠던 바로 그 이슈는 전면 중앙에서 주변부로 옮겨졌다.

닐이 추구했던 조화는 점차 상실되었다.8 그리닝은 우유부단하고 어느 때보다 더 타협적이 되었다. 반면, 휴즈는 1896년 봄에 사망할 때까지 융통성

---
7 휴즈에 대한 그리닝의 서신^{1893년 5월 8일자}.
8 예를 들어, 홀리요크에 대한 휴즈의 서신^{1893년 5월 9일자}, 홀리요크 문서 참조.

없고 비타협적인 입장을 유지했다. 홀리요크는 자신의 친한 동지들이 다른 방향들로 끌어당기는 것처럼 보였던 때에도 항상 그랬던 것처럼 상당한 기간 동안 오래 그대로 남아 있었다. 그러나 닐이 했던 것처럼 그들을 함께 모이게 할 정도의 충분한 힘은 없었다. 휴즈와 그리닝 두 사람 모두 1895년 봄에 홀리요크에게 편지를 보냈다. 휴즈는 '그 총회가 분명히 그 연합회를 원래대로 유일하게 안전한 노선으로 되돌아오게 하고, 그 도매사업체에게 그 노선을 따르거나 그렇지 않으면 탈퇴해야 한다는 것을 가르칠 수 있는 우리의 마지막 기회가 될 것이라는 나의 판단에 당신은 동의합니까?'라고 질문했다. 반면, 그리닝은 그와 반대로 '나는 휴즈 판사가 그것을 나와 당신의 마지막 기회로 여기고 있다고…읽고 싶지 않습니다…우리는 반대자들이 가진 자부심에 상처를 입히지 않고 그들이 우리의 제안을 받아들일 수 있도록 우리의 안을 만들어야 합니다'라고 조언했다.9 그때로부터 최근인 1893년에 그리닝은 모든 이윤 공유 운동가들을 '함께 결집시키는 것'에 대해 이야기한 적이 있었다. 그러나 1895년에는 그의 결심이 매우 심하게 약해져 있었다. 홀리요크가 비슷한 제안을 하자 그는 너무 커다란 위험을 수반한다고 항의하는 태도로 응대했다. 그리닝은 많은 조합들이 그 아이디어에 동의할 만큼 충분히 '진보되어 있지' 않고, 합병이 고집될 경우 손실을 입을지도 모른다고 자신의 입장을 고집했다.10

 CWS는 자신의 제국이 새로운 세기의 요구에 부응하기 위해 확장하면서 독립적인 생산조합과 경쟁을 벌이며 하나하나 정복해 나갔던 과거의 독점적인 기조를 유지했다. 1904년에는 레스터 양말조합에게 1파운드 주식에 37실링 6펜스를 지불하겠다고 약속하며 매수 제안을 제시했다. 그것은 금전적 관점에서 충분히 매력적인 것이었다. 그러나 만약 그 조합이 매각에 동의한다면, 그 조합은 독립성을 상실하고 그 과정에서 공동 파트너십 원칙을 포기해야 하는 것이었다. 따라서 그 양말조합은 그 제안을 거절하는 결정을 내렸다. 그러나 도매사업체의 조언을 듣고 소매 점포들이 양말조합에 대한 자신

---

9 홀리요크에 대한 휴즈의 서신[1895년 5월 7일자], 그리닝의 서신[1895년 5월 8일자], 홀리요크 문서.
10 홀리요크에 대한 그리닝의 서신[1895년 5월 1일].

들의 주문과 자본을 모두 거둬들이기 시작하자 끝내 항복해야 했다. CWS는 위그스턴 양말에 대해서도 유사한 인수 제안을 던졌다. 그러나 그 시도는 실패했다. 그 협동조합은 현재까지도 존재하고 있다.[11] 휴즈가 '근성 복음$^{Guts\ Gospel}$'이라고 부르는 버릇이 있었던 CWS의 신조인 '소비자에게 모든 권력을'이라는 구호는 그 도매조합이 협동조합 보험조합의 통제권을 장악했던 1912년에 가장 커다란 승리 중 하나를 거두었다. 비통해 하는 항의가 있었다. 그러나 그 시점에 그런 행동은 당연히 예상되었다. 그렇다면 누가 CWS를 생산 계급들의 진보에 헌신한 조직체로서 생각했을까?

한 가지 더 답변되어야 할 질문이 남아 있다. 닐이 마지막까지 커다란 노력을 기울였던 협동조합적 생산 동지 국제연맹의 운명은 어떻게 되었을까? 그 대답은 간략하게 진술될 수 있다. 그 연맹체는 궁극적으로 '협동조합적 생산 동지들'이었던 회원들을 제거한 뒤 '국제협동조합연맹'이라는 이름으로 등장했다. 시작부터 상황이 나쁜 쪽으로 흘렀다. 1893년 1월 6일에 그리닝은 그 연맹체를 언급하는 편지를 홀리요크에게 보냈다. '나는 지금 닐 씨의 부재 상황을 보충하기 위해 활동을 조직하는데 열심히 노력하고 있지만 쉽지 않습니다'라는 내용이었다. 그것은 사태를 축소해서 말한 것이었다. 닐이 사라지자 그리닝은 연합회로부터 전혀 협력을 받지 못했다. 사실, 연합회는 그에 대해 반대하기 위한 공모를 꾸미기 시작했다. 사무총장인 그레이는 매우 적극적으로 협력하고 있는 벤자민 존스와 함께 그리닝을 무찌르려는 활동을 벌였다. 프랑스, 이탈리아, 독일로 출장을 다녔다. 그런 활동은 완전히 협동조합연합회의 통제 아래 놓이게 될 것이며, 결과적으로 협동조합적 생산에 관한 어떤 좁은 이상주의적 견해들에 의해서도 구애받지 않게 될 종류의 국제 연맹체를 만들기 위한 것이었다.[12] 예상대로 그것은 상당한 실망을 일으켰다. 관심을 가졌던 외국의 협동조합 운동가늘은 의혹을 품었다. 그레이는 그리닝과 그의 동지들이 중앙이사회의 승인을 받지 못했다고 선언했다. 그러자 이탈리아 협동조합 운동가들 중 일부는 실제로 자신들의 지지를 철회했

---

11 E.O.Greening, *A Democratic Copartnership; Successfully Established by the Wigston Hosiers Ltd., Leicester*$^{Leicester,\ 1921}$ 33~34, 62쪽.
12 휴즈에 대한 그리닝의 서신$^{1894년\ 11월\ 13일}$.

다.¹³ 그 협동조합연합회의 협업과 재정 지원 없이는 어떤 연맹체도 있을 수 없다는 것이 명백해졌던 1895년 봄까지 모든 것이 혼란 상태로 남겨져 있었다. 결과적으로 그리닝은 그레이와 협상하기 시작했다. 그 연합회의 지원은 그리닝의 원칙에 커다란 대가를 요구했다. 최종 결과는 그 국제 연맹체가 이윤 공유를 회원의 자격 요건으로 삼으려고 했던 당초의 의도를 포기하도록 강요당했던 것이었기 때문이다.¹⁴

어떤 종류의 타협이 분명히 필요했을 것이다. 그러나 그리닝도 너무 멀리 나가버렸다. 새로운 연맹체의 완전한 개방적 회원제란 거의 자동적으로 가장 압도적 우세를 보였던 협동조합 조직체인 소비자조합에 의해 그 연맹체가 지배되는 결과로 이어지게 했다. 그리고 그런 소비자조합들은 결국 CWS에 의해 지배되었다. 그 결과, CWS라는 기구가 또 한 번 명백한 승리를 거둔 것이었다고 말할 수 있게 되었다. 그리닝은 개방적 회원제에 동의해버림으로써 자신과 자신의 이윤 공유 동지들을 정치적으로 망각되게 했다. 아이러니하게도 그들은 자신들 스스로가 가장 많은 힘을 들여 창립했던 조직체 안에서 다시 고립무원 상태의 조그만 소수파 조직체가 되어 버렸다. 전체를 조망할 때 놀라운 측면은 그리닝이 자신의 오랜 동지들로부터 지원을 받을 수 있을 것이라는 어떤 보장도 없이 그레이와 타협하는 일을 자임했다는 것이었다. 크리스탈 팰리스 축제와 함께 1895년 8월에 런던에서 제1회 국제총회가 열렸을 때, 홀리요크는 그 개방적 회원제에 강하게 이의를 제기했다. 그는 뛰어오르듯 일어나서 '이윤 공유가 전적으로 제거되어야 하는가 여부'를 알아보자고 요구했다. 그러나 그의 완강했던 반대 의견은 안건으로 등록조차 되지 못했다. 대표단은 개방적 회원제를 통과시켰다.¹⁵ 그리닝은 나중에 자신이 가졌던 의도를 설명했다. 그는 자신의 의도란 'CWS와 이윤 공유 조합들을 공통의 이해관계로 이끄는 것이었다. 그런 이유로…회원 자격이 도매조합에게도 주어지도록 만들어져야 했다'고 설명했다.¹⁶

---

13 홀리요크에 대한 그리닝의 서신¹⁸⁹⁵년 ¹월 ⁹일.

14 1895년분 그리닝의 서간집에는 다가오는 국제총회에 대한 자료가 풍부하다. 그레이와의 협상에 대한 언급들은 너무 많아서 개별적으로 인용할 수 없을 정도이다.

15 Crimes, *Greening*, op.cit. 81쪽.

그리닝의 행동에 대해 격렬하게 불평했던 드브와는 홀리요크에게 편지를 보냈다. 홀리요크 역시 비슷하게 부정적인 맥락으로 응답했다. '그리닝 씨가 협동조합연합회에 받아들여졌던 순간에 이미 그는 그 총회를 무력화시켰고 그것을 아무 것도 아닌 것으로 만들었던 적의 수중에 들어갔던 것이었습니다.'[17] 그리닝이 연합회와 타협하는 과정에서 실수를 범했다는 증거는 오래지 않아 본모습을 드러냈다. 그레이는 1896년에 울리치^{Woolwich}에서 열린 협동조합 총회에 국제연맹에 관한 자신의 보고서를 제출했다. 그 보고서는 당초 의도나 목적과 달리 마치 그 새로운 국제연맹 기관이 협동조합연합회가 단독으로 특별히 추진한 창조물이었던 것처럼 작성되어 있었다. 그리닝은 그레이에게 캐물었다. '그런데 왜 당신은 닐 씨와 내가 현재의 연맹체를 설립하기 위해서 그 동안 밟아 왔던 단계들에 대한 모든 활동들을 알려지지 않도록 막았습니까?'[18] 그레이가 소홀했던 점은 예측을 잘못했던 문제였다. 어쨌든 향후에 협동조합적 생산을 원조하는 기관으로서 그 국제연맹체를 출범시켰던 닐과 동지들의 작업은 대체로 다 잊히게 될 것이었다.

제2회 국제총회는 1896년에 파리에서 열렸다. 그곳의 상황도 잉글랜드협동조합연합회^{English Cooperative Union}에서 벌어졌던 것과 신기하게도 유사한 것이라고 간주될 만한 것이었다. 프랑스의 경우에는 드부아, 로버트, 홀리요크, 그리닝 같은 신망있는 고령 협동조합 운동가들인 개인 대의원들이 노동과의 이윤 공유를 지지하는 결의안을 강행 통과시킬 수 있는 능력이 있었다. 그러나 그런 결의안 역시 어떤 방식으로든 그 국제 연맹체 회원들에게 구속력을 미칠 수 있는 수준에 이르지 못했다. 그 연맹체는 이미 압도적으로 소비자조합들이 우세를 이루고 있었다. 그것은 그 새로운 국제 활동의 시작 단계에서 홀리요크와 그리닝의 노력을 분열시킨 하나의 전술 정도에 불과했다. 두 사람은 곧 그 기구 안에서 이윤 공유를 위한 싸움을 벌이기 위해 다시 손을 잡

---

16 같은 자료. 또한 *Report of the First International Cooperative Congress, August, 1895*^{London, 1895} 참조.
17 홀리요크에 대한 드브와의 서신^{1896년 7월 13일}, 드브와에 대한 홀리요크의 서신 ^{1896년 7월 17일}, 홀리요크 문서.
18 그레이에 대한 그리닝의 서신^{1896년 6월 1일}.

았다. 그러나 세기의 전환기 즈음에 이르러 협동조합운동의 젊은 지도자들은 그런 오래된 충직한 일꾼들의 잔소리에 지쳐갔다. 결과적으로 그레이는 회원의 자격이 개인들을 배제하고 조합들로만 제한되어야 한다고 제안함으로써, 그 국제 연맹체를 잉글랜드협동조합연합회의 복사판으로 바꾸려고 시도했다. 그것은 이윤 공유 이상주의자들을 제거하고, 그에 따라 한꺼번에 그들을 모두 질식시켜버리는 결과를 일으킬 것이었다. 그레이의 결의안이 가진 위험성을 인식했던 그리닝과 그의 동지들은 그에 대항하기 위해 움직였다. 그들은 1900년 7월에 파리에서 개최된 제4회 국제 총회에 모인 대표자들에게 위험을 알렸다. '우리는 많은 식료품과 식량 점포들을 설립했습니다. 그 수는 1,700개 조합 중 1,400개에 이르고,… 절대적으로 전능하게 될 것입니다. 주로 노동자에게 선거권을 부여하려고 추구하는 생산조합들은 집어삼켜질 것입니다. 신용, 선전, 주택 건설, 레크리에이션 등의 조합들은 인정받을 기회가 거의 없을 것입니다'라는 내용이었다.[19] 지금까지 그런 후자의 협동조합 조직체들 중 소수는 그 연맹체의 개인 회원들이 그런 소수 조직체들의 권리를 방어하는 것의 정당함을 빈번하게 보여주었던 사실에 의해서 다소 힘의 균형 효과를 누려왔다. 만약 초창기부터 협동조합 발전에 이타적으로 헌신했던 닐과 같은 많은 개인들을 배제하려는 움직임이 있었다면 협동조합운동이 살아남았을까? 그 연맹체를 조합들과 그들의 대표자들만으로 제한하는 것은 국제운동에서 그 운동의 최일선에 섰던 투사들을 제거해버리는 것이었다. 루들로우 역시 그 문제에 관해 자신의 오랜 동료들과 같은 편에 서 있었다.[20]

이상주의자들은 1900년에 파리에서 일시적으로 점수를 땄다. 그러나 궁극적인 결과는 결코 의심의 여지가 없었다. 1902년에 국제협동조합연맹의 평회원으로서 개인 회원들의 추가 입회는 중단되었다. 그리고 1921년에는 개인의 회원 자격이 완전히 폐지되었다. 그러나 그 무렵에 이르러서는 그리

---

19 George J. Holyoake and Edward Owen Greening, *To the Delegates Assembled at the 4th Congress of the International Cooperative Congress at Paris, July, 1900*을 참조. 이 자료는 그 총회에서 배포된 인쇄 전단지였다. 맨체스터, 협동조합연합회, 도서관에서 이용할 수 있다.

20 그리닝에 대한 루들로우의 서신[1898년 9월 4일자]. 다음 제목이 있는 봉투를 참조. 'E.O.G., ICA[International Cooperative Alliance] Papers', Library, Cooperative Union.

닝을 제외하면 거의 아무도 신경을 쓰지 않는 의제가 되어버렸다.

| 참고문헌 |

Ⅰ. 에드워드 반시터트 닐의 책자, 팸플릿, 서류 ^{연도순}

(닐의 수많은 기고문과 연설문 중 팸플릿들로 별도 출간되지 않은 가장 중요한 것들은 본문에서 논의되어 왔고 참고문헌은 각주에 나타나 있다.)

Feasts and Fasts: An Essay on the Rise, Progress, and Present State of the Laws Relating to Sundays and Other Holidays, and Days of Fasting; with notices of the origin of those days, and of the sittings and vacations of the courts. London, 1845.

The Real Property Acts of 1845, Being the Acts to Render the Assignment of Satisfied Terms Unnecessary; To Amend the Law of Real Property; To Facilitate the Conveyance of Real Property; and to Facilitate the Granting of Certain Leases. With Introductory Observations and Notes. London, 1845.

Thoughts on the Registration of the Title to Land: Its Advantages and the Means of Effecting it with Observations upon the Bill to Facilitate the Transfer of Real Property Brought in by Mr. Henry Drummond and Mr. Wood. London, 1849.

Memoir Relating to the Position and Prospects of the Associations. London, 1850. 11pp.

The Characteristic Features of Some of the Principal Systems of Socialism: A Lecture Delivered at the Rooms of the Society for Promoting Working Men's Associations, 76 Charlotte Street, Fitzroy Square. London, 1851. 44pp.

Laws for the Government of the Society for the Formation of Cooperative Stores. London, 1851. 11pp.

Prospectus of the Central Cooperative Agency. [n.p., 1851, Available at Goldsmiths Library] 4pp.

Report of a Meeting for the Establishment of the Central Cooperative Agency ... May 30, 1851. Loncion, 1851. 24pp.

Scheme for Formation of the Working Associations into a General Union. London, 1851. 15pp.

Sketch of a General Establishment for the Realisation of Industrial Reform to be Called the Cooperative Agency. London, 1851. 8pp.

Labour and Capital. A Lecture Delivered by Request of the Society for Promoting Working Men's Associations, at the Marylebone Literary and Scientific Institution, on the 29th of March. London, 1852. 34pp.

May I Not Do What I Will With My Own? Considerations on the Present Contest Between the Operative Engineers and Their Employers. London, 1852. 70pp.

Suggestions to Aid in the Formation of a Legal Constitution for Working Men's Associations. London, 1852. 34pp.

Prize Essay on the Best Means of Employing the Surplus Funds of the Amalgamated Society of Engineers, etc., in Associative or Other Productive Objects. London, 1855. 32pp.

The Cooperators Handbook, Containing the Laws Relating to a Company of Limited Liability with Model Articles of Association Suitable for Cooperative Purposes. London, 1860. 32pp.

Letters on Associated Homes, between Colonel Henry Clinton and Edward Vansittart Neale, Esq. London, 1861. 18pp.

On Typical Selection, as a Means of Removing the Difficulties Attending the Doctrine of the Origin of Species by Natural Selection. London, 1861. 10pp. [Reprint of an article appearing in the *Proceedings of the Zoological Society of London*(January, 1861), 1~11. Available at the New York Public Library.]

'Cooperative Wants', [a poem written by Neale in 1862], *Songs and Readings for Cooperators.* Manchester, 1895, pp.30~31.

The Analogy of Thought and Nature. London, 1863.

The Doctrine of the Logos. n.p., 1867. 28pp. [A reprint of an article which appeared in the *Theological Review* (October, 1867). Available at the British Museum.]

Genesis Critically Analysed and Continuously Arranged. With Introductory Remarks by Edward Vansittart Neale. Ramsgate, 1869.

Does Morality Depend on Longevity? London, 1871. 17pp.

The Mythical Element in Christianity. London, 1872. 60pp.

The New Bible Commentary and the Ten Commandments. London, 1872. 15pp.

The Central Cooperative Board: Its History, Constitution and Use. Manchester, 1874. 8pp.

The Distinction Between Joint Stockism and Cooperation. Manchester, 1874. 8pp.

The Principle of Unity; the Life of Cooperation. Manchester 1875.

8pp.
Reason, Religion, and Revelation. London, 1875. 31pp.
The Industrial and Provident Societies A et, 1876, Published by Direction of the Central Cooperative Board. With an Introduction by E. V. Neale. Manchester, 1876.
The Economics of Cooperation; Being Papers Read at Conferences at Wigan, Shipley, and Runcorn, on July 14th, August 4th, and September lst, 1877, Respectively, by E. V. Neale. Manchester, 1885. 30pp.
True Refinement: Being a Paper Read at a Meeting of the Rochdale Working Men's Club (Winter Session, 1876~77). Manchester, 1877. 15pp.
What is Cooperation? A Conference Paper, Reprinted from the Cooperative News, for General Circulation. Manchester, 1877. 8pp.
Why Should the Rich Interest Themselves in Cooperation and How Can They Promote It? Manchester, 1877. 15pp.
The "Cooperative News" and Why Cooperators Should Support It. Manchester, 1878. 12pp.
Land, Labour, and Machinery. Manchester, 1879. 22pp.
Associated Homes: A Lecture . . . with Three Engravings of the Familistere at Guise, and a Biographical Notice of M. Godin, Its Founder. London, 1880. 29pp.
(With Thomas Hughes) *A Manual for Cooperators.* Manchester, 1881. (In the biography I have made use of the Revised Edition published by the Central Board in 1888.)
Association and Education; What They May do for the People: An Address Delivered at the Third Anniversary of the Beccles Cooperative Society, September 27, 1882. Manchester, 1882. 16pp.
The Economic Aspect of Cooperation; A Paper Read at the Derby Congress, Whitsuntide, 1884. Manchester, 1884. 11pp.
Economy and Trade Departments. Special Question. What is the Social Condition of the Working Classes in 1884 as Compared with 185 7, when the First Meeting of the National Association for the Promotion of Social Science was held in Birmingham; and In What Way Can the Working Classes Best Utilize Their Saving? A Paper Read at the Birmingham Congress of the National Association for the Promotion of Social Science, September, 1884. London, 1844. 30pp.
(With J. Woodcock) *Copyhold Tenure, and Copyhold Enfranchisement. Papers Read at a Lancashire Conference held*

at *Rochdale, October 31, 1885*. Manchester, 1885. 16pp.
The Principles, Objects, and Methods of the Labour Association(Now "The Labour Copartnership Association".) By its First President and Hon. Legal Adviser, E. Vansittart Neale with which is included a Portrait of Mr. Neale and an Account of his Labours on Behalf of Cooperative Production. 3rd Ed., London, 1913. 16pp. (First published in London, 1885, under the title, *The Labour Association for Promoting Cooperative Production Based on the Copartnership of the Workers: Its Principles, Objects, and Methods.* 12 pp.)
The Common Sense of Cooperation: a Paper Read···at the Congress held at Plymouth; Whitsuntide, 1886. Manchester-, 1886. 8pp.
The Social Aspects of Cooperation. London, 1887. 16 pp.
(With Thomas Hughes) *Cooperative Faith and Practice. Manchester*, (1892 First published as an article in the C.N., January, 1892) 15pp.
(With E. O. Greening) *Proposal for an International Alliance of the Friends of Cooperative Production*. (n.p., 1892 A MSS list of those associated with the scheme is appended to this document. Available at the Cooperative Union Library, Manchester, Lanes.)
Five Reasons Why I Am a Cooperator. Manchester, n.d. 2pp.
The Principles of Rating Applied to Cooperative Stores. Manchester, n.d. 12pp.
The Right of Nomination. Manchester, n.d. 8pp.

II. 닐에 관한 집필물

Craig, Edward Thomas, 'In Memorium, E. Vansittart Neale', *Cooperative News*, XXIII (1892), p.1080.
Dictionary of Labour Biography, vol.I, pp.252~255.
Dictionary of National Biography, vol.XIV, pp.138~141.
Greening, Edward Owen, 'Memories of Edward Vansittart Neale'. *Cooperative Official*, IV(January~December, 1923), pp.71~72.
Hughes, Thomas, 'Edward Vansittart Neale as Christian Socialist', *Economic Review*, III(January, 1893), pp.38~49, 174~189.
Lee, H. W., *Edward Vansittart Neale: His Cooperative Life and Work*, Manchester, 1908.
Ludlow, John Malcolm Forbes, 'Obituary, Edward Vansittart Neale', *Economic Journal*, II(December, 1892), pp.752~754.
Ludlow, John Malcolm Forbes, 'Some of the Christian Socialists of

1848 and the Following Years', *Economic Review*, III(1893), pp.486~500; IV(1894), pp.24~42.

Pitman, Henry, *Memorial of Edward Vansittart Neale, General Secretary of the Cooperative Union, 1873~1891. Including a Description of the Memorial Service in Saint Paul's Cathedral*, Manchester, 1894.

W. H. R., *Edward Vansittart Neale and the Christian Socialists*. London, n.d. This short pamphlet contains an interesting poem about Neale. I have been unable to determine the name of the author.

III. 수고 수집물 _{중요도순}

Edward Vansittart Neale's Personal Papers: in the possession of the family, Bisham Grange, Marlow, Bucks.

Miscellaneous Neale Letters and Papers: Cooperative Union Library, Manchester, Lanes.

Mississippi Valley Trading Company Papers: Cooperative Union Library.

Edward Owen Greening Papers: Cooperative Union Library.

George Jacob Holyoake Papers: Cooperative Union Library.

John M. F. Ludlow Manuscripts: Cambridge University Library.

Robert Owen Collection: Cooperative Union Library.

Richard T. Ely Papers: Wisconsin Historical Society, Madison, Wisconsin.

John Samuel Papers: Wisconsin Historical Society.

E. R. A. Seligman Collection: Columbia University, N.Y.C.

J. M. F. Ludlow Tracts: Goldsmiths Library, University of London.

IV. 주요 원천 자료

대부분의 경우 다음 자료는 협동조합 운동 내에서 상충되는 이상들의 기원과 발전 경과를 연구하는 데 일반적으로 유용한 출판된 결과물들로 제한되어 있다. 연재물은 생략되었지만, 협동조합 뉴스 신문은 1871년 이후 기간 동안 가장 중요한 단일 정보 원천이라는 점에 유의해야 한다. 이들 및 기타 정기 간행물들에 대한 특징적 참조는 본문 및 각주에서 찾을 수 있다.

Acland, Arthur Dyke and Jones, Benjamin, *Working Men Cooperators: What They Have Done, and What They Are Doing. An Account of the Artisans Cooperative Movement in Great Britain, With*

Information How to Promote It, London, 1884.
Baernreither, Joseph Maria, *English Associations of Workingmen. English* ed···with a preface by J. M. Ludlow, London, 1889.
Bailey, Jack, *The British Co-operative Movement*, London, 1955.
Bamford, W. M. *Our Fifty Years(1871~1921) A Jubilee Souvenir of the 'Cooperative News' the First Number of which was Published on September 2nd, 1871*, Manchester, 1921.
Brabrook, Edward William, *Provident Societies and Industrial Welfare*, London, 1898.
Brown, W. Henry, *A Century of London Co-operation*, London, 1928.
Brown, William Henry, *The Rochdale Pioneers: A Century of Cooperation*, Manchester, n.d.
Brown, William Henry, *Rochdale Pioneers; the Story of the Toad Lane Store, 1844, and the Origin of the Co-operative Union, 1869*, Manchester, 1931.
Carr-Saunders, A. M.; Florence, P. Sargant; and Peers, Robert, *Consumers' Cooperation In Great Britain*, New York, 1938.
Christensen, Torben, *Origin and History of Christian Socialism, 1848~54*. Aarhus, 1962.
Cole, G.D.H, *A Century of Co-operation*, London, 1944.
Crimes, Tom, *Edward Owen Greening: A Maker of Modern Cooperation*, London, 1924.
Davies, Margaret Llewelyn, *The Women's Cooperative Guild, 1883~1904*, Kirkby Lonsdale, Westmoreland, 1904.
Digby, Margaret and Gorst, Sheila, *Agricultural Cooperation in the United Kingdom*, 2nd Ed. Oxford, 1957.
Garnett, Ronald George, *A Century of Cooperative Insurance: The Cooperative Insurance Society, 1867~1967: A Business History*, London, 1968.
Greening, Edward Owen, *A Democratic Copartnership; Successfully Established by the Wigston Hosiers Ltd. Leicester*, Leicester, 1921.
Greening, Edward Owen, *A Pioneer Copartnership: Being the History of the Leicester Cooperative Boot and Shoe Manufacturing Society Ltd.*, London, 1923.
Greenwood, Joseph, *The Story of the Formation of the Hebden Bridge Fustian Manufacturing Society Ltd.*, Manchester, 1888.
Gurney, Sybella, *Sixty Years of Cooperation, with Portraits of Robert Owen, E. Vansittart Neale, J. T. W. Mitchell, George Jacob Holyoake*, 3rd Edition. London, n.d.
Hall, Fred, *The History of the Cooperative Printing Society, 1869~1919*, Manchester, n.d.

Harrison, J.F.C., *A History of the Working Men's College, 1854~1954*, London, 1954.
Harrison, J.F.C., *Robert Owen and the Owenites in Britain and America; The Quest for the New Moral World*, London, 1969.
Harrison, J.F.C., *Social Reform in Victorian Leeds: the Work of James Hole, 1820~1895*, Leeds, 1954.
Harrison, Royden, *Before the Socialists; Studies in Labour and Politics, 1861~1881*, London, 1965.
Holyoake, George Jacob, *Bygones Worth Remembering*, 2 Vols. New York, 1905.
Holyoake, George Jacob, *The Co-operative Movement Today*, London, 1891.
Holyoake, George Jacob, *The History of Cooperation*, 2 Vols. Revised and Completed. New York, 1906.
Holyoake, George Jacob, *The History of the Rochdale Pioneers*, 10th Edition. London, 1893.
Holyoake, George Jacob, *The Logic of Cooperation*, London, 1873.
Holyoake, George Jacob, *The Policy of Commercial Cooperation as Respects Including the Consumer, Partly in Reply to Mr. Ludlow*, London, n.d., 1873.
Holyoake, George Jacob, *Self-Help a Hundred Years Ago*, London, 1890.
Holyoake, George Jacob, *Sixty Years of an Agitator's Life*, Sixth Impression. London, 1906.
Jefferys, James B., *The Story of the Engineers, 1850~1945*, London, 1945.
Jones, Benjamin, *Cooperative Production*, Oxford, 1894.
Lechevalier St. Andre, Jules, *Five Years in the Land of Refuge*, London 1854.
Mack, Edward C. and Armytage, W.H.G., *Thomas Hughes; the Life of the Author of Tom Brown's Schooldays*, London, 1952.
Masterman, Neville, *John Malcolm Ludlow; the Builder of Christian Socialism*, Cambridge, 1963.
Maxwell, William, *The History of Cooperation in Scotland; Its Inception and Its Leaders*, Glasgow, 1910.
McCabe, Joseph, *Life and Letters of George Jacob Holyoake*, 2 Vols., London, 1908.
Pollard, Sidney, 'Nineteenth-Century Co-operation: from Community Building to Shopkeeping', *Essays in Labour History*, ed. by Asa Briggs and John Saville, London, 1967.
Raven, Charles Earle, *Christian Socialism, 1848~1854*, London, 1920.
Redfern, Percy, *John T. W. Mitchell: Pioneer of Consumers'*

        Cooperation, Manchester, 1923.
Redfern, Percy, *The New History of the CWS*, London, Manchester, 1938.
Redfern, Percy, *The Story of the CWS; The Jubilee History of the Cooperative Wholesale Society, Limited. 1863~1913*, Manchester, 1913.
Saville, John, 'The Christian Socialists of 1848', *Democracy and the Labour Movement*, ed. by John Saville, London, 1954.
Saville, John, *Ernest Jones, Chartist; Selections from the Writings and Speeches of Ernest Jones. With introduction and notes by J. Saville*, London, 1952.
Webb, Beatrice, *The Co-operative Movement in Great Britain*, London, 1891.
Webb, Beatrice, *My Apprenticeship*, London, 1926.
Webb, Catherine, *The Women with the Basket; The History of the Women's Cooperative Guild, 1883~1927*, Manchester, 1927.
Webb, Sidney and Beatrice, *The History of Trade Unionism*, Rev. Ed., London, 1920.
Yearley, Clifton K., *Britons in American Labor: A History of the Influence of the United Kingdom Immigrants on American Labor, 1820~1914*, Baltimore, 1957.